Frans de Waal
Der gute Affe

Der Ursprung von Recht und Unrecht bei Menschen und anderen Tieren

Aus dem Amerikanischen
von Inge Leipold

Carl Hanser Verlag

Titel der Originalausgabe:
Good Natured. The Origins of Right and Wrong in Humans and Other Animals
Harvard University Press, Cambridge, Mass. und London 1996
© 1996 by the President and Fellows of Harvard College

1 2 3 4 5   01   00   99   98   97
ISBN 3-446-18962-2
Alle Rechte der deutschen Ausgabe:
© Carl Hanser Verlag München Wien 1997
Satz: Reinhard Amann, Aichstetten
Druck und Bindung: Kösel Graphische Betriebe, Kempten
Printed in Germany

à ma Cattie

Inhalt

Vorwort
9

1
Widersprüche des Darwinismus

Das Überleben der Schwächsten 16
Biologisierung der Moral 19
Calvinistische Soziobiologie 24
Eine umfassendere Betrachtungsweise 32
Das unsichtbare Greiforgan 41
Ethologie und Ethik 50
Photoessay: Nähe . . . . nach S. 32

2
Mitgefühl

Warmes Blut in kalten Wassern 56
Besondere Behandlung von Behinderten 60
Reaktionen auf Verletzung und Tod 71
Breite Nägel 81
Der soziale Spiegel 87
Auch Menschenaffen lügen und äffen nach 92
Mitgefühl bei Menschenaffen 101
Eine Welt ohne Mitleid 107
Photoessay: Einsicht und Einfühlungsvermögen . . . . nach S. 96

3
Rang und Ordnung

Sinn für soziale Regelhaftigkeit 114
Das Hinterteil des Affen 124
Schuld und Scham 134
Widerspenstige junge Burschen 140
Wenn Primaten erröten 144
Zwei Geschlechter, zweierlei Moral? 148

Emotionale Nabelschnur versus Konfliktfesselung 153
Primus inter pares 157
Photoessay: Hilfe von einem Freund. . . . . nach S. 160

4
Quid pro quo

Eine nicht ganz so goldene Regel 169
Bewegliche Mahlzeiten 171
Im Mittelpunkt des Kreises 179
Eine Vorstellung von Geben. 182
Experimente zur Wechselseitigkeit 187
Von Rache zu Gerechtigkeit 191

5
Miteinander auskommen

Der soziale Käfig 206
Das Beziehungsmodell 214
Frieden schließen 218
Die Seilmetapher 225
Paviane als Zeugen 230
Austrocknen des moralischen Sumpfes 237
Gemeinschaftsinteresse 250
Photoessay: Krieg und Frieden . . . . nach S. 224

6
Schlußfolgerungen

Was gehört dazu, moralisch zu sein? 256
Schwimmende Pyramiden. 260
Ein Loch im Kopf 265

Anhang

Anmerkungen 269
Bibliographie 304
Dank 324
Namenregister 328

Vorwort

Wir bezeichnen uns nicht nur als Menschen, sondern rühmen uns zudem, *menschlich* zu sein. Wahrlich brillant, wie wir auf diese Weise Moralität als das Kennzeichen menschlicher Wesensart hinstellen – indem wir die Bezeichnung für unsere Spezies mit einer Neigung zu Mitgefühl und Barmherzigkeit gleichsetzen! Natürlich, Tiere sind keine Menschen; wie könnten sie also menschlich sein?

Auch wenn dies eher eine rhetorische Frage zu sein scheint, muß man sich einmal vorstellen, in welche Schwierigkeiten Biologen dadurch geraten – oder alle, die einer evolutionären Betrachtungsweise zuneigen. Ihrer Argumentation zufolge müßte auf irgendeiner Ebene eine Kontinuität zwischen dem Verhalten von Menschen und dem anderer Primaten bestehen. Kein Bereich, nicht einmal unsere hochgerühmte Moralität, kann hiervon ausgeschlossen werden.

Den Biologen fällt es ja keineswegs leicht, Moral zu erklären. Viele würden sich gar nicht erst an dieses Thema heranwagen, so viele Probleme bringt es mit sich, und möglicherweise hält man mich für leicht übergeschnappt, weil ich mich überhaupt in dieses undurchschaubare Dickicht begebe. Einerseits stellt das moralische Gesetz, insofern es die Macht der Gemeinschaft über das Individuum zum Ausdruck bringt, eine grundlegende Herausforderung für die Evolutionstheorie dar. Laut der darwinistischen Lehre entwickeln sich Eigenschaften, weil ihre Träger mit ihnen besser dran sind als ohne sie. Aber warum erfreuen sich dann andererseits Gemeinsinn und Selbstaufopferung in unseren moralischen Systemen so hoher Wertschätzung?

Derlei Fragen beschäftigen die Menschen seit mehr als hundert Jahren, seit 1893 nämlich, als Thomas Henry Huxley in einem überfüllten Hörsaal in Oxford einen Vortrag über »Evolution und Ethik« hielt. Er betrachtete die Natur als tückisch und gleichgültig und beschrieb Moral als das vom *Homo sapiens* geschmiedete Schwert, um den Drachen seiner tierischen Herkunft zu schlachten. Zwar mögen die Gesetze der physikalischen Welt – das kosmische Geschehen – unveränderlich sein, aber ihre Auswirkungen auf das Leben der Menschen können abgeschwächt und umgeleitet werden. »Bei der moralischen Höherentwicklung der Gesellschaft geht es nicht darum, das kosmische Geschehen nachzuahmen, noch weniger darum, ihm zu entfliehen, sondern darum, es zu bekämpfen.«[1]

Indem Huxley die Moral als Antithese zur Natur des Menschen betrachtete, verbannte er die Frage nach ihrem Ursprung aus dem biologischen Bereich. Falls moralisches Verhalten eine Erfindung des Menschen ist – eine schöne Oberfläche, unter der wir genauso moralisch oder unmoralisch geblieben sind wie alle anderen Erscheinungsformen des Lebens –, dann besteht gar keine Notwendigkeit für eine evolutionäre Erklärung. Wie verbreitet diese Einstellung auch heutzutage noch ist, veranschaulicht die verblüffende Feststellung George Williams', eines zeitgenössischen Evolutionsbiologen: »Für mich ist Moral eine zufällige Fähigkeit, die in ihrer grenzenlosen Dummheit das Ergebnis eines biologischen Prozesses ist, der normalerweise der Ausprägung einer solchen Fähigkeit entgegensteht.«[2]

So betrachtet ist menschliche Güte im Grunde nicht Teil eines umfassenderen Systems der Natur: es handelt sich dabei entweder um eine kulturelle Gegenkraft oder aber um einen blödsinnigen Fehler von Mutter Natur. Eine durch und durch pessimistische Einstellung, die jedem eine Gänsehaut über den Rücken jagt, der an unser tiefes moralisches Empfinden glaubt. Zudem läßt sie die Frage offen, woher die Spezies Mensch die Kraft und die Findigkeit nimmt, einen derart übermächtigen Feind wie ihre eigene Natur zu bekämpfen.

Einige Jahre später verfaßte der amerikanische Philosoph John Dewey eine kritische Erwiderung auf Huxleys Vortrag, die kaum bekannt ist. Huxley hatte die Beziehung zwischen Ethik und menschlicher Natur mit der zwischen Gärtner und Garten verglichen, wobei der Gärtner unablässig darum kämpft, alles in Ordnung zu halten. Dewey stellte den Vergleich auf den Kopf und erklärte, der Gärtner arbeite ebensosehr *mit* der Natur wie gegen sie. Während Huxleys Gärtner die Kontrolle zu wahren und alles auszurotten versucht, was ihm nicht gefällt, verkörpert der von Dewey einen Typus, den man heute als Biogärtner bezeichnen würde. Der erfolgreiche Gärtner, so betonte Dewey, schafft Bedingungen und führt Pflanzenarten ein, die auf diesem speziellen Stück Land normalerweise vielleicht nicht vorkommen, »sich aber in die Natur als Ganzes und in ihre Regeln fügen«.[3]

Ich schließe mich eindeutig dem Standpunkt Deweys an. Nachdem es überall moralische Systeme gibt, muß die Tendenz, sie zu entwickeln und ihnen Geltung zu verschaffen, ein wesentlicher Bestandteil der menschlichen Natur sein. Eine Gesellschaft, die keinerlei Begriff von »richtig« und »falsch« hat, ist so ungefähr das Schlimmste, was wir uns vorstellen können – wenn es denn überhaupt vorstellbar ist. Da wir von Grund auf moralische Wesen sind, muß jegliche Theorie menschlichen Verhaltens, die

Moralität nicht hundertprozentig ernst nimmt, notwendigerweise versagen. Da ich mich weigere, dieses Schicksal für die Evolutionstheorie hinzunehmen, habe ich es mir zur Aufgabe gemacht, zu untersuchen, ob einige der Bausteine von Moralität auch bei anderen Tieren zu finden sind.

Zwar teile ich die Neugierde vieler Evolutionsbiologen, *wie* Moralität sich entwickelt haben könnte, die Hauptfrage, die uns hier beschäftigen soll, lautet jedoch: *Woher* kommt sie? Daher werde ich, nach einer Bestandsaufnahme der wichtigsten Theorien zu einer Evolution der Ethik im ersten Kapitel, zu eher praxisbezogenen Fragestellungen übergehen. Legen Tiere Verhaltensweisen an den Tag, die der Güte wie auch den Regeln und Vorschriften des moralischen Verhaltens von Menschen entsprechen? Und falls ja, was bringt sie dazu, sich so zu verhalten? Merken sie, welche Auswirkungen ihr Tun und Lassen auf andere hat? Diese und ähnliche Fragen ordnen das Buch dem zunehmend wichtigen Bereich der *kognitiven Ethologie* zu: es betrachtet Tiere als wissende, wollende und berechnende Wesen.

Als auf Primatenforschung spezialisierter Ethologe befasse ich mich natürlich vor allem mit der Ordnung von Tieren, der wir selber angehören. Doch das für meine Thesen relevante Verhalten beschränkt sich nicht auf die Primaten; ich beziehe auch andere Tiere ein, wann immer meine Kenntnisse dies zulassen. Dennoch kann ich nicht leugnen: Primaten stehen im Mittelpunkt des Interesses. Es ist mehr als wahrscheinlich, daß unsere Vorfahren viele der Verhaltensweisen zeigten, wie man sie jetzt bei Makaken, Pavianen, Gorillas, Schimpansen und anderen findet. Wenn die menschliche Ethik bestimmten Tendenzen im Verhalten entgegenzuwirken versucht, macht sie sich dabei wahrscheinlich andere zunutze – und bekämpft so die Natur mit ihren eigenen Waffen, genau wie Dewey es darlegte.

Da ich es mir zum Ziel gesetzt habe, neuere Entwicklungen in der Untersuchung tierischen Verhaltens einem breiteren Publikum zugänglich zu machen, stütze ich mich weitgehend auf persönliche Erfahrung. Infolge meines täglichen Umgangs mit Tieren, von denen ich jedes einzelne Individuum kenne, neige ich dazu, zunächst davon auszugehen, was ich bei ihnen beobachten konnte. Ich mag Anekdoten, vor allem wenn sie Dinge, zu deren Erklärung es Tausender Worte bedürfte, auf einen Nenner bringen. Aus dem gleichen Grund enthält das Buch zahlreiche Photographien (die, falls nicht anders angegeben, von mir stammen).

Allerdings stellt die bildliche Wiedergabe keinen wissenschaftlichen Beweis dar. Sie beflügelt die Vorstellungskraft und läßt zuweilen Rückschlüsse auf besondere Fähigkeiten zu, ohne sie jedoch beweisen zu können. Nur wiederholte Beobachtungen und handfeste Daten erlauben uns, alternative Hypothesen miteinander zu vergleichen und zu stichhaltigen Schlußfolgerungen zu kommen. Die Erforschung tierischen Verhaltens findet ebensosehr am Computer wie durch unmittelbare Beobachtung statt. Im Lauf der Jahre haben meine Studenten und ich systematisch eine Unmenge von Daten über in Gruppen lebende Primaten gesammelt, zumeist in Freigehegen von Zoos und Forschungseinrichtungen. Darüber hinaus hat eine Vielzahl von Kollegen sich unermüdlich mit ähnlichen Fragestellungen befaßt, sowohl im Labor als auch in der Feldforschung. Mindestens die Hälfte des Materials, das ich vorstelle, um auch diese Ansätze mit einzubeziehen, ist das Ergebnis der Forschung anderer.

Da sich in meinen Ausführungen Geschichten, Theorien und hart erarbeitete Daten abwechseln, besteht die Gefahr, daß die Trennlinie zwischen Tatsachen und Spekulationen verwischt wird. Um es dem Leser leichter zu machen, zwischen beidem zu unterscheiden oder sich mit bestimmten Themen ausführlicher zu befassen, enthält das Buch fachliche Anmerkungen sowie eine ausführliche Bibliographie. Zwar sind diese zusätzlichen Informationen keineswegs erschöpfend, aber sie machen doch deutlich, daß streng wissenschaftliche Methoden sich auf einige der zur Diskussion stehenden Fragen anwenden lassen (und tatsächlich angewandt werden).

Die westliche Wissenschaft scheint sich von einer rein mechanistischen Weltsicht zu entfernen. In dem Bewußtsein, daß das Universum nicht notwendigerweise nach logisch schlüssigen Prinzipien organisiert ist, lassen die Wissenschaftler allmählich – und sei es auch noch so ungern – Widersprüche zu. Die Physiker gewöhnen sich langsam an die Vorstellung, daß man Energie sowohl als Wellen wie auch als Teilchen verstehen kann, und Wirtschaftswissenschaftler gestehen ein, daß die freie Marktwirtschaft mit ihren eigenen Waffen von einer staatlich gelenkten Wirtschaft geschlagen werden kann, wie dies in Japan der Fall ist.

In der Biologie führte dasselbe Prinzip der natürlichen Auslese, das verschiedene Lebensformen und Individuen gnadenlos gegeneinander ausspielt, auch zu Symbiose und Wechselwirkung zwischen verschiedenen Organismen, zum Verständnis eines Individuums für die Bedürfnisse eines anderen und zu gemeinschaftlichem Verhalten bei der Verfolgung eines gemeinsamen Ziels. Wir sehen uns dann dem zutiefst verwirrenden Paradox gegenüber, daß die genetische Weiterentwicklung auf Kosten anderer –

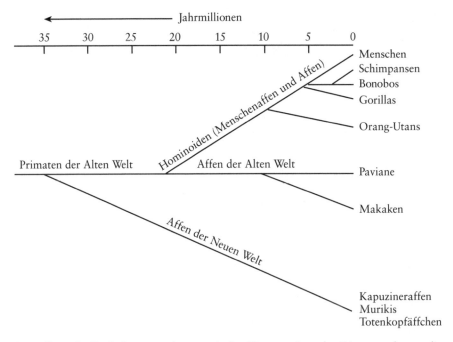

Darstellung des Evolutionsstammbaums mit den Hauptzweigen der Primatenordnung: die Affen der Neuen Welt, die Affen der Alten Welt sowie die Entwicklungslinie der Hominoiden, an deren Ende unsere Spezies steht. Die Zeichnung spiegelt neuere Erkenntnisse der DNA-Analyse wider, laut denen die afrikanischen Menschenaffen (Gorillas, Schimpansen und Bonobos) den Menschen viel näher stehen als früher angenommen.

die Haupttriebkraft der Evolution – ausgeprägte Fähigkeiten der Fürsorglichkeit und des Mitfühlens hervorgebracht hat.

Mein Buch versucht, derlei widersprüchliche Gedanken nebeneinander stehenzulassen. Das eine läßt sich nicht so ohne weiteres auf das andere zurückführen, obwohl man das immer wieder versucht hat, vor allem mit Hilfe der Auffassung, Rücksichtnahme auf andere sei und bleibe letztlich immer eigennützig. Indem diese Theorien echte Gutmütigkeit leugnen, lassen sie jedoch die tiefere Wahrheit außer acht, die sich aus einer Nebeneinanderstellung von genetischem Eigeninteresse und der unverkennbaren Neigung vieler Tiere, einschließlich unser selbst, zu Geselligkeit und freundschaftlichem Umgang ergibt.

Der Mensch ist von seinem Wesen her weder durch und durch brutal noch von Grund auf edel, er ist beides – möglicherweise ein etwas komplizierteres Bild, das jedoch unendlich aufregender und anregender ist.

1
Widersprüche des Darwinismus

> Wenn der Leser jedoch eine Moral ... ableiten möchte, möge er es als Warnung lesen: Wenn er – wie ich – eine Gesellschaft aufbauen möchte, in der die einzelnen großzügig und selbstlos zugunsten eines gemeinsamen Wohlergehens zusammenarbeiten, kann er wenig Hilfe von der biologischen Natur erwarten. Laßt uns versuchen, Großzügigkeit und Selbstlosigkeit zu *lehren*, denn wir sind egoistisch geboren.
>
> *Richard Dawkins*[1]

> Warum sollte unsere Niedertracht die Bürde einer Vergangenheit als Affen und unsere Gutartigkeit eine einzig dem Menschen eigene Eigenschaft sein? Warum sollten wir nicht auch, was unsere »edlen« Charakterzüge betrifft, nach einer Kontinuität mit anderen Tieren suchen?
>
> *Stephen Jay Gould*[2]

In ihrem Heimatland wurde Mozu als Star mehrerer Dokumentarfilme berühmt; sie sieht aus wie jeder andere Japanmakak auch, abgesehen davon, daß sie keine Hände und Füße hat und eine auffällig tragische Miene zur Schau trägt, die lebenslanges Leid widerzuspiegeln scheint. Auf ihren nur als Stümpfen vorhandenen Händen und Füßen durchstreift sie die Shiga-Berge der Japanischen Alpen und versucht verzweifelt, mit ihren mehr als zweihundert gesunden Gefährten mitzuhalten. Ihre angeborenen Mißbildungen führt man auf die Einwirkung von Pestiziden zurück.

Bei meinem ersten Besuch im Jigokudani-Park, 1990, war Mozu schon achtzehn Jahre alt – sie hatte ihre besten Jahre als Makakenweibchen also bereits hinter sich. Fünf Junge hatte sie erfolgreich großgezogen, von denen keines irgendwelche Mißbildungen aufwies. Wenn man bedenkt, wie lange Primatenjunge gesäugt werden und von ihrer Mutter abhängig sind, hätte kein Mensch eine solch großartige Leistung bei einem Weibchen vorherzusagen gewagt, das selbst mitten im Winter auf dem Boden dahinkriechen muß, um nicht hinter den anderen zurückzubleiben. Während die anderen von Baum zu Baum springen, um Eis und Schnee auszuweichen, schlittert und rutscht Mozu durch schulterhohen Schnee, auf ihrem Rücken ein Junges.

Allerdings genießen die Affen im Jigokudani-Park einen Vorteil: Thermalquellen, in die sie sich zeitweise vor der eisigen Kälte flüchten, um sich in den heißen Dämpfen zu groomen. Noch etwas erleichtert ihnen das Leben: regelmäßige Fütterungen – zweimal täglich werden im Nationalpark bescheidene Mengen von Sojabohnen und Äpfeln verteilt. Die Heger erklären, sie gäben Mozu Extrarationen und nähmen sie in Schutz, wenn die anderen Affen ihr das Futter streitig machten. Sie versuchen, Mozu für ihre Schwierigkeiten bei der Nahrungssuche zu entschädigen, betonen jedoch, sie halte sich nie länger als nötig an der Futterstelle auf. Sie hat ihren festen Platz in der Gruppe. Wie die übrigen verbringt auch sie den Großteil ihrer Zeit im Bergwald, weit weg von den Menschen.

Das Überleben der Schwächsten

Meine erste Reaktion auf Mozu war ehrfurchtsvoller Respekt: »Was für ein Lebenswille!« Erst später brachte ich das mit Moralität in Verbindung, als ich hörte, welch Aufhebens Paläontologen vom gelegentlichen Überleben von Neandertalern und anderen frühen Menschen bis ins Erwachsenenalter machen, die an Zwergwuchs, Gliederlähmung oder einer Kauunfähigkeit litten. Die fossilen Überreste einer Handvoll Krüppel, denen man so exotische Namen wie Shanidar I, Romito 2, Windover-Junge und der Alte von La Chapelle-aux-Saints gab, beweisen angeblich, daß unsere Vorfahren Individuen unterstützten, die nur wenig zur Gemeinschaft beisteuern konnten. Das Überleben von Schwachen, Behinderten, geistig Zurückgebliebenen und anderen, die mit Sicherheit eine Belastung darstellten, wurde als das erste Auftreten von Mitgefühl und moralischem Empfinden im Verlauf der Evolution gewertet. Höhlenmenschen erwiesen sich als verkappte Kommunisten.

Sollten wir nicht, gemäß dieser Logik, auch Mozus Überleben als ein Beispiel für ein Gefühl von Anstand betrachten? Dem könnte man entgegenhalten, die zusätzliche Fütterung im Jigokudani-Park verbiete dies eigentlich, da wir nicht wissen, ob sie es ohne diese Sonderzuteilungen geschafft hätte. Wenn zudem eine aktive Unterstützung durch die Gemeinschaft unser Kriterium ist, dann muß man Mozu von vornherein ausklammern, denn es gibt nicht die Spur eines Beweises, daß die anderen Affen je auch nur die geringste Anstrengung unternahmen, sie bei ihrem gewaltigen Existenzkampf zu unterstützen.

Genau die gleichen Argumente brachte man gegen die Shanidars und Romitos der menschlichen Fossilienüberlieferung vor. Die Anthropologin K. A. Dettwyler meint, diese frühen Menschen lebten möglicherweise in fruchtbaren Gegenden, in denen das Teilen von Nahrungsmitteln mit ein paar körperlich beeinträchtigten Gruppenmitgliedern keinerlei Probleme aufwarf. Im Gegenzug machten sich die Behinderten vielleicht dadurch nützlich, daß sie Brennholz sammelten, auf die Kleinkinder aufpaßten oder kochten. Des weiteren betont die Forscherin den enormen Unterschied zwischen schierem Überleben und einer guten Behandlung durch die anderen. Sie beschreibt Kulturen, in denen geistig Zurückgebliebene gesteinigt, geschlagen und zur Ergötzung der Öffentlichkeit verhöhnt werden oder in denen man keinerlei Rücksicht auf Poliokranke nimmt (»erwachsene Frauen krochen auf Händen und Knien; ihre Kinder hatten sie sich auf den Rücken gebunden«).[3] Und was die westlichen Gesellschaften betrifft, so brauchen wir nur an die jammervollen Irrenanstalten einer nicht allzu fernen Vergangenheit und an die angekettet dahinvegetierenden Geisteskranken zu denken, um uns klarzumachen: Überleben garantiert noch lange keine menschenwürdigen Bedingungen.

Zwar weiß ich nicht im einzelnen, welche Ähnlichkeiten und Unterschiede zwischen Mozu und den menschlichen Fossilien bestehen, aber meiner Ansicht nach liefern letztere genausowenig einen Beweis für moralisches Empfinden wie Mozus Überleben. In beiden Fällen läßt sich lediglich auf eine relativ tolerante Einstellung gegenüber den Behinderten schließen. Es stimmt, Mozu wird von ihren Gefährten ohne weiteres akzeptiert, was mit ein Grund für ihr Überleben sein mag. Und falls das, was 1991 geschah, in irgendeiner Weise einen Gradmesser darstellt, dann erfreut Mozu sich sogar eines besonders hohen Maßes an Toleranz.

Im Frühling jenes Jahres war die Affenschar im Jigokudani-Park so angewachsen, daß sie sich teilte. Wie bei einer solchen Aufspaltung üblich, verlief die Trennungslinie entlang einem tragenden Pfeiler der Makakengesellschaft, eines Matriarchats (innerhalb der weiblichen Sippschaft bestehen enge Bindungen; gemeinsam kämpfen sie gegen Nichtverwandte – die Folge ist eine auf matrilinearer Abstammung gründende Sozialordnung). Die eine Gruppe setzte sich aus einigen wenigen dominanten Matriarchinnen und ihren Familien zusammen; zur anderen gehörten untergeordnete Matriarchinnen und ihre Angehörigen. Mozu, von niedrigem Rang, sowie ihre Nachkommen landeten in der zweiten Untergruppe.

Laut Ichirou Tanaka, einem japanischen Primatologen, der jahrelang in dem Park arbeitete, stellte die Aufspaltung ein ernstes Problem für Mozu dar. Die dominante Gruppe beanspruchte nämlich die Futterstelle für sich und vertrieb alle anderen Affen. In dieser Situation traf Mozu eine einzigartige Entscheidung. Normalerweise halten Makakenweibchen ihre Verwandtschaftsbeziehungen ihr Leben lang aufrecht; Mozu ignorierte jedoch die enge Beziehung zu ihren Nachkommen und machte einzelnen Mitgliedern der dominanten Gruppe Avancen. Obwohl sie gelegentlich angegriffen wurde, hielt sie sich stets in ihrem Umkreis auf und suchte den Kontakt mit Altersgenossinnen, Weibchen, mit denen zusammen sie vor neunzehn Jahren großgeworden war. Wiederholt unternahm sie Versuche, sie zu groomen (Mozus aufgrund der fehlenden Finger eher unbeholfenes Grooming erfüllte immerhin seinen Zweck, einen ersten Kontakt herzustellen). Allmählich akzeptierten ihre Altergenossinnen sie und erwiderten ihr Grooming. Mittlerweile ist Mozu gut in die dominante Gruppe integriert und kommt wieder in den Genuß der Fütterung; allerdings hat sie dafür mit der endgültigen Trennung von ihrer Familie bezahlt.

In jeder Gesellschaft, die zu Recht als solche bezeichnet werden kann, verfügen die einzelnen Mitglieder über ein Zusammengehörigkeitsgefühl und das Bedürfnis, akzeptiert zu werden. Die Fähigkeit und die Neigung, solche Gemeinschaften zu gründen und darin Sicherheit zu suchen, sind Folgen der natürlichen Auslese bei Angehörigen von Spezies, die in der Gruppe größere Überlebenschancen haben als alleine. Die Vorteile des Gemeinschaftslebens können vielfältig sein; am wichtigsten sind die besseren Aussichten, Nahrung zu finden, Schutz vor Raubtieren und zahlenmäßige Überlegenheit Konkurrenten gegenüber. Beispielsweise kann es von entscheidender Bedeutung sein, wenn man während einer Dürrezeit auf Ältere zurückgreifen kann, die in der Lage sind, die Gruppe zu einem fast vergessenen Wasserloch zu führen. In Zeiten massiver räuberischer Überfälle zählt jedes Auge und jedes Ohr, vor allem in Verbindung mit einem wirksamen Warnsystem. Jedes Mitglied steuert zum Überleben der Gruppe etwas bei und profitiert von ihr, wenn auch nicht notwendigerweise in gleichem Maße oder zum gleichen Zeitpunkt.

Mozus Fall lehrt uns: Selbst wenn Zusammenschlüsse von Primaten auf derartigen Verträgen des Gebens und Nehmens beruhen, bleibt dennoch Raum für Individuen, die nicht viel zu bieten haben, wenn es um gegenseitige Hilfe und Zusammenarbeit geht. Die Kosten für die anderen mögen zu vernachlässigen sein, doch angesichts der realistischen Alternative, nämlich der Ächtung und Verbannung, ist die Integration dieser Individuen auf jeden Fall bemerkenswert.

Jeffrey Kurland, dem auffiel, daß Japanmakaken ziemlich aggressiv sein können und gelegentlich, wie er es bezeichnet, mörderische Absichten an den Tag legen, beschrieb folgendes gemeinschaftliches Vorgehen gegen eine besondere Matrilinie in einer vom Jigokudani-Park weit entfernten Gegend.

Ein Weibchen der ranghöchsten mütterlichen Linie brach einen Streit mit einem niedrigstehenden Weibchen namens Faza-71 vom Zaun. Die Angreiferin und ihre Helfer (eine Schwester, ein Bruder und eine Nichte) veranstalteten einen solchen Lärm, daß das Alphamännchen (das dominanteste Männchen der Gruppe) darauf aufmerksam wurde. Als es zum Schauplatz der Auseinandersetzung kam, saß Faza-71 hoch oben auf einem Baum, von wo aus sie zehn Meter bis zum Boden springen mußte, als das Männchen hinaufkletterte und sie ohrfeigte. Auf der Flucht vor ihren Verfolgern sah Faza-71 keinen anderen Ausweg, als in einen reißenden, eiskalten Fluß zu springen. Ihre Angreifer blieben klugerweise an Land, hinderten jedoch die hektisch umherschwimmende Faza-71 lange daran, ans Ufer zu kommen. In der Zwischenzeit war die Familie von Faza-71, außerstande, ihr zu helfen, über einen Damm ans andere Ufer geflüchtet.

Wäre nicht die kleine Sandbank unter einem eisigen Wasserfall gewesen, dann wäre Faza-71 ertrunken. Blutend und offenbar unter Schock stehend, stieß sie erst wieder zu ihrer Familie, als die Angreifer sich zerstreut hatten. Der ganze Vorfall hatte kaum eine halbe Stunde gedauert, aber die Matrilinie von Faza-71 brauchte mehr als eine Woche, ehe sie sich der Gruppe wieder anschloß, und es dauerte viele Monate, bis sie in Gegenwart der dominanten Matrilinie nicht mehr unruhig wurde.[4]

Biologisierung der Moral

Für die menschliche Moral ist die Integration in die Gesellschaft von zentraler Bedeutung; wir fassen dies normalerweise in Verhaltensgebote und -verbote, deren Einhaltung über unsere Anerkennung als Mitglieder der Gemeinschaft entscheidet. Unmoralisches Verhalten macht uns zu Ausgestoßenen, entweder hier und jetzt oder – laut bestimmten Glaubensvorstellungen – wenn wir an der Himmelstür abgewiesen werden. Überall stellen Zusammenschlüsse von Menschen moralische Gemeinschaften dar; ein moralisch neutrales Dasein ist uns ebenso unmöglich wie ein Leben in vollkommener Einsamkeit. Wie es die Philosophin Mary Midgley zusammenfaßt: »Sich der Moralität zu entziehen wäre in etwa das gleiche, als würden wir uns in einen Bereich außerhalb der Atmosphäre begeben.«[5] Menschliche Moral könnte in der Tat eine Ausweitung allgemeiner Muster sozialer Integration bei Primaten sein bzw. der Anpassung, die von jedem einzelnen Mitglied zur besseren Eingliederung verlangt wird. Wenn dies der Fall ist, wäre das Anliegen dieses Buches ganz allgemein gesagt die Beantwortung der Frage, wie die gesellschaftliche Umwelt individuelles Verhalten formt und welche Einschränkungen und Zwänge sie ihm auferlegt.

Ohne Zweifel betrachten einige Philosophen Moral als ihre Domäne. Im Hinblick auf das »hehre Ziel« von Moralität mag dieser Anspruch seine Berechtigung haben: abstrakte moralische Regeln können wie mathematische Probleme erforscht und diskutiert werden, nahezu losgelöst von ihrer praktischen Anwendung. Kinderpsychologen zufolge gründet moralisches Denken sich jedoch auf viel einfachere Dinge, etwa die Angst vor Bestrafung und den Wunsch, sich anzupassen. Im allgemeinen bewegt die moralische Entwicklung eines Menschen sich vom Sozialen hin zum Persönlichen, vom Interesse an der Stellung in der jeweiligen Gemeinschaft zu einem autonomen Gewissen. Während die frühen Stadien durchaus auch nichtmenschlichen Tieren zugänglich scheinen, ist es unmöglich zu entscheiden, wie nahe die Tiere an rationalere, kantische Dimensionen herankommen. Verläßliche nonverbale Anzeichen für Denkvorgänge bei Menschen gibt es nicht, und die Indikatoren, auf die wir uns manchmal stützen (in die Ferne starren, sich am Kopf kratzen, das Kinn in die Hand stützen), lassen sich bei allen Anthropoiden beobachten. Ob wohl ein außerirdischer Betrachter in der Lage wäre, zu erkennen, daß Menschen über moralische Probleme nachgrübeln? Und falls ja, was hinderte ihn daran, bei Menschenaffen zu demselben Schluß zu gelangen?

Biologen schleichen sich durch die Hintertür in dasselbe Gebäude, das Sozialwissenschaftler und Philosophen mit ihrer Vorliebe für hochtrabende Begriffe durch die Vordertür betreten. Als vor zwanzig Jahren der Harvarder Soziobiologe E. O. Wilson verkündete, »die Zeit ist gekommen, daß die Ethik vorübergehend den Philosophen aus der Hand genommen und biologisiert wird«[6], brachte er damit die gleiche Vorstellung zum Ausdruck, wenn auch etwas provozierender. Meinem Empfinden nach ist die beste Möglichkeit, hier für frischen Wind zu sorgen, Vordertür und Hintertür gleichzeitig zu öffnen, anstatt sich ausschließlich auf die Biologie zu verlassen. Biologen betrachten die Dinge eher funktional; wir fragen immer gleich nach dem Nutzen einer Eigenschaft und gehen davon aus, es gäbe sie nicht, wenn sie nicht irgendeinem Zweck diente. Erfolgreiche Merkmale tragen zur »Tauglichkeit« bei; dieser Begriff drückt aus, wie gut ein Individuum an seine Umgebung angepaßt (tauglich) ist. Die Betonung der Tauglichkeit hat jedoch ihre Grenzen, die leicht zu erkennen sind, wenn Paläontologen auf fossile Überreste eines unserer Vorfahren verweisen, der kaum gehen konnte, und den Zeitpunkt, zu dem auch die Untauglichen zu überleben begannen, als einen entscheidenden Wendepunkt in der menschlichen Vorgeschichte bezeichnen.

Um das Ausmaß dieser Grenzen zu erkennen, brauchen wir uns nur klarzumachen, welchen Einfluß der zu Beginn des 19. Jahrhunderts erschienene Essay von Thomas Malthus über Bevölkerungswachstum ausübte. Er behauptete, Bevölkerungen neigten dazu, in stärkerem Maße zuzunehmen als die verfügbaren Nahrungsmittel und würden automatisch durch erhöhte Sterblichkeit reduziert. Der Gedanke eines Wettbewerbs innerhalb *derselben* Spezies um *dieselben* Ressourcen wurde von Charles Darwin aufgegriffen, der den Essay von Malthus gelesen hatte; er trug dazu bei, sein Prinzip des »Kampfes ums Überleben« in den Mittelpunkt des Interesses zu rücken.

Leider verband Malthus diese wertvollen Erkenntnisse mit äußerst problematischen politischen Ansichten: jegliche den Armen gewährte Unterstützung erlaube ihnen, zu überleben und sich fortzupflanzen, und wirke daher dem natürlichen Prozeß entgegen, der diese Unglückseligen dazu bestimme wegzusterben. Malthus verstieg sich sogar zu der Behauptung, wenn es ein Recht gebe, das der Mensch eindeutig *nicht* besitze, dann sei dies das Recht auf ein Leben, für dessen Unterhalt er nicht selber mit seiner Arbeit sorgen könne.[7]

Obwohl Darwin offenbar größere Schwierigkeiten mit den moralischen Folgerungen aus diesen Ideen hatte als die meisten seiner Zeitgenossen, konnte er doch nicht verhindern, daß seine Theorie in ein geschlossenes Gedankensystem eingebaut wurde, in dem wenig Platz für Mitgefühl war. Auf die Spitze trieb dies Herbert Spencer in einer großangelegten Synthese von Soziologie, politischer Ökonomie und Biologie, nach der die Verfolgung des Eigeninteresses als eigentlicher Lebensnerv aller Gesellschaften für das Fortkommen der Starken auf Kosten der Schwachen sorge. Diese willkommene Rechtfertigung der ungleichen Verteilung des Reichtums auf einige wenige Glückliche wurde mit Erfolg in die Neue Welt exportiert, wo sie John D. Rockefeller dazu veranlaßte, die Ausweitung eines großen Unternehmens als die bloße »Weiterentwicklung eines Natur- sowie eines göttlichen Gesetzes« darzustellen.[8]

Angesichts des Gebrauchs, den man von der Evolutionstheorie machte, bzw. des Mißbrauchs (indem man beispielsweise die Wall Street mit einem darwinistischen Dschungel verglich) überrascht es nicht, daß in den Köpfen vieler Leute natürliche Auslese gleichbedeutend mit freiem, uneingeschränktem Wettbewerb wurde. Wie könnte solch ein herzloses Prinzip die Fürsorglichkeit und Gutmütigkeit, auf die man in unserer Spezies trifft, erklären? Daß sich eine Begründung für ein derartiges Verhalten nicht ohne weiteres aus Darwins Theorie ergibt, sollte dieser nicht zum Vorwurf gemacht werden. Genauso wie Vögel und Flugzeuge dem Gesetz der Schwerkraft hohnzusprechen scheinen, ihm in Wirklichkeit jedoch voll und ganz unterliegen, mag es den Anschein haben, als ob moralisches Empfinden und natürliche Auslese als unvereinbare Gegensätze aufeinanderprallten; dabei handelt es sich bei ersterem womöglich um eine der vielen Folgeerscheinungen der Auslese.

Altruismus beschränkt sich nicht auf unsere Spezies. Vielmehr brachte sein Auftreten in anderen Spezies und die nötige theoretische Erklärung dafür die *Soziobiologie* hervor – die derzeitige Erforschung tierischen (einschließlich menschlichen) Verhaltens von einem evolutionären Standpunkt aus. Auf eigene Kosten und eigenes Risiko anderen zu helfen ist in der Tierwelt weit verbreitet. Der Warnruf eines Vogels ermöglicht es den übrigen, sich vor den Klauen eines Raubvogels in Sicherheit zu bringen, macht diesen jedoch auf den Rufer aufmerksam. Sterile Kasten bei Insektenvölkern tun nicht viel mehr, als die Larven ihrer Königin zu füttern oder sich für die Verteidigung ihrer Kolonie aufzuopfern. Unterstützung durch Verwandte ermöglicht es einem brütenden Eichelhäherpärchen, mehr hungrige Mäuler zu stopfen und so eine zahlreichere Nachkommenschaft aufzuziehen, als ihnen aus eigener Kraft möglich wäre. Delphine geleiten verletzte Artgenossen nahe an die Wasseroberfläche, um zu verhindern, daß sie ertrinken. Und so weiter.

Man sollte doch meinen, eine derartige Neigung, das eigene Leben für jemand anderen aufs Spiel zu setzen, würde schnellstens durch natürliche Auslese ausgerottet. Befriedigende Erklärungen dafür wurden erst in den sechziger und siebziger Jahren vorgeschlagen. Nach einer dieser Theorien – der Theorie der sogenannten *Verwandtenselektion* – könnte eine Tendenz zum Helfen sich ausbreiten, wenn sie eine Vergrößerung der Überlebens- und Fortpflanzungschancen einer Familie oder Sippe zur Folge hat. Vom genetischen Standpunkt aus betrachtet, spielt es keine allzu große Rolle, ob Gene durch die Fortpflanzung des Helfenden selbst oder durch die seiner

Verwandten reproduziert werden. Die zweite Erklärungsmöglichkeit wird *reziproker Altruismus* genannt. Das heißt, Akte des Helfens, die kurzfristig teuer zu stehen kommen, können sich auf lange Sicht auszahlen, wenn nämlich derjenige, dem geholfen wird, den erwiesenen Gefallen erwidert. Wenn ich einen Freund vor dem drohenden Ertrinken rette und er mir unter ähnlichen Umständen seinerseits hilft, sind wir beide besser dran als ohne jede Unterstützung.

Wilsons *Sociobiology: The New Synthesis* faßte die neuen Strömungen zusammen. In diesem grundlegenden und eindrucksvollen Werk sagt er voraus, eines Tages würden auch die übrigen Verhaltenswissenschaften noch dahinterkommen und sich zur Soziobiologie bekehren. Er veranschaulichte seine Zukunftsvision anhand der Zeichnung einer Art von Amöbe, die ihre Scheinfüßchen ausstreckt, um die anderen Disziplinen zu verschlingen. Verständlicherweise waren die Nichtbiologen verärgert über diesen in ihren Augen anmaßenden Einverleibungsversuch; aber auch innerhalb der Biologie selber löste Wilsons Buch heftige Kontroversen aus. Sollte man wirklich zulassen, daß Harvard einen gesamten Wissenschaftsbereich für sich beanspruchte? Etliche Wissenschaftler zogen es vor, sich als Verhaltensökologen und nicht als Soziobiologen zu bezeichnen, obwohl ihre Theorien im wesentlichen übereinstimmten. Darüber hinaus beeilten sich die Soziobiologen wie Kinder, die sich ihrer Eltern schämen, frühere Untersuchungen tierischen Verhaltens als »klassische Ethologie« zu klassifizieren. Auf diese Weise wurde jedem klargemacht, daß die Ethologie tot und sie selbst auf etwas völlig Neues aus waren.

Die Soziobiologie stellt einen gewaltigen Schritt nach vorne dar; sie hat für immer die Interpretation tierischen Verhaltens durch die Biologen verändert. Aber gerade wegen ihrer Aussagekraft und Schlüssigkeit verleiteten die neuen Theorien etliche Wissenschaftler zu groben Vereinfachungen, was die genetischen Auswirkungen betrifft. Ein Verhalten, das auf den ersten Blick nicht in dieses System zu passen scheint, wird als Absonderlichkeit, sogar als Irrtum betrachtet. Am deutlichsten sichtbar wird das in einem bestimmten Zweig der Soziobiologie, der sich derart in die Malthusianische Weltsicht des Kampfes jedes gegen jeden verstrickt hat, daß für moralisches Verhalten kein Platz mehr bleibt. Wie Huxley betrachtet diese Richtung Moralität als Gegenkraft, als Rebellion gegen unsere im Grunde tierische Veranlagung, und nicht als integralen Bestandteil des menschlichen Wesens.[9]

Calvinistische Soziobiologie

Ein Schimpanse im Yerkes Regional Primate Research Center heißt Atlanta, ein anderer Georgia. Ich weiß immer, wo ich bin, denn ich sehe die beiden tagtäglich. Ich zog zum Stern des Südens, wie die Stadt sich gerne nennt, um meine Erforschung der Spezies fortzusetzen, die der unseren von allen am ähnlichsten ist. Aus dem großen Fenster meines Turmzimmers kann ich das Freigehege mit zwanzig Schimpansen überblicken. Die Gruppenbindungen sind so stark, wie sie in einer Familie nur sein können: sie sind Tag und Nacht zusammen, und einige der Erwachsenen kamen erst in der Kolonie zur Welt. Eine davon ist Georgia, der Tunichtgut der Gruppe. Robert Yerkes, einer der Begründer der Primatologie, erklärte einmal, es sei »eine feststehende Tatsache, daß Schimpansen nicht notwendigerweise ausgesprochen selbstsüchtig sind«.[10] Nach allem, was ich über Georgia weiß, ist sie gewiß nicht der Persönlichkeitstyp, an den Yerkes dachte, als er vor sechzig Jahren diese Feststellung traf.

Wenn wir die Kolonie mit frisch geschnittenen Zweigen und Blättern aus dem Wald um das Beobachtungsgelände herum versorgen, schnappt Georgia sich oft als erste eines der großen Bündel und ist die letzte, die bereit wäre, es mit irgend jemandem zu teilen. Selbst ihre Tochter Kate und ihre jüngere Schwester Rita haben Schwierigkeiten, an Futter heranzukommen. Sie können sich noch so sehr auf dem Boden wälzen und in einem mitleiderregenden Anfall ihre Wut herausschreien – es hilft ihnen alles nichts.

Nein, Yerkes muß wohl Schimpansen wie Mai im Sinn gehabt haben, eine schon ziemlich alte, ranghohe Frau, die bereitwillig nicht nur mit ihren Kindern teilt, sondern auch mit Nichtverwandten, ob alt oder jung. Oder er hat an erwachsene Schimpansenmänner gedacht, die meistens überraschend großzügig sind, wenn es um das Verteilen von Nahrung geht.

In einer menschlichen Gesellschaft ist die Unterscheidung zwischen Teilen und Für-sich-Behalten zwar von großer Bedeutung, aber in der Sprache gewisser Soziobiologen, die das Gen als absoluten Herrscher betrachten, vermißt man sie bisweilen. Der ausschließlich genbezogenen Soziobiologie gelang es, mit ihrer Botschaft, Menschen und andere Tiere seien ganz und gar selbstsüchtig, ein breites Publikum anzusprechen. Von ihrem Standpunkt aus betrachtet, besteht der einzige Unterschied zwischen Mai und Georgia darin, auf welche Art und Weise sie ihr Eigeninteresse verfolgen: während Georgia schlichtweg gierig ist, teilt Mai das Futter, um sich Freunde zu machen oder damit man ihr später im Gegenzug ebenfalls einen Gefallen erweist. Beide denken also nur an sich selber. Auf Menschen übertragen, bedeutet dies, Mutter Teresa folgt dem gleichen niederen Instinkt wie jeder gewiefte Geschäftsmann oder Dieb. Eine zynischere Einstellung ist schwerlich denkbar.

Die genbezogene Soziobiologie betrachtet Überleben und Reproduktion ausschließlich vom Standpunkt des Gens, also nicht des Individuums aus. Demnach stellt ein für das Herbeischaffen von Futter für die Jungen zuständiges Gen das Überleben von Individuen sicher, die wahrscheinlich das gleiche Gen tragen.[11] Die Folge ist, daß das Gen sich ausbreitet. Treibt man dies logisch bis zum Extrem, so fördern die Gene also ihre eigene Reproduktion; ein Gen ist dann erfolgreich, wenn es ein Merkmal hervorbringt, das seinerseits für das Gen von Nutzen ist (gelegentlich wird dies in der Aussage »Ein Huhn ist das Hilfsmittel für ein Ei, um weitere Eier zu produzieren« auf einen Nenner gebracht). Zur Benennung dieser genetischen Selbsterhaltung führte Richard Dawkins im Titel seines Buches einen psychologischen Begriff ein, *The Selfish Gene,* das egoistische Gen. Somit kann, was nach allgemeinem Verständnis als großzügiges Verhalten erscheinen mag, etwa das Herbeischaffen von Nahrung, vom Standpunkt des Gens aus durchaus selbstsüchtig sein. Mit der Zeit geriet der Zusatz »vom Standpunkt des Gens aus« immer mehr in Vergessenheit und wurde schließlich ganz weggelassen. Alles Verhalten war egoistisch. Punkt.

Da Gene weder ein Ich haben noch die Gefühle empfinden, die sie selbstsüchtig machen könnten, möchte man meinen, dies sei nichts weiter als eine metaphorische Umschreibung. Das stimmt auch, aber wenn man sie nur oft genug wiederholt, werden Metaphern irgendwann wörtlich genommen. Obgleich Dawkins selbst vor seiner Anthropomorphisierung des Gens warnte, wurden im Lauf der Zeit die Träger selbstsüchtiger Gene mittels Assoziation selber zu Egoisten. Feststellungen wie »Wir werden als selbstsüchtige Wesen geboren« zeigen, wie manche Soziobiologen die nichtexistenten Emotionen von Genen zum Archetyp wirklicher Emotionalität machten. Ein kritischer Artikel von Mary Midgley verglich die Warnung der Soziobiologen vor der von ihnen selber eingeführten Metapher mit den Vaterunsern der Mafiosi.

Von einem geistreichen Philosophen in die Enge getrieben, verteidigte Dawkins seine Metapher, indem er behauptete, es sei gar keine. Er war wirklich der Ansicht, Gene seien egoistisch, und beanspruchte für sich das Recht, Eigennützigkeit so zu definieren, wie es ihm paßte. Dennoch, er entlieh einen Begriff aus einem Bereich, definierte ihn in sehr engem Sinne um und wandte ihn dann innerhalb eines anderen Bereichs an, dem er eigentlich völlig fremd war. Man könnte ein derartiges Vorgehen hinnehmen, würden die beiden Bedeutungen immer fein säuberlich auseinandergehalten; leider verschmelzen sie aber immer mehr. Das geht soweit, daß einige Autoren dieses Genres mittlerweile zu verstehen geben, wenn Leute sich gelegentlich für uneigennützig hielten, gäben sich diese bedauernswerten Geschöpfe einer Selbsttäuschung hin.

Diese Verwirrung gilt es aufzuklären, und es muß ein für allemal klargestellt werden, die Metapher »egoistisches Gen« sagt überhaupt nichts, weder direkt noch indirekt, über Motivation, Emotion oder Intention aus. Elliott Sober, ein weiterer an den semantischen Eigenheiten der Soziobiologie interessierter Philosoph, schlägt eine Unterscheidung zwischen *umgangssprachlichem Egoismus*, unserem alltäglichen Gebrauch des Begriffs, und *evolutionärem Egoismus* vor, bei dem es ausschließlich um genetische Selbsterhaltung geht. Eine Pflanze beispielsweise ist in der Lage, ihre genetischen Interessen zu verfolgen, kann jedoch unmöglich selbstsüchtig im landläufigen Sinne sein. Ein Schimpanse oder ein Mensch, der seine Nahrung mit anderen teilt, verhält sich, im umgangssprachlichen Sinne, altruistisch; dennoch gehen wir von der Annahme aus, daß dieses Verhalten sich herausbildete, weil es dem Überleben und der Fortpflanzung, folglich einem egoistischen Zweck im evolutionären Sinne, diente.[12]

Eigentlich hat es keinen Sinn, die Entwicklung von Moral zu erörtern, solange wir zulassen, daß der evolutionäre Gedanke die umgangssprachliche Bedeutung unserer Terminologie überschattet. Moralische Urteile, die ein Mensch fällt, forschen immer nach der Absicht, die hinter einer Verhaltensweise steht. Wenn ich mich aus einem Fenster im fünften Stock beuge und aus Versehen einen Blumentopf umstoße, der einen Fußgänger auf dem Gehsteig erschlägt, kann man mich für unbeholfen oder verantwortungslos halten, nicht jedoch für mordlüstern. Mordabsichten würde man mir mit Sicherheit vorwerfen, wenn jemand gesehen hätte, daß ich den Blumentopf genommen und ihn auf die Person geworfen habe. Die Wirkung ist dieselbe, ausschlaggebend sind jedoch einzig die Motive. Die Geschworenen und der Richter würden versuchen herauszufinden, welche Gefühle ich dabei zeigte, inwieweit das Ganze geplant war, in was für einem Verhältnis ich zum Opfer stand und so weiter. Kurz, ihnen käme es auf eine Klärung der psychologischen Hintergründe der Tat an.

Für eine ausschließlich an den Auswirkungen von Verhalten interessierte

Soziobiologie sind derlei Unterscheidungen im Grunde unwesentlich. Hier werden beabsichtigte versus unbeabsichtigte Folgen, eigennütziges versus gemeinnütziges Verhalten, was wir sagen versus was wir meinen, oder unbeabsichtigter versus absichtlicher Fehler nicht unterschiedlich bewertet. Indem sie sich damit selber des einzig wirklich wichtigen Zugriffs auf ethische Fragen beraubten, verwehrten manche Soziobiologen es sich schlicht, Moralität zu erklären. Nach den Worten William Hamiltons, des Entdeckers der Verwandtenselektion, kann man »das Tier in uns nicht als geeigneten Hüter der Werte des zivilisierten Menschen« betrachten, und Dawkins drängt uns, einen reinen, uneigennützigen Altruismus zu pflegen, denn von Natur aus sei er uns nicht mitgegeben: »Wir sind die einzigen auf dieser Erde, die gegen die Tyrannei der egoistischen Replikatoren ankämpfen können.«[13] Damit wird die Moral außerhalb der Natur angesiedelt, und die Wissenschaft muß gar nicht mehr den Versuch unternehmen, sie in ihrer evolutionären Betrachtungsweise unterzubringen.

Eine noch beängstigendere Position vertrat George Williams in seinem Kommentar zu Huxleys berühmtem Vortrag »Evolution und Ethik«. Williams begnügte sich nicht damit, wie Huxley die Natur als moralisch indifferent zu bezeichnen; für ihn mußte sie gleich »immens unmoralisch« sein und »die Moral untergraben«. Des weiteren zeigte er, daß »in der Natur eigentlich jede ... Art sexuellen Verhaltens, die als sündig oder unmoralisch betrachtet wurde, im Überfluß zu finden ist«. Diese Aussage ergänzte er durch eine niederschmetternde Aufzählung verschiedener Fälle von Mord, Vergewaltigung und Niedertracht bei Tieren.[14]

Können wir wirklich mit mehr Berechtigung ein Urteil über andere Tiere fällen als über den Lauf eines Flusses oder die Bewegung von Elementarteilchen? Ob uns das hilft, jahrhundertealte Klischees wie das der fleißigen Biene, des edlen Rosses, des grausamen Wolfs und des gefräßigen Schweins zu überwinden? Gehen wir also davon aus, daß Tiere über bestimmte Verhaltens-, möglicherweise sogar ethische Normen verfügen. Williams maß jedoch ihr Verhalten nicht an ihren eigenen Normen, sondern an den Prinzipien der Kultur, der er selber zufällig angehört. Da Tiere seine Kriterien nicht erfüllten, erklärte er die Natur, einschließlich der menschlichen Natur, zu unserem Feind. Man beachte, wie sich erneut der umgangssprachliche Egoismus in eine Aussage über den Evolutionsprozeß einschleicht: »Dieser Feind ist in der Tat mächtig und hartnäckig, und wir benötigen alle nur erdenkliche Hilfe bei dem Versuch, Jahrmilliarden der Auslese zur Eigennützigkeit hin zu überwinden.«[15]

Mittlerweile hat der Leser sicherlich genug vom Parfum Egoïste geschnuppert (eine neue Kreation von Chanel), um davon entweder überzeugt oder völlig benebelt zu sein. Wie, um alles in der Welt, konnte es dazu kommen, daß eine Gruppe von Wissenschaftlern eine so schlechte Meinung vom Universum der Natur hat, vom ganzen Menschengeschlecht, von ihnen Nahestehenden und von sich selbst (denn wir müssen davon ausgehen, daß ihre Theorie keine Ausnahmen kennt)? Sehen sie denn nicht, daß, frei nach Buddha, dort, wo Schatten ist, auch Licht sein muß?

Ihrer Einstellung liegt eine gewaltige Verwechslung zwischen einem Prozeß und seinem Ergebnis zugrunde. Ein Diamant verdankt seine Schönheit Jahrmillionen ungeheuren Drucks, dennoch sind wir uns dieser Tatsache kaum bewußt, wenn wir den Edelstein bewundern. Warum also sollten wir uns durch die Grausamkeit der natürlichen Auslese von den Wundern, die sie hervorgebracht hat, ablenken lassen? Den Menschen und anderen Tieren wurde eine Fähigkeit zu echter Liebe, Mitgefühl und Fürsorge verliehen – eine Tatsache, die sich eines Tages voll und ganz mit der Vorstellung versöhnen kann und wird, daß genetische Selbsterhaltung die Antriebskraft der Evolution ist.

Der Ursprung der angeblichen Kluft zwischen Moral und Natur läßt sich leicht ausmachen. Außerhalb der Wissenschaft ist diese Überzeugung allgemein verbreitet. Die Vorstellung einer dem Menschen angeborenen Schlechtigkeit und seines Kampfes, um sich darüber zu erheben, ist im wesentlichen calvinistisch und geht auf die Lehre von der Erbsünde zurück. Darüber hinaus ist die Spannung zwischen bürgerlicher Ordnung und unserer tierischen Abstammung das zentrale Thema von Sigmund Freuds *Das Unbehagen in der Kultur*. Freud argumentiert, wir müßten unsere niederen Instinkte unter Kontrolle bringen und uns ganz davon befreien, ehe wir eine moderne Gesellschaft errichten können. Wir haben es hier also nicht mit einer rein biologischen Theorie, sondern mit einem Konglomerat aus religiösem, psychoanalytischem und evolutionärem Denken zu tun, dem zufolge menschliches Leben im wesentlichen dualistisch ist. Wir schweben irgendwo zwischen Himmel und Erde, ausgestattet mit einem »guten« Flügel – einem erworbenen Sinn für Moral und Gerechtigkeit – und einem »schlechten« – einem tief verwurzelten Egoismus. Das ist das uralte Bild vom Menschen als einem Wesen, das halb Tier, halb Engel ist.

Die Notwendigkeit, einen Bereich aus ihrer angeblich allumfassenden Theorie auszuklammern, muß für die genbezogenen Soziobiologen doch ziemlich unbefriedigend sein, zumal es sich dabei keineswegs um einen unwichtigen Bereich handelt, sondern um etwas, was viele von uns für den Kern menschlichen Wesens halten. Das Fehlschlagen des Versuchs, Moral mit genetischer Selbstsucht zu erklären, ist die logische Folge eines derartigen Reduktionismus. Wenn wir Versuche, Liebe einzig der Einwirkung von Hormonen oder Haß bestimmten Hirnströmen zuzuschreiben, mit einem Achselzucken abtun – weil wir wissen, daß das nur ein Teil der Wahrheit ist –, sollten wir uns gleichzeitig klarmachen: dies sind nur leichte Verzerrungen verglichen mit der Reduktion der menschlichen Psychologie auf das Wirken von Genen.

Glücklicherweise haben wir zur Zeit die gegenläufige Tendenz – weg von solchen Vereinfachungen, statt dessen der Versuch, lebende Systeme in ihrer Gesamtheit und Vielschichtigkeit zu erklären. Wie es eine kürzlich eingesetzte Projektgruppe der National Science Foundation formulierte: »Die Biologie entfernt sich von der Ära eines analytischen Reduktionismus... davon, biologische Systeme auseinanderzunehmen, um zu sehen, aus was für Einzelteilen sie bestehen und wie diese arbeiten, und sie dann wieder zusammenzusetzen, um zu verstehen, wie sie in ihrer Gesamtheit funktionieren.«[16]

Man muß dieser ganzheitlichen Sicht nicht unbedingt bis hin zu Gaia folgen (die Vorstellung, die Biosphäre verhalte sich wie ein einheitlicher Organismus), um der Einschätzung zuzustimmen, daß die derzeitige Entwicklung von einem höheren Grad an wissenschaftlicher Reife zeugt. In der verbesserten Neuauflage der Soziobiologie tun Tiere nach wie vor alles, um zu überleben und sich zu reproduzieren, beziehen jedoch die jeweiligen Umstände mit ein, um die beste Vorgehensweise zu wählen: aus »Überlebensmaschinen« sind »adaptive Wesen« geworden, die »Entscheidungen treffen«. Angesichts der Hinzunahme so vieler gradueller Abstufungen von Freiheit kann man den Gedanken des »egoistischen Gens« getrost in die »klassische Soziobiologie« verweisen.

Habe ich etwa offene Türen eingerannt? Ich glaube nicht. Die ausschließlich auf die Genetik bezogene Soziobiologie ist heute am bekanntesten. In gewissen akademischen Kreisen ist sie nach wie vor weit verbreitet, besonders in nichtbiologischen Disziplinen, wo man sich intensiv um die Entwicklung und Durchsetzung eines evolutionären Ansatzes bemühte. Zudem trifft die Vorstellung, dem Tierischen auch Schönheit zuzugestehen, aufgrund des Glaubens an eine Natur, in der es nur Mord und Totschlag gibt, immer noch auf enormen Widerstand, sowohl innerhalb als auch außerhalb der Biologie.

In ihrer Beschreibung von Tieren klingt die soziobiologische Sprache nahezu höhnisch. Wer vom Image des Biologen als Naturfreund ausgeht, dürfte schockiert sein, zu erfahren, daß in der derzeitigen wissenschaftlichen Literatur Tiere meist als »Blutsauger« und »Neider« beschrieben werden, die andere »arglistig täuschen«, »bösartig«, »gierig« und »mordlüstern« sind. Sie haben überhaupt nichts Liebenswertes an sich! Wenn Tiere Toleranz oder Altruismus an den Tag legen, werden diese Begriffe oft in Anführungszeichen gesetzt, damit der Verfasser nur ja nicht als hoffnungslos romantisch oder naiv gilt. Um eine Überfülle an Anführungszeichen zu vermeiden, werden positive Neigungen oft mit negativen Etiketten versehen. Eine bevorzugte Behandlung der eigenen Sippe wird beispielsweise nicht unbedingt als »Zuneigung für Verwandte«, sondern gelegentlich als »Nepotismus«, Vetternwirtschaft, bezeichnet.

So schreibt der bekannte Wirtschaftswissenschaftler Robert Frank (unter Bezugnahme auf ein allen Verhaltenswissenschaften gemeinsames Problem): »Der nüchterne Forscher fürchtet nichts so sehr wie die Schande, irgendein Verhalten als altruistisch bezeichnet zu haben, das ein klügerer Kollege später als eigennützig entlarvt. Diese Angst ist sicher mit eine Erklärung dafür, wieviel Tinte Verhaltenswissenschaftler schon verspritzt haben, um egoistische Motive für Akte einer scheinbaren Selbstaufopferung aufzuspüren.«[17]

Als Erforscher des Verhaltens von Schimpansen bin ich selber auf Widerstand gegen den Begriff »Versöhnung« für ein freundschaftliches Zusammentreffen zwischen früheren Gegnern gestoßen. Genaugenommen hätte ich auch das Wort »freundschaftlich« nicht verwenden dürfen – der angemessene Euphemismus wäre wohl »kontaktfreudig« gewesen. Wiederholt hat man mich gefragt, ob der Terminus »Versöhnung« nicht allzu menschlich wäre. Während auf Aggression, Gewalt und Konkurrenz bezogene Begriffe nie auch nur das geringste Problem darstellten, sollte ich auf eine entmenschlichte Sprache umschalten, sobald es um das liebevolle Nachspiel eines Kampfes ging. Eine mit einem Kuß besiegelte Versöhnung wurde zu einer »nach einem Konflikt stattfindenden Interaktion mit Mund-zu-Mund-Kontakt«.

Auf den gleichen Widerstand traf Barbara Smuts, als sie »Freundschaft« als naheliegende Bezeichnung für enge Beziehungen zwischen erwachsenen männlichen und weiblichen Pavianen wählte. »Können Tiere wirklich Freunde haben?«, so lautete die Frage von Kollegen; mit »Rivalen« hingegen waren sie, ohne mit der Wimper zu zucken, einverstanden. Angesichts dieser inkonsequenten Bewertung sage ich voraus, daß auch das Wort »Bindung« in Kürze tabu sein wird, obgleich es ursprünglich von Ethologen als neutrale Bezeichnung für ein Gefühl der Zugehörigkeit geprägt wurde. Ironischerweise ist das Wort mittlerweile in den allgemeinen Sprachgebrauch eingegangen, und zwar genau mit der Bedeutung, die man vermeiden wollte, etwa in »Mutter-Kind-Bindung« oder »Bindung zwischen Männern«. Für Leute, die sich mit tierischem Verhalten befassen, dürfte es bald allzu belastet sein.

Bei Tieren, insbesondere solchen, die uns nahestehen, finden wir eine ungeheure Bandbreite von Gefühlen und verschiedenen Arten von Beziehungen. Es ist nur recht und billig, wenn sich diese Tatsache in einem verfeinerten Begriffsinstrumentarium widerspiegelt. Wenn Tiere Feinde haben können, dann können sie auch Freunde haben; wenn sie einander täuschen können, dann können sie auch ehrlich sein, und wenn sie boshaft sein können, dann können sie auch freundlich und altruistisch sein. Semantische Unterscheidungen zwischen menschlichem und tierischem Verhalten verschleiern oft grundlegende Ähnlichkeiten; eine Diskussion von Moral ist sinnlos, wenn wir zulassen, daß unsere Sprache durch eine Leugnung positiver Gefühle und Motive bei Tieren verzerrt wird.

Als sich einmal mitten am Tag unsere ganze Schimpansenkolonie unerwartet um Mai versammelte, kam es zu einer hochinteressanten Gefühlsäußerung. Alle Affen waren still und starrten wie gebannt auf Mais Hinterteil; einige stocherten vorsichtig mit einem Finger darin und rochen dann an ihrer Hand. Mit leicht gespreizten Beinen stand Mai halb aufgerichtet da; eine Hand hatte sie zwischen die Beine gelegt. Uns fiel auf, daß eine ältere Frau Mai nachahmte und sich auf genau die gleiche Weise die hohle Hand zwischen die Beine schob.

Nach ungefähr zehn Minuten spannte Mai sich an, kauerte sich tiefer auf den Boden und preßte ein Baby heraus, das sie mit beiden Händen auffing. Die Affenschar geriet in Bewegung, und Atlanta, Mais beste Freundin, tauchte daraus auf, stieß einen Schrei aus und umarmte ein paar andere Schimpansen in ihrer Nähe, von denen einer schrill bellte. Anschließend zog Mai sich in eine Ecke zurück, um das Kleine sauberzumachen, und verspeiste voller Genuß die Plazenta. Bei einem Streit am nächsten Tag verteidigte Atlanta grimmig Mai, und in den darauffolgenden Wochen groomte sie Mai häufig, starrte ihren gesunden neuen Sohn an und berührte ihn zärtlich.

Damals wurde ich zum ersten Mal Zeuge einer Schimpansengeburt. Allerdings hatte ich schon einige Makaken gebären sehen; der große Unterschied besteht darin, daß Makaken der Mutter nicht nahe kommen. Schwer zu sagen, ob sie überhaupt daran interessiert sind; jedenfalls lassen sie keine besondere Aufregung oder Neugierde erkennen, was die Geburt betrifft. Deutliches Interesse zeigen sie erst dann, wenn die Fruchtblase entfernt und das Kind gesäubert ist. Denn Neugeborene üben auf Makaken eine ungeheure Anziehungskraft aus. Unsere Schimpansen reagierten viel früher; sie schienen von dem Vorgang genauso fasziniert wie vom Ergebnis. Durchaus möglich, daß der Gefühlsausbruch Atlantas (die selber etliche Kinder hat) *Empathie* widerspiegelte, das heißt Identifizierung mit dem Erleben ihrer Freundin und Verständnis dafür.[18]

Überflüssig zu sagen: Empathie und Sympathie sind zwei Grundpfeiler der menschlichen Moral.

Eine umfassendere Betrachtungsweise

Ein Orang-Utan, der einen Baum hinaufklettert, packt mit einer Hand einen Ast und hält sich daran fest, bis er mit der anderen Hand den nächsten Ast gefunden hat. Dann werden die Rollen vertauscht, und die erste Hand läßt los, um nach einem anderen Zweig zu greifen. In *Masse und Macht* stellte Elias Canetti einen Zusammenhang zwischen der uralten, auf Bäume bezogenen Funktion eines unserer vielseitigsten Organe und dem universellen menschlichen Ritual des Tauschhandels her: möglicherweise hat uns das Klettern auf Bäumen für wirtschaftlichen Austausch prädisponiert, da beide Tätigkeiten auf der sorgsamen Koordinierung von Zugreifen und Loslassen beruhen. Die eigene Ware in der einen Hand, langt der Händler mit der anderen nach der seines Partners und achtet dabei darauf, seinen Besitz nicht loszulassen, ehe er das Gewünschte fest in der Hand hat. Vollzieht er diese Handlungen nicht in der richtigen Reihenfolge oder aber zum falschen Zeitpunkt, kann dies auf dem Baum tödliche Folgen haben, genauso wie der Händler schließlich mit leeren Händen dastehen könnte. Der Austausch von Gütern ist uns zur zweiten Natur geworden; meistens denken wir genausowenig über die Risiken dabei nach wie ein Affe, der sich durch die Baumkronen schwingt.

Canetti zieht hier eine faszinierende Parallele, aber natürlich besteht kein kausaler Zusammenhang. Ansonsten wäre ja der Krake der Meister unter den Händlern des Tierreichs, und Tiere ohne Hände, etwa Delphine und

Bonobo

Schimpanse

Pavian

Bärenmakak

Rhesusaffe

Kapuzineraffe

Die Primatenordnung umfaßt nahezu zweihundert verschiedene Spezies, deren Größe von den 100 Gramm wiegenden Zwergmarmosetten bis zu den 100 Kilogramm schweren Gorillamännern variiert. Die Photographien zeigen die sechs nichtmenschlichen Primaten, die in diesem Buch am häufigsten erwähnt werden. Schimpansen und Bonobos gehören als Menschenaffen zum selben Hominoidenzweig des evolutionären Stammbaums wie unsere Spezies; bei den vier übrigen hier abgebildeten Primaten handelt es sich um Affen. Der Kapuzineraffe ist der einzige Affe der Neuen Welt.

Nähe

Bei Säugetiergesellschaften handelt es sich vielfach um eng zusammengehörige Gruppen, in denen jeder jeden kennt. Geburt und Tod bezeichnen Eintritt und Austritt im System: Neugeborene stehen im Mittelpunkt der Aufmerksamkeit, und Anhänglichkeit an ein Individuum ist noch lange nach seinem Tod zu spüren. Die Beziehung zwischen Mutter und Jungem stellt das Grundmuster für alle anderen Verbindungen dar. Behinderte Individuen werden unter Umständen von der Gruppe voll akzeptiert.

Ein freilebender Japanmakak im Jigokudani-Park, der ohne Hände und Füße zur Welt kam. Zwei Jahrzehnte lang hielt Mozu (Portrait nächste Seite) dem rauhen Klima dieser gebirgigen Gegend stand und überlebte.

Im Alter von drei Monaten fielen bei Azalea, einem zurückgebliebenen Rhesusweibchen, dessen Mutter eigentlich über das gebärfähige Alter hinaus war, ungewöhnliche Gesichtszüge auf. Als Zweijährige – als die Gleichaltrigen bereits ziemlich selbständig und unternehmungslustig waren – wurde Azalea immer noch von älteren Verwandten herumgetragen und auf den Arm genommen, hier von einer Schwester *(Wisconsin Primate Center)*.

Ein Rhesusäffchen mit einem Babygesicht zum Liebhaben *(Wisconsin Primate Center)*.

Ein schneeweißes Neugeborenes auf dem Schoß seiner Mutter, umringt von anderen Bärenmakaken *(Wisconsin Primate Center)*.

Gelegentlich bezeichnet man Kapuzineraffen als die Schimpansen Südamerikas, obwohl sie nur entfernt miteinander verwandt sind. Den beiden Spezies sind Merkmale wie Werkzeuggebrauch, großes Gehirn, Allesfresserernährung, langsame Entwicklung und ein langes Leben gemeinsam. Das Photo zeigt ein Mutter-Kind-Paar des Gemeinen Braunen oder Haubenkapuzineraffen *(Yerkes Primate Center)*.

Jahrmillionen der Auslese für Mütter, die immer auf die Bedürfnisse ihrer Sprößlinge achten, förderten eine ausgeprägte Fürsorglichkeit bei weiblichen Säugetieren. Eine Bonobomutter mit ihrer Tochter *(San Diego Zoo)*.

Gelegentlich schließen die Mutter und ihr Junges beim Entwöhnen Kompromisse. Eine jugendliche Schimpansin hat die Angewohnheit entwickelt, in der Achselhöhle ihrer Mutter zu »saugen«; ein anderer junger Schimpanse saugt an der Unterlippe seiner Mutter *(Yerkes Field Station)*.

Schimpansen kennen viele Möglichkeiten, Mitgefühl zu wecken. Eine heranwachsende Frau will ihre Mutter überreden, irgendwohin zu gehen. Zuerst wimmert sie klagend und streckt beide Hände aus (oben). Als die Mutter näher kommt, verändert sich der Gesichtsausdruck der Tochter (gegenüberliegende Seite). Schließlich ziehen die beiden zusammen los *(Yerkes Field Station)*.

Bemerkenswert an diesen schlafenden Rhesusaffen ist die Tatsache, daß es sich dabei um das Alphaweibchen (links) und die rangniedrigste Matriarchin handelt. Meistens steht der hierarchische Abstand einer solchen Verbindung im Wege *(Wisconsin Primate Center)*.

Unsere Primatenverwandten legen keinen besonders großen Wert auf Unabhängigkeit; vielmehr widmen sie einen Großteil ihrer Zeit der Pflege enger Beziehungen: ein weiblicher Japanmakak groomt ein Männchen *(Jigokudani-Park, Japan)*.

Fünfzehn Monate nach dem Tod ihrer Mutter kehrt Agatha nach wie vor regelmäßig zu der Stelle zurück, wo die Mutter starb, dreht und wendet den Schädel und befühlt ihn vorsichtig (Aus: *Elephant Memories* von Cynthia Moss; *Amboseli National Park, Kenia*).

Fledermäuse, fielen als potentielle Händler aus. Aber gerade die Fledermäuse – Säugetiere, deren vordere Gliedmaßen zu Flügeln umgeformt sind – liefern uns eines der besten Beispiele für Beziehungen des Gebens und Nehmens bei Tieren. So grausig es klingen mag, Vampire tauschen Mahlzeiten aus, indem sie einander Blut einflößen. Des Nachts saugen diese Fledermäuse verstohlen Blut aus einem kleinen, mit rasiermesserscharfen Zähnen freigelegten Stück Fleisch eines schlafenden Säugetiers, etwa eines Pferdes oder einer Kuh. Wenn sie ihren Magen gefüllt haben, kehren sie zu dem hohlen Baum zurück, in dem sie den Tag verbringen. Über ihren Blutaustausch wissen wir Bescheid, weil die Fledermäuse ihren Schlafplatz gelegentlich mit einem Wissenschaftler teilen, der stundenlang auf dem Rücken liegt – die Beine außerhalb und den Oberkörper in einer Öffnung im unteren Teil des Baumes – und nach oben späht, um Informationen über das Verhalten dieser Tiere zu sammeln (und dabei auch unvermeidlich herabfallende Exkremente abzubekommen).

Gerald Wilkinson, der seine Untersuchungsobjekte mit reflektierenden Bändern ausstattete, um sie in der Dunkelheit wiederzuerkennen, stellte fest, daß weibliche Fledermäuse oft ihren Jungen Blut einflößen. Das ist nicht allzu überraschend, aber bei einundzwanzig anderen Gelegenheiten beobachtete der Forscher auch andere Kombinationen – meist Tiere, die oft zusammen waren und sich groomten. Sie schienen ein »Kumpelsystem« des Nahrungsaustauschs zu bilden, in dem zwei Individuen unter Umständen jede Nacht die Rollen tauschten, je nachdem, wie erfolgreich die beiden beim Blutsaugen waren. Da sie ohne Nahrung nicht länger als zwei Nächte hintereinander durchhalten, ist es für die Vampire eine Frage von Leben und Tod, solche Freunde zu haben. Obwohl die Beweise dafür noch spärlich sind, schließen diese Tiere Wilkinsons Ansicht nach einen Gesellschaftsvertrag – beide steuern gelegentlich einen Teil ihrer Mahlzeit bei und können deswegen in nicht so günstigen Zeiten um eine lebensrettende Gegengabe bitten.

Peter Kropotkin wäre von diesen kleinen Fledermäusen entzückt gewesen, da sie das in seinem 1902 erschienenen berühmten Buch *Gegenseitige Hilfe in der Tier- und Menschenwelt* von ihm vertretene Evolutionsprinzip veranschaulichen. Obwohl er einen Bart hatte und Anarchist war, darf man sich Kropotkin nicht als wild dreinblickenden Fanatiker vorstellen. Stephen Jay Gould versichert: »Kropotkin ist kein Wirrkopf.«[19] Der hochgebildete russische Prinz war Naturforscher und ein glänzender Intellektueller. Man bot ihm den Posten eines Sekretärs der Kaiserlichen Geographischen Gesellschaft in Sankt Petersburg an und später, während seines Exils in England, einen Lehrstuhl für Geologie an der Cambridge University. Beide Berufungen lehnte er ab, da sie mit seinen politischen Aktivitäten nicht in Einklang zu bringen gewesen wären, die laut Aussage eines Genossen darauf abzielten, in lustvoller Selbstzerfleischung ebenjene Ungerechtigkeit zu bekämpfen, zu deren unfreiwilligem Nutznießer das Schicksal ihn gemacht hatte.

Tiere müssen, so Kropotkin in *Gegenseitige Hilfe*, einander in ihrem Existenzkampf beistehen, der nicht so sehr ein Kampf aller gegen alle ist, sondern der Kampf eines Verbands von Organismen gegen die feindliche Umwelt. Kooperation ist allgemein verbreitet, wenn beispielsweise Biber zusammen einen Fluß eindämmen oder Pferde einen Schutzring gegen angreifende Wölfe bilden. Mit seiner Betonung der Neigung zur Gemeinschaftsbildung bei Tieren stand Kropotkin nicht alleine: einer ganzen Generation russischer Wissenschaftler behagte es nicht, wie sehr in der Evolutionstheorie dem Konkurrenzgedanken Vorrang gegeben wurde. In einer aufschlußreichen Abhandlung über die russische Naturwissenschaft, die den äußerst passenden Titel *Darwin without Malthus* trägt, behauptete Daniel Todes, möglicherweise hätten geographische Gründe eine Rolle bei der Herausbildung dieser unterschiedlichen Betrachtungsweisen gespielt.

Während Darwin sich auf einer Reise in üppige tropische Regionen zu seinen Ideen anregen ließ, machte Kropotkin sich im Alter von neunzehn Jahren auf, um Sibirien zu erforschen. Ihre Vorstellungen spiegeln den Gegensatz zwischen einer Welt, in der das Leben leicht ist – was zu einer hohen Bevölkerungsdichte und intensivem Wettbewerb führt –, und einer Umgebung mit harten Lebensbedingungen und voller unvorhersehbarer Gefahren wider. Wenn sie über Evolution sprachen, hatten Kropotkin und seine Landsleute stets ihren spärlich besiedelten Kontinent mit den plötzlichen Wetterumschwüngen und extremen jahreszeitlichen Unterschieden im Sinn. Er beschrieb klimatische Katastrophen, die ein Gebiet so groß wie Frankreich und Deutschland zusammen zu einer Gegend machen würden, in der Wiederkäuer unmöglich überleben könnten, Pferde durch Stürme weggerissen und ganze Rinderherden unter Massen von Schnee begraben würden.

»[Diese Katastrophen] lehrten mich frühzeitig verstehen, welch überwiegende Bedeutung das von Darwin als »die natürlichen Hemmnisse gegen die Überbevölkerung« bezeichnete Moment hat im Verhältnis zu dem Kampfe um die Existenzmittel zwischen Individuen der gleichen Art, einem Kampfe, der hie und da in einem gewissen Umfange statthat, aber niemals die Bedeutung des ersten Moments erreicht. Spärliche Verteilung von Lebewesen auf weitem Raum, Untervölkerung und nicht Übervölkerung war das deutliche Charakteristikum jenes ungeheuren Teils der Erde – Nordasiens –, und so regten sich damals in mir ernsthafte Zweifel – die nachfolgende Studien bestätigten – an der Wirklichkeit jenes furchtbaren Kampfes um Nahrung und Leben innerhalb jeder Spezies, der für die meisten Darwinisten ein Glaubensartikel war und nach ihnen eine ausschlaggebende Rolle in der Entwicklung neuer Arten spielte.«

Vehement widersprach Kropotkin der Schilderung des Lebens als »ständiger allgemeiner Rauferei« und »Gladiatorenschau«, die Huxley populär gemacht hatte, obgleich er fünf Jahre später, kurz vor seinem Tod, seine Einstellung zum Teil änderte und Moralität besänftigend als rettende Tugend der Menschheit einführte. Kropotkin spielte die Bedeutung des Konkurrenzprinzips Huxleys herunter und sah statt dessen ein Prinzip der Gemeinschaftlichkeit am Wirken: Kooperation und gegenseitige Hilfe bei Tieren seien als Reaktion auf den gemeinsamen Feind entstanden. Die Vorstellung eines gemeinsamen Feindes ist vielleicht die charakteristischste aller Ideen Kropotkins. In seinem Denken bezog er sich immer auf die feindliche Umwelt, in der viele Tiere zu überleben und sich fortzupflanzen versuchen.

Kropotkins Analyse wies schwerwiegende Mängel auf, und *Gegenseitige Hilfe* ist durchsetzt von äußerst willkürlich ausgewählten, oft zweifelhaften Beispielen. Seinem Denken lag ein (kaum verborgener) revolutionärer Aktionsplan zugrunde, und er interpretierte seine politischen Vorlieben in die Natur hinein, was dazu führte, daß er ihre häßlichen Seiten völlig übersah. Er stellte fest, »angesichts der freien Natur haben die ungeselligen Instinkte keine Gelegenheit, sich zu entwickeln, und das allgemeine Resultat ist Friede und Eintracht«. Allerdings richtete sich Kropotkins Buch an Leute, die alles in der Natur auf einen wilden, ungezügelten Kampf zurückführen wollten.[20] Auch deren Position konnte kaum als frei von ideologischen Vorurteilen bezeichnet werden. Russische Wissenschaftler jener Zeit betrachteten die Gladiatorenkampf-Theorie als Erfindung der britischen Oberschicht, um den Status quo zu verteidigen.

Kropotkin formulierte seine Behauptungen hinsichtlich des Überlebens der Gruppe oder der gesamten Spezies. Die Ablehnung dieser als Gruppenselektion bezeichneten Anschauung markierte den Beginn der Soziobiologie. Zeitgenössische Biologen sind im allgemeinen nicht der Ansicht, Verhalten habe sich im Hinblick auf einen höheren Wert herausgebildet. In ihren Augen müssen aus der gegenseitigen Hilfe bei Fledermäusen, Bienen, Delphinen und anderen Tieren jedem einzelnen Angehörigen der Gruppe Vorteile erwachsen, ansonsten hätte die Eigenschaft sich nicht ausgebreitet.[21]

Alte Vorstellungen sterben nie ganz aus, und die Gruppenselektion erlebt allmählich ein Comeback.[22] Zudem sollte man sich klarmachen, daß sich Kropotkin mit seinem Glauben, allein der Erfolg der Gruppe zähle, in bester Gesellschaft befand: Darwin selber hatte der Vorstellung einer Gruppenselektion zugeneigt, als er sich mit dem Thema Moral auseinandersetzte. Er stellte sich vor, daß ein Stamm dadurch einem anderen gegenüber seine Position verbesserte.

»Zu allen Zeiten sind in der ganzen Welt Stämme von anderen zurückgedrängt worden; und da die Sittlichkeit ein wichtiges Mittel zu ihrem Erfolg ist, wird der Grad der Sittlichkeit und die Zahl gutbefähigter Menschen überall höher und größer werden.«[23]

Ich möchte allerdings nicht den Eindruck erwecken, Darwin und Kropotkin wären gleichrangige Evolutionstheoretiker gewesen. Darwin untermauerte seine Anschauungen weit systematischer und konsistenter und konnte dabei auf ein viel umfassenderes Wissen zurückgreifen als der russische Naturforscher. An Darwins beeindruckende Darlegung der Prinzipien der natürlichen Auslese kam *Gegenseitige Hilfe* bei weitem nicht heran, und obwohl Kropotkin in vielen Punkten grundlegend anderer Meinung war als die Darwinisten, blieb er in seiner Bewunderung des Meisters unbeirrbar.

Gegenseitige Hilfe wurde zu einer festen Größe in der Soziobiologie, aber nicht aufgrund der Schriften Kropotkins, sondern infolge eines einzigen Artikels, in dem dieses Konzept mit solcher Genauigkeit und Klarheit dargelegt wurde, daß die modernen Biologen ihn nicht ignorieren konnten. Noch heute erinnere ich mich an die Erregung, mit der ich 1972 mit einer Reihe von Studenten der Universität Utrecht Robert Trivers' *Evolution of Reciprocal Altruism* analysierte. Es ist und bleibt eine meiner Lieblingsabhandlungen. Darin wird die Beziehung zwischen Genen und Verhalten nicht vereinfacht, vielmehr richtet der Verfasser seine ganze Aufmerksamkeit auf dazwischengeschaltete Vorgänge wie Gefühle und psychische Abläufe. Zudem unterscheidet er – je nachdem, was jedes Gruppenmitglied einbringt und zurückbekommt – verschiedene Typen von Kooperation. Beispielsweise gilt es nicht als reziproker Altruismus, wenn Kooperation sich unmittelbar auszahlt. Reißen Wildhunde gemeinsam ein Weißschwanzgnu, dann profitieren alle gemeinsam und gleichzeitig. Und wenn ein Dutzend Pelikane in einem seichten See einen Halbkreis bilden und durch Paddelbewegungen ihrer Füße kleine Fische zusammentreiben, haben alle Vögel etwas davon, wenn sie die Beute hochschaufeln. Da sich in solchen Fällen die Kooperation sofort lohnt, ist sie weit verbreitet.

Reziproker Altruismus hingegen fordert oft seinen Preis, ehe er einem zugute kommt. Dreierlei ist für ihn charakteristisch:

1. Die einander erwiesenen Gefälligkeiten sind vorläufig nur für den Empfänger von Vorteil, während sie dem Helfenden zunächst etwas abverlangen.
2. Zwischen Geben und Nehmen verstreicht eine gewisse Zeit.
3. Geben erfolgt in Abhängigkeit von Nehmen.

Offensichtlich ist dieser Prozeß weit komplizierter als gleichzeitige Zusammenarbeit. Da gibt es beispielsweise das Problem, wer als erster dem anderen hilft – ein Risiko, da nicht jeder Partner sich unbedingt an die Regeln hält. Ich helfe dir beim Transport deines Klaviers, kann mir jedoch nicht sicher sein, ob du mir irgendwann in der Zukunft einen ähnlichen Gefallen erweisen wirst. Oder: Wenn eine Fledermaus mit einer anderen Blut teilt, kann sie sich keineswegs darauf verlassen, daß die andere am nächsten Tag das gleiche tut. Von anderen Mustern der Kooperation unterscheidet reziproker Altruismus sich also insofern, als er mit einem gewissen Risiko verbunden und von gegenseitigem Vertrauen abhängig ist sowie voraussetzt, daß Individuen, die ihren Beitrag nicht leisten, ausgestoßen oder bestraft werden, damit nicht das ganze System in sich zusammenbricht.

Bei Individuen, die selten zusammentreffen oder für die es schwierig ist, sich zu merken, wer was für wen getan hat, funktioniert reziproker Altruismus nicht: er setzt ein gutes Gedächtnis und stabile Beziehungen voraus, wie man sie bei den Primaten findet. Affen und Menschenaffen unterscheiden sehr genau zwischen Verwandten und Nichtverwandten wie auch zwischen Freund und Feind. Hauptzweck der Freundschaft ist gegenseitige Unterstützung, und daher ist es nur natürlich, daß solche Beziehungen sich in erster Linie bei Individuen entwickeln, die gemeinsame Interessen haben. In einer großen Rhesusaffengruppe im Wisconsin Regional Primate Research Center, die ich zehn Jahre lang beobachtete, kenne ich zwei Weibchen, die unzertrennlich sind: Ropey und Beatle. Sie sind ungefähr gleichaltrig, und Beatles Familie rangiert in der matrilinearen Hierarchie unmittelbar unter der Ropeys. Ich hätte geschworen, daß sie Schwestern sind: alles machen sie gemeinsam, sie groomen einander oft und schmatzen mit den Lippen, wenn sie die Jungen der jeweils anderen sehen. Den Aufzeichnungen des Zentrums zufolge sind die beiden jedoch in keiner Weise miteinander verwandt.

Diese Freundschaft ist ein typisches Beispiel für eine als *Ähnlichkeitsprin-*

zip bezeichnete allgemeine Regel, die vermutlich sehr viel mit wechselseitigem Austausch zu tun hat. Laut unseren Computeraufzeichnungen über Hunderte Weibchen-Weibchen-Beziehungen suchen weibliche Affen sich ihre Freundinnen nach Gleichaltrig- und Gleichrangigkeit aus. In einer Makakengemeinschaft mit ihrer strengen Hierarchie werden Weibchen mit ähnlichem Status von den gleichen dominanten Affen tyrannisiert und müssen ihrerseits dieselben Rangniedrigeren unter Kontrolle halten. Bei Weibchen, die etwa das gleiche Alter haben, verlaufen bestimmte wichtige Lebensabschnitte synchron: wenn sie klein sind, spielen sie zusammen; sie bringen ungefähr zur gleichen Zeit ihre ersten Jungen zur Welt; ihre Töchter und Söhne wachsen gemeinsam auf, ebenso ihre Enkel. Kein Wunder, daß bei so vielen Gemeinsamkeiten diese Weibchen sich eher zueinander hingezogen fühlen als zu Weibchen, die einen anderen Status haben oder aber viel älter oder jünger sind. Auch Mozus erfolgreicher Versuch, sich nach der Aufspaltung der Jigokudani-Herde Weibchen ihres Alters in der dominanten Untergruppe anzuschließen, veranschaulicht dieses Prinzip.

Das soll nicht heißen, daß es keine Ausnahmen gibt. Noch heute erinnere ich mich an den Tag, als das Alphaweibchen unserer Rhesusaffengruppe zur rangniedrigsten Matriarchin marschierte, sie zum Groomen einlud und nach einer ausgedehnten Sitzung inmitten der Familie dieses Weibchens einschlief. Was den Status anbetraf, war das Alphaweibchen, den Kopf friedlich auf den Rücken der anderen Matriarchin gebettet, hier völlig fehl am Platze. Nach langem Zögern kuschelten sich die Sprößlinge dieses Weibchens an die beiden, und es bildete sich eine schlafende Gruppe wie jede andere auch.

Derlei seltene Vorkommnisse bestätigen nur die Regel, die im übrigen auch für unsere Spezies gilt. Neben Alter und sozioökonomischem Status bezieht sich das Ähnlichkeitsprinzip bei Menschen auf politische Vorlieben, Religion, ethnischen Hintergrund, Intelligenzniveau, Bildungsstufe, körperliche Anziehungskraft und Größe. Gleich und gleich gesellt sich gern, in einem Maße, daß Forscher statistisch vorhersagen können, ob Paare, die miteinander gehen, sich wieder trennen oder zusammenbleiben werden, je nachdem, wie gut sie auf den verschiedenen Ebenen zueinander passen. Was Rhesusaffen angeht, so betreffen diese Regeln der Übereinstimmung wahrscheinlich die Aussichten auf eine künftige Kooperation: je mehr Charakterzüge und Interessen man mit einem anderen gemein hat, desto besser kommt man mit ihm aus und desto fundierter ist die Grundlage für eine Beziehung des Gebens und Nehmens.

Daß Primaten, ob bewußt oder unbewußt, die Gesellschaft von Individuen suchen, mit denen eine lohnende Partnerschaft möglich scheint, klingt vielleicht zu selbstverständlich, um einen Gedanken daran zu verschwenden. Das ist es leider nicht, wenn man an die traditionelle Methode der Evolutionsbiologie denkt, die Interessen eines Individuums gegen die eines anderen auszuspielen. Kropotkins innerer Widerstand gegen die ausschließliche Beschäftigung mit dem Konkurrenzgedanken und Trivers' konkrete Alternative müssen erst noch in ihrer ganzen Tragweite begriffen werden. Weil sie die weitverzweigte Interessenverflechtung bei Mitgliedern der gleichen Spezies vernachlässigten, ließen sich selbst angesehene Biologen dazu verleiten, die falschen Fragen zu stellen. Verblüfft über die Tatsache, daß Tiere sich fast nie auf den Tod bekämpfen, glaubten manche mathematisch beweisen zu müssen, es gäbe eben Nachteile eines uneingeschränkten Wettbewerbs. Dabei richteten sie ihr Augenmerk ausschließlich auf die körperlichen Risiken statt auf die gesellschaftlichen Folgen von Auseinandersetzungen. Die Möglichkeit, daß Tiere unter Umständen »begrenzte Kriege« führen, weil sie einander kennen und brauchen, folglich gute Beziehungen schätzen, fand nie Eingang in ihre Gleichungen.

Zweifelsohne kann in vielen Spezies der Starke den Schwachen vernichten. In einer Welt wechselseitiger Abhängigkeit wäre ein solches Verhalten jedoch nicht sonderlich klug. Das eigentliche Problem liegt nicht darin, warum Aggression abgeschwächt wird – das muß sie –, sondern wie Kooperation und Wettbewerb nebeneinander bestehen können. Wie stellen Individuen ein Gleichgewicht zwischen der Verfolgung von Eigeninteressen und der Zusammenarbeit in einer Gruppe her? Wie werden Konflikte ohne eine Schädigung der sozialen Bindungen gelöst? Falls diese Fragen (die sich unmittelbar aus der gegenseitigen Hilfe als einem gesellschaftlichen Faktor ergeben) vertraut klingen, dann nur, weil wir Tag für Tag zu Hause und bei der Arbeit damit konfrontiert werden.

Robert Trivers' 1971 vorgelegte Theorie des reziproken Altruismus ist und bleibt das Kernstück jeder tragfähigen Theorie der Evolution von Moral. Am 20. Juni 1992 führte ich auf einer Konferenz im Gruter Institute for Law and Behavioral Research, Squaw Valley, Kalifornien, ein Gespräch mit Trivers darüber, wie seine Ideen entstanden waren.

Frage: Wie bist du darauf gekommen, über reziproken Altruismus zu schreiben?

Antwort: 1966 oder 1967 bin ich auf Hamiltons Abhandlung gestoßen, in der er Altruismus unter Verwandten erklärt. Dabei hat sich mir sofort die Frage aufgedrängt, welche anderen Arten von Altruismus es noch geben könnte. Freundschaft ist, glaube ich, ein ebenso starkes Gefühl wie verwandtschaftliche Bindungen..., vor allem in der aufgesplitterten Gesellschaftsform, in der wir leben. Natürlich habe ich auch an die Redensart »eine Hand wäscht die andere« gedacht – die volkstümliche Art und Weise, eine Beziehung zum wechselseitigen Vorteil zu beschreiben.

F: Kanntest du viele Beispiele dafür bei Tieren?

A: Nein, ich hatte zwar etwas von Warnrufen bei Vögeln und Putzsymbiosen bei Fischen gehört, aber keines dieser Beispiele aus dem Tierreich war sonderlich überzeugend. Dann bin ich auf die Idee gekommen, Koalitionen bei Pavianen könnten sich dafür eignen, aber kein Mensch hat gewußt, ob sie wirklich auf Gegenseitigkeit beruhen. Und dann hatte ich Glück. Zufällig nahm ich an einem Ethikkurs teil, aber was der Kerl, der ihn geleitet hat, zu dem Thema sagte, war derart wirr, daß ich mich mit der Zeit mehr für die Arbeit eines seiner graduierten Studenten, Dennis Krebs, interessiert habe, der damals über etwas schrieb, was Psychologen »prosoziales Verhalten« nennen [verzieht angewidert das Gesicht]. Der Aufsatz von Krebs, der später veröffentlicht wurde, enthielt viele gute Beispiele für Altruismus bei Menschen, aber ohne jeden Hinweis auf ihre Funktion oder Entwicklungsgeschichte. Ich brauchte also nichts weiter zu tun, als diese Informationen nach meinen Vorstellungen neu zu ordnen.

Jedenfalls hat es mir Spaß gemacht, von Menschen auf andere Lebewesen zu schließen – eher als andersherum –, vielleicht weil ich erst ziemlich spät angefangen habe, mich mit Biologie zu beschäftigen; meinen ersten Biologiekurs habe ich mit vierundzwanzig belegt.

F: Wenn ich zwischen den Zeilen lese, entdecke ich in deiner Abhandlung das gleiche soziale Engagement, das Kropotkin dazu gebracht hat, seine Ideen zu entwickeln...

A: Ständig fragen die Leute mich nach Kropotkin. Weißt du, ich habe kein einziges Buch von den Anthropologen gelesen, die etwas über wechselseitige Beziehungen geschrieben haben, und ich habe auch nie Kropotkin gelesen [nimmt eine winzige Ameise, die auf dem Tisch herumkrabbelt, und erklärt mir, woran man erkennen könne, daß es sich um eine männliche Ameise handelt].

Aber du hast recht, was meine politische Einstellung betrifft. Als ich die Mathematik aufgegeben und mir überlegt habe, was ich studieren soll, habe ich mir gesagt [verfällt in einen ironischen Ton]: »Na schön, werde ich eben Anwalt und kämpfe für Bürgerrechte und gegen Armut!« Irgend jemand hat mir dann vorgeschlagen, mich mit amerikanischer Geschichte zu beschäftigen, aber weißt du, damals, Anfang der sechziger Jahre, strotzten die Bücher von denen nur so von Eigenlob. Schließlich bin ich bei der Biologie gelandet.

Und da ich politisch nach wie vor ein Liberaler bin, war für mich rein gefühlsmäßig die Erkenntnis, daß sich aus dem Prinzip des »Eine Hand wäscht die andere« sehr schnell eine Begründung für Gerechtigkeit und Fairneß ergibt, sehr befriedigend, denn damit begibt man sich auf die Gegenseite dieser schrecklichen Tradition in der Biologie, die immer nur vom Recht des Stärkeren redet.

Das unsichtbare Greiforgan

Bereits im Jahre 1714 erlangte der holländische Philosoph Bernard de Mandeville mit Hilfe des gleichen Schockeffekts, den sich seitdem zahlreiche Erfolgsautoren zunutze machten, internationale Berühmtheit. In seinem umfangreichen Gedicht *Die Bienenfabel* schrieb er die erhabensten Aspekte menschlichen Lebens unseren erbärmlichsten Eigenschaften zu, indem er die Zivilisation mit dem Leben in einem Bienenstock verglich, dessen Mitglieder den Stolz und die Eitelkeit der anderen befriedigen:

»Trotz all dem sündlichen Gewimmel
War's doch im ganzen wie im Himmel.«[24]

Von de Mandeville noch als reine Satire gedacht, wurde die Vorstellung, das Allgemeinwohl ergebe sich aus der Verfolgung von Eigeninteressen, durchaus ernst genommen, als der Vater der Wirtschaftswissenschaft, Adam Smith, Egoismus zum Leitprinzip der Gesellschaft erhob. In einem Abschnitt seines Buches *Wealth of Nations*, das 1776 erschien, betrachtete Smith jeden einzelnen als »von einer unsichtbaren Hand geleitet, um einen Zweck zu fördern, den zu erfüllen er in keiner Weise beabsichtigt hat. Auch für das Land selbst ist es keineswegs immer das schlechteste, daß der einzelne ein solches Ziel nicht bewußt anstrebt, ja, gerade dadurch, daß er das eigene Interesse verfolgt, fördert er häufig das der Gesellschaft nachhaltiger, als wenn er wirklich beabsichtigt, es zu tun.«[25]

Der springende Punkt in Smiths Metapher einer unsichtbaren Hand ist die Kluft zwischen der Absicht und den Folgen, die sich daraus ergeben: in der Gesamtheit kann unser Verhalten etwas ganz anderes bedeuten als für uns persönlich. So ist etwa städtisches Leben von den Dienstleistungen des Bäckers, der Handwerker und der Geschäftsleute abhängig; diese Leute wollen eigentlich lediglich für ihren Lebensunterhalt sorgen, dienen dabei aber unbewußt dem größeren Ganzen. Bis heute ist diese Metapher bei Wirtschaftswissenschaftlern sehr beliebt: erst kürzlich zeigte eine Karikatur im *New Yorker,* wie eine Schar von Ökonomen im Gras kniet und darauf hofft, daß am Himmel eine riesige unsichtbare Hand erscheine.

Allerdings sind Smiths Vorstellungen sehr vielschichtig. Als Moralphilosoph wußte er sehr wohl, wie schwierig es wäre, eine Gesellschaft nur auf der Grundlage von Eigennutz zusammenzuhalten. Wie Huxley wurde auch Smith im Alter etwas milder; die letzten Jahre seines Lebens widmete er einer Überarbeitung der *Theory of Moral Sentiments,* in der er seinen schon früher geäußerten Glauben an uneigennützige Motive näher ausführte. In diesem Werk lehnte Smith die Mandevillesche These der Eigenliebe ab und bemerkte schon im allerersten Satz, der Mensch verfüge über Fähigkeiten, »die ihn dazu bestimmen, an dem Schicksal anderer Anteil zu nehmen, und die ihm selbst die Glückseligkeit dieser anderen zum Bedürfnis machen, obgleich er keinen anderen Vorteil daraus zieht, als das Vergnügen, Zeuge davon zu sein.«[26] Diese Passage gilt nach wie vor als eine der prägnantesten und elegantesten Definitionen menschlichen Mitgefühls, eine Fähigkeit, die Smith selbst dem hartgesottensten Rüpel zugestand.

Ihre Überzeugungskraft gewinnt die Handmetapher durch die Vorstellung der Gleichzeitigkeit von Mikro- und Makrorealitäten: die Wirklichkeit im Denken des einzelnen ist nicht die gleiche wie die Wirklichkeit, die sich ergibt, wenn viele Individuen interagieren. Auf der einen Ebene tun wir A aus Grund B, während auf einer anderen Ebene A den Zweck C erfüllt. Die Biologen sind mit einem solchen Denken auf verschiedenen Ebenen vertraut. Beispielsweise dient Sexualität zwar der Fortpflanzung, aber Tiere praktizieren sie, ohne auch nur die geringste Vorstellung von ihrer Funktion zu haben; sie werden nicht von dem Wunsch getrieben, sich zu vermehren, sondern von sexuellem Verlangen (wie dies auch bei den Menschen zumeist der Fall ist). Ebenso brauchen die Angehörigen einer Spezies nicht unbedingt die Vorteile gegenseitiger Unterstützung im Sinn zu haben, wenn sie einander helfen; dieser Nutzen kann so indirekt und zeitverschoben sein, daß er nur auf einer evolutionären Zeitskala eine Rolle spielt.

Stellen Sie sich vor, Sie und ich sitzen jeder in einem Boot und treiben auf dem großen Swimmingpool eines riesigen Kreuzschiffes dahin. Das Schiff steuert langsam und stetig nach Norden, uns interessiert jedoch nur die Richtung, in der unsere kleinen Boote schwimmen, und wir können nicht einmal über die Wasserfläche hinaussehen, auf der wir herumpaddeln. Auch wenn ich mich entschließe, nach Westen zu segeln, und Sie nach Süden, für einen außenstehenden Beobachter fahren wir beide trotzdem Richtung Norden. Da unsere Erfahrungen nicht mit unserer eigentlichen Zielrichtung übereinstimmen, leben wir in zwei grundverschiedenen Wirklichkeiten – einer unmittelbaren und einer letztendlichen.[27]

Absicht und Folge müssen jedoch nicht voneinander unabhängig sein, vor allem nicht in unserer Spezies. Oft können wir die Auswirkungen unserer Handlungen einigermaßen richtig beurteilen, insbesondere wenn diese Folgen unmittelbar sichtbar werden. Daher ist auch nicht zu übersehen, daß eine ganz bestimmte Funktion von kooperativem Verhalten sein scheinbarer Gegenpol ist: Konkurrenz. Geht es bei Mannschaftssport und Parteipolitik nicht um genau das: kooperativen Wettbewerb?

In der Ordnung der Primaten ist die am weitesten verbreitete und am höchsten entwickelte Form von Zusammenarbeit die Bildung von Koalitionen, worunter man einen Zusammenschluß von zwei oder mehr Individuen versteht, um einem dritten eine Niederlage beizubringen. Beispielsweise tun sich zwei Schimpansenmänner zusammen, um den bislang allgemein anerkannten Anführer zu stürzen. In diesem Fall stolzieren die beiden Herausforderer Schulter an Schulter und mit gesträubtem Fell drohend auf und ab. Oft umarmen oder besteigen sie sich vor den Augen ihres Rivalen und halten natürlich zusammen, wenn es tatsächlich zu einer Auseinandersetzung kommt. Das machen sie wochen- oder sogar monatelang; sie führen einen regelrechten Nervenkrieg, der unter Umständen den anderen Mann zwingt, seine Machtposition aufzugeben. Es handelt sich um eine der intensivsten Formen von Kooperation bei Individuen, bei der es um Kopf und Kragen geht. Alphamänner geben nur selten kampflos auf.

Idealisten wie Kropotkin konzentrieren sich oft einzig auf die angenehmeren Aspekte von Kooperation wie Loyalität, Vertrauen und Kameradschaft, sehen jedoch über die Konkurrenz hinweg. Obgleich der russische Naturforscher sehr wohl auf die Bedeutung eines gemeinsamen Feindes zur Förderung wechselseitiger Hilfe verwies, ließ er einfach die Möglichkeit außer acht, daß der Feind unter Umständen derselben Spezies angehört. In *The Biology of Moral Systems* stellt der Biologe Richard Alexander unsere von Gewalt geprägte Geschichte – ein Volk gegen das andere – als den eigentlichen Grund dafür dar, warum wir dem Allgemeinwohl und moralischem Verhalten so großen Wert beimessen.

Alexander betont allerdings, Konflikte zwischen Gruppen könnten nicht die einzige Erklärung sein. Ameisen beispielsweise führen schreckliche Kriege in gewaltigem Ausmaß, doch kein Mensch käme auf die Idee zu behaupten, sie verfügten über so etwas wie eine Ethik. Möglicherweise sind Tausende bei hellichtem Tage auf den Gehsteigen unserer Städte in tödliche Kämpfe verwickelt, und Tausende werden zusätzlich herbeibeordert, um ebenfalls an dem Massaker teilzunehmen. In den einzelnen Kolonien hingegen herrschen Friede und Harmonie. Ameisen bilden Gemeinschaften, die aus Millionen Insekten bestehen und in denen ganze Generationen von einem einzigen Weibchen, der Königin, hervorgebracht werden. Warum sollten sie auch, angesichts solcher sich deckender Interessen an einem Fortbestand, gegen die Angehörigen ihrer eigenen Kolonie kämpfen? Und wenn es keine Interessenkonflikte gibt, die beigelegt werden müssen, wozu braucht es da ein Moralsystem?

Die zweite Voraussetzung für die Herausbildung von Moral sind also Konflikte *innerhalb* der Gruppe. Ethische Systeme entstehen infolge von Spannungen zwischen individuellen und kollektiven Interessen, vor allem wenn ganze Untergruppen miteinander konkurrieren.

Falls der Drang, miteinander auszukommen und sich anständig zu behandeln, tatsächlich in der Notwendigkeit wurzelt, angesichts äußerer Bedrohungen zusammenzuhalten, würde dies erklären, weshalb einer der am höchsten gepriesenen moralischen Grundsätze der Christenheit, die Unantastbarkeit des Lebens, so unterschiedlich interpretiert wird, je nachdem, um welche Gruppe, Rasse oder Nation es sich handelt. Noch 1991 erklärte man einen Krieg für »sauber« und behauptete, er sei mit »klinischer Präzision« geführt worden, und das, obwohl er mehr als hunderttausend Menschenleben gefordert hatte! Da die überwältigende Mehrheit der Toten im Golfkrieg auf der gegnerischen Seite gefallen war, hielten die westlichen Medien und Politiker es nicht für notwendig, unser Gewissen damit zu belasten.

Die Geschichte der Menschheit liefert umfangreiches Beweismaterial dafür, daß moralische Prinzipien sich jeweils auf die eigene Gruppe beziehen und nur widerstrebend (und niemals unparteiisch) auf die Außenwelt angewandt werden. Wenn wir auf den Mauern einer mittelalterlichen Stadt stehen, können wir uns lebhaft vorstellen, wie streng das Leben innerhalb des Burgfriedens geregelt und organisiert war, während Außenseiter nur dazu da waren, mit siedendem Öl übergossen zu werden. Alexanders Auffassung, die moralische Untermauerung der Gemeinschaft einerseits und Kriege und ethnische Kämpfe andererseits seien zwei Seiten ein und derselben Medaille, entbehrt natürlich nicht einer gewissen Ironie. Ersteres wird heutzutage hochgeschätzt, während es uns eher peinlich ist, daß auch das zweite so hartnäckig weiterexistiert.

Beide Voraussetzungen für die Entwicklung von Moralität sind bei Affen und Menschenaffen gegeben. Erstens kommt es bei vielen Spezies zu Auseinandersetzungen zwischen Gruppen, meistens eher Geplänkel, oft jedoch mit äußerster Brutalität geführt. Wildlebende Schimpansenmänner beispielsweise übernehmen unter Umständen ein angrenzendes Territorium, indem sie systematisch die Männer der anderen Gemeinschaft töten. Zweitens gibt es innerhalb der Gruppen zwar jede Menge Zwietracht und Konkurrenz, aber soweit wir wissen, verfügen Primaten über Möglichkeiten, Konflikte auf nichtaggressive Weise zu lösen. Da dies das Thema meines vorangegangen Buches *Wilde Diplomaten* war, ist es nur logisch, sich als nächstes mit der Moralität zu befassen. Ich versuche aus der Perspektive der Tiere selber in ihrem alltäglichen sozialen Leben zu schreiben: von ihrer unmittelbaren Realität ausgehend. Was das große Schiff der Evolution angeht, verfolge ich den Kurs von Kropotkin, Trivers und Alexander.

In einer Hinsicht möchte ich allerdings weitergehen, und zwar hinsichtlich des von mir so bezeichneten Gemeinschaftsinteresses, das heißt der Sorge um das Gemeinwohl. Da jedes Mitglied von einer geschlossenen, kooperativen Gruppe profitiert, kann man eigentlich damit rechnen, daß ihnen das Gemeinwesen, in dem sie leben, am Herzen liegt und sie sich bemühen, es zu verbessern und zu stärken, ähnlich wie eine Spinne ihr Netz repariert und der Biber sich um die Absicherung seines Damms kümmert. Ständige interne Auseinandersetzungen, vor allem an der Spitze der Hierarchie, können den Interessen des einzelnen schaden; daher ist Konfliktregelung nicht nur Sache der beteiligten Parteien, sondern geht die Gemeinschaft als Ganzes etwas an. Damit will ich nicht unbedingt sagen, Tiere brächten Opfer für ihre Gemeinschaft. Es bedeutet eher, daß jedes einzelne Individuum ein Interesse an der Qualität des sozialen Umfelds hat, von dem sein Überleben abhängt. Indem es die Qualität zu seinem eigenen Vorteil zu verbessern versucht, hilft es möglicherweise gleichzeitig vielen seiner Gefährten. Ein Beispiel dafür ist Schlichtung und Vermittlung bei Streitereien. In einer menschlichen Gesellschaft ist dies gang und gäbe – Gerichtshöfe erfüllen diese Funktion –, es läßt sich jedoch auch bei anderen Primaten erkennen.

Die Goldstumpfnasen mit ihrem prächtigen orangefarbenen Fell aus dichtem, langem Haar und ihren freundlichen, blaßvioletten Gesichtern sind die vielleicht herrlichsten Primaten der Welt. Wildlebend bilden diese seltenen chinesischen Languren Gemeinschaften aus bis zu drei-, vierhundert Individuen. Nach Ansicht von Feldforschern bestehen innerhalb dieser Gruppierungen viele kleinere Einheiten aus jeweils einem erwachsenen Männchen, mehreren Weibchen und von ihnen abhängigen Jungen. Wie bei anderen Primaten, die Ein-Mann-Gruppen bilden, sind die männlichen Goldstumpfnasen doppelt so groß wie die Weibchen. Auch wenn das Männchen daher der absolute »Herr im Hause« ist, hängt doch der Zusammenhalt einer solchen Einheit genauso vom guten Einvernehmen der Weibchen untereinander wie von seiner Kontrolle über sie ab.

Wie RenMei Ren, Primatologe an der Universität Peking, feststellte, kümmern Goldstumpfnasenmännchen sich aktiv um ein friedliches Zusammenleben der Weibchen und greifen in praktisch jede Auseinandersetzung zwischen ihnen ein. Entweder treiben sie die Gruppe auseinander und trennen so die Streitenden oder sie verhindern weitere Feindseligkeiten, indem sie sich zwischen sie stellen. Gelegentlich besänftigt das Männchen die Gemüter, wobei es sich an beide Rivalinnen richtet; er wendet sich von der einen zur anderen, schaut sie begütigend an oder krault das lange Rückenhaar beider. Als einmal ein Männchen von einer in Gefangenschaft lebenden Gruppe getrennt wurde, weil es krank war, fiel Ren übermäßige Gewaltbereitschaft bei den Weibchen auf. Kaum war das Männchen wieder da, entspannte sich die Situation.

Vermittlung »von oben« durch ein hochrangiges Gruppenmitglied scheint leichter zu sein als Vermittlung »von unten«. Das Prinzip bleibt jedoch das gleiche: eine dritte Partei sorgt für eine Wiederherstellung der guten Beziehungen; allerdings ist im zweiten Fall das Risiko größer, daß die beiden Streitenden ihre Spannungen an einem rangniederen Vermittler auslassen. Dennoch kommt es gelegentlich auch zu dieser Art der Schlichtung – jedoch, soweit wir wissen, nur bei den Schimpansen. Gelingt es männlichen Schimpansen nach einer Auseinandersetzung nicht, sich zu versöhnen, sitzen sie oft ein paar Meter voneinander entfernt da, als warteten sie darauf, daß ihr Gegner den ersten Schritt tut. Das Unbehagen zwischen den beiden läßt sich an der Art ablesen, wie sie in alle Richtungen blicken – gen Himmel, aufs Gras, auf ihren Körper –, aber sorgsam jeglichen Blickkontakt zueinander vermeiden. Bei einer früheren Gelegenheit habe ich beschrieben, wie solch eine festgefahrene Situation durch eine Frau als Schlichterin entkrampft werden kann:

»Vor allem nach ernsten Konflikten zwischen zwei erwachsenen Männern wurden die Gegner gelegentlich durch eine erwachsene Frau miteinander versöhnt. Die Frau näherte sich einem der Männer, küßte oder berührte ihn oder verbeugte sich vor ihm und ging dann langsam zu dem anderen Mann. Wenn der erste Mann ihr folgte, dann ganz nahe hinter ihr (wobei er oft ihre Genitalien betrachtete) und ohne den anderen Mann anzusehen. Etliche Male blickte die Frau sich um, und gelegentlich kehrte sie zu einem Mann zurück, der sitzen geblieben war, und zog ihn am Arm, um ihn dazu zu bringen, ihr zu folgen. Wenn die Frau sich neben den anderen Mann setzte, begannen beide Männer, sie zu groomen, und wenn die Frau weg war, groomten sie einfach weiter – mit dem einzigen Unterschied, daß sie jetzt einander groomten und öfter und lauter schnauften, prusteten und mit den Lippen schmatzten als vorher.«[28]

Im Verlauf unserer Forschungen in der weltweit größten Schimpansenkolonie, im Zoo von Arnheim in den Niederlanden, konnten wir eine derartige Vermittlung des öfteren beobachten. Sie ermöglicht es männlichen Rivalen, sich einander zu nähern, ohne die Initiative ergreifen zu müssen und ohne Blickkontakt aufzunehmen – vielleicht auch, ohne das Gesicht zu verlieren. Frauen dieser Kolonie näherten sich auch Männern, bei denen sich eine Konfrontation anbahnte (Schimpansenmänner sitzen dann fünf oder zehn Minuten mit gesträubtem Fell da, wiegen sich hin und her und schreien laut, ehe sie aufeinander losgehen), und streckten ihnen freundlich die geöffnete Handfläche hin, um Waffen wie große Äste oder Steine zu »konfiszieren«. Wenn Schimpansenfrauen sich also offensichtlich um gute Beziehungen zwischen den Männern bemühen, dann hat dies einen guten Grund: Männer neigen dazu, ihre Spannungen an Frauen auszulassen.

Das Gemeinschaftsinteresse drückt sich also in einer Verbesserung der sozialen Beziehungen zwischen anderen zum Vorteil des Vermittelnden aus. Dies stellt einen ersten Schritt in Richtung eines Systems dar, das in etwa menschlicher Moralität entspricht und dann wirklich Gemeinschaftsinteressen über individuelle stellt. Allerdings ist es unmöglich, beides je säuberlich voneinander zu trennen – natürliche Auslese würde eine solche Konstellation nie zulassen –, aber möglicherweise verlagert sich das Gewicht allmählich vom Individuum auf das Kollektiv oder, besser gesagt: von egozentrischen auf Gemeinschaftsinteressen. Wenn bestimmte Eigenschaften des sozialen Umfelds für eine große Anzahl von Individuen von Vorteil sind, ist es für die Mitglieder dieser Gemeinschaft nur logisch, einander zu ermutigen, die Gemeinschaft nach diesen Richtlinien zu gestalten. Je höher entwickelt dieses System gegenseitiger Anregung ist, desto wichtiger werden gemeinsame Ziele im Vergleich zu privaten Interessen. Teilweise kann dieser Anreiz die von Alexander als *indirekte Reziprozität (mittelbare Wechselseitigkeit)* bezeichnete Form annehmen: Hilfsbereitschaft zahlt sich dann über eine dritte Partei und nicht so sehr durch gegenseitige Hilfeleistungen wie im Fall des reziproken Altruismus aus.

Stellen Sie sich vor, Sie hätten Ihr Leben aufs Spiel gesetzt, um den kleinen John zu retten, der auf den Eisenbahngleisen gespielt hat. Binnen weniger Stunden weiß das ganze Dorf, was geschehen ist, denn die Leute registrieren Vorfälle in ihrem sozialen Umfeld sehr genau. Ihr Ruf als feiner Kerl und vertrauenswürdige Person wird augenblicklich um ein, zwei Grade aufrücken, was sich wiederum vorteilhaft auf Ihre sozialen Beziehungen und Ihr Geschäft auswirken kann. Nicht der kleine John tut Ihnen im Gegenzug einen Gefallen, sondern die Gemeinschaft als Ganzes. Sie belohnt Verhalten, das die Lebensqualität verbessert. Und wenn alle Mitglieder der Gemeinschaft ein Auge darauf haben, wie jeder einzelne darauf reagiert, wenn andere in Not geraten, stellen sie schnell fest, wer aller Wahrscheinlichkeit nach anderen hilft und wer nicht. Einmal etwas Gutes zu tun wird auf der Ebene der Gruppe gewürdigt; es braucht nicht nach dem Prinzip »Wie du mir, so ich dir« belohnt zu werden, um Vorteile einzubringen.

In einer moralischen Gemeinschaft kommt es nicht nur darauf an, was ich für Sie und Sie für mich tun, sondern auch darauf, wie andere unser Verhalten einschätzen. Beobachtung wird zu einem wichtigen Bestandteil des sozialen Lebens. Aus diesem Grund führte Adam Smith einen imaginären *unparteiischen Beobachter* ein, der in der Lage ist, soziale Geschehnisse mit Einfühlungsvermögen und Verstand zu bewerten. Unser Verhalten spiegelt sich in den Augen dieses Zuschauers auf die gleiche Weise wider, wie alles, was wir tun, sich in den Reaktionen unserer Gruppe niederschlägt. Alle Theorien zu einer Evolution der Moral müssen einer solchen Beobachtung von außerhalb große Bedeutung beimessen und konzentrieren sich daher auf die Ebene der Gemeinschaft. Obwohl sie im Grunde darwinistisch sind, gehen sie auf diese Weise allmählich über die ausschließliche Beschäftigung mit dem Individuum hinaus und befassen sich damit, wie Interessenkonflikte gelöst werden und Gesellschaften sich herausbilden. Wenn jedes Individuum versucht, sein soziales Umfeld zu gestalten, und eine Reaktion darauf erwartet, wie diese Bemühungen sich auf andere auswirken, wird

Gesellschaft im wesentlichen zu einem Schauplatz des Verhandelns und des Gebens und Nehmens.

Hier geraten wir schon in die Nähe des *Gesellschaftsvertrags* bzw. philosophischer, psychologischer, soziologischer und anthropologischer Theorien menschlichen Zusammenlebens. Auch wenn einige dies möglicherweise als eine Verwässerung des evolutionären Ansatzes betrachten, ist es doch eine unvermeidliche Entwicklung. Angesichts eines so unüberwindlich scheinenden Berges, wie Moral ihn darstellt, verschaffen wir uns entweder das notwendige Rüstzeug, um den Gipfel zu erklimmen, oder wir bleiben von vornherein im Vorgebirge und begnügen uns mit ein paar stark vereinfachenden Feststellungen.[29]

Voraussetzungen für die Evolution von Moralität:

1. Bedeutung der Gruppe	Abhängigkeit von der Gruppe bei der Nahrungssuche und der Verteidigung gegen Feinde und Räuber
2. Gegenseitige Hilfe	Kooperation und wechselseitiger Austausch innerhalb der Gruppe
3. Interner Konflikt	Einzelne Mitglieder haben unterschiedliche Interessen

Falls die genannten Voraussetzungen gegeben sind, müssen Konflikte innerhalb der Gruppe durch ein Abwägen individueller und kollektiver Interessen gelöst werden; dies kann sowohl dyadisch als auch auf höheren Ebenen geschehen.

1. Dyadische Ebene	Direkte Interaktion, z. B. unmittelbare Erwiderung einer Hilfeleistung oder Versöhnung nach einem Streit
2. Höhere Ebenen	Gemeinschaftsinteresse oder Sorge um gute Beziehungen zwischen anderen, die in der durch Vermittlung herbeigeführten Versöhnung ihren Ausdruck findet, friedliche Schlichtung von Streitigkeiten, Wertschätzung altruistischen Verhaltens durch die Gruppe (indirekte Reziprozität) und Anregung, zur Verbesserung des sozialen Umfelds beizutragen. (Die beiden letzteren Formen bleiben unter Umständen auf moralische Systeme bei Menschen beschränkt; die beiden ersten sind weiter verbreitet.)

Ethologie und Ethik

In den vierziger Jahren unseres Jahrhunderts wurde eine besondere Bezeichnung notwendig, um die Untersuchung tierischen Verhaltens in der freien Natur von den Laborexperimenten, die Verhaltensforscher mit Albino-(»Labor-«)ratten und anderen Haustieren durchführten, zu unterscheiden. Man entschied sich für *Ethologie*; deren bekanntester Vertreter wurde der österreichische Zoologe Konrad Lorenz. Das Bild von Lorenz, dem eine Herde schnatternder Gänse folgt oder der seinen Raben herbeiruft, unterschied sich deutlich von dem eines B. F. Skinner, der eine Taube packt und in einen sogenannten Skinner-Kasten setzt. Die Unterscheidung bezog sich nicht allein auf die persönliche Beziehung zum Untersuchungsobjekt und die Art und Weise, wie man Informationen über das Verhalten gewann, sondern auch auf das bevorzugte Erklärungsmodell – die eine Schule betonte mehr den Instinkt, die andere das Lernen.

Der Begriff »Ethologie« leitet sich vom griechischen *ethos* her, sowohl in dem Sinne, was für eine Person oder ein Tier charakteristisch ist, als auch im Hinblick auf moralische Eigenschaften. So bezeichnete im Englischen des siebzehnten Jahrhunderts das Wort Ethologe einen Schauspieler, der auf der Bühne menschliche Charaktere darstellte. Im neunzehnten Jahrhundert bezog Ethologie sich auf die Wissenschaft von der Charakterbildung. Nun läßt sich zwar nicht bestreiten, daß es unter den damaligen Ethologen einige wirkliche Charaktere gab, aber die Bedeutung des Wortes änderte sich, als 1859 der Franzose Isidore Geoffroy Saint-Hillaire es als Bezeichnung für die Untersuchung tierischen Verhaltens im natürlichen Habitat wählte. In einem kleinen Kreis französischer Biologen hielt sich dieser Name, bis er nahezu ein Jahrhundert später auch von anderen Erforschern tierischen Verhaltens auf dem Kontinent aufgegriffen wurde. Als später der Begriff »Ethologie« endlich nach Großbritannien vordrang, wurde seine derzeitige Bedeutung als »die wissenschaftliche Untersuchung der charakteristischen Verhaltensmuster von Tieren« (obgleich die meisten Ethologen statt »wissenschaftlich« wohl »naturkundlich« sagen würden) festgeschrieben.[30]

Die frühe Ethologie betonte den Instinkt – und legte damit die Vorstellung von einem ausschließlich angeborenen Verhalten nahe –, verschloß jedoch keineswegs die Augen vor anderen möglichen Einflüssen. Einer ihrer wichtigsten Beiträge war sogar die Erforschung der Prägung, eines Lernprozesses. Entenküken und junge Gänse haben keine genaue Kenntnis ihrer Spezies, wenn sie auf die Welt kommen; sie nehmen in den ersten Stunden ihres Lebens entsprechende Informationen auf. Normalerweise geschieht dies, indem sie ihre Mutter beobachten und ihr folgen; es kann jedoch auch passieren, daß sie irgendein anderes bewegliches Objekt als Anhaltspunkt wählen, wenn sie während der aufnahmebereiten Phase darauf stoßen. In der Natur ist die Wahrscheinlichkeit, daß sie sich dem falschen Objekt anschließen, minimal. Der Wissenschaft ist es jedoch gelungen, Vögel dazu zu bringen, Spielzeuglastwagen und bärtigen Zoologen zu folgen. Diesen Vögeln ist also weniger ein detailliertes Wissen über ihre Spezies angeboren, als vielmehr eine Neigung, sich dieses Wissen in einem kritischen Lebensstadium anzueignen.

Denken beginnt nicht als eine Tabula rasa, sondern eher als eine Art Checkliste mit freien Stellen für spezielle Arten aufgenommener Information. Die Veranlagung, in bestimmten Altersstufen bestimmte Dinge zu lernen, ist allgemein verbreitet. Das beste Beispiel beim Menschen ist das Erlernen von Sprache. Wir werden nicht mit einer bestimmten Sprache geboren, sondern mit der Fähigkeit, reichlich chaotische Informationen in eine feste sprachliche Struktur einzuordnen. Ehe wir das Alter von sieben Jahren erreichen, sind wir dabei ungemein erfolgreich: unser Denken gleicht einem Schwamm, bereit, alle möglichen Feinheiten der in unserem Umfeld gesprochenen Sprache aufzunehmen. Was auch immer wir später lernen, hat nie die Leichtigkeit, mit der wir uns unserer Muttersprache bedienen. Ich spreche aus Erfahrung: sowohl zu Hause als auch bei der Arbeit habe ich mich jahrzehntelang tagtäglich in zwei Sprachen verständigt, von denen keine meine Muttersprache ist; trotzdem dauert es immer noch den Bruchteil einer Sekunde länger, ehe ich einen Satz in diesen Sprachen herausbringe als auf holländisch. Sekundärsprachen streift man über wie Kleider; nur die Muttersprache ist so etwas wie eine Haut.[31]

Menschliche Moralität wie auch Sprache sind beide viel zu komplex, um mittels der Methode von Versuch und Irrtum erlernt zu werden, und zugleich viel zu variabel, um genetisch programmiert zu sein. Einige Kulturen lassen die Tötung Neugeborener zu, während in anderen die Abtreibung Ungeborener heftig umstritten ist. In manchen Kulturen wird vorehelicher Sexualverkehr mißbilligt, in anderen wird er als Bestandteil einer gesunden sexuellen Erziehung gefördert. Der schwerwiegendste Irrtum bei den bisherigen biologischen Spekulationen über den Ursprung von Moral bestand darin, ihre Vielgestaltigkeit zu ignorieren und die Tatsache herunterzuspielen, daß ethische Prinzipien erlernt werden.

Wir werden vielleicht nicht mit irgendwelchen spezifischen sozialen Normen geboren, aber doch mit einer Art Lehrplan, welche Informationen wir aufnehmen und wie wir sie organisieren sollen. Damit können wir das moralische Gefüge der Gesellschaft, in die wir hineingeboren werden, erkennen, verstehen und schließlich verinnerlichen. Da offenbar ein ähnlicher Lehrplan die Erlernung von Sprache regelt, spreche ich, analog zur Sprachfähigkeit, von einer *Moralfähigkeit*. In gewissem Sinne wird uns durch einen Prozeß, der zwar um ein Hundertfaches komplizierter ist als die Prägung bei Vögeln, der jedoch genauso nachhaltig wirkt, ein besonderes Moralsystem eingeprägt. Und wie bei Vögeln kann auch bei uns das Ergebnis von der Norm abweichen. Eine Freundin von mir schreibt die Erregung, die sie beim Schmuggeln verspürt, der Tatsache zu, daß sie als junges Mädchen immer gelobt wurde, wenn es ihr gelang, Essen auf die Seite zu schaffen (während des Zweiten Weltkriegs war sie jahrelang in einem japanischen Konzentrationslager interniert). Die Strafjustiz hat es natürlich mit weit schwerwiegenderen Abweichungen zu tun, aber auch die kann man oft auf Lektionen zurückführen, die man während der empfänglichen Phasen in der moralischen Entwicklung erhalten hat – oder eben nicht.[32]

Ist Moralität nun ein biologisches oder ein kulturelles Phänomen? Es gibt keine einfache Antwort auf eine solche Frage, die man schon mit der Überlegung verglichen hat, ob Trommeltöne vom Trommler oder von der Trommel erzeugt werden. Wenn wir irgend etwas aus der Diskussion zwischen Ethologen und Behavioristen gelernt haben, dann ist es die Tatsache, daß Angeborenes und Angelerntes nur schwer voneinander zu trennen sind. Das gleiche gilt für relativ einfache Prozesse, etwa den Einfluß von Licht auf Pflanzen. Wird eine Pflanze an einer sonnigen Stelle größer als im Schatten, dann ist dies nicht eine Folge der Genetik oder der Umgebung, sondern von beidem. Natürlich ist der Größenunterschied eine Folge unterschiedlicher Lichtverhältnisse, aber ebenso trifft zu, daß Licht nur aufgrund der genetischen Veranlagung dieses speziellen Organismus eine Rolle spielt; andere Pflanzen gedeihen im Schatten und verdorren in der Sonne. Umwelteinflüsse – einschließlich menschlicher Zivilisation – variieren mit dem genetischen »Substrat«, auf das sie einwirken.

Die beste Entsprechung zu der falschen Dichotomie in der Vergangenheit stellt vielleicht die Schlange mit dem Namen IM dar. Dieses zweiköpfige Ungeheuer, das ich einmal in Händen hielt (nachdem man mir versichert hatte, daß es gutartig sei), befindet sich in der Universität von Tennessee. Der amerikanische Ethologiepsychologe Gordon Burghardt erklärte mir, man habe den linken Kopf *Instinct* (Instinkt) genannt, den rechten *Mind*

IM, die zweiköpfige Schlange (mit freundlicher Genehmigung Gordon Burghardts; University of Tennessee).

(Denken), und zwar aufgrund des immerwährenden Konflikts zwischen beiden. Die beiden Köpfe der Schlange streiten sich buchstäblich um die Beute; ein jeder versucht, die Maus oder Ratte zu verschlingen. Auf diese Weise dehnen sie den Prozeß der Nahrungsaufnahme von Minuten auf Stunden aus. Es ist ein sinnloser Kampf, denn genährt wird damit ein und derselbe Körper.

Trotzdem wollen Wissenschaftler nach wie vor an der Vorherrschaft des einen Kopfes über den anderen festhalten, und die Ethologen bilden da keine Ausnahme. Praktisch jedes existierende Moralprinzip ist mittlerweile biologisch erklärt worden. Dieses zweifelhafte Literaturgenre geht auf Ernest Setons 1907 erschienene *Natural History of the Ten Commandments* zurück. Es folgten weitere biblische Titel, vor allem deutschsprachige, die darlegen, inwiefern moralische Prinzipien zum Überleben der Spezies beitragen.[33] Wenn Gesetz und Religion die Tötung von Mitmenschen verbieten, so die Überlegung, dann geschieht dies, um die Ausrottung der menschlichen Rasse zu verhindern. Gestützt durch die damals vorherrschende Meinung, kein Tier bekämpfe je ein Mitglied seiner eigenen Spezies auf den Tod, klang diese Behauptung sogar einigermaßen einleuchtend. Mittlerweile wissen wir jedoch, wir sind keineswegs die einzige mörderische Spezies, nicht einmal der einzige »Killeraffe«. In der Schimpansenkolonie Arnheim beispielsweise wurde ein Mann von zwei anderen bei einem Kampf um Sex und Macht getötet und kastriert. Die ständig wachsende Liste von Spezies, bei denen es – wenn auch selten – zu tödlichen Angriffen kommt, verdeutlicht, auf welch schwachen Füßen das Argument des Überlebens der Spezies steht.[34]

Ein Großteil dieser Literatur geht davon aus, die Welt warte nur darauf, daß die Biologen aufzeigen, was normal und natürlich und es folglich wert sei, als Ideal übernommen zu werden. Doch alle Versuche, ethische Normen auf die Natur zurückzuführen, sind äußerst problematisch. Die Biologen können uns zwar vielleicht sagen, wie die Dinge sind, möglicherweise sogar die menschliche Natur in all ihrer Kompliziertheit erklären, dennoch besteht kein logischer Zusammenhang zwischen der typischen Form und der Häufigkeit einer Verhaltensweise (ein statistisches Maß für das »Normale«) und dem Wert, den wir ihm zuschreiben (eine moralische Entscheidung). Lorenz war nahe daran, beides in einen Topf zu werfen, als er sich enttäuscht darüber zeigte, daß die vollkommene Gänseehe, in der die Partner sich treu bis in den Tod sind, in Wirklichkeit ziemlich selten vorkommt. Aber vielleicht wollte Lorenz seine Leser mit den »Unzulänglichkeiten« seiner Lieblingsvögel nur ein wenig reizen, denn er zitierte auch die wundervolle Antwort seiner Schülerin: »Ich weiß nicht, was du willst, Gänse sind schließlich auch nur Menschen.«[35]

Das als der *naturalistische Trugschluß* bekannte Problem, aus der Natur Normen ableiten zu wollen, ist uralt. Es hat etwas mit der Unmöglichkeit zu tun, die »Ist«-Sprache (wie die Dinge sind) in die »Soll«-Sprache (wie die Dinge sein sollten) zu übersetzen. 1739 wies der Philosoph David Hume in seinem *Treatise of Human Nature* darauf hin:

»In jedem Moralsystem, das mir bisher vorkam, habe ich immer bemerkt, daß der Verfasser eine Zeitlang in der gewöhnlichen Betrachtungsweise vorgeht, das Dasein Gottes feststellt oder Beobachtungen über menschliche Dinge vorbringt. Plötzlich werde ich damit überrascht, daß mir anstatt der üblichen Verbindungen von Worten mit ›ist‹ und ›ist nicht‹ kein Satz mehr begegnet, in dem nicht ein ›sollte‹ oder ›sollte nicht‹ sich fände. Dieser Wechsel vollzieht sich unmerklich; aber er ist von größter Wichtigkeit. Dies *sollte* oder *sollte nicht* drückt eine neue Beziehung oder Behauptung aus, muß also notwendigerweise beachtet und erklärt werden. Gleichzeitig muß ein Grund angegeben werden für etwas, das sonst ganz unbegreiflich scheint, nämlich dafür, wie diese neue Beziehung zurückgeführt werden kann auf andere, die von ihr ganz verschieden sind.«[36]

Um das Thema Ethik mit mehr Aussicht auf Erfolg wieder dem Bereich der Ethologie einzufügen, sollten wir uns den vielstimmigen Protest gegen frühere Versuche vergegenwärtigen. Die Philosophen erklären uns, in jeglicher menschlicher Moral gebe es ein Element rationaler Entscheidung, die Psychologen sprechen von einer Komponente des Lernens, und die Anthropologen behaupten, es existierten nur ganz wenige allgemeingültige Regeln. Die Unterscheidung zwischen »richtig« und »falsch« wird von Menschen im Hinblick darauf getroffen, wie sie ihre Gesellschaft gerne haben möchten. Sie ergibt sich aus Interaktionen in einem bestimmten Umfeld und bezieht ihre Verbindlichkeit – mithin die Strafbarkeit – aus der Verinnerlichung dieser Prozesse. Moralische Überlegungen werden von *uns* geleistet, nicht durch natürliche Auslese.

Gleichzeitig sollte jedem einleuchten, daß menschliche Moral nicht unendlich veränderbar sein kann. Wir haben weder die Werkzeuge der Moralität erfunden, noch die Grundbedürfnisse und Sehnsüchte, die den Stoff bilden, mit dem sie arbeitet. Natürliche Neigungen erlangen vielleicht nicht den Rang moralischer Imperative, doch sie spielen eine Rolle, wenn wir Entscheidungen treffen. So verstärken zwar manche moralische Regeln speziestypische Veranlagungen, andere unterdrücken sie, keine jedoch ignoriert sie einfach.[37]

Die Evolution hat die Voraussetzungen für Moral geschaffen: eine Neigung, soziale Normen zu entwickeln und durchzusetzen, die Befähigung zu Empathie und Sympathie sowie zu gegenseitiger Hilfe, ein gewisses Gerechtigkeitsempfinden, Mechanismen der Konfliktlösung und so weiter. Zudem hat die Evolution die unveränderlichen Bedürfnisse und Sehnsüchte unserer Spezies hervorgebracht: das Bedürfnis der Kleinen, umsorgt zu werden, den Wunsch, sich Ansehen zu verschaffen, die Notwendigkeit, einer Gruppe anzugehören und so weiter. Man weiß eigentlich nicht, wie all diese Faktoren sich ineinanderfügen, um ein moralisches System zu bilden, und die derzeitigen Theorien moralischer Evolution stellen zweifelsohne lediglich eine Teilantwort dar.

In den folgenden Kapiteln des Buches will ich untersuchen, in welchem Maße sich Aspekte der Moralität bei anderen Tieren beobachten lassen; ich versuche zu zeigen, wie wir uns von Gesellschaften, in denen die Dinge waren, wie sie eben waren, weiterentwickelt haben zu Gesellschaften mit einer Vision, wie die Dinge sein sollten.

2
Mitgefühl

> Es erscheint mir in hohem Grade wahrscheinlich zu sein, daß jedwedes Tier mit ausgebildeten sozialen Instinkten (Eltern- und Kindesliebe eingeschlossen) unausbleiblich ein moralisches Gefühl oder Gewissen erlangen würde, sobald sich seine intellektuellen Kräfte so weit oder nahezu so weit wie beim Menschen entwickelt hätten.
>
> *Charles Darwin*[1]

Es ist schlichtweg unvorstellbar, daß Fische einem Artgenossen in ihrem Teich zu Hilfe kommen, wenn er an einer Leine zappelt, daß sie die Angelschnur durchbeißen oder mit dem Kopf aus Protest das Boot des Fischers anrempeln. Auch erwarten wir nicht, daß sie ihren Artgenossen vermissen, nach ihm suchen, aufhören zu fressen und sich vor Kummer verzehren. Fische sind, na schön: kalt. Weder groomen sie einander wie die Primaten, noch schlecken sie sich ab, sie knabbern nicht aneinander und putzen sich auch nicht gegenseitig oder plaudern miteinander. Ich sage das ohne jegliche Vorurteile gegen Fische. Mein Leben lang haben Aquarien mich fasziniert; stundenlang kann ich diese Tiere beobachten, aber ich würde sie nie jemandem empfehlen, der das Bedürfnis nach Ansprache hat.

Wie anders die Warmblüter, die sich vor achtzig Millionen Jahren ins Meer zurückgezogen haben!

Warmes Blut in kalten Wassern

Berichte von Meeressäugetieren, die sich umeinander kümmern und sich gegenseitig helfen, reichen bis zu den alten Griechen zurück. Von Delphinen heißt es, sie hätten Gefährten gerettet, indem sie die Schnüre von Harpunen durchbissen oder sie aus den Netzen zerrten, in denen sie sich verfangen hatten. Wale drängen sich gelegentlich zwischen das Boot eines Jägers und einen verletzten Artgenossen oder bringen das Boot zum Kentern. Ihre Neigung, Opfer eines Angriffs zu verteidigen, ist sogar derart vorhersagbar, daß

Walfänger diese Tatsache ausnutzen. Sobald eine Herde Pottwale gesichtet wird, braucht der Schütze nur eines der Tiere zu treffen. Wenn die anderen Mitglieder der Herde das Schiff einkreisen, mit ihren Schwanzflossen das Wasser peitschen oder in einer blütenähnlichen Formation, Margerite genannt, um den verletzten Wal herumschwimmen, ist es dem Jäger ein leichtes, einen nach dem anderen abzuschießen. Nur wenig andere Tiere würden aus Mitgefühl mit Artgenossen in eine solche Falle gehen.

Aber kann ich überhaupt mit Recht den Begriff »Mitgefühl« verwenden, der ja schließlich einen hohen menschlichen Wert bezeichnet und sich mit ganz bestimmten Vorstellungen verbindet? Wir wollen vorerst lediglich von *Hilfsbereitschaft* sprechen, definiert als Unterstützung, Fürsorge oder Beistand für Individuen, denen es schlechtgeht oder die in Gefahr sind, aber nicht zur eigenen Nachkommenschaft zählen. Eine solche Hilfsbereitschaft legt ein Hund an den Tag, der in der Nähe eines weinenden Kindes bleibt; reagiert derselbe Hund auf das Jaulen seiner Jungen, dann ist das elterliche Fürsorglichkeit. Bei einer Betrachtung der Hilfsbereitschaft von Tieren werden wir besonders auf Eigenschaften achten, die es möglicherweise mit menschlicher Sympathie gemeinsam hat; die wichtigste ist Empathie – das heißt die Fähigkeit, die Gefühle und die Situation eines anderen nachempfinden zu können. Psychologen und Philosophen halten dieses Vermögen für so wichtig, daß in vielen ihrer Texte »Empathie« (*empathy*) allmählich an die Stelle von »Mitgefühl« (*sympathy*), »Mitleid«, »Bedauern« und »Erbarmen« getreten ist (ich habe eine Paraphrase des berühmten Lieds der Stones' zu Gesicht bekommen, die »Empathy for the Devil« heißt).

Diese Verwischung der Begriffe ist bedauerlich, denn sie läßt den Unterschied zwischen der Fähigkeit, den Schmerz eines anderen zu erkennen, und dem Impuls, etwas dagegen zu unternehmen, außer acht. Jemandem an den Genitalien Elektroschocks zu versetzen oder Chlorkalk in offene Wunden zu schütten, wie bei den Folterknechten unserer herrlichen Rasse üblich, setzt dieselbe Fähigkeit voraus, zu wissen, was andere leiden läßt, ist jedoch so ziemlich das Gegenteil von Mitgefühl. Was Mitgefühl von Grausamkeit, Sadismus oder schlichter Gleichgültigkeit unterscheidet, ist die Tatsache, daß Einfühlung in die Situation mit *Besorgnis* einhergeht. Wie der Psychologe Lauren Wispé es treffend zusammenfaßte: »Das Anliegen von Empathie ist Verstehen. Das Anliegen von Mitgefühl ist das Wohlergehen der anderen Person.«[2]

Hilfsbereitschaft von Tieren, ob es nun auf Empathie beruht oder nicht, ist das funktionale Äquivalent zum menschlichen Mitgefühl, das man nur bei Spezies mit einem ausgeprägten Zusammengehörigkeitsgefühl erwartet. Ich spreche hier nicht von anonymen Ansammlungen von Fischen oder Schmetterlingen, sondern von individualisierter Bindung, Zuneigung und Anhänglichkeit bei vielen Säugetieren und Vögeln.

Ein Zusammengehörigkeitsgefühl ist mit Sicherheit in hohem Maße bei Walen und Delphinen gegeben, die unter Umständen gemeinsam stranden, weil sie einen notleidenden, also auch einen desorientierten Artgenossen nicht im Stich lassen wollen, was oft für eine ganze Herde tödlich werden kann. Der amerikanische Ozeanograph James Porter beschreibt jedoch eine interessante Ausnahme. Als 1976 dreißig Falsche (auch Mittlere) Schwertwale auf einer Insel vor der Küste Floridas gestrandet waren, blieben sie drei Tage lang zusammen im seichten Wasser, bis der größte von ihnen tot war. Unter normalen Gezeitenbedingungen hätten die neunundzwanzig gesunden Wale nicht ins Meer zurückkehren können (wären also mitsamt ihrem offenkundigen Anführer verendet). Zufällig war der Unterschied im Wasserstand bei Ebbe und Flut jedoch so gering, daß die Wale die meiste Zeit Gelegenheit gehabt hätten wegzuschwimmen. »Stranden« ist daher das falsche Wort; die Wale blieben aus freiem Willen nahe dem Ufer.

Das kranke Männchen, aus dessen rechtem Ohr Blut sickerte, wurde von vierzehn oder fünfzehn Walen in einer keilförmigen Formation flankiert und beschützt. Die Gruppe war ziemlich geräuschvoll und brachte eine unglaubliche Vielfalt von Zirplauten und Quieksern hervor. »Mit etwas Furcht, aber ohne gesunden Menschenverstand«, so Porter später, ging er ins Wasser und schnorchelte zu der Gruppe. Der Wal ganz am Rand reagierte, indem er ausscherte und drohend auf ihn zuschwamm. Statt ihn jedoch anzugreifen, senkte der Wal den Kopf, schob ihn unter den Eindringling, hob ihn aus dem Wasser und trug ihn an den Strand. Das wiederholte sich dreimal; dann versuchte Porter sein Glück auf der anderen Seite. Auch hier trug der Wal am äußersten Rand ihn mehrere Male an Land zurück. Sobald Porter seinen Schnorchel abnahm, verloren die Wale das Interesse an ihm; das legte den Schluß nahe, daß sie auf Laute reagierten, die möglicherweise denen eines verstopften Nasenlochs ähnelten, und ihm zu Hilfe kommen wollten.[3]

Der amerikanischen Küstenwache gelang es nicht, die Formation aufzubrechen oder die Falschen Schwertwale vom Ufer zu vertreiben: »Wenn ein Wal von dem Haufen getrennt wurde, geriet er in hellste Aufregung, und sosehr wir uns auch bemühten, wir konnten ihn nicht davon abhalten, zur Gruppe zurückzukehren. Sobald die Wale miteinander in Berührung kamen, wurden sie fügsam und ließen sich ohne weiteres in tieferes Wasser schieben.«[4] (Die beruhigende Wirkung von Körperkontakt betraf auch die Menschen, die in einem typischen Akt des Mitleids für Angehörige einer anderen Spezies die der Sonne und Luft ausgesetzten Rücken der Wale mit Sonnenöl einschmierten.)

Sobald das große Männchen verendet war, löste sich die Formation um ihn auf. Die Wale scherten aus und schwammen in tiefere Gewässer, wobei sie hohe, absteigende Pfeiftöne ausstießen. Eine Autopsie zeigte, daß das sechs Meter lange Männchen an starkem Wurmbefall im Ohr gelitten hatte. Möglicherweise beeinträchtigen diese Parasitenwürmer die Echoortung der Wale und damit ihre Fähigkeit zur Nahrungsaufnahme: der Magen des toten Tieres war leer.

Zwar löst dieser Bericht keineswegs das Geheimnis des Strandens von Walen, aber er vermittelt doch eine Vorstellung davon, welch außerordentliches Zusammengehörigkeitsgefühl diese Kreaturen miteinander verbindet. Wenn Anhänglichkeit und Bindung dem Hilfsverhalten zugrunde liegen, muß letztlich elterliche Fürsorge die evolutionäre Wurzel sein. Wie Irenäus Eibl-Eibesfeldt erklärt, entwickelten sich mit der elterlichen Fürsorglichkeit bei Vögeln und Säugetieren Füttern, Wärmen, Putzen, Linderung von Schmerzen und Groomen der Jungen, was seinerseits zur Herausbildung kindlicher Appelle führte, um derlei Handlungen auszulösen. Sobald sich solche Formen des Austauschs zwischen Eltern und Nachkommen entwickelt hatten – wobei der eine um Zuwendung bat, der andere sie gab –, konnten sie sich auf alle möglichen anderen Beziehungen ausdehnen, auch unter nicht verwandten Erwachsenen. So bettelt bei vielen Vogelarten das Weibchen seinen Gefährten um Futter an. Es sperrt dabei den Schnabel auf und schlägt mit den Flügeln wie der hungrige Jungvogel; das Männchen stellt seine Fähigkeiten, sich um andere zu kümmern, unter Beweis, indem es dem Weibchen besondere Leckerbissen bringt.

Das Eingehen elterlicher Fürsorge in Beziehungen zwischen erwachsenen Menschen läßt sich an dem weitverbreiteten Gebrauch von kindlichen Kosenamen (»Kleines«) unter Freunden und Liebenden ablesen oder an der hohen Stimmlage, die wir kleinen Kindern wie auch vertrauten Partnern vorbehalten. In diesem Zusammenhang erwähnt Eibl-Eibesfeldt den Kuß, der sich wahrscheinlich aus einer Mund-zu-Mund-Fütterung mit vorgekauter Nahrung entwickelte. Küssen ohne Weitergabe von Nahrung ist ein fast universeller menschlicher Ausdruck von Liebe und Zuneigung, der, laut dem Ethologen, der Kußfütterung ähnelt. Dabei spielt der eine Partner den Nehmenden und sperrt wie ein kleines Kind den Mund auf, während der andere Zungenbewegungen ausführt, als wolle er Nahrung weitergeben.[5] Bezeichnenderweise gibt es bei Schimpansen sowohl eine Kußfütterung der Jungen als auch Küssen bei Erwachsenen. Ein naher Verwandter des Schimpansen, der Bonobo, beherrscht sogar den Zungenkuß.

Auch wenn man das Kontinuum von elterlicher Fürsorge, Zusammengehörigkeitsgefühl und Hilfsbereitschaft noch nicht ganz versteht, läßt sich seine Existenz schwerlich leugnen. Es erklärt, warum Delphine und Wale, die doch an dieselbe Umgebung angepaßt sind wie die Fische, sich völlig anders verhalten, wenn Angehörige ihrer Spezies in Schwierigkeiten geraten. Eine lange Entwicklungsgeschichte von elterlicher Fürsorge verbunden mit einem hohen Grad wechselseitiger Abhängigkeit unter Erwachsenen hat diese Meeressäugetiere mit einer ganz anderen Einstellung zueinander ausgestattet.

Besondere Behandlung von Behinderten

Aus demselben Grund, weshalb Wale aus Mitgefühl in eine Falle gehen können, sind auch wir Menschen verletzlich. Heini Hediger, der Schweizer Pionier der *Zoo-Biologie* (einer Disziplin, die sich der Ethologie zur Verbesserung der Lebensbedingungen in Gefangenschaft bedient), erzählt, wie eine Gorillafrau, die sich einsam fühlte, einen unerfahrenen Wärter gefangennahm. Als dieser bemerkte, wie sie verzweifelt versuchte, ihren Arm aus den Gitterstäben des Käfigs zu befreien, eilte er hin, um den Käfig aufzusperren und ihr dabei zu helfen. Die Gorillafrau, die sich keineswegs eingeklemmt hatte, versteckte sich schnell hinter der Tür, um den Wärter zu überraschen. Sie tat nichts weiter, als daß sie die Arme um ihn schlang – was im Fall eines Gorillas die Bewegungsfreiheit eines Menschen freilich erheblich beeinträchtigt.

Anekdoten, die von solchen Täuschungsmanövern berichten – in deren Mittelpunkt oft große Menschenaffen stehen –, werden gerne auf Hinweise darauf untersucht, ob sie beabsichtigt und geplant waren; ein anderer Aspekt der Mein-Arm-steckt-fest-Scharade der Gorillafrau sollte dabei jedoch nicht übersehen werden. Laut Hediger muß sie die menschliche Reaktion des Wärters vorausgesehen haben. So erhebt sich die wichtige Frage, ob ein Vorausahnen von Hilfsaktionen bis zum Punkt der Ausnutzung bei einem Wesen möglich ist, das selbst keinerlei Hilfsbereitschaft zeigt. Mit anderen Worten: Setzt das Stellen einer Mitgefühlsfalle nicht eine Vertrautheit mit der Empfindung von Mitgefühl voraus?

Vielleicht nicht. Menschenaffen könnten einfach lernen, daß eines der vielen sonderbaren Dinge, die Menschen tun, die Sorge um Individuen in einer Notlage ist und daß man diese Neigung gegen sie einsetzen kann. Dieselbe Neigung ist jedoch, wie wir noch sehen werden, auch bei anderen Primaten vorhanden, und auf diesem Prinzip beruhende Täuschungsmanöver beschränken sich nicht auf die Beziehungen zwischen Menschenaffen und Menschen. Als in der Arnheim-Kolonie der älteste Mann, Yeroen, sich bei einem Kampf mit einem aufstrebenden Jungmann die Hand verletzt hatte, humpelte er eine Woche lang, obwohl die Wunde nur oberflächlich zu sein schien. Nach einer Weile stellten wir fest, daß Yeroen nur hinkte, wenn sein Rivale ihn sehen konnte. Beispielsweise ging er von einem Punkt vor dem Rivalen zu einer Stelle hinter ihm; dabei humpelte er zuerst erbärmlich, um sofort in eine völlig normale Gangart zu verfallen, sobald er aus der Sichtweite des anderen Mannes war. Die Möglichkeit, daß Verletzungen die Angriffslust von Rivalen hemmen, könnte Yeroens Versuch erklären, einen falschen Eindruck von Schmerz und Leiden zu erwecken.[6]

Primaten, einschließlich Menschen, entwickeln ihre Hilfsbereitschaft in erstaunlich jungem Alter und widerlegen damit eine umfangreiche Literatur, laut der die Jungen egozentrisch, selbstsüchtig, sogar ausgesprochen böse sind. Diese negative Einschätzung spiegelt eine seltsame Vorstellung von Güte wider: statt von Herzen zu kommen – oder was auch immer man als Sitz der Gefühle betrachtet –, sollen Fürsorglichkeit und Mitgefühl Produkte des Gehirns sein. Da kleine Kinder noch nicht über ein ausgeprägtes Erkenntnisvermögen und moralisches Verständnis verfügen, so die Überlegung, haben sie gar keine Möglichkeit, ihre Eigensucht zu überwinden. Als jedoch die Psychologin Carolyn Zahn-Waxler verschiedene Familien besuchte, um herauszufinden, wie Kinder auf Familienmitglieder reagieren, die man angewiesen hatte, Traurigkeit (Schluchzen), Schmerzen (laut »au« schreien) oder Krankheit (Husten und Würgen) vorzutäuschen, entdeckte sie, daß viele Kinder, die kaum älter als ein Jahr sind, andere bereits trösten. Dies ist ein Meilenstein in ihrer Entwicklung: eine unangenehme Erfahrung bei einer anderen Person ruft eine besorgte Reaktion hervor, etwa Tätscheln, Umarmen, Reiben der schmerzenden Stelle und so weiter. Da Mitgefühl bei praktisch allen Mitgliedern unserer Spezies schon in frühestem Alter zum

Ausdruck kommt, ist das eine genauso natürliche Errungenschaft wie der erste Schritt.

Im Bemühen, sich auf mentale Abläufe zu konzentrieren, interpretierte der amerikanische Sprachanthropologe Philip Lieberman dieselben Hinweise als erste Anzeichen eines »Altruismus im höheren, menschlichen Sinne«, wie er ihn chauvinistisch bezeichnet.[7] Abgesehen von der offenkundig emotionalen Grundlage betonte Lieberman vor allem Erkenntnis und Sprache und ließ somit die Tatsache außer acht, daß die Verhaltensweisen von Einjährigen ihre verbalen Ausdrucksmöglichkeiten bei weitem übertreffen. Genau aus diesem Grund äußerte Zahn-Waxler Vorbehalte gegenüber Befragungen, um etwas über Empathie und Mitleid zu erfahren. Angesichts der Schwierigkeiten, die kleine Kinder haben, ihre Gefühle in Worte zu fassen, können sie sehr wohl egozentrisch wirken, während sie in Wirklichkeit bereits ziemlich fürsorglich und behutsam sind.

Auf das zu achten, was Kinder tun, statt darauf, was sie den Befragern über sich erzählen, erfordert Umdenken in unseren Ansichten zur moralischen Entwicklung: oft scheinen Gefühle und Handlungen zuerst zu kommen, Rationalisierungen und Rechtfertigungen folgen erst später. Diese Erkenntnisse sind auch für die Tierforschung von Belang, die ja ausschließlich auf Beobachtung angewiesen ist. In beiden Fällen lassen sich die gleichen Techniken anwenden, wie Psychologen zufällig bei ihren Experimenten in Familien entdeckten: einige Haustiere schienen vom »Kummer« eines Familienmitglieds genauso betroffen wie die Kinder, suchten ihre Nähe oder legten mit anscheinend großer Besorgnis den Kopf in ihren Schoß. Möglicherweise beschränkt »Altruismus im höheren, menschlichen Sinne« sich also nicht auf unsere Spezies.

Eines Tages griffen einige erwachsene Mitglieder der höchstrangigen Matrilinie der Rhesusaffengruppe im Wisconsin Primate Center ein kleines junges Weibchen, genannt Fawn, an und bissen ihr schreiendes Opfer. Wie es für Rhesusaffen charakteristisch ist, drehten die Angreifer sich regelmäßig um und starrten Fawns Mutter und Schwestern an, die sie auf diese Weise vom Schauplatz fernhielten. Der Kampf war so ungleich und heftig, daß ich eingriff, indem ich mit aller Kraft losbrüllte. (Ein solches Eingreifen erscheint uns nur einige Male im Jahr notwendig.) Fawn war völlig außer sich vor Angst, als ihre Angreifer schließlich das Weite suchten. Eine ganze Weile lag sie auf dem Bauch und schrie laut; dann sprang sie plötzlich auf und rannte davon. Später saß sie zusammengekauert da und machte einen elenden, erschöpften Eindruck. Kurz darauf näherte sich ihre ältere Schwester und legte den Arm um sie. Als Fawn, benommen, wie sie war, nicht reagierte, zog und zupfte ihre Schwester sie sanft, als versuche sie, Fawn aufzuwecken, und umarmte sie dann erneut. Schließlich kuschelten die beiden Schwestern sich aneinander, während ihre Mutter, möglicherweise um weitere Schwierigkeiten abzuwenden, das Weibchen groomte, das den Überfall angeführt hatte.

Dem muß ich hinzufügen, Trostverhalten wie bei Fawns Schwester ist in einer Rhesusaffengruppe selten. Um so auffälliger ist aber, daß vor allem die ganz Jungen dieser Spezies auf bekümmerte Individuen reagieren. Zweifelsohne hätten meine Assistentin Lesleigh Luttrell und ich dieses Verhalten gar nicht bemerkt, hätten wir nicht gerade eine spezielle Untersuchung über soziale Entwicklung durchgeführt. Die ganz Kleinen übersieht man leicht; sie sind winzig, sehen einander alle gleich und scheinen im Gesamtgeschehen kaum eine Rolle zu spielen. Unsere Untersuchung zwang uns jedoch, auch noch das kleinste Gruppenmitglied zu identifizieren und alle seine Verhaltensweisen zu vermerken. Das erwies sich als faszinierende Erfahrung, denn in diesem frühen Alter lassen Rhesusaffen noch nicht das ziemlich unduldsame, kämpferische Temperament erkennen, das für ihre Spezies charakteristisch ist.

Wenn eines unserer Jungtiere aus irgendeinem Grund schrie – etwa wenn es bedroht oder erschreckt worden oder vom Klettergerüst heruntergefallen war –, eilte oft ein anderes hinzu und umarmte oder bestieg es kurz. Meistens schien diese Kontaktaufnahme fast genauso beruhigend zu sein wie eine Umarmung der Mutter. Die beschützenden und beruhigenden Absichten einer Mutter sind einigermaßen offensichtlich, von den Gleichaltrigen konnte man dies jedoch nicht behaupten. Ein Junges, das irgendeinen Kummer hatte, schien andere unwiderstehlich anzuziehen, die eine ausgeprägte Neigung an den Tag legten, Kontakt aufzunehmen; allerdings war nicht klar, ob sie damit wirklich auf die Interessen des anderen eingehen wollten.

Als einmal ein Junges nach einer versehentlichen Landung auf einem dominanten Weibchen von diesem gebissen worden war, hörte es einfach nicht auf zu schreien, so daß es in Kürze von zahlreichen anderen Jungen umringt war. Ich zählte acht, die auf das arme Opfer kletterten – und dabei einander wie auch das betroffene Junge zogen, zerrten und herumstießen. Offensichtlich linderte das die Angst des Kleinen keineswegs; die Reaktion schien ziellos und automatisch abzulaufen, als wären die anderen Jungen genauso außer sich wie das Opfer und versuchten, eher sich *selber* zu trösten als das andere.

Obwohl es schwierig ist, Rückschlüsse auf die Absichten von Tieren zu ziehen, können wir doch Vermutungen anstellen; vielleicht gelangen wir eines Tages an den Punkt, daß wir verschiedene Interpretationen gegeneinander abwägen und prüfen können. Für ein Forschungsprogramm zur Empathie bei Tieren reicht es nicht aus, auffällige Hilfsbereitschaft zu untersuchen; ebenso wichtig ist die Betrachtung des *Ausbleibens* eines solchen Verhaltens, obwohl man eigentlich damit rechnet. Im folgenden zwei aufschlußreiche Beispiele von Rhesusaffen.

Beispiel 1: Im Alter von sieben Monaten brach Rita sich den Arm, der anschließend wie leblos an ihrer Seite herunterbaumelte. Zuerst glaubten wir, sie hätte sich den Arm ausgekugelt; bei einer Röntgenuntersuchung stellte sich jedoch heraus, daß er gebrochen war. Der Tierarzt beschloß, nichts dagegen zu unternehmen, da bei jungen Affen Knochenbrüche normalerweise schnell heilen und eine Behandlung die Trennung des Jungtieres von der Gruppe notwendig gemacht hätte. Bemerkenswerterweise schien während der Wochen, in denen Rita ihren Arm nicht benutzen konnte, keiner der anderen Affen ihre Behinderung auch nur zu bemerken. Die Jugendlichen stießen sie genauso herum, als wäre nichts geschehen, und hochrangige Erwachsene bedrohten oder verjagten sie wie jeden anderen kleinen Quälgeist. Nicht einmal Ritas Mutter Ropey änderte ihr Verhalten ihr gegenüber; sie unterzog das Kind der gleichen traumatischen Entwöhnung wie die anderen Mütter Ritas Altersgenossen.

Rita ließ sich diese Behandlung gefallen, und ihr Arm heilte völlig aus.

Beispiel 2: Ein riesiges, senkrecht aufgestelltes Rad in der Mitte der Käfigs lädt zu allen möglichen Spielen ein; am aufregendsten ist es für Männchen im Pubertätsalter, es immer schneller zu drehen, um sich an die Decke des Käfigs, etliche Meter über dem Rad, zu katapultieren. Ich kenne kein anderes Gerät, mit dem man Affen so gut beschäftigen und in Bewegung halten kann. Wie alle derartigen Vorrichtungen ist auch diese nicht ganz ungefährlich. Eines Tages schrie ein Junges voller Panik auf, als sein Arm sich in den Speichen des Rades verfangen hatte, während die »Teenager« ihre waghalsigen Spielchen trieben. Ein Männchen, das sich in der Nähe des Rades ausruhte, ärgerte sich so sehr über den Lärm, daß es das schreiende Junge bedrohte und schlug, sooft es an ihm vorbeikam. Da dieses Männchen normalerweise Jungtieren gegenüber sehr tolerant war, legte der Vorfall den Schluß nahe, daß ihm gar nicht bewußt wurde, in welcher Zwangslage sich das Kleine befand.

In den aufgeführten Beispielen wurden die Affen mit einer akuten Gefahrensituation oder einer vorübergehenden Veränderung im Befinden eines anderen konfrontiert. Was passiert jedoch, wenn eine Behinderung länger als ein paar Wochen andauert? In solchen Fällen lernen die Affen tatsächlich, sich auf die gleiche Weise an das Individuum anzupassen, wie sie es lernen, auf die Bedürfnisse und Unzulänglichkeiten der Jungen Rücksicht zu nehmen. Stets bewundere ich, wie sehr erwachsene Männchen sich beim Spielen unter Kontrolle haben: mit ihren furchteinflößenden Eckzähnen knabbern sie an den Jungen und ringen mit ihnen, ohne ihnen auch nur im geringsten weh zu tun, während sie sich beim Raufen mit älteren und stärkeren Partnern keineswegs zurückhalten. Jugendliche können einem erwachsenen Männchen voller Wucht auf den Rücken springen oder ins Gesicht schlagen, was fatale Folgen hätte, wären die Rollen vertauscht. Primaten spielen mit Starken ganz anders als mit Schwachen.[8]

Hemmungen beim Spielen sind aller Wahrscheinlichkeit nach das Ergebnis einer Konditionierung. Von klein auf lernen Affen: der Spaß hört auf, wenn sie mit einem jüngeren Spielgefährten zu grob umgehen; das Junge protestiert schreiend, versucht, sich loszumachen oder, schlimmer noch, dem Spiel wird von einer fürsorglichen Mutter handgreiflich ein Ende gesetzt. Derlei negative Folgen prägen das Verhalten älterer Individuen. Derselbe Prozeß *erlernter Anpassung* erklärt möglicherweise auch, warum behinderte Mitglieder von Affengemeinschaften anders behandelt werden. Die Gesunden wissen nicht unbedingt, was eigentlich los ist, aber mit der Zeit gewöhnen sie sich an die Einschränkungen ihrer benachteiligten Artgenossen.

Am besten läßt sich erlernte Anpassung *kognitiver Empathie* entgegensetzen, das heißt der Fähigkeit, sich selbst in der Lage eines anderen vorzustellen. Es handelt sich dabei um eine Ausweitung des Einfühlungsvermögens zu Gefühlsäußerungen, geht allerdings noch ein Stück weiter. Stellen Sie sich vor, ein Freund habe bei einem Unfall beide Arme verloren. Allein dadurch, daß wir seinen körperlichen Zustand sehen oder davon hören, begreifen wir die Einschränkung seiner körperlichen Fähigkeiten. Wir können uns vorstellen, wie es ist, keine Arme zu haben, und unsere Fähigkeit, Empathie zu empfinden, ermöglicht es uns, dieses Wissen auf die Situation des anderen zu übertragen. Im Gegensatz dazu braucht der Hund unseres Freundes eine Zeitlang, ehe er lernt, daß es keinen Sinn hat, seinem Herrchen einen Stock vor die Füße zu legen, oder daß das vertraute Tätscheln durch ein Reiben mit dem Fuß ersetzt wird. Hunde sind klug genug, um sich an derlei Veränderungen zu gewöhnen, ihre Anpassung beruht jedoch auf Lernen, nicht auf Verstehen. Das Ergebnis ist in etwa das gleiche. In ersterem Fall ergibt sich eine andere Behandlung der Behinderten jedoch aus einem Verständnis für ihre Einschränkungen, im zweiten Fall aus einer Gewöhnung an ihr Verhalten. Ich brauche wohl nicht eigens zu erwähnen, daß die erlernte Anpassung des Hundes ein sehr viel langsamer ablaufender Prozeß ist als kognitive Empathie.[9]

Kognitive Empathie ist im Tierreich wahrscheinlich nicht sonderlich weit verbreitet. Man findet sie bei Menschen und vielleicht noch bei unseren nächsten Verwandten, den Menschenaffen; bei anderen Tieren sucht man sie jedoch vermutlich vergebens. Bislang gibt es keinerlei Hinweise darauf, daß die besondere Behandlung von behinderten Artgenossen bei Affen nicht auf erlernter Anpassung basieren würde. Das Verhalten gegenüber Mozu ist ein Beispiel dafür: die Toleranz spiegelt wahrscheinlich einen Lernprozeß der anderen Affen im Jigokudani-Park wider, daß Mozu eben langsam ist und keine Bedrohung darstellt. Nichts in ihrem Verhalten läßt darauf schließen, daß ihnen klar ist, wie oder warum Mozu sich von ihnen unterscheidet und was ihre speziellen Bedürfnisse sind. Im folgenden drei weitere Beispiele für eine Anpassung von Affen an dauerhaft behinderte Angehörige ihrer Spezies.

Azalea: ein Junges mit einer Chromosomenanomalie
1988 kam im Wisconsin Primate Center ein einzigartiger Rhesusaffe zur Welt. Azalea hatte einen seltsamen, leeren Gesichtsausdruck, und ihre motorischen Fähigkeiten waren eindeutig eingeschränkt. Man entdeckte ihre völlig spontan aufgetretene Krankheit ziemlich schnell, da Azalea zufällig in unsere Entwicklungsstudie einbezogen war. Untersuchungen ergaben, daß sie an der äußerst seltenen autosomalen Trisomie litt: statt nur Chromosomenpaare hatte sie ein Triplett, ähnlich wie bei der als Down-Syndrom bekannten chromosomenbedingten Krankheit bei Menschen. Eine weitere Parallele war die Tatsache, daß Azaleas Mutter schon ziemlich alt, fast über das gebärfähige Alter hinaus war (sie hatte die Zwanzig bereits überschritten); vorher hatte sie elf normale Nachkommen geboren.

Rennen, Springen und Klettern stellten für Azalea große Herausforderungen dar; all das lernte sie erst sehr viel später als ihre Altersgenossen und auch dann nur unzureichend. Ihre Koordination war mangelhaft, ihre Reaktionsgeschwindigkeit langsam. Sie war der einzige Affe, der es nie lernte, durch das sich drehende Rad zu gehen, indem man an einem Punkt hineintritt und an einem anderen wieder herausgeht und dabei Veränderungen in Geschwindigkeit und Position des Rades in Betracht zieht (so, wie wir es lernen, ohne Schwierigkeiten durch eine Drehtür zu gehen). Wenn Azalea im Rad »hängenblieb«, wurde sie oft von einer älteren Schwester gerettet, die sie herauszog. Die Nahrungsaufnahme stellte ein weiteres Problem dar: statt harte Affenkekse mit den Händen festzuhalten und Stücke davon abzubeißen, leckte Azalea bis zum Alter von fünf Monaten wie ein Hund die Krumen vom Boden auf. In der Wildnis hätte sie nie und nimmer überlebt.

Azalea legte auch ein abweichendes Sozialverhalten an den Tag. Erst am siebenunddreißigsten Tag entfernte sie sich zum ersten Mal aus der Nähe ihrer Mutter; bei ihren Altersgenossen dauerte dies durchschnittlich dreizehn Tage. Azaleas Mutter ließ nie irgendwelche Anzeichen für eine Ablehnung erkennen, war aber auch nicht sonderlich interessiert an diesem Sprößling. Azaleas ältere, noch heranwachsende Schwester hingegen widmete ihr besondere Aufmerksamkeit und trug sie weit über das Alter hinaus herum, in dem solch schwesterliche Fürsorge und beschützendes Verhalten normal sind. Wenn andere Azalea auf eine Weise behandelten, gegen die jedes normale Rhesusjunge protestiert hätte, ihr etwa beim Groomen ein Haar nach dem anderen ausrissen, griff Azaleas Schwester ein, obwohl Azalea selber in keiner Weise dagegen protestiert hatte.

Azaleas Zugehörigkeit zur ranghöchsten Matrilinie bot ihr zwar großen Schutz, aber bei heftigen Auseinandersetzungen mußte sie einiges einstecken, und zwar aufgrund von Fehleinschätzungen. Wenn ihre Mutter einem anderen Affen drohte, schloß Azalea sich dem fast blindlings an, grunzte begeistert und sprang das gleiche Tier an, egal, wie groß es war. Die Bildung von Allianzen (zwei oder mehr Parteien tun sich gegen eine andere zusammen) ist in Affengruppen an der Tagesordnung; sie führt oft zu Auseinandersetzungen in großem Maßstab, bei denen viele verschiedene Parteien aufeinander losgehen. In diesem Getümmel ist es ungeheuer wichtig, den Überblick über die Positionen und Bewegungen aller anderen, ob Freund oder Feind, zu bewahren. Da Azalea dieser Aufgabe in keiner Weise gewachsen war, brachte ihre Verwicklung in die Streitigkeiten ihrer Mutter sie oft in eine ungeschützte Position gegenüber einem Gegner, der ihr ernsthaft gefährlich werden konnte. Nur selten zögerte die Gegenseite, und einmal fegten sie buchstäblich den Boden mit ihr. Ein erwachsenes Männchen zerrte sie den abschüssigen Felsen in dem Gehege hinunter und schmetterte ihren Kopf auf den Betonboden. Azalea bekam einen Anfall, der ein paar Sekunden dauerte, in denen sie die Kontrolle über die eine Seite ihres Körpers verlor. Aber sie lernte etwas aus diesem Vorfall: anschließend beäugte sie dieses spezielle Männchen mißtrauisch und wich ihm aus, wenn es nur in der Ferne auftauchte.

Die meiste Zeit war Azalea außergewöhnlich passiv. Selten spielte sie mit anderen; wenn doch, dann mit jüngeren Partnern, da ihre Altersgenossen zu flink und zu wild waren. Andere Affen, auch nichtverwandte, groomten Azalea doppelt so oft wie ihre Altersgenossen – ein Beweis dafür, daß die Gruppe dieses zurückgebliebene Junge voll und ganz akzeptiert hatte.[10]

Im Alter von zweiunddreißig Monaten bekam Azalea schwere Krämpfe, zeigte Anzeichen von Verwirrtheit (sie rannte mit dem Kopf gegen die Wand) und mußte schließlich eingeschläfert werden.

Wania-6672: ein Junges mit einem Nervenleiden

1972 beobachteten die beiden kanadischen Primatologen Linda und Laurence Fedigan ein ungewöhnliches Junges in einer Population Japanmakaken, die in einem 44 Hektar umfassenden Buschlandgehege in Texas lebte. Das Junge zeigte Symptome einer Zerebrallähmung. Über die Arme hatte Wania-6672 mehr Kontrolle als über die Beine, daher hoppelte er wie ein Kaninchen und schwang beide Beine gleichzeitig an seinen Armen vorbei nach vorne. Außerdem schien er sehbehindert zu sein: er schnüffelte immer an anderen Affen, wie um sie auf diese Weise zu identifizieren, und rannte ständig gegen irgendwelche Büsche und Kakteen. Eine weitere Entsprechung zu Kindern mit Zerebrallähmung waren seine übermäßige Aggressivität und Hyperaktivität. Affen gegenüber, die seine Mutter groomten, gebärdete Wania-6672 sich äußerst feindselig und versuchte, sich um jeden Preis zwischen die beiden Partner zu drängen. Fast die ganze Zeit folgte er seiner Mutter und versuchte zu saugen, und diese trug und groomte ihn häufig. Als man sie trennte, hörte Wania-6672 nicht mehr auf zu schreien; so etwas wie Selbständigkeit erlangte er nie. Stieß er bekümmerte Laute aus, rannten oft junge, vor allem weibliche Affen zu ihm, umarmten ihn und hielten ihn auf dem Schoß.

Das Verhalten dieses Jungen verwirrte die anderen Gruppenmitglieder gründlich. Statt wegzurennen, wenn er bedroht wurde, kreischte Wania-6672 und torkelte ziellos herum. »Angesichts dieser seltsamen Reaktion hörten die meisten Affen sofort auf, ihn zu bedrohen, und viele starrten das anormale Junge an, als seien sie irritiert von diesem ungewöhnlichen Verhalten.«[11] Möglicherweise verloren die anderen Affen aufgrund dieses unangemessenen Benehmens das Interesse daran, ihm die üblichen Verhaltensregeln beibringen zu wollen: sie neigten dazu, bei Wania-6672 Fehlverhalten zu ignorieren, das sie anderen Jungen nie durchgehen lassen hätten. Einmal reagierte ein erwachsenes Männchen überhaupt nicht, als Wania-6672 mit dem Kopf gegen den Unterleib des Erwachsenen rempelte. Ein andermal ließ sich das Alphamännchen gerade von einem Weibchen groomen; es lehnte sich zurück und begann einzudösen, als das Junge immer wieder über seine Füße stolperte. Ein paarmal zog das Männchen die Augenbrauen hoch – ein Zeichen von Verärgerung –, dann setzte es sich auf und starrte den Störenfried mit drohender Miene an. Als es sah, daß es »nur« Wania-6672 war, legte es sich jedoch sofort wieder hin. Jedes andere Junge hätte es am Genick gepackt und zu Boden geschleudert.

1585-B: ein von Geburt an blindes Junges
1982 wurde in einer freilebenden, auf einer karibischen Insel ausgesetzten Population von Rhesusaffen ein blindes Junges geboren. Abgesehen davon, daß es nichts sehen konnte, war das Jungtier völlig normal: es spielte beispielsweise genausoviel wie andere Tiere seines Alters. Verglichen mit seinen Altersgenossen entfernte 1585-B sich oft von seiner Mutter und brachte sich damit in gefährliche Situationen, die er nicht als solche erkennen konnte. Seine Mutter reagierte, indem sie ihn wieder zu sich holte und ihn öfter zurückhielt als andere Mütter ihre Sprößlinge.

Laut anderen Untersuchungen blieben blinde Affenjungen nie sich selber überlassen; bestimmte Gruppenmitglieder waren immer in ihrer Nähe, wenn die Gruppe den Aufenthaltsort wechselte.[12] Auf ähnliche Weise verhielt sich, wie Catherine Scanlon bemerkte, die Sippschaft von 1585-B äußerst wachsam und gewährte ihm Schutz.

»Bei verschiedenen Gelegenheiten entdeckte man das Junge auf den unteren Zweigen eines Baumes, etwa 2 bis 5 Meter von nahen Verwandten entfernt: wenn sich nun ein nichtverwandtes Tier näherte, war die Folge eine ungewöhnlich große Anzahl von Drohgebärden seitens eines oder mehrerer Verwandter, vor allem seiner Mutter, seiner Tanten und seinem fünf Jahre alten Cousin.«[13]

Wir sollten nicht außer acht lassen: Theoretisch kann erlernte Anpassung sich in zwei Richtungen entwickeln. Die erste ist ein Ausnützen der Situation, wenn beispielsweise gesunde Affen lernen, einen Vorteil aus der Langsamkeit, der geringeren Stärke und dem unterentwickelten Wahrnehmungsvermögen eines behinderten Artgenossen zu ziehen. So hatten die jüngeren Mitglieder der Bärenmakakengruppe im Wisconsin Primate Center die Angewohnheit, Wolf, ein altes, praktisch blindes Weibchen, zu quälen, indem sie ihr auf den Rücken sprangen oder kletterten – eine Heldentat, zu der sie niemals den Mut aufgebracht hätten, ehe Wolf ihr Sehvermögen eingebüßt hatte.

Bei Tieren, die seit langem zusammenleben, ist eine solche schlechte Behandlung jedoch nicht die Regel. Am auffälligsten am Umgang mit behinderten Affen ist die Tatsache, daß er sehr oft die entgegengesetzte Form annimmt: statt in Stücke gerissen oder als nutzloses Mitglied der Gemeinschaft ausgestoßen zu werden, wird der behinderte Affe mit zusätzlicher Toleranz, Fürsorglichkeit und Umsicht behandelt. Das galt auch für Wolf: als ihr Sehvermögen nachgelassen hatte, paßten die erwachsenen Männchen der Gruppe besonders gut auf sie auf. Sooft ein menschlicher Pfleger die Tiere aus dem Inneren des Baus ins Außengehege zu treiben begann, standen die erwachsenen Männchen am Durchgang Wache und hielten Wolf manchmal die Tür auf. Sie nahmen zwischen ihr und den Pflegern Aufstellung und machten auf diese Weise klar, daß ihnen nach wie vor viel an Wolf lag.

Am besten interpretiert man die besondere Behandlung von Behinderten vermutlich als eine Kombination aus erlernter Anpassung und einem ausgeprägten Zusammengehörigkeitsgefühl; letzteres lenkt die Anpassung in eine positive, fürsorgliche Richtung. Gelegentlich läßt sich jedoch auch dann eine Sonderbehandlung feststellen, wenn gar keine Zeit zum Lernen blieb. Beispielsweise werden Affen unter Umständen plötzlich wachsamer, wenn einer von ihnen verletzt oder bewegungsunfähig wird. Als ein Junges in einer in Gefangenschaft lebenden Paviankolonie einen epileptischen Anfall hatte, boten ihm die anderen auf der Stelle Schutz. Ein älterer Bruder legte die Hand auf die Brust des kranken Jungen und bedrohte Leute, die ins Gehege wollten, um sich das Ganze aus der Nähe anzusehen. Laut Randall Keyes, der von diesem Vorfall berichtete, übernahm dieser Bruder ansonsten nicht diese Beschützerrolle.[14]

Eine solch unmittelbare Reaktion auf die Verletzlichkeit eines Gruppenmitglieds läßt sich nicht so ohne weiteres als Folge eines langsamen Lernprozesses erklären. Vielleicht halten Primaten sich an eine strenge, schnell wirkende Regel – ohne allzulange zu überlegen –, die sie veranlaßt, ihre Anstrengungen, andere zu beschützen, zu verdoppeln, sobald einer von ihnen auf Gefahr nicht mehr reagiert. Möglicherweise haben sie auch gelernt, daß Individuen, die sich in kritischen Augenblicken nicht von der Stelle rühren, leicht in Schwierigkeiten geraten, verallgemeinern dieses Wissen und setzen es einem plötzlich bewegungsunfähig gewordenen Gruppenmitglied gegenüber ein. Erklärungsversuche in dieser Richtung lassen vielleicht auf die Gründe für die erhöhte Aufmerksamkeit schließen, die dem blinden Jungtier, Wolf und dem Pavian, der einen Anfall hatte, zuteil wurde.

Die Alternative dazu wäre, daß sie sich, wenn sie sehen, wie ein anderer nicht reagiert, an Gefahrensituationen erinnern, die sie selber erlebt haben. Diese Möglichkeit wäre äußerst interessant, denn die Notlage eines anderen aufgrund eigener Erfahrungen zu verstehen würde eine Extrapolierung vom Ich auf den anderen voraussetzen.

Reaktionen auf Verletzung und Tod

Falls ein Zusammengehörigkeitsgefühl der Fürsorge und Sympathie zugrunde liegt, ist die Haltung toten oder sterbenden Gefährten gegenüber einer Untersuchung wert, denn es gibt kein eindringlicheres Beispiel für Anhänglichkeit als den Schmerz, wenn ein Verwandter oder Freund den letzten Atemzug getan hat. Ein bekanntes Beispiel dafür sind Elefanten, die gelegentlich Teile der Stoßzähne oder Knochen des toten Herdenmitglieds aufheben, sie mit dem Rüssel festhalten und herumreichen. Einige Dickhäuter kehren noch Jahre später an die Stelle zurück, an der ein Verwandter gestorben ist, berühren und untersuchen die Überreste. Vermissen sie den anderen? Erinnern sie sich, wie er oder sie war, als er noch lebte?

Dereck und Beverly Joubert beobachteten die Sterbestunden eines alten Bullen, der im Sand der Kalaharisteppe lag. Einige Elefanten versuchten, dem Sterbenden auf die Beine zu helfen, indem sie ihre Rüssel und Stoßzähne unter ihn schoben und sich alle Mühe gaben, ihn emporzustemmen; bei ihren Anstrengungen brachen einigen die Stoßzähne.

In *Elephant Memories* beschreibt Cynthia Moss die Reaktion von Elefanten im Amboseli-Nationalpark, als die Kugel eines Wilderers sich in die Lunge des jungen Weibchens Tina bohrte. Nachdem die Herde vor der Gefahr geflohen war, gaben Tinas Knie nach, und die anderen lehnten sich an sie, um sie zu stützen. Sie glitt trotzdem zu Boden, ein Schauder überlief sie, und sie verendete.

»Teresia und Trista waren verzweifelt. Sie knieten nieder und versuchten, sie hochzuheben. Mühsam schoben sie ihre Stoßzähne unter Tinas Rücken und Kopf. Einmal gelang es ihnen, sie in eine sitzende Position aufzurichten, aber ihr Körper fiel wieder zusammen. Ihre Familie tat alles, um sie mit Rüsseln und Füßen hochzuheben. Tallulah ging sogar los, holte einen Rüssel voll Gras und versuchte, es in ihren Mund zu stopfen.«[15]

Schließlich streuten die anderen Erde über den Kadaver und brachen in den umliegenden Büschen Zweige los, die sie auf Tinas Leichnam breiteten. Bis Einbruch der Nacht hatten sie ihn nahezu vollständig bedeckt. Als die Herde am nächsten Morgen weiterzog, ging Teresia als letzte. Sie sah den anderen nach, wobei sie ihrer Tochter den Rücken zukehrte, langte hinter sich und berührte einige Male mit dem Fuß den Kadaver, ehe sie sich widerstrebend auf den Weg machte.

Affen reagieren auf den Tod oder das Verschwinden eines nahestehenden Partners auf eine Weise, die äußerlich menschlichem Kummer ähnelt. Charles Kaufman und Leonard Rosenblum untersuchten diesen Prozeß in den sechziger Jahren im Labor, indem sie junge Affen von ihren Müttern trennten. Auf eine *Protestphase* mit lautem Schreien und Suchen nach der Mutter folgte eine *Verzweiflungsphase,* in der die Jungtiere nicht reagierten, den Appetit verloren, mit hängenden Schultern dahintrotteten und ins Leere starrten. Allerdings ist unklar, ob eine solche Niedergeschlagenheit je einen Punkt erreicht, an dem Affen an Kummer *sterben,* wie Jane Goodall dies am Beispiel des wilden Schimpansen Flint beschrieb, der drei Tage nach dem Verlust seiner Mutter, der berühmten Flo, starb. Flint war bereits achteinhalb Jahre alt, jedoch ungewöhnlich abhängig gewesen. Mit Goodalls Worten: »Seine ganze Welt hatte sich um Flo gedreht, und ohne sie war das Leben leer und bedeutungslos.«[16] Bei der Autopsie stellte man bei Flint eine Magen- und Unterleibsentzündung fest. Möglicherweise läßt sich sein Tod auf ein infolge der Depression geschwächtes Immunsystem zurückführen; allerdings können wir die naheliegende Alternative, daß Flo und Flint an der gleichen Krankheit gestorben waren und Flint lediglich ein wenig länger durchgehalten hatte, nicht ausschließen.[17]

Geschieht das Umgekehrte, das heißt, verliert eine Mutter ihr Kind, dann tun Primaten ihre Anhänglichkeit auf die Weise kund, daß sie den Leichnam tagelang mit sich herumschleppen, bis er buchstäblich zerfällt. Sobald sich die Affenweibchen von dem Kadaver getrennt haben, lassen sich bei ihnen, abgesehen von den geschwollenen Brüsten, nur noch schwer irgendwelche Hinweise auf den Verlust eines Jungtieres erkennen. Einige Weibchen werden jedoch unruhig und scheinen nach ihren Sprößlingen zu suchen. Ich habe Rhesusaffen gesehen, die, nachdem man den Leichnam weggeschafft hatte, einen ganzen Tag lang hin und her rannten und schrien. Und in *Sex and Friendship in Baboons* beschreibt die amerikanische Primatologin Barbara Smuts, wie Zandra, ein wildes Pavianweibchen, auf den Tod ihres drei Monate alten Kindes Zephyr reagierte, das an den schweren Bißwunden, die ihm vermutlich ein Pavianmännchen beigebracht hatte, gestorben war.

»In den nächsten paar Tagen achtete ich darauf, ob Zandra irgendwelche Anzeichen von Kummer erkennen ließ, konnte jedoch keine feststellen. Während dieser Zeit kam der Trupp nicht in die Nähe der Stelle, wo das Junge getötet worden war und wo Zandra den Kadaver verloren hatte. Eines Tages dann, etwa eine Woche nach dem Tod des Jungtieres, zog die Gruppe durch ebendieses von Büschen bewachsene Gelände. Als sie näher kamen, wurde Zandra äußerst erregt. Sie raste herum, als suchte sie Zephyr, und kletterte dann auf einen Baum. Oben angelangt, sah sie sich nach allen Richtungen um und begann zu rufen... Unverkennbar suchte sie ihr Junges, und jedesmal, wenn die Paviane während der nächsten paar Wochen an diese Stelle kamen, wiederholte sich das aufgeregte Suchen und Rufen.«[18]

Auf ähnliche Weise wimmern und winseln Schimpansen meist beim Tod eines Jungen, gelegentlich brüllen sie auch laut los. Eine der Frauen in der Arnheim-Kolonie, seltsamerweise Gorilla genannt, weil sie dieser anderen Menschenaffenspezies ähnelte, wimmerte und schrie nicht nur, sondern nach jedem Ausbruch rieb sie sich mit den Knöcheln heftig die Augen, wie ein Kind, das seine Tränen trocknet. Da Menschen angeblich die einzigen Primaten sind, die Tränen vergießen, war ich von Gorillas Verhalten so überrascht, daß ich untersuchen ließ, ob ihre Augen vielleicht entzündet waren. Der Arzt konnte jedoch nichts feststellen, und ich muß betonen, nie habe ich wirklich Tränen gesehen.[19]

Wenn Schimpansen miterleben, wie das Leben eines vertrauten Gefährten sich seinem Ende nähert, reagieren sie gefühlsmäßig vielleicht so, als würde ihnen, wenn auch noch so verschwommen, klar, was der Tod bedeutet – oder zumindest, daß mit dem anderen etwas Schreckliches vorgeht. Bei einem zweiten Vorfall, bei dem Gorilla eine Rolle spielte, fiel eine junge erwachsene Frau, Oortje, einfach tot um. Seit sie vor zwei Monaten einen gesunden Sohn zur Welt gebracht hatte, den sie nicht annahm, war sie apathisch gewesen. Schon vorher hatte sie zu husten angefangen, und ihr Zustand hatte sich trotz entsprechender Behandlung verschlechtert. Da Winter war, hielt sich die Gruppe im Gebäude auf und war in zwei Gruppen unterteilt worden, die einander hören, aber nicht sehen konnten. Jeanne Scheurer, die regelmäßig in den Zoo kam und jeden Schimpansen beim Namen kannte, fiel eines Tages auf, wie Gorilla unverwandt Oortje anstarrte, die auf einem Stamm saß. Ohne ersichtlichen Grund brach Gorilla plötzlich in aufgeregtes, hysterisches Schreien aus. Das Gebrüll klang weder aggressiv, noch war es von Drohgebärden begleitet. Vielmehr schien Gorilla von irgend etwas verwirrt, das sie in Oortjes Augen oder an ihrem Verhalten bemerkte. Oortje selber, bis zu dem Augenblick völlig still, schrie schwach zurück, versuchte dann, sich hinzulegen, fiel von dem Stamm und blieb reglos auf dem Boden liegen. All das geschah innerhalb einer Minute. Wiederbelebungsversuche mit Herzmassage und Mund-zu-Mund-Beatmung durch den Pfleger (nachdem er die anderen Schimpansen hineingebracht hatte), waren vergeblich. Eine Frau in der anderen Halle stieß Schreie aus, die ähnlich wie die Gorillas klangen, dann wurden alle Schimpansen im ganzen Gebäude still. Oortje war vermutlich an Herzversagen gestorben; die Autopsie ergab eine schwere Herz- und Unterleibsentzündung.

Wie bereits erwähnt, überlebte ein erwachsener Mann in Arnheim die schweren Verletzungen nicht, die er sich bei einem Kampf zugezogen hatte. Nach einer stundenlangen Operation brachten wir ihn in einen der Käfige für die Nacht, und dort starb er. Als an dem Abend die anderen Mitglieder der Kolonie ins Gebäude marschierten, herrschte vollkommene Stille. Am nächsten Morgen dauerte das Schweigen an, auch noch als die Pflegerin mit dem Futter kam (normalerweise ein Anlaß für lautstarke Freudenbekundungen). Erst nachdem der Leichnam aus dem Gebäude gebracht worden war, gaben die Schimpansen wieder Laut.

1986 folgte Geza Teleki eines frühen Morgens einer kleinen Gruppe wilder Schimpansen, kurz nachdem sie aus ihren Schlafnestern heruntergestiegen waren. Er eilte zu einer Stelle, von der aus er ein heiseres Brüllen hörte. Sechs erwachsene Männer rannten wild hin und her; ihr Bellen hallte von den Berghängen wider. Die Aktivität konzentrierte sich auf einen kleinen Wasserlauf, in dem der reglose Körper des Mannes Rix zwischen den Steinen lag. Zwar hatte Teleki nicht gesehen, wie er heruntergestürzt war – im kritischen Augenblick war er in einen Ameisenhaufen getreten –, aber er spürte, er wurde Zeuge der allerersten Reaktion darauf, daß Rix sich beim Herabfallen von einem Baum das Genick gebrochen hatte. Einige Schimpansen blieben stehen, um den Leichnam anzustarren; danach agierten sie ihre Anspannung aus, indem sie zu heftigen Scheinangriffen in alle Himmelsrichtungen ansetzten und große Felsbrocken herumrollten. Inmitten des Aufruhrs umarmten, bestiegen, berührten und tätschelten sich die Schimpansen, auf ihren Gesichtern ein nervöses Grinsen.

Später verbrachten einige Schimpansen beträchtliche Zeit damit, den Kadaver anzustarren. Ein Mann beugte sich von einem dicken Ast herunter, betrachtete den Leichnam und winselte dann. Andere berührten Rix' Körper oder rochen daran. Eine heranwachsende Frau starrte *über eine Stunde lang* die Leiche an; in dieser Zeit saß sie reglos und völlig schweigsam da. Nach drei Stunden aufgeregten Treibens um den Kadaver herum verließ schließlich einer der älteren Männer die Lichtung und marschierte das Tal flußabwärts. Nach und nach folgten ihm die anderen und warfen beim Aufbruch nochmals einen Blick über die Schulter zurück auf Rix. Ein Mann näherte sich seinem Kadaver, beugte sich zu einer letzten Inspizierung darüber und hastete dann den anderen nach.

Wenn einer ihrer Gefährten dem Tod nahe ist, verhalten Schimpansen sich, als wüßten sie, welche Schmerzen er leidet, wie dies vor sechzig Jahren auf anrührende Weise Robert Yerkes beschrieb, der eine Gruppe von Jungen beobachtete.

»Die Rücksichtnahme des normalerweise unbekümmerten und verantwortungslosen kleinen Schimpansen auf kranke oder verletzte Gefährten ist wirklich beeindruckend. Ein kleiner Mann und zwei Frauen, von denen eine todkrank war, befanden sich zusammen im gleichen Käfig. Letzterer ging es so schlecht, daß sie einen Großteil der Zeit lustlos auf dem Boden des Käfigs in der Sonne lag, ein Bild des Jammers. Es war eine günstige Gelegenheit, das Verhalten ihrer lebhaften Artgenossen ihr, der hilflosen Kranken, gegenüber zu beobachten. Zwar spielten sie die ganze Zeit ausgelassen, achteten jedoch sorgsam darauf, sie nicht zu stören, und vermieden es beim Herumklettern, -springen und -rennen im Käfig möglichst, sie zu berühren. Hin und wieder ging der eine oder die andere zu ihr hin, um sie sanft zu berühren oder zu streicheln; oder aber einer von ihnen, müde und erschöpft vom Umhertollen, suchte in ihrer Nähe ganz offensichtlich Zuflucht und Ruhe. Dort war er vor Störungen sicher.«

Dem fügt Yerkes seine Interpretation hinzu: »Auf diese Weise brachten die kleinen Kreaturen eine gewisse Aufmerksamkeit sowie Mitgefühl und Mitleid und eine fast menschliche Rücksichtnahme zum Ausdruck.«[20]

Wohlgemerkt – diese Auslegung geht über die oben angesprochene Hypothese der erlernten Anpassung weit hinaus: Yerkes setzt Empathie voraus. Die gleiche Annahme liegt folgendem Bericht über die ungeheure Fürsorglichkeit der Schimpansenfrau Lucy zugrunde, die in einer Menschenfamilie aufwuchs. Der amerikanische Psychotherapeut Maurice Temerlin analysierte jede einzelne Verhaltensweise, jeden Aspekt der Persönlichkeit und das Sexualverhalten Lucys von klein auf, bis sie zu einem vierzig Kilogramm schweren, vermenschlichten Schimpansen herangewachsen war. Besonders liebevoll verhielt Lucy sich Temerlins Frau Jane gegenüber, wie er in *Lucy: Growing up Human* beschrieb.

»Wenn Jane traurig ist, merkt Lucy dies sofort und versucht, sie zu trösten, indem sie den Arm um sie legt, sie groomt oder küßt. Bin ich der Anlaß ihres Kummers, bemüht Lucy sich, uns voneinander fernzuhalten oder mich abzulenken, um auf diese Weise Janes Sorgen zu lindern. Wenn Jane krank ist, fällt dies Lucy sofort auf. Beispielsweise wurde Lucy jedesmal, wenn Jane schlecht war und sie sich übergeben mußte, ganz aufgeregt, rannte ins Badezimmer, blieb neben Jane stehen und tröstete sie mit Küssen und Umarmungen. Wenn Jane krank im Bett lag, legte Lucy eine zärtliche Fürsorglichkeit an den Tag, brachte ihr etwas zu essen, teilte ihre eigene Nahrung mit ihr oder setzte sich auf die Bettkante und versuchte, sie mit Groomen und Streicheln zu trösten.«[21]

Es ist durchaus möglich, daß Hilfsverhalten und Einfühlungsvermögen gegenüber den Bedürfnissen anderer bei Menschenaffen höher entwickelt sind als bei Affen. Meiner Erfahrung nach ruft der Tod eines Affen, dem die Artgenossen nicht besonders eng verbunden sind, bei ihnen kaum eine Reaktion hervor, und ich habe nie gehört, daß Affen kranken Gefährten die gleiche Fürsorglichkeit entgegenbringen, wie sie eben für Schimpansen beschrieben wurde. Es mag einen echten Unterschied zwischen Affen und Menschenaffen geben, aber unser Wissen darüber läßt noch viel zu wünschen übrig. Affen legen vielerlei Arten von zärtlicher Fürsorge, beschützendem Verhalten und Aufmerksamkeit gegenüber Kranken und Verletzten an den Tag, und meist sind die Ähnlichkeiten mit Menschenaffen auffälliger als die Unterschiede.

Die Annahme höherer geistiger Abläufe bei Schimpansen ist heutzutage so vorherrschend, daß weitverbreitete Gewohnheiten von Säugetieren, wie das Säubern von Wunden, gelegentlich unterschiedlich interpretiert werden, je nachdem, ob man sie bei einem Schimpansen oder einem anderen Tier beobachtet. Wolfgang Dittus dokumentierte, wie Hutaffen in Sri Lanka sich gegenseitig die Wunden lecken, die sie sich bei Kämpfen zugezogen haben. Wichtig ist dies vor allem bei Wunden an Körperstellen außerhalb der Reichweite des Opfers. Infolge der antibakteriellen bzw. -viralen Wirkung von Speichel verheilen Wunden von einer Länge bis zu fünfzehn Zentimetern schnell und praktisch ohne Narben zu hinterlassen. Die Wundversorgung ist so wichtig, daß ein Männchen, das sich auf dem Weg zu einer anderen Affengruppe verletzt hatte und ohne Freunde dastand, die ihm diesen

Dienst erweisen konnten, zu seiner alten Gruppe zurückkehrte – wo männliche Altersgenossen, mit denen es groß geworden war, seine Wunden versorgten.

Dittus stellt keine Vermutungen darüber an, inwieweit seinen Affen der Schmerz eines anderen bewußt ist. Christophe Boesch hingegen, der das nämliche Verhalten bei Schimpansen im Taï-Park an der Elfenbeinküste beschreibt, faßt Wundreinigung als Hinweis dafür auf, daß seine Menschenaffen »sich der Bedürfnisse des Verwundeten bewußt sind« und »Empathie angesichts der Schmerzen, die derlei Wunden verursachen« beweisen.[22] Andere Schimpansen lecken Blut weg, beseitigen sorgfältig Schmutz und hindern Fliegen daran, den Wunden nahe zu kommen. Darüber hinaus beschützen sie verletzte Artgenossen und verlangsamen ihr Marschtempo, wenn diese nicht Schritt halten können.

Beweist dies tatsächlich eine Fähigkeit zur Empathie bei Schimpansen und darüber hinaus auch bei Affen und anderen Säugetieren, die Wunden reinigen? Leider sagt das Versorgen von Wunden für sich genommen überhaupt nichts über die zugrundeliegenden mentalen Abläufe aus. Ein Skeptiker könnte argumentieren, es beweise lediglich, daß Blut gut schmeckt; tatsächlich ist es nicht ungewöhnlich, daß Primaten bei Kämpfen oder bei einer Geburt verspritztes Blut von Pflanzen oder Zweigen ablecken. Meiner Ansicht nach bedeutet das Säubern von Wunden jedoch mehr; viele nur schwer in Worten auszudrückende Einzelheiten im Verhalten von Schimpansen (die Art und Weise, wie sie sich einem Verletzten nähern; der besorgte Ausdruck in ihren Augen; die Sorgfalt, mit der sie darauf achten, dem andern nicht weh zu tun) lassen mich intuitiv den Ansichten von Yerkes, Temerlin und Boesch zustimmen. Wenn derlei Details bei Affen nicht so ausgeprägt sind, muß dies nicht unbedingt heißen, daß sie zwar das gleiche tun, jedoch ohne dabei etwas zu empfinden und ohne zu verstehen, was mit dem Opfer geschehen ist; Affen sind für uns, aufgrund des größeren evolutionären Abstands, schwerer zu begreifen.

Daß ein hohes Maß an Fürsorglichkeit nicht auf uns nahestehende Spezies beschränkt ist, wurde bereits anhand ins Auge springender Beispiele bei Elefanten und Delphinen gezeigt; das gleiche gilt *innerhalb* der Ordnung der Primaten. Etliche Ethologen, darunter auch ich, hätten keinen Zweifel daran gehabt, daß Pflegeverhalten bei Halbaffen, einem uralten Zweig der Ordnung, aus dem sich die echten Affen entwickelt haben, nicht so hoch entwickelt ist; von ihnen heißt es, sie seien, verglichen mit Affen, primitiv und einfach. Möglicherweise muß dieses Bild jedoch im Licht dessen korrigiert werden, was Michael Pereira, ein amerikanischer Experte für das Verhalten von Halbaffen, mir als eine »absolut unfaßbare« Reihe von Vorfällen bei Kattas in einem Waldgehege des Duke University Primate Center beschrieb.

Eines Tages klettert ein drei Monate altes Junges auf einen elektrischen Zaun, erhält einen Stromschlag an die linke Schläfe, fällt auf den Boden und windet sich in Krämpfen. Der Forschungsassistent Louis Santini wird Zeuge des Dramas und rennt weg, um Hilfe zu holen; als er zurückkehrt, findet er das Junge auf dem Rücken seiner Großmutter, die es sonst *nie* trägt. Die Mutter hingegen, die den Unfall nicht miterlebt hat, schenkt dem Ganzen keinerlei Beachtung und frißt in aller Ruhe auf einem Baum in einiger Entfernung weiter. Zehn Minuten lang trägt die Großmutter das Junge, dann läßt sie es an einer ruhigen Stelle fallen, wo es benommen sitzen bleibt.

Nachdem es noch einmal von der Großmutter herumgetragen worden ist – die Mutter ist weiterhin völlig uninteressiert –, nähern sich Altersgenossen dem Jungtier und groomen es minutenlang ausgiebig – auch dies ein äußerst ungewöhnliches Verhalten, da Junge selten groomen. Drei Junge beginnen eine Art Turnier in der Nähe des Jungtieres und unterbrechen gelegentlich ihr Spielen, um es abwechselnd zu groomen. Als die Kattagruppe weiterzieht, klettert das Junge auf den Rücken seiner Mutter, die eine Stunde lang nicht in seine Nähe gekommen ist, und es gelingt ihm, auf ihr zu reiten. Die Mutter, bekannt für ihr eher abweisendes Verhalten, setzt sich plötzlich auf und schüttelt das Kleine ab. Die Großmutter reagiert darauf augenblicklich, indem sie die Mutter angreift, mit dem Erfolg, daß diese ihrer Tochter erlaubt, wieder auf ihren Rücken zu klettern und über eine längere Strecke dort zu bleiben. Fünf Minuten später läßt die Gruppe sich nieder. Das Junge ruht sich auf dem Bauch seiner Mutter aus, wie die anderen Jungtiere der Gruppe. Es scheint sich nun ganz erholt zu haben (und überlebt den Vorfall ohne sichtbare Folgen).

Der Vorfall zeigt, daß selbst Lemuren (Echte Makis; eine Familie von diesen sind die Kattas) sofort erkennen, wenn einer von ihnen in Schwierigkeiten ist, und entsprechend reagieren. Die Altersgenossen des Jungtieres merkten anscheinend, daß etwas mit ihrer Kameradin nicht stimmte, und mit Sicherheit strengte die Großmutter sich besonders an und kümmerte sich um die Kleine, was sonst nicht ihre Art war; dies ging so weit, daß sie ihre eigene Tochter maßregelte, weil diese dem verletzten Familienmitglied nicht geholfen hatte. Hatte der Unterschied in der Reaktionsweise von Mutter und Großmutter möglicherweise etwas mit der Tatsache zu tun, daß nur letztere das Unglück miterlebt hatte? Ihr Verhalten ihrer Tochter gegenüber war insofern um so bemerkenswerter, als ältere Lemurenweibchen sich fast nie in Auseinandersetzungen zwischen Töchtern und Enkelkindern einmischen. Am faszinierendsten finde ich, daß sie ihrer Tochter offenbar zeigen wollte, wie sie sich verhalten *sollte*; genau die Art von sozialem Druck, den man bei Menschen als Moral umschreibt. In der Tat, absolut unfaßbar!

Wenn die Wissenschaft das wahre Ausmaß des emotionalen und kognitiven Lebens von Affen und Halbaffen, wie es in der Sorge um leidende Artgenossen zum Ausdruck kommt, bislang nicht erkannt hat, wieviel bleibt dann erst noch bei den Menschenaffen zu entdecken! Nehmen wir ein Verhalten, das ich des öfteren bei Versöhnungen sowohl zwischen Bonobos als auch zwischen Schimpansen, jedoch nie bei irgendeiner Affenspezies, mit der ich mich eingehend befaßte, beobachtet habe: Nachdem ein Individuum ein anderes angegriffen und gebissen hat, kehrt es unter Umständen zurück, um die Verletzung zu inspizieren. Der Angreifer entdeckt die Wunde nicht zufällig, sondern weiß genau, wo er nachschauen muß. Hat er den Gegner in den linken Fuß gebissen, so wird er, ohne zu zögern, nach dem linken Fuß greifen – nicht etwa nach dem rechten Fuß oder dem Arm –, ihn hochheben, untersuchen und dann beginnen, die Wunde zu reinigen. Ein solches Verhalten legt ein Verständnis für den Zusammenhang zwischen Ursache und Wirkung nahe und erfordert möglicherweise, die Sichtweise des anderen zu übernehmen, als würde sich der Angreifer der Auswirkung des eigenen Verhaltens auf einen anderen bewußt.[23]

Schimpansen tun sich auch beim sogenannten *Trösten* hervor. Affen beruhigen nur selten das Opfer eines Angriffs (denken Sie an den Vorfall mit Fawn und ihrer Schwester; ein solches Verhalten ist die Ausnahme). Dem italienischen Ethologen Filippo Aureli und seinen Mitarbeitern, die drei Makakenspezies untersuchten, gelang es nicht, zu zeigen, daß diese sich regelmäßig um Opfer eines Angriffs kümmern, vermutlich weil das Risiko eines erneuten Angriffs auf die gleichen Opfer zu groß ist. Genau das Gegenteil geschieht in der Schimpansenkolonie der Yerkes Field Station. Auf einem hohen Turm, von dem aus er einen hervorragenden Überblick hat, beobachtet der Forschungstechniker Michael Seres die Kolonie und speichert jeden Vorfall sofort im Computer. Die Aufzeichnungen zeigen: Sobald sich nach einem Kampf der Staub gelegt hat, nähern sich oft unbeteiligte Zuschauer den Kämpfenden. Charakteristischerweise umarmen und berühren sie diese, tätscheln ihnen den Rücken oder groomen sie eine Zeitlang. Derlei Kontakte richten sich genau an diejenigen, die vermutlich am mitgenommensten von dem vorangegangen Vorfall sind.[24]

Die Empfänglichkeit von Schimpansen für den Kummer anderer geht mit einer ganzen Reihe von Verhaltensweisen einher, mit der Absicht, Kontakt und Beruhigung zu *suchen*, Verhaltensweisen, die denen der Menschen ähneln und sich bei anderen nichtmenschlichen Primaten nicht feststellen lassen. Wenn sie bekümmert sind, schmollen, winseln und jaulen die Schimpansen, bitten mit ausgestreckten Händen oder schütteln ungeduldig beide Hände, so daß andere herbeieilen und den beruhigenden Kontakt mit ihnen aufnehmen, den sie so dringend brauchen. Schlagen alle Versuche fehl, so nehmen Schimpansen zu ihrer letzten Waffe Zuflucht, dem *Wutanfall*. Sie geraten außer sich, wälzen sich jämmerlich schreiend herum, schlagen sich selber auf den Kopf oder mit den Fäusten auf den Boden. Dabei vergewissern sie sich regelmäßig, was für eine Wirkung dies auf die anderen hat. Meist inszenieren Heranwachsende im Alter von drei oder vier Jahren solche Wutanfälle, wenn die Bereitschaft ihrer Mutter, sie zu säugen, nachläßt. Aber auch ausgewachsene Schimpansen verstehen sich darauf, beispielsweise wenn ein Artgenosse sich geweigert hat, sein Futter zu teilen, oder nachdem er in einem Kampf mit einem wichtigen Rivalen verloren hat.

Ich erinnere mich noch an die aufsehenerregenden Wutanfälle Yeroens, des alten Anführers der Arnheim-Kolonie, als er von jüngeren und stärkeren Männern gestürzt wurde. Er taumelte von einem Baumstamm herunter, als könne er sich kaum mehr halten, schrie ungeheuerlich und flehte mit ausgestreckten Händen jeden in Sichtweite an, vor allem erwachsene Frauen, die ihm dabei helfen konnten, seinen Gegner zu verjagen. Wenn ich durch den Zoo streifte, konnte ich Yeroens Hilferufe nahezu einen Kilometer entfernt noch hören! Oft gingen Frauen oder Junge zu Yeroen, legten einen Arm um ihn und beruhigten ihn.

Man vergleiche, als letzten Beweis für das Einfühlsvermögen der Schimpansen, das völlige Desinteresse Ropeys, eines Rhesusweibchens, als ihre Tochter sich den Arm gebrochen hatte, mit der folgenden Reaktion einer Schimpansenmutter: Als es zwischen ausgewachsenen Männern der Arnheim-Kolonie zu Spannungen kam, packte ein Mann den jungen Wouter, schwang ihn wütend über seinem Kopf und gegen eine Wand. Dieses Verhalten richtete sich nicht unbedingt gegen Wouter selber; Schimpansen verleihen ihrem Imponiergehabe mit praktisch allem, was Lärm macht, Nachdruck, und die Jungen lernen bald, ihnen aus dem Weg zu gehen. Etliche erwachsene Frauen kamen Wouter zu Hilfe, und es gelang ihnen, dem grausamen Spiel ein Ende zu machen, aber noch Wochen später hinkte Wouter.

Zu seinem Glück schien Wouters Mutter zu verstehen, daß etwas nicht in Ordnung war. Wouter hatte einen jüngeren Bruder, der noch gesäugt wurde, und er selbst hatte sich daran gewöhnt, erst an zweiter Stelle zu kommen. Das zu lernen kann hart sein, denn die Mütter müssen mit Gewalt darauf bestehen. In der Zeit von Wouters Behinderung lockerte seine Mutter die Regeln: oft schob sie ihren jüngeren Sohn beiseite und ignorierte sein Protestgeschrei, um Platz für das ältere Geschwister zu machen und es zärtlich zu umarmen.

Breite Nägel

Jahrzehntelang hielten Leute, die das Verhalten von Tieren untersuchten, es für falsch und naiv, ihnen Wünsche und Absichten zuzuschreiben oder daß sie fühlen, denken oder etwas erwarten. Tiere verhalten sich lediglich; das ist alles, was wir über sie wissen und je wissen werden.

Merkwürdigerweise suchte man den Schlüssel für das Verhalten nicht im Individuum selber, sondern außerhalb. Das Individuum war lediglich ein passives Instrument der Umgebung. Die Psychologen erforschten, wie Reaktionen auf Stimuli sich verstärken, sobald sie belohnt werden, und die Biologen analysierten, wie eine bestimmte Verhaltensweise sich ausbreitet, wenn sie der Fortpflanzung förderlich ist. Bei ersterem handelt es sich um einen Lernprozeß, bei dem zweiten um natürliche Auslese. Die zeitlichen Dimensionen sind natürlich völlig unterschiedlich, aber die Rolle der Umwelt als Richter über die Angemessenheit eines Verhaltens bleibt in beiden Fällen die gleiche. Biologen und Psychologen betreiben derartige Haarspaltereien, welche Disziplin die bessere Erklärung bot, daß es kaum zu glauben ist, wieviel ihnen letztlich gemeinsam war.

Die entscheidenden Erkenntnisse beider Bereiche lenkten die Aufmerksamkeit von den Handelnden selber weg. Wenn die Umgebung das Verhalten bestimmt, wozu brauchen wir dann noch das Individuum? Die Psychologen warteten mit ihrer berüchtigten Black box auf, die zwischen Stimulus und Reaktion geschaltet ist, der Wissenschaft jedoch unzugänglich bleibt. Die Biologen beschrieben Tiere als Überlebensmaschinen und vorprogrammierte Roboter, was nichts anderes hieß, als daß wir uns nicht allzu viele Gedanken darüber machen sollten, was in ihren Köpfen vor sich geht. Der letzte Auftritt des verstorbenen B. F. Skinner, der den Deckel fest auf der

Black box hielt, war daher wohl kaum ein Zufall. Er wandte sich an seine Psychologenkollegen und verglich die Wahrnehmungspsychologen mit den Kreatianisten und warf auf die Weise die Gegner des Behaviorismus und des Darwinismus in einen Topf.[25]

Bei der Untersuchung des Hilfsverhaltens von Tieren stoßen wir ohnehin schon auf so viele Hindernisse, die mit der geringen Datenmenge und der Anordnung der Experimente zusammenhängen, daß wir auf die zusätzliche Ablehnung des gesamten Problems des Erkennungsvermögens wahrlich verzichten können. Einige Biologen werden darauf hinweisen, die meisten weiter oben angeführten Berichte über Fürsorglichkeit – mit Sicherheit die überzeugenderen – bezögen sich auf die jeweilige Sippschaft. Warum betrachtet man diese Beispiele nicht einfach als Fälle eines Investieren genetisch Verwandter ineinander und läßt es dabei bewenden? Diese Betrachtungsweise ist zwar richtig, solange es sich um evolutionäre Erklärungen handelt, bringt uns aber in der Frage, um die es eigentlich geht, überhaupt nicht weiter. Wir befassen uns hier mit Motivationen und Intentionen. Unabhängig davon, wie man Fürsorglichkeit einordnet – derjenige, der sie einem anderen zuteil werden läßt, muß empfänglich für die Situation des anderen sein, das Bedürfnis haben zu helfen und sich entscheiden, welche Verhaltensweisen unter den gegebenen Umständen die angemessensten sind.

Wenn Tallulah einem sterbenden Herdenmitglied Gras in den Mund stopft, wenn ein Schimpanse zu einem anderen geht, der gerade eine Niederlage erlitten hat, und ihn umarmt oder wenn das ranghöchste Männchen einer Affenhorde darauf verzichtet, ein hirngeschädigtes Jungtier zu bestrafen, weil es ihn belästigt hat, wollen wir wissen, was die Tiere dazu bringt, so zu reagieren. Wie nehmen sie den Kummer oder die spezielle Situation, in der andere sich befinden, wahr? Haben sie irgendeine Vorstellung davon, wie ihr Verhalten sich auf einen anderen auswirkt? Diese Fragen bleiben genau die gleichen, ob dieser andere nun ein Verwandter ist oder nicht.

Die Zeiten ändern sich. Das Interesse am mentalen Leben der Tiere gewinnt langsam wieder an Ansehen. Während die einen sich für eine allmähliche Verschiebung in diese Richtung aussprechen, je nachdem, was für Beweise man dafür findet, wollen andere nicht so geduldig sein. Sie halten es für unfair, eine neue Betrachtungsweise von der Aussicht auf endgültige Antworten abhängig zu machen, und sprechen sich dafür aus, einen eindeutigen Bruch mit der kartesischen Auffassung von Tieren als Automaten zu vollziehen.

Das soll wiederum nicht heißen, wir bräuchten nichts weiter zu tun, als uns mit den Tieren »eins zu fühlen«, ohne jegliche kritische Distanz, ohne unsere Vorstellungen gründlich zu prüfen und ohne unsere Worte sorgsam zu wählen. Diskussionen über tierisches Verhalten laufen letztendlich oft auf Diskussionen über Sprache hinaus. Unvermeidlich entlehnen Ethologen Begriffe aus der Umgangssprache, die jedoch vorrangig für die Kommunikation über Menschen gedacht ist. Die Vertrautheit der Begriffe entbindet uns aber keineswegs von der Verpflichtung, genau festzulegen, was sie, auf Tiere übertragen, bedeuten. Keinesfalls darf der Anthropomorphismus Wissenschaft ersetzen.

Nehmen Sie »Versöhnung« und »Trösten«, zwei offenkundig anthropomorphe Begriffe, die auf tierisches Verhalten angewandt werden. Sie beziehen sich auf genau umschriebene Situationen und gehen mit einer Reihe von Voraussetzungen einher, die, wenn sie nicht zutreffen, eigentlich das Aus für diese Begriffe bedeuten sollten. Versöhnung beispielsweise wird als eine Wiedervereinigung zwischen vormaligen Gegnern kurz nach einer kämpferischen Auseinandersetzung zwischen ihnen definiert. Sollte sich herausstellen, daß so definierte Versöhnungen nicht stattfinden oder daß sie nicht dazu beitragen, erneute Feindseligkeiten zu vermeiden, wäre es an der Zeit, diese Bezeichnung zu überdenken. Das gleiche gilt für ältere, allgemeiner verbreitete Begriffe wie »Drohung«, »Begrüßung«, »Umwerben« und »Dominanz«, die bereits einen Prozeß der Feinabstimmung und kritischen Bewertung durchlaufen haben, aber dennoch jederzeit in Frage gestellt werden können.[26]

Der Gebrauch von Anthropomorphismen als *Mittel*, um zu einer gültigen Aussage zu gelangen, und nicht als Selbstzweck unterscheidet ihre Verwendung in der Wissenschaft vom Gebrauch durch den Laien. Letztendliches Ziel des Wissenschaftlers ist ganz gewiß *nicht*, zur zufriedenstellendsten Projektion menschlicher Gefühle auf Tiere, sondern zu überprüfbaren Ideen und wiederholbaren Beobachtungen zu gelangen. Der Anthropomorphismus erfüllt also die gleiche Hilfsfunktion, wie sie in allen Wissenschaften, von der Mathematik bis hin zur Medizin, der Intuition zukommt. Wie Gordon Burghardt argumentierte:

»Ich verlange einen kritischen Anthropomorphismus und das Aufstellen von Hypothesen, die von sich aus erfordern, daß Fakten aus vielen Quellen herangezogen werden (frühere Experimente, Anekdoten, Veröffentlichungen, die eigenen Gedanken und Gefühle, die Neurologie, die Vorstellung, in der Haut des Tieres zu stecken, Beobachtungen in der Natur... und so weiter). Aber auf wie eklektische Weise das Ergebnis auch zustande kommt, es muß sich um eine Hypothese handeln, die sich überprüfen läßt oder, falls dies nicht möglich ist, zu Annahmen führen kann, die von allgemein zugänglichen Daten gestützt werden.«[27]

Doch was ist mit dem so hoch geschätzten Prinzip der sparsamen Ökonomie (*parsimony*) – dem großen Bollwerk gegen all diese großzügigen Denkweisen? Das Problem ist, wenn es um Affen und Menschenaffen geht, besteht ein tiefgreifender Widerstreit zwischen *zwei* Arten von Ökonomie. Die erste ist der traditionelle Kanon, der von uns verlangt, keine höheren Fähigkeiten anzunehmen, wenn ein Phänomen mittels niedrigerer erklärt werden kann. Dies gibt simplen Erklärungen, etwa erlernter Anpassung, den Vorzug vor komplexeren, etwa kognitiver Empathie.

Die zweite Art von Ökonomie zieht den gemeinsamen evolutionären Hintergrund von Menschen und anderen Primaten in Betracht. Sie postuliert: Wenn nahe verwandte Spezies sich auf die gleiche Weise verhalten, ist der zugrundeliegende Prozeß wahrscheinlich ebenfalls der gleiche. Die Alternative dazu wäre die Annahme einer Entwicklung divergierender Prozesse, die zu einem ähnlichen Verhalten führen; eine äußerst unökonomische Annahme bei Organismen, deren Evolutionsstränge erst seit wenigen Jahrmillionen getrennt verlaufen. Wenn wir normalerweise keine unterschiedlichen Ursachen für das gleiche Verhalten bei, sagen wir einmal, Tigern und Löwen annehmen, dann gibt es keinen triftigen Grund, dies bei Menschen und Schimpansen zu tun, die sich genetisch genauso nahe oder noch näher stehen.

Kurz gesagt: Das Prinzip der Ökonomie hat zwei Gesichter. Einerseits sollen wir Erklärungsmodellen auf niedrigerem Niveau solchen auf einer höheren, in diesem Fall kognitiven Ebene den Vorzug geben, gleichzeitig aber sollen wir nicht mit zweierlei Maß messen, so daß gleiches Verhalten bei Mensch und Menschenaffe auf verschiedene Weise erklärt würde. Diese »evolutionäre« Ökonomie spielt vor allem dann eine Rolle, wenn sowohl Menschen wie auch Menschenaffen Merkmale aufweisen, die sich bei Affen nicht feststellen lassen, und zwei Erklärungen vorgeschlagen werden, wo doch eine ausreiche. Wenn Darstellungen menschlichen Verhaltens im allgemeinen auf komplexe kognitive Fähigkeiten schließen lassen – und dies ist mit Sicherheit der Fall –, müssen wir sorgsam abwägen, ob diese Fähigkeiten vielleicht auch bei Menschenaffen gegeben sind. Wir brauchen keine voreiligen Schlüsse zu ziehen, aber zumindest sollte man die Möglichkeit in Betracht ziehen dürfen.

Hinter dieser Ökonomiediskussion steht das weit größere Problem, welcher Platz der Menschheit in der Natur zukommt. Bis auf den heutigen Tag bekriegen sich die einen, die unsere Spezies als Teil des Tierreichs betrachten, mit den anderen, in deren Augen wir eine Sonderstellung einnehmen. Selbst Autoren, die sich einer eindeutig evolutionären Sichtweise bedienen, können oft der Versuchung nicht widerstehen, nach dem *Einen großen* Unterschied zu suchen – sei es nun der abspreizbare Daumen, das Herstellen von Werkzeugen, gemeinsames Jagen, Humor, reiner Altruismus, sexueller Orgasmus, Inzesttabu, Sprache oder die Anatomie des Kehlkopfs. Zahllose Buchtitel spiegeln dieses Bestreben wider: *Der Mensch als Werkzeugmacher, Der Mensch als Jäger, Das ethische Tier, Das Einzigartige am Menschen* und so fort.

Die Behauptung, der Mensch sei etwas Einzigartiges, geht auf die Diskussion zwischen Platon und Diogenes über die prägnanteste Definition der Spezies Mensch zurück. Platon schlug folgendes vor: Menschen seien die einzigen Lebewesen, die gleichzeitig sowohl nackt sind als auch auf zwei Beinen laufen. Diese Definition erwies sich jedoch als unzureichend, als Diogenes ein gerupftes Huhn mitbrachte und es mit den Worten: »Hier ist Platons Mensch« freiließ. Seitdem schließt die Definition »breite Nägel« ein.[28]

1784 verkündete Johann Wolfgang Goethe triumphierend, er habe den Eckstein der Menschheit entdeckt: ein winziges Stück Knochen im menschlichen Oberkiefer, das als *Os intermaxillare* bezeichnet wird. Lange Zeit hatte man geglaubt, dieser Knochen, der zwar bei anderen Säugetieren, einschließlich Menschenaffen, vorhanden ist, fehle bei uns; er war daher von dem holländischen Anatomen Petrus Camper als »primitiv« abgetan worden. Goethes Knochen – so wurde er ab jetzt bezeichnet – bewies unsere Einbindung in eine kontinuierliche Entwicklung der Natur, lange bevor Darwin seine Evolutionstheorie formulierte. Es war ein Schlag ins Gesicht – der erste von vielen – für alle, die eine Einzigartigkeit des Menschen behaupteten.

Bringen solche Ansprüche auf Einzigartigkeit in irgendeiner Weise die Wissenschaft voran? Sind sie überhaupt wissenschaftlich motiviert? Bis jetzt hat man alle diese Behauptungen entweder vergessen, wie die Campers, oder sie erforderten eine genauere Spezifizierung wie die von Platon. Als separate Spezies besitzen die Menschen sehr wohl nur für sie charakteristische Merkmale, die überwältigende Mehrzahl unserer anatomischen, physiologischen und psychologischen Eigenschaften ist jedoch Teil eines uralten Erbes. Ein paar Schönheitsfehler (unsere spezifischen Merkmale werden immer als höherentwickelt und überlegen betrachtet) durch das Vergrößerungsglas zu betrachten ist, so scheint mir, ein weit weniger aufregendes Unternehmen, als zu versuchen, sich dieses Wundertier einmal im ganzen anzusehen.

In dieser umfassenderen Betrachtungsweise werden die spezifisch menschlichen Eigenschaften der offenkundigen Kontinuität mit der übrigen Natur entgegengestellt. Dazu gehören sowohl unsere edelsten Eigenschaften wie auch diejenigen, auf die wir weniger stolz sind, etwa unsere zerstörerische Neigung, ganze Völker auszurotten. Auch wenn wir letztere gerne auf unsere Vorfahren schieben (sobald Menschen einander in Stücke hauen, heißt es, sie führten sich auf »wie Tiere«) und erstere nur für uns beanspruchen, kann man mit Sicherheit davon ausgehen, daß sie alle in unserer Großfamilie vorkommen.

Es besteht keine Notwendigkeit, Raumsonden ins All zu schießen, um uns mit anderen Formen intelligenten Lebens zu vergleichen: hier unten gibt es genügend davon. Die Funktionsweise unseres Denkens zu erhellen ist sehr viel naheliegender, als sich mit der von irgendwelchen möglicherweise existierenden extraterrestrischen Wesen zu beschäftigen. Um irdische Formen der Intelligenz zu erforschen, brauchen wir einen gewissen Freiraum bei der Untersuchung des Wahrnehmungs- und Erkennungsvermögens bei Tieren – eine Loslösung von den traditionellen Einschränkungen, die uns sagen: Da ist nichts, und *wäre* da etwas, dann wären wir doch nie in der Lage, auch nur einen Blick darauf zu erhaschen.

Kritiker sagen, es gäbe keine Möglichkeit zu erkennen, was im Kopf eines Tieres vor sich geht. Das ist natürlich nicht ganz das – zumindest nicht im buchstäblichen Sinne –, womit Ethologen sich befassen. Vielmehr versuchen sie, mentale Prozesse zu *rekonstruieren,* auf sehr ähnliche Weise, wie ein Kernphysiker »in« das Atom »hineinschaut«, indem er die auf einem Modell von dessen Struktur beruhenden Annahmen überprüft. Zugegeben, die Verwendung von Anthropomorphismen und Anekdoten hat zusammen mit den Vorbehalten, was das Prinzip der Ökonomie angeht, Unsicherheit und Verwirrung ausgelöst – aber auch eine lebhafte Diskussion.[29] Dies sind jedoch nichts weiter als die Geburtswehen eines dringend erforderlichen neuen Ansatzes bei der Erforschung tierischen Verhaltens.

Dies vor Augen, wollen wir uns wieder dem Hilfsverhalten und der Evolution von Empathie und Mitgefühl zuwenden.

Der soziale Spiegel

Da die Biami, ein Papua-Stamm auf Neuguinea, weder Schieferplatten noch metallische Gegenstände kennen, es dort auch keine Flüsse gibt, die ein klares Spiegelbild liefern, ging man davon aus, sie hätten nie ihr eigenes Bild gesehen. Das machte sie für den visuellen Anthropologen Edmund Carpenter zu idealen Forschungsobjekten, um die allerersten Reaktionen von Menschen auf Spiegel zu dokumentieren.

»Sie waren schier gelähmt: nach der ersten verdutzten Reaktion – sie schlugen die Hände vor den Mund und zogen die Köpfe ein – standen sie wie angewurzelt da und starrten ihre Spiegelbilder an; nur ihre Bauchmuskeln verrieten eine ungeheure Anspannung. Wie Narziß waren sie gleichsam betäubt, vollkommen fasziniert von ihrer Widerspiegelung; in der Tat könnte der Mythos von Narziß durchaus auf ebendieses Phänomen anspielen. Nach wenigen Tagen jedoch bedienten sie sich ungeniert der Spiegel, um sich davor selbst zu groomen.«[30]

Polaroidphotos sorgten für noch mehr Verwirrung. Zuerst begriffen die Biami nicht: der Anthropologe mußte ihnen beibringen, wie man ein solches Bild liest, indem er auf die Nase zeigte, dann die echte Nase berührte, und so ging es mit verschiedenen anderen Körperteilen weiter. Mit dem Wiedererkennen stellte sich Furcht ein. Der auf dem Bild wiedergegebene Mensch begann unkontrolliert zu zittern, wandte sich von der Photographie ab und schlich sich schließlich, das Bild fest an die Brust gepreßt, davon, irgendwohin, wo er allein war. Dort starrte er es bis zu zwanzig Minuten lang an, ohne sich zu rühren. Angesichts dieser Reaktion spricht Carpenter vom »Entsetzen des Selbst-Bewußtseins«. Doch auch dieses Stadium ging rasch vorbei. Binnen weniger Tage drehten die Dorfbewohner vergnügt Filme, photographierten einander, lauschten auf einem Tonband ihrer eigenen Stimme und trugen voller Stolz ein Porträt von sich auf der Stirn.

Selbstverständlich waren die Biami auch vor der Ankunft des Anthropologen in ihrem Dorf nicht ohne ein Bewußtsein ihrer selbst gewesen. Spiegel und Bilder rücken dieses Bewußtsein lediglich stärker in den Mittelpunkt des Interesses und demonstrieren der Außenwelt sein Vorhandensein. Hätten die Leute nicht mit Überraschung, Furcht und Faszination reagiert, dann wären wir vielleicht zu dem Schluß gekommen, daß sie sich vorher schon einmal selber gesehen haben mußten, oder aber, daß sie nicht begriffen, was sie da sahen. Letzteres ist unvorstellbar, denn Bewußtsein von sich selber ist der Kern des Menschseins. Ohne das könnten wir genausogut folkloristische Gestalten ohne Seele sein, wie Vampire, die kein Spiegelbild haben. Und das wichtigste: wir wären einer kognitiven Empathie nicht fähig, denn diese setzt eine Unterscheidung zwischen dem Ich und dem anderen sowie die Erkenntnis, daß andere ebenso wie wir ein Selbstbewußtsein haben, voraus.

Kein Wunder, daß Reaktionen auf Spiegel auch die Aufmerksamkeit vieler Tierforscher auf sich zogen. Während fast alle visuell orientierten Säugetiere anfänglich versuchen, hinter den Spiegel zu blicken oder zu greifen, verstehen anscheinend nur zwei nichtmenschliche Spezies – Schimpansen und Orang-Utans –, daß sie sich selber sehen. Die Sonderstellung dieser Menschenaffen ist seit langem anerkannt. 1922 bemerkte der holländische Naturforscher Anton Portielje, während es Affen nicht gelinge, die Beziehung zwischen ihrem Spiegelbild und sich selber zu verstehen, »betrachte« ein Orang-Utan »zuerst aufmerksam sein Spiegelbild, dann aber auch sein Hinterteil und sein Stück Brot... offenbar versteht er, wie man sich eines Spiegels bedient«.[31]

Ähnlich äußerte sich 1925 der deutsche Gestaltpsychologe Wolfgang Köhler zu dem anhaltenden Interesse von Schimpansen an ihrem Spiegelbild; sie hören nicht auf, damit zu spielen, ziehen seltsame Grimassen und vergleichen reflektierte Gegenstände mit den echten, indem sie zwischen beiden hin und her schauen. Im Gegensatz dazu reagieren Affen mit einem Gesichtsausdruck, der alles andere als verspielt ist: sie halten ihr Spiegelbild für ein anderes Wesen und behandeln es als etwas ihrem Geschlecht und ihrer Spezies Fremdes.

Einen zwingenden Beweis leitete man in den siebziger Jahren aus geschickten Experimenten des amerikanischen vergleichenden Psychologen Gordon Gallup ab. Ein Individuum wurde ohne sein Wissen an einer bestimmten Stelle, beispielsweise über den Augenbrauen, mit einem Farbklecks markiert. Von ihrem Spiegelbild geleitet, rieben Schimpansen und Orang-Utans – ebenso wie Kinder, die älter als eineinhalb Jahre waren – mit der Hand über den Farbfleck und untersuchten dann ihre Finger; es war ihnen also klar, die Farbe auf dem Spiegelbild befand sich in ihrem Gesicht. Andere Primaten – wie auch jüngere Kinder – konnten diesen Zusammenhang nicht herstellen. Daraufhin setzte Gallup Selbsterkenntnis mit Selbstbewußtsein und letzteres wiederum mit einer Vielzahl komplexer mentaler Fähigkeiten gleich. Die Liste umfaßte die Zuschreibung einer Intention bei anderen, absichtliche Täuschung, Versöhnlichkeit und Einfühlungsvermögen. Demzufolge sind Menschen und Menschenaffen in einen kognitiven Bereich vorgedrungen, der sie von allen anderen Lebensformen unterscheidet.[32]

Dennoch sollte man scharfen Trennungslinien – ob sie nun unsere Spezies einer Klasse für sich zuordnen oder eine etwas umfassendere kognitive Elite schaffen – mit Vorbehalten begegnen. Der Spiegeltest stellt ein ziemlich eng gefaßtes Maß für Selbstbewußtsein dar. Schließlich und endlich könnte es auch in einer Unmenge anderer Verhaltensweisen zum Ausdruck kommen und andere Sinne als den Gesichtssinn betreffen. Was soll man von der geruchsabhängigen Unterscheidung halten, die ein Hund zwischen seinen Urinmarkierungen und denen anderer Hunde trifft; oder von der Fähigkeit der Fledermaus, das Echo der von ihr selbst ausgestoßenen Laute von dem anderer Fledermäuse zu unterscheiden, oder von dem vollkommenen Gespür eines Affen dafür, wie weit seine Hände, Füße und sein Schwanz in das Blätterdach über ihm reichen?

Etliche Wahrnehmungspsychologen betrachten das Ich als Schnittstelle zwischen einem Organismus und seiner Umwelt. Laut J. J. Gibson gilt, je komplexer die Interaktionen eines Organismus mit seiner Umgebung sind, desto besser muß er sich selber kennen. Diese Prämisse trifft für die physikalische Umwelt, vielleicht jedoch noch mehr für das soziale Milieu zu. Ein Makak oder ein Pavian können sich kaum angemessen verhalten, wenn sie nicht die soziale Stellung jedes Gruppengefährten sowie das Netzwerk der Verwandtschaftsbeziehungen kennen und genau wissen, welche Individuen sich bei einem Kampf wahrscheinlich verbünden, wie andere möglicherweise auf ein bestimmtes Verhalten reagieren und so weiter. Wie könnte ein Affe je die sozialen Gegebenheiten derart in den Griff bekommen, wenn er nicht seine eigenen Fähigkeiten und Grenzen sowie seine Stellung anderen gegenüber kennen würde? Ein Verständnis der Umwelt entspricht dem Verständnis seiner selbst. In dieser umfassenderen Betrachtungsweise könnten einige Spezies durchaus ein höheres Maß an Wissen über sich selbst erreichen als andere, aber mit Sicherheit gibt es keine Spezies, die über gar kein derartiges Wissen verfügt.

Ähnlich kann man sich auch Einfühlungsvermögen nur schwer als ein Phänomen des Alles-oder-Nichts vorstellen. Zwischen die beiden Extreme einer puren Erregtheit angesichts des Kummers anderer und des vollen Verständnisses für ihre Notlage sind viele Formen der Empathie geschaltet. Am einen Ende des Spektrums geraten Rhesusjunge aus der Fassung und suchen Kontakt miteinander, sobald eines von ihnen schreit. Am anderen

Ende erinnert ein Schimpanse sich an eine Wunde, die er einem anderen zugefügt hat, und kehrt zum Opfer zurück, um sie zu untersuchen.

Allerorts erfordert menschliche Moral von uns, die Sichtweise eines anderen zu übernehmen bzw. die Welt mit den Augen anderer zu betrachten, wie es in der Goldenen Regel heißt: *Was du nicht willst, daß man dir tu, das füg auch keinem andren zu.* Vielleicht standen am Beginn der Entwicklung zu dieser Fähigkeit, in die Rolle eines anderen zu schlüpfen – was schon eine ganz besondere Fähigkeit ist –, ganz einfache Vorformen. Beispielsweise scheinen Affen durchaus in der Lage, sich mit einem anderen Affen zu identifizieren. Wenn Azaleas Schwester eingreift, sobald ein anderer Affe ihrem behinderten Geschwister die Haare ausreißt, obwohl Azalea selber nichts tut, um auf sich aufmerksam zu machen, oder wenn eine Affenmutter herbeieilt, um ihr Junges daran zu hindern, sich einem mißlaunigen Individuum zu nähern, ehe etwas passiert, lassen diese Verhaltensweisen auf viel Gespür für den Schaden, den andere nehmen könnten, schließen.

Es ist nicht schwer zu verstehen, warum Affen vermeiden wollen, daß ihnen selber etwas geschieht, aber warum sollte es sie bekümmern, wenn anderen etwas zustößt? Vielleicht sehen sie andere als Erweiterung ihrer selbst an, und deren Kummer löst einen Widerhall in ihnen aus. Dieser als *emotionale Ansteckung*[33] bezeichnete Mechanismus funktioniert anfangs unterschiedslos, wird jedoch mit dem Alter selektiver. Affen lernen, winzige Anzeichen von Kummer zu erkennen, ja sogar Situationen, in denen lediglich ein Leid droht. Sie verfolgen sehr genau, was um sie herum vorgeht, vor allem, wenn Freunde und Verwandte daran beteiligt sind.

Voll ausgeprägte Rollenübernahme verlangt jedoch einiges mehr. Der andere wird nicht nur als Erweiterung des eigenen Ichs erkannt, sondern als ein Wesen für sich. Kognitive Empathie ist die Fähigkeit, sich in die Lage dieses anderen Wesens zu versetzen, ohne die Unterscheidung zwischen dem eigenen und dem anderem Selbst aufzugeben. Nach Ansicht des amerikanischen Psychologen Martin Hoffman erwächst diese bemerkenswerte Eigenschaft aus emotionaler Ansteckung. Wenn jemand die Anteilnahme eines Kindes weckt, wird es vielleicht neugierig darauf, wie es im anderen aussieht, und sucht nach Hinweisen auf die Gefühle des anderen. Aus dieser Herausforderung entwickelt sich ein wachsendes Bewußtsein für das Ich im Verhältnis zu anderen.

Ebendiese Herausforderung ergab sich möglicherweise im Lauf der Evolution. Vielleicht entwickelten einige Spezies soziale Gebilde, in denen es besonders vorteilhaft war, einschätzen zu können, wie es Gefährten ging –

nicht nur rein gefühlsmäßig, sondern indem man sich ihre jeweilige Situation vorstellte. Ein geschärftes Bewußtsein für den anderen hatte ein verstärktes Selbstbewußtsein zur Folge. Falls der Spiegeltest irgendwie auf diese Fähigkeit schließen läßt, wie Gallup meint, könnten höhere Entwicklungsstufen von Empathie durchaus auf Menschen und Menschenaffen beschränkt sein.

Ein Hinweis auf eine Beziehung zwischen beidem ist die Tatsache, daß die ersten Anzeichen für kognitive Empathie bei Kindern ungefähr zur gleichen Zeit in Erscheinung treten wie das Selbsterkennen im Spiegel.[34] Einen weiteren Hinweis liefert, daß Trösten bei einer Spezies vorkommt, die sich selbst erkennt, beim Schimpansen nämlich, offensichtlich jedoch nicht bei Makaken. Beruhigen Makaken Opfer einer Aggression deswegen so selten, weil ihnen die Fähigkeit fehlt, geistig die Plätze mit ihnen zu tauschen? Anzeichen für eine schwierige Situation machen sie unruhig, aber sobald der Kampf vorbei ist und diese Hinweise nachlassen, verlieren Makaken schnell das Interesse.[35]

Wie so oft, wenn es um graduelle Prozesse geht, läßt sich das Spannungsverhältnis zwischen Kontinuität und Diskontinuität nicht so ohne weiteres auflösen. Selbst wenn Temperaturen sich stetig verändern, kommt es zu einer plötzlichen Veränderung von Eigenschaften, wenn Wasser zu Eis oder zu Dampf wird. Sowohl der Gradualist als auch derjenige, der an ausgeprägte Unterschiede glaubt, haben in gewisser Weise recht, was die Entwicklung von Empathie und Mitgefühl betrifft. Ja, Menschenaffen und uns ist die Fähigkeit gemeinsam, uns selber im Spiegel zu erkennen, aber, nein, diese Fähigkeit bedeutet nicht unbedingt, daß Menschen und Menschenaffen die einzigen Tiere sind, die sich ihrer selbst bewußt sind. Und, ja, Menschenaffen legen ein bemerkenswertes Einfühlungsvermögen an den Tag, aber, nein, sie sind nicht die einzigen Tiere, die ein Gespür für die Bedürfnisse anderer haben. Wir brauchen nur an die unglaubliche Hilfestellung zu denken, die Elefanten, Delphine und Lemuren einander leisten, um zu erkennen, wie weit verbreitet und hoch entwickelt derlei Neigungen sind. Fürsorgliche Reaktionen reichen in der evolutionären Geschichte noch viel weiter zurück als der Entwicklungsstrang Menschenaffe-Mensch.

Im Verlauf der letzten paar Jahren wurden Selbstbewußtsein und Spiegeltest zu umstrittenen Diskussionsthemen. Die Kontroverse wird ohne jeden Zweifel weite Bereiche der Verhaltenswissenschaften befruchten, da sie viele Fragen anspricht. Es ist zu erwarten, daß die Menschenaffen im Mittelpunkt des Interesses stehen, denn möglicherweise sind sie die einzigen Tiere außer uns, denen etwas daran liegt, wie sie in den Augen anderer dastehen. Wenn man Menschenaffen einen Spiegel gibt, untersuchen sie Körperteile, die sie ansonsten nur schwer sehen können, etwa die Zähne und ihr Hinterteil. Schimpansenfrauen verdrehen ihren Körper, um die rosa Schwellung ihrer Genitalien zu begutachten, die die Männer reizt. Orang-Utans legen sich Gemüse auf den Kopf, um zu sehen, was für einen Eindruck sie damit machen. Selbst ohne Spiegel sind Menschenaffen in sich selber vernarrt – auch wenn sie einen etwas seltsamen Geschmack haben. Wenn beispielsweise ein Schimpanse eine tote Maus findet, legt er sie sich sorgfältig um die Schultern, wo sie den ganzen Tag über bleibt, und achtet sorgfältig darauf, daß sie nicht herunterfällt. Oder er drapiert irgendwelche Ranken um seinen Hals – er macht sich schön.[36]

Zweifelsohne hat das Interesse von Menschenaffen an sich selber etwas mit der Komplexität ihres sozialen Lebens zu tun, in dem es möglicherweise eine große Rolle spielt, wie man von anderen wahrgenommen wird. Ähnlich den Biami brauchen auch Menschenaffen für ihr Selbstbewußtsein keine spiegelnden Flächen. Sie sind es gewöhnt, sich selber im *sozialen* Spiegel zu beobachten: dem Auge des Betrachters.

Auch Menschenaffen lügen und äffen nach

Ein Guppyweibchen, dem zwei Männchen den Hof machen, wird sich schließlich mit einem von ihnen zusammentun. Von einem angrenzenden Becken aus verfolgt ein anderes Weibchen den Vorgang. Wenn man dann diese »Voyeuse« mit denselben Männchen zusammenbringt, um zu sehen, welches es vorzieht, schließt es sich der Wahl des anderen Weibchens an. Der amerikanische Ethologe Lee Dugatkin, der solche Experimente durchführte, nimmt an, daß weibliche Guppys sich darauf verlassen, wie ein anderes Weibchen die potentiellen Partner einschätzt. Das von Dugatkin festgestellte Prinzip: ich will das, was sie auch will, war so übermächtig, daß es die ursprünglichen unabhängigen Vorlieben eines Weibchens, wie man sie aus vorangegangenen Tests kannte, in ihr Gegenteil verkehrte.

Auf ähnliche Weise richteten die beiden italienischen Wissenschaftler Graziano Fiorito und Pietro Scotto einen Kraken dazu ab, entweder auf einen roten oder auf einen weißen Ball loszugehen. Nach dem Training durfte ein anderer Krake von einem angrenzenden Becken aus vier Vorführungen zusehen. An den Kopf- und Augenbewegungen des Zuschauers war abzulesen, daß er das Verhalten des Agierenden sehr genau verfolgte. Als man dieselben Bälle in das Becken des Zuschauenden warf, ging er auf den Ball mit derselben Farbe los wie der erste Krake.

Beide Experimente zeigen, daß selbst Tiere mit im Vergleich zu Primaten winzigen Gehirnen bemerken, wie Angehörige ihrer Spezies sich in bezug auf ihre Umgebung verhalten. Der Krake identifizierte sich mit dem anderen Kraken, das Guppyweibchen mit dem anderen Guppyweibchen; beide ließen sich in ihrer Reaktion auf einen Reiz von ihrem Ebenbild beeinflussen.

Wenn man unter *Identifikation* die Fähigkeit versteht, sich einem Objekt in der Umgebung näher zu fühlen als einem anderen und die Situation des ersteren in gewissem Maße zu seiner eigenen zu machen, ist dies in der Tat eine sehr grundlegende Fähigkeit. Sie ermöglicht ein mentales Übergreifen auf andere, die damit zu einer Erweiterung des eigenen Ichs werden und deren Situation genau beobachtet wird, damit sie beeinflußt werden oder irgendwelche Informationen vermitteln kann. Identifikation liegt sowohl der Empathie als auch der Nachahmung zugrunde. Wie genau ein Individuum das Verhalten eines anderen imitieren kann, hängt davon ab, in welchem Maß dieses Individuum die Perspektive des anderen zu übernehmen in der Lage ist (mit anderen Worten: der Grad an Imitation hängt vom Grad an Empathie ab).

Die einfachste Form der Nachahmung ist das schlichte Imitieren eines Verhaltens, ohne zu wissen, welche Vorteile dieses Verhalten mit sich bringt. Genau dies tun vermutlich Guppys und Kraken, in vielen Fällen auch Primaten. Meister in dieser Kunst ist zweifelsohne der Schimpanse.[37] Heranwachsende im Arnheim-Zoo machten sich einen Spaß daraus, in einer Reihe hinter einer Frau herzumarschieren, die Krom hieß, was soviel wie »verkrüppelt« bedeutet, allesamt im gleichen gravitätischen Gang. Gelegentlich stützten sie sich beim Gehen auch auf beide Handgelenke statt auf die Knöchel – wie man es von jedem Knöchelgeher, der etwas auf sich hält, normalerweise erwartet – und ahmten so die unbeholfene Fortbewegung eines erwachsenen Mannes in der Gruppe nach, dessen Finger bei einem Kampf übel zugerichtet worden waren.

Darüber hinaus lernen Schimpansen in Gefangenschaft durch das Beobachten von Menschen, Werkzeuge wie Hammer, Schraubenzieher und Besen zu benutzen. Nicht immer begreifen sie, wozu so ein Ding gut ist, wie der Feldforscher Robert Garner bei seinen bahnbrechenden Untersuchungen bereits 1896 bemerkte. Als er seinem Schimpansen eine Säge gab, »benutzte er deren Rücken, weil ihm die Zähne zu holprig waren, aber er führte die richtigen Bewegungen aus ... Er legte die Säge mit dem Rücken auf einen Stock und sägte mit der Energie eines Mannes drauflos, der dafür gut bezahlt wird«.[38]

Wie man allgemein annimmt, können Primaten wunderbar imitieren, so daß wir dies als *Nachäffen* bezeichnen. Darunter verstehen wir im allgemeinen mehr als bloßes Nachahmen. Hinsichtlich fortgeschrittener Formen der Imitation sind die Experten für das Verhalten von Primaten sich allerdings nicht einig. Im Idealfall übernimmt der Nachahmende die Betrachtungsweise des Vorbilds und erkennt sowohl sein Ziel wie auch seine Methode, sich diesem Ziel anzunähern. Sind sich Affen und Menschenaffen der Probleme anderer bewußt? Verstehen sie die Problemlösungen anderer, und können sie dieses Wissen auf die gleichen Probleme anwenden? Während es keine oder nur wenig Hinweise darauf gibt, daß dies bei Affen der Fall ist, unterscheiden sich nach Ansicht einiger Wissenschaftler Menschenaffen in diesem Punkt von ihnen.

Die verschiedenen Techniken wildlebender Schimpansen, etwa mit Steinen Nüsse zu knacken oder mit Hilfe von Zweigen Termiten zu angeln, setzen eine große manuelle Geschicklichkeit voraus, deren Aneignung Jahre dauert (es heißt, ausgewachsene Schimpansen seien darin viel besser als ungeübte Menschen). Junge Schimpansen beobachten offenbar die Erwachsenen sehr genau und lernen so von ihnen. Es gibt sogar Geschichten, daß Mütter die Fehler ihrer Sprößlinge korrigieren, was immerhin ein aktives Lehren bedeuten würde. Leider werden derlei Beobachtungen unter unkontrollierten Forschungsbedingungen gemacht, und Feldforscher haben eine eher fragmentarische Vorstellung von den Lernprozessen bei den Individuen, die sie beobachten. Experimentalpsychologen, die sehr sorgfältig Schimpansen in Gefangenschaft untersucht haben, sind nicht überzeugt, daß derlei anspruchsvolle Vorgänge ablaufen. Sie bestätigen nur, daß Schimpansen durch Beobachtung Informationen aufschnappen (etwa wo Belohnungen zu holen sind und welche Art von Werkzeugen man dazu braucht) und daß ihnen dies *hilft*, eine Lösung zu finden; ihrer Ansicht nach werden Probleme letztendlich jedoch von jedem Individuum unabhängig gelöst.[39]

Die Kontroverse hinsichtlich Imitation verweist auf die umfassendere Frage, ob Tiere einander Absichten, Gefühle, Vorstellungen und Wissen unterstellen. Betrachten sie einander als fühlende Wesen? Diese Frage betrifft unmittelbar die Frage der Moral: erkannte Absichten sind Gegenstand moralischer Beurteilung. Im täglichen Umgang macht es einen großen Unterschied, ob uns jemand absichtlich oder aus Versehen verletzt. Sobald Kinder Sätze bilden können, beginnen sie nach solchen Kriterien zu argumentieren und konfrontieren ihre Eltern mit der schwierigen Entscheidung zwischen dem: »Er hat mich absichtlich naßgespritzt!« des durchnäßten Kindes und dem »Ich hab' nicht gewußt, daß er da steht!« des trockenen. Da wir Lob und Tadel auf der Grundlage unserer Einschätzung der Absichten anderer bemessen, ist es auch wichtig, zu wissen, ob Tiere hinter dem Verhalten anderer ein Wissen oder eine Absicht erkennen.

In den siebziger Jahren führte der amerikanische Experimentalpsychologe Emil Menzel bahnbrechende Forschungen auf diesem Gebiet bei neun jugendlichen Schimpansen durch. Einen von ihnen nahm er in ein großes Freigehege mit und zeigte ihm, wo Futter oder ein furchteinflößender Gegenstand, etwa eine ausgestopfte Schlange oder ein Krokodil, versteckt waren. Anschließend brachte er den »Wissenden« zu der wartenden Gruppe zurück und ließ sie alle miteinander losrennen. Legen die anderen Wert auf die Informationen des Wissenden, und falls ja, entwickeln sie Strategien, dieses Wissen auszunutzen? Würde der Wissende Gegenstrategien entwickeln? Jegliches Verhalten dieser Art setzte ein Wissen der Schimpansen über Wissen voraus. Nur wenige Darstellungen sind so bezeichnend für den modernen Ansatz, soziales Verhalten zu erforschen, wie Menzels Bericht. Er beschreibt den Versuch des dominanten Schimpansen Rock, das Wissen der ebenso schlauen, aber rangniedrigen Belle zu extrapolieren und sie auszutricksen.

»Wenn Rock nicht in der Nähe war, führte Belle die Gruppe immer zu einer Stelle, wo sich Nahrung befand, und fast jeder bekam etwas davon ab. Bei Experimenten in Anwesenheit Rocks näherte Belle sich dem Futter zunehmend langsamer. Der Grund dafür war unschwer zu erkennen. Kaum hatte Belle das Futter aufgedeckt, rannte Rock zu ihr hin und versetzte ihr einen Tritt oder biß sie; dann nahm er alles selbst.

Folglich deckte Belle kein Futter mehr auf, sobald Rock in der Nähe war. Sie setzte sich darauf, bis er verschwand. Rock merkte dies allerdings schnell, und wenn sie mehr als ein paar Sekunden an ein und derselben Stelle saß, kam er auf sie zu, schob sie beiseite, untersuchte den Platz, auf dem sie gesessen hatte, und fand die Nahrung.

Als nächstes hörte Belle auf, ganz bis zu der bewußten Stelle zu gehen. Rock konterte, indem er in immer größerem Umkreis das Gras absuchte, wo Belle gesessen hatte. Schließlich ließ Belle sich in immer größerer Entfernung nieder und wartete, bis Rock in die entgegengesetzte Richtung schaute, ehe sie in Richtung Nahrung loszog – und Rock seinerseits gab sich den Anschein wegzusehen, bis Belle sich auf den Weg machte. Etliche Male machte Rock sogar Anstalten wegzugehen, nur um sich genau in dem Augenblick umzudrehen, wenn Belle gerade dabei war, das Futter aufzudecken.

Als Menzel bei anderen Versuchen eine Extraportion ungefähr drei Meter von der größeren Menge entfernt versteckte, führte Belle Rock zu dem kleinen Haufen, und während er sich darüber hermachte, rannte sie zu der Stelle, wo viel mehr lag. Als Rock mit der Zeit das bißchen Futter ignorierte, um Belle im Auge zu behalten, bekam sie Wutanfälle.«[40]

Hätte Rock so hartnäckig sein können, wenn er nicht erkannt hätte – eigentlich sogar davon überzeugt gewesen wäre –, daß Belle etwas wußte, das sie nicht preisgeben wollte? Diese Erklärung ist zugegebenermaßen sehr verführerisch, obwohl einfachere Interpretationen, die von schnellem Lernen und einer Vorwegnahme des Verhaltens anderer ausgehen, nicht ganz ausgeschlossen werden können.

In jüngster Zeit weitete die Forschung zur Fähigkeit der Zuschreibung bestimmter Eigenschaften und des Perspektivenwechsels sich sprunghaft zu einer Vielzahl von Experimenten mit Kindern wie auch Affen aus. Julie Hadin und Josef Perner zeigten Kindern eine Bilderfolge, in der ein Mädchen ein entflohenes Kaninchen wieder in seinen Stall setzt und dann geht; gleich darauf holt ein Junge das Kaninchen aus dem Käfig und nimmt es mit sich nach Hause. Anschließend werden die Kinder gefragt, wo das Mädchen wohl das Tier vermutet und ob es sie überraschen wird, wenn sie es bei dem Jungen zu Hause findet. Um die Reaktion des Mädchens richtig vorhersagen zu können, müssen die Kinder verstehen, daß das, was das Mädchen über die Situation weiß, sich von dem unterscheidet, was sie selber darüber wissen. Erst im Alter von sechs Jahren beginnen Kinder derlei Unterscheidungen zu treffen.

Im Labor von Sarah Boysen testete Daniel Povinelli die Zuschreibungsfähigkeiten von Schimpansen. Wo sich Futter befand, wurde den Menschenaffen einerseits von einer Person gezeigt, die gesehen haben konnte, wo die Nahrung versteckt war, oder aber von jemand anderem, der nicht über dieses Wissen verfügte, weil über seinen oder ihren Kopf im entscheidenden Augenblick eine Papiertüte gestülpt wurde (offenbar macht sich kein Mensch Gedanken darüber, was für ein Bild unsere Spezies in den Augen von Tieren abgibt!). Da die Schimpansen unterschiedlich auf den Rat dieser

Einsicht und Einfühlungsvermögen

Primaten wie auch Menschen müssen, um anderen möglichst wirksam helfen zu können, deren Bedürfnisse und Gefühle verstehen. Um den Grad tierischen Einfühlungsvermögens und sozialer Intelligenz zu messen, befassen entsprechende Untersuchungen sich vor allem mit Reaktionen auf Kummer oder Not, Selbstwahrnehmung, die Übermittlung von Informationen und die Manipulierung sozialer Beziehungen.

Ein junger Schimpanse eilt zu Yeroen, um ihn zum Trost zu umarmen, weil dieser schreit, nachdem er in einem entscheidenden Kampf um die Führerschaft besiegt worden ist (Aus: *Chimpanzee Politics*; Arnheim-Zoo).

Erlernte Anpassung beim Spielen. Wenn die Partner sich hinsichtlich Größe und Stärke unterscheiden, wie hier der adoleszente Bonobomann und das Junge, muß der ältere Partner sich zurückhalten, damit dem jüngeren das Spiel weiterhin Spaß macht *(San Diego Zoo)*.

Kevin, ein adoleszenter Bonobomann, nimmt eine philosophische Pose ein *(San Diego Zoo)*.

Ein heranwachsender Bonobo (rechts) zeigt sich besorgt um einen anderen. Er packt seinen Kumpel am Arm, als dieser der Bonobofrau (links) zu nahe kommt. Die Frau stellt eine potentielle Gefahr dar, da sie den ganzen Vormittag schlecht gelaunt war und den ersten Mann etliche Male verjagte *(San Diego Zoo)*.

Mai (Mitte, mit dem Rücken zu uns) gebiert ein Junges, während andere Schimpansen sich um sie scharen. Atlanta, die neben ihr steht, stößt einen lauten Schrei aus, als das Baby in Mais Hände fällt. Ihre Reaktion läßt auf eine Identifikation mit der Mutter schließen *(Yerkes Field Station)*.

Zwei erst einige Monate alte Rhesusjunge. Das Männchen umarmt das Weibchen (vorne), das gerade von einem Erwachsenen schikaniert worden ist. Bei Rhesusaffen verschwindet dieses Trostverhalten mit zunehmendem Alter fast ganz. Eine seltene Ausnahme ist der Fall von Fawn (gegenüberliegende Seite), die sich an eine ältere Schwester kuschelt (oben links), nachdem sie Opfer eines Angriffs wurde. Ihre Mutter hingegen (rechts) groomt eine der Angreiferinnen *(Wisconsin Primate Center)*.

Das Verhalten dieser Makakenmutter könnte ein Ausdruck erlernter Anpassung an die Bedürfnisse ihre Sprößlinge sein. Die Mutter, an deren Rücken sich ein Junges klammert, fischt in einer Warmwasserquelle in einem japanischen Naturreservat nach Sojabohnen. Laut Angestellten des Nationalparks müssen sie Makaken, die zum ersten Mal Mutter werden, davon abhalten, ins Wasser zu gehen, da diese Weibchen leicht ihre Jungen ertränken, wenn sie nach Nahrung tauchen. Erfahrene Mütter sind offensichtlich vorsichtiger *(Jigokudani-Park, Japan)*.

Bei Untersuchungen freilebender Japanmakaken gab Eishi Tokida ihnen eine transparente Röhre, in der ein Stück Apfel lag. Nur wenige Affen lernten, wie man mit Hilfe eines Stocks oder indem man einen großen Stein durch die Röhre rollt, an das Futter herankommt. Andere Affen schienen von ihrem Beispiel nichts zu lernen. Tokei, die dabei am erfolgreichsten war, benutzte gelegentlich ihre eigenen Kinder, steckte sie in die Röhre und zog sie wieder heraus, sobald sie die Zähne in den Apfel geschlagen hatten. Dieses Photo zeigt allerdings Tokei (mit einem Stock in der Hand), wie sie ihr Junges wegscheucht, indem sie es grimmig anstarrt. Da es bereits zu groß ist, um als Werkzeug zu dienen, wird das Junge jetzt als Rivale betrachtet *(Jigokudani-Park, Japan).*

Das Rhesusweibchen Ropey drückt ihre Tochter (rechts) und den Sohn des Alphaweibchens gleichzeitig an sich. Eine solche Doppelumarmung soll möglicherweise eine Freundschaft zwischen den Nachkommen der Mutter und wünschenswerten Spielgefährten fördern *(Wisconsin Primate Center)*.

Die umgekehrte Strategie einer Mutter besteht darin, einen Kontakt zu unterbrechen: ein hochrangiges Weibchen setzt dem Spiel seiner Tochter (links) mit einer rangniederen Altersgenossin ein Ende, indem es die Spielgefährtin unsanft auf den Boden drückt *(Wisconsin Primate Center)*.

Junge Schimpansen testen die sozialen Regeln ihrer Gemeinschaft, indem sie die älteren reizen. Ein Jugendlicher hält einen Stock hinter seinem Rücken versteckt, bereit, ihn auf eine erwachsene Frau zu schleudern, die sich gerade ausruht *(Arnheim-Zoo)*.

Faye, eine junge Schimpansenfrau, die in von Kim Bard am Yerkes Primate Center durchgeführte Untersuchungen zur Entwicklung des Wahrnehmungsvermögens einbezogen war, spielt mit einem Spiegel. Mit einem untypischen Gesichtsausdruck bewegt sie ihren Unterkiefer auf und ab und starrt unverwandt ihr Spiegelbild an, als wolle sie den Zusammenhang zwischen ihren Bewegungen und denen im Spiegel ergründen. Die meisten anderen Tiere kennen keine derartigen Spiele; entweder sie ignorieren ihr Spiegelbild, oder sie behandeln es wie einen Fremden. Faye hat fast das Alter erreicht, zwischen achtundzwanzig und dreißig Monaten, in dem die Mehrzahl der Schimpansen in Bards Projekt den wichtigen Test des Sich-Selber-Erkennens im Spiegel besteht.

Eine heranwachsende Bonobofrau schmückt sich und drapiert Blätter einer Bananenstaude um ihre Schultern. Anschließend stolziert sie mit dem Schal aus Blättern durch die Gegend *(San Diego Zoo)*.

Nervös untersuchen vier jugendliche Schimpansen eine ausgestopfte Schlange, die bei Emil Menzels Experimenten zur Wissensvermittlung im Gras ihres Geheges versteckt wurde (mit freundlicher Erlaubnis Emil Menzels; *Tulane Primate Center*).

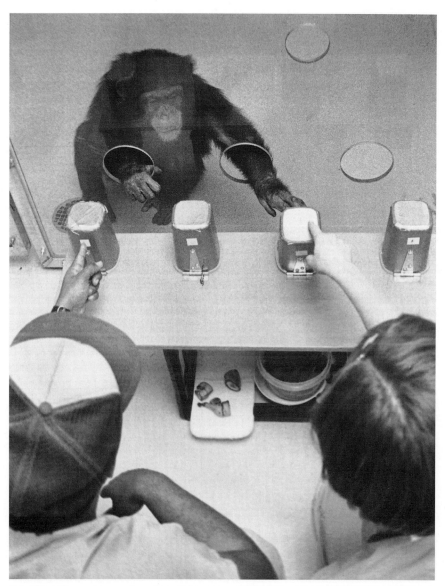

Zwei Experimentatoren geben einem Schimpansen einen Hinweis, unter welchem Becher sich Futter befindet. Nur eine der beiden Personen kann das wissen; die andere war nicht da oder konnte nichts sehen, als das Futter versteckt wurde. Der Menschenaffe langt nach dem Becher, auf den der Experimentator rechts zeigt, der in der Tat derjenige ist, der Bescheid weiß. Möglicherweise versteht der Schimpanse: Sehen führt zu Wissen (Photographie von Donna Bierschwale; mit freundlicher Genehmigung des New Iberia Research Center).

Beim Groomen mit Händedruck strecken die beiden Partner die Hände über den Kopf und groomen einander mit der freien Hand. Vor einigen Jahren begannen Schimpansen in der Yerkes Field Station spontan, diese Haltung einzunehmen. Seitdem hat sie sich in der Gruppe ausgebreitet. Man kennt diese Stellung, die man bei anderen Schimpansen in Gefangenschaft noch nie beobachtet hat, nur von zwei (geographisch getrennten) wildlebenden Gemeinschaften. Es scheint sich daher um ein gruppenspezifisches, kulturell vermitteltes Verhalten zu handeln.

beiden Quellen reagierten, schien ihnen klar zu sein, daß Wissen Sehen voraussetzt.[41]

Affen erkennen diesen Unterschied möglicherweise nicht. Unter Ausnutzung der Neigung von Makaken, Futter laut »anzukündigen«, testeten Dorothy Cheney und Robert Seyfarth ihre Fähigkeit, eine andere Perspektive zu übernehmen. Ein Pfleger legte unmittelbar vor den Augen einer Mutter und ihres heranwachsenden Sprößlings Apfelstückchen in einen Futterbehälter. In einer anderen Versuchsanordnung konnte nur die Mutter das Futter sehen, weil ihr Junges sich zwar in der Nähe, aber hinter einer Trennwand befand. Selbst unter dieser Voraussetzung schrien Mütter nicht lauter, was sie eigentlich hätten tun sollen, hätten sie ein Gespür für die Sichtmöglichkeiten und das Informationsdefizit bei ihrem Nachkömmling gehabt.

Der Unterschied zwischen Schimpansen und Makaken, wie er sich aus diesen Experimenten ergab, wurde von Povinelli im Rahmen einer aussagekräftigen Untersuchung zur Rollenübernahme bestätigt. Man brachte einer Schimpansenfrau bei, sich für einen von vier Hebeln zu entscheiden. Wenn sie den richtigen herunterdrückte, erhielten sowohl sie als auch der Mensch am anderen Ende das Apparats etwas zu essen. Der Mensch konnte zwar sehen, unter welchem Hebel sich das Futter befand, nicht aber der Schimpanse; der Mensch deutete auf diesen Griff, um dem Schimpansen zu helfen. Es war eine geglückte Versuchsanordnung, und die Schimpansenfrau lernte schnell, sich entsprechend den Hinweisen ihres Partners zu verhalten. Nach einer Vielzahl von Versuchen wurden die Rollen plötzlich vertauscht; jetzt betätigte der Mensch die Hebel, und der Schimpanse konnte sehen, wo das Futter versteckt war. Drei oder vier Schimpansen verstanden, was man von ihnen erwartete – vom bloßen Zusehen her hatten sie das Wesen der Informantenrolle begriffen: sie begannen ihrem Partner zu helfen, den richtigen Hebel zu wählen. Als man jedoch Rhesusaffen mit menschlichen Informanten arbeiten ließ, reagierte keiner von ihnen mit dem gleichen unmittelbaren Verständnis, als die Rollen vertauscht wurden; sie mußten erst mit den neuen Bedingungen vertraut werden, sie lernen. Möglicherweise können Schimpansen sich in die Position eines anderen versetzen und dessen Rolle übernehmen; Affen können dies nicht.

Das letzte, wohl am wenigsten untersuchte Anzeichen für ein größeres Wahrnehmungsvermögen bei Schimpansen ist ihre Neigung zu Täuschungsmanövern. Wirkliche Täuschung – eine jener Fähigkeiten, deren wir uns laufend bedienen, ohne allzu stolz darauf zu sein – kann als das absichtliche, auf den eigenen Nutzen zielende Erwecken eines falschen Bildes von vorangegangenem Verhalten, von Wissen oder Absichten definiert werden. Im umfassendsten Sinne setzt es ein Bewußtsein dafür voraus, wie die eigenen Verhaltensweisen verstanden werden und was die Außenwelt aller Wahrscheinlichkeit nach in sie hineininterpretiert.

Schimpansen könnten über ein derartiges Bewußtsein verfügen; Leuten, die sie zu Hause großgezogen oder mit ihnen gearbeitet haben, sind ihre Täuschungsstrategien seit langem bekannt. Beispielsweise füllen viele Schimpansen an einem Hahn in ihrem Käfig den Mund mit Wasser, wenn sie einen Fremden näher kommen sehen, und warten mit einem absoluten Pokergesicht ab, bis er nahe genug heran ist, um dann loszuprusten. Einige sind derartige Experten darin, daß sie sogar Leute austricksen, die schon mit dieser Möglichkeit rechnen. Der Menschenaffe schlendert durch seinen Käfig, als sei er mit etwas ganz anderem beschäftigt, nur um sich im geeigneten Augenblick umzudrehen, wenn er sein Opfer hinter sich hört.

Umfangreiches Beweismaterial dafür, daß Schimpansen das gleiche untereinander machen, wurde zum ersten Mal, basierend auf meinen Beobachtungen in der Arnheim-Kolonie, 1982 in meinem Buch *Unsere haarigen Vettern* zusammengestellt. Nachdem ich jahrelang Makaken beobachtet hatte, ehe ich zu Schimpansen überging, war ich völlig unvorbereitet darauf, mit welcher Raffiniertheit diese Menschenaffen einander hereinlegen. Ich sah, wie ein unerwünschter Gesichtsausdruck urplötzlich einfach wie weggewischt schien, wie sie kompromittierende Körperteile mit den Händen bedeckten und sich völlig blind und taub stellten, wenn ein anderer ihnen mit lautstarkem Einschüchterungsgehabe auf die Nerven ging. Es ist nicht schwer zu verstehen, wie ein Interesse an den vom eigenen Körper ausgesandten Signalen mit Selbstbewußtsein zusammenhängt – die Schimpansen verhalten sich hier ganz anders als das Hündchen, das sich in den eigenen Schwanz beißt.

Das Besondere an Lügen ist: Sie büßen schnell an Wirksamkeit ein, wenn man sie zu oft wiederholt. Aus diesem Grund ist damit zu rechnen, daß auffällige Beispiele für Täuschungen recht selten sind, und vermutlich werden wir nie über mehr als Anekdoten verfügen. Man hat die Forschungsarbeit in diesem Bereich kritisiert, aber gegen einmalige Beobachtungen ist im Grunde nichts einzuwenden: die Tatsache, daß Mondlandungen selten waren, heißt nicht, daß sie nicht stattgefunden hätten. Ebendarauf spielte Menzel an, als er fragte: »Übrigens, hat irgend jemand irgendeinen experimentellen Beweis dafür, wie bei den Menschen jeder beliebige Präsident,

König oder Diktator die anderen täuscht? Alles, was mir je zu Ohren gekommen ist, sind Anekdoten.«[42]

Zugegeben, bei anekdotischen Berichten kommt ein Element der Beurteilung, mithin das Risiko einer Überinterpretation mit ins Spiel. Skeptiker müßten allerdings erklären, warum Schimpansen sich weit mehr als andere Spezies für Interpretationen im Sinne von Täuschungen regelrecht anbieten. Sagt diese Tatsache etwas über die Menschenaffen oder aber über die Wissenschaftler aus, die sich so gerne ausgerechnet mit ihnen beschäftigen? Bei Affen kommen einem derartige Interpretationen gar nicht in den Sinn, wie ich bei der Beobachtung von Makaken – es waren mehr als hundert, und das zehn Jahre lang – feststellte. Der Beobachter war derselbe, der Wunsch, Verhalten zu interpretieren (oder überzuinterpretieren) hielt unvermindert an, doch es ließ sich nichts feststellen, was auch nur entfernt dem vergleichbar gewesen wäre, was Schimpansen alles anstellen.

So erhielten die beiden britischen Primatologen Andrew Whiten und Richard Byrne, als sie Feldforscher und andere Experten für Primatenverhalten in aller Welt einluden, ihnen Beispiele für spontane Täuschung zu schicken, 253 Berichte – und die verblüffendsten und kompliziertesten handelten von Schimpansen.

Weiterführende Forschungen sind zwar eindeutig vonnöten, aber die Berichte über besondere Fähigkeiten bei Menschenaffen – Selbsterkennen im Spiegel, Imitation, Zeichen von Empathie und absichtliche Täuschung – sind vielfältig genug, um den Schluß zuzulassen, daß irgendwann im Lauf der Evolution ein entscheidender Schritt getan wurde. Die einzelnen Hinweise sind für sich genommen vielleicht nicht überzeugend, aber das gleichzeitige Auftreten einer ganzen Reihe von Hinweisen auf ein höherentwickeltes Erkennungsvermögen in einem einzelnen evolutionären Zweig läßt sich ohne die Annahme eines zugrundeliegenden Prinzips, das in anderen Zweigen nicht vorhanden oder weniger weit entwickelt ist, nur schwer erklären.

Beispiele für spontane Täuschung in der Arnheim-Schimpansenkolonie.[43]

Beispiel 1: Das Zähneentblößen eines Schimpansen signalisiert Nervosität. So kann das Grinsen eines Schimpansen die Wirkung seines Einschüchterungsgehabes beeinträchtigen.
»Das auffälligste Beispiel für eine Selbstkorrektur war, daß ein mit dem Rücken

zu seinem Herausforderer sitzender Mann zu grinsen anfing, als er johlendes Geschrei hörte. Schnell schob er mit den Fingern die Lippen wieder über die Zähne. Dreimal mußte er diesen Vorgang wiederholen, ehe das Grinsen endlich verschwand. Erst jetzt drehte der Mann sich um und blaffte seinerseits seinen Rivalen an.«

Beispiel 2: Unter Tausenden von Berichten über Versöhnung erwähnen sechs einen dramatischen Wechsel von freundlichem zu aggressivem Verhalten. In allen Fällen geschah dies, nachdem ein älterer Herausforderer vergeblich versucht hatte, ein jüngeres Opfer zu fangen; normalerweise wurde das Opfer, sobald es in Reichweite war, hart bestraft.
»Puist, eine männlich wirkende Frau, verfolgt kampflustig eine jüngere Frau und erwischt sie beinahe. Nachdem sie knapp entkommen ist, schreit das Opfer eine Zeitlang, setzt sich dann hin, schnauft heftig und ruht sich aus. Der Vorfall scheint vergessen, doch ungefähr zehn Minuten später kommt Puist näher und macht aus der Ferne eine versöhnliche Geste: sie streckt der anderen Frau die geöffnete Hand entgegen. Die jüngere Frau zögert und nähert sich dann Puist mit allen Anzeichen von Mißtrauen – es bleibt oft stehen und blickt mit einem leichten Grinsen um sich. Puist lädt sie nach wie vor freundlich ein und keucht leise, als die jüngere Frau fast bei ihr ist. Leise Schnaufer sind besonders liebevoll gemeint; oft folgt ihnen ein Kuß, die beliebteste Versöhnungsgeste bei Schimpansen. Plötzlich macht Puist einen Satz, packt die jüngere Frau und beißt sie heftig, ehe diese sich losmachen kann.«

Beispiel 3: Der jüngste erwachsene Mann, Dandy, kam nicht immer ans Futter heran, wenn er für die Nacht gemeinsam mit den anderen Männern untergebracht wurde. Sie verscheuchten ihn einfach.
»Nach einigen Monaten berichtete der Wärter, in den ungefähr zwanzig Minuten zwischen dem Betreten des Käfigs und der Fütterungszeit führe Dandy sich besonders verspielt auf und beziehe dabei oft die ganze männliche Gruppe ein. Wenn der Wärter eintraf, tollten sie alle herum, überhäuften einander mit Stroh und ›lachten‹ [heisere Gutturallaute beim Spielen]. In dieser entspannten Atmosphäre aß Dandy ungestört neben den anderen. Offenbar täuschte Dandy gute Laune vor, um die Stimmung der anderen zu seinen Gunsten zu beeinflussen.«

Beispiel 4: Wenn rangniedere Männer sich mit Frauen paaren, dann geschieht dies auf eigene Gefahr, da dominante Männer dazu neigen, derlei sexuelle

Aktivitäten zu unterbrechen. Folglich verstecken rangniedere Männer sich oft an einem geheimen Treffpunkt, was natürlich voraussetzt, daß die Frau mitspielt.

»Signalunterdrückung und Verheimlichung sind häufige Begleiterscheinungen solch verstohlener Paarungen. Ich entsinne mich noch sehr lebhaft meiner ersten diesbezüglichen Beobachtungen, da der Anblick ausgesprochen komisch wirkte. Dandy und eine Schimpansenfrau flirteten heimlich miteinander. Aber während er ihr Avancen machte, schaute er sich fortwährend um, ob ihn auch keiner seiner Rivalen beobachtete. Paarungsbereite Schimpansenmänner spreizen beim Sitzen weit die Beine und lassen ihren erigierten Penis sehen. Genau in dem Moment aber, in dem Dandy seinen sexuellen Drang solcherart zur Schau stellte, bog Luit, einer der älteren Schimpansen, um die Ecke. Sofort legte Dandy die Hände über seinen Penis, um ihn zu verstecken.«

Mitgefühl bei Menschenaffen

Bei der Entwicklung des Wahrnehmungsvermögens werden keine neuen Verhaltenskategorien erfunden. Vielmehr arbeitet die Evolution mit einer uralten emotionalen Infrastruktur; anstatt sie zu ersetzen, verändert sie diese durch ein zunehmend größeres Verständnis der Beteiligten. In unserer Spezies schätzen wir allerdings Intelligenz so hoch ein, daß wir der Ansicht zuneigen, unser Denken *steuere* das Verhalten. Wir sind so geschickt darin, überzeugende Rationalisierungen hervorzubringen, daß wir allmählich selber an sie glauben: der Mythos vom rationalen Mann beziehungsweise der rationalen Frau.

Ein Beispiel für eine Überschätzung unserer angeblich von Rationalität bestimmten Natur ist die »Entscheidung«, Babys auf der linken Hüfte zu tragen. Rechtshändige Mütter weisen darauf hin, das sei durchaus sinnvoll, da sie die rechte Hand ja bräuchten, um in Töpfen zu rühren und Wäsche zu falten. Linkshändige Mütter warten mit einem ähnlich triftigen Grund auf: ganz offensichtlich sei es doch für das Baby sicherer, wenn man es mit der dominanten Hand halte. Tatsache ist, eine große Mehrheit der Frauen legt die Vorliebe an den Tag, das Baby auf der linken Seite zu tragen, unabhängig davon, ob sie Rechts- oder Linkshänderinnen sind und unabhängig vom kulturellen Hintergrund. Bei Männern läßt sich dies nicht beobachten – sie tendieren dazu, Babys auf dem rechten Arm zu tragen. Allerdings stellte man diese Vorliebe für die linke Seite auch bei Menschenaffenmüttern fest. Da sie Links- oder Rechtshändigkeit, kulturelle und sogar Speziesschranken überschreitet, ist es unwahrscheinlich, daß sie etwas mit den angebotenen rationalen Erklärungen zu tun hat. Es gibt eine Theorie, nach der es sich um eine natürliche Neigung handelt, das Baby möglichst nahe am Herzen der Mutter zu halten.[44]

Auf ähnliche Weise überschätzen vermutlich Wissenschaftler die Macht menschlichen Denkens, wenn sie glauben, Einfühlungsvermögen beruhe auf Sprache oder Helfen setze eine Kosten-Nutzen-Analyse voraus, bzw. unterschätzen die Rolle, die Gefühle und unterbewußte Motivationen dabei spielen. Insofern, als *Einfühlung* wörtlich das Sich-Hineinversetzen in die Gefühle eines anderen bedeutet, berücksichtigt es sowohl die interpersonale wie auch die affektive Seite des Prozesses. In einer Zeit, in der Empathie bzw. Einfühlung im wesentlichen als kognitive Leistung diskutiert wird und das Wahrnehmungs- und Erkennungsvermögen oft mit dem Funktionieren eines kaltblütigen Computers verglichen wird, sollten wir nicht vergessen, daß der menschliche Geist keine scharfe Trennungslinie zwischen Denken und Fühlen kennt. Die Zuwendung eines Individuums zu einem anderen hängt von einem *Mosaik* von Faktoren ab, die von rationalen und kognitiven bis zu emotionalen und physiologischen reichen.

Deshalb lautet die Frage, die im Mittelpunkt dieses Kapitels steht, nicht so sehr, ob irgendwelche Lebewesen außer uns auf Empathie beruhendes Mitgefühl empfinden können (dies liefe allzusehr auf ein »alles oder nichts« hinaus), sondern vielmehr, *welche Elemente* menschlichen Mitgefühls sich auch bei anderen Tieren feststellen lassen. Bei sozialen Tieren existiert zweifelsohne ein Gefühl der Verbundenheit; uns interessiert, in welchem Grad es dem bei Menschen ähnelt. Bei der kognitiven Dimension dieses Problems geht es nicht so sehr um die Hilfsbereitschaft als solche, sondern eher darum, wie sie kanalisiert wird. Wie der britische Philosoph Philip Mercer es formuliert: »Es gibt angemessene und unangemessene Arten, anderen zu helfen, und die Annahme scheint selbstverständlich, daß wir, je stärker wir mit jemandem mitfühlen, ihm um so eher die Art von Hilfe zukommen zu lassen, die er braucht.«[45]

Wenn ich einem Freund helfe, verbinde ich daher die für kooperative Tiere charakteristische Neigung zu helfen mit einer typisch menschlichen Einschätzung der Gefühle und Bedürfnisse meines Freundes. Die Kräfte, die mich dazu antreiben, sind die gleichen, aber ich führe diese Mission wie ein gezielt gesteuertes Geschoß und nicht wie eine blinde Rakete aus. Kognitive Empathie ist zielgerichtet; sie macht es mir möglich, meine Hilfe auf die speziellen Erfordernisse meines Freundes abzustimmen.

Ein Element, das allem fürsorglichen Verhalten zugrunde liegt, ist gegenseitige Bindung. Es überrascht uns durchaus nicht, daß Delphine, Elefanten, Hunde und die meisten Primaten auf die Schmerzen und den Kummer eines anderen reagieren, da die Angehörigen dieser Spezies durch Kooperation beim Jagen und bei der Verteidigung gegen Feinde und Raubtiere überleben. Die Entwicklung von Hilfsverhalten und freundschaftlichen Bindungen ist verständlich, da das Leben jedes einzelnen Individuums für die restliche Gruppe zählt. Bei einer gegebenen Spezies entspricht der Drang, anderen zu helfen, in etwa der eigenen Hilfsbedürftigkeit. Ein Tiger braucht keine Hilfe und hat auch keineswegs das Bedürfnis, sie einem anderen zukommen zu lassen. Der Primat Mensch ist jedoch, auf sich allein gestellt, ziemlich machtlos und geht daher ausgeklügelte Verträge zur gegenseitigen Hilfe ein.

Ein Zusammenhang zwischen dem Grad an wechselseitiger Abhängigkeit und Hilfsverhalten wird durch die Fürsorge für Kranke bei einem weiteren sehr kooperativen Nichtprimaten, der Zwergmanguste, bestätigt. Die britische Ethologin Anne Rasa beobachtete die letzten Tage eines rangniederen ausgewachsenen Männchens, das an einer chronischen Nierenerkrankung einging. Es handelte sich um eine in Gefangenschaft lebende Gruppe, die aus dem Gründerpaar und seinen Nachkommen bestand. Zwei Anpassungen fanden statt. Erstens wurde dem kranken Männchen im Gegensatz zu früher erlaubt, viel eher zu fressen, als es eigentlich seinem Rang entsprach. Es wurde nicht weggejagt, sondern durfte an dem gleichen Futter nagen wie sein Vater, das Alphamännchen. Zweitens ging die Gruppe vom Schlafen auf erhöhten Gegenständen, etwa Kisten, zum Schlafen auf dem Boden über, da das kranke Männchen nicht mehr in der Lage war, auf die Kisten zu klettern. Sie hielten den Kontakt zu ihm aufrecht und groomten es viel häufiger als gewöhnlich. Nach dem Tod des Männchen schlief die Gruppe neben dem Kadaver, bis er entfernt werden mußte.

Nach der Bindung ist die zweitwichtigste Fähigkeit, die bei Empathie eine Rolle spielt, emotionale Ansteckung – ein indirektes Wecken von Empfindungen durch die Gefühle anderer. In der einfachsten Form kommt es zu einer vollkommenen Identifikation, ohne daß zwischen den eigenen Gefühlen und denen des anderen unterschieden wird. Beispielsweise ist es unwahrscheinlich, daß ein menschliches Neugeborenes, das zusammen mit al-

Zunehmendes Bewußtsein für das Ich und den anderen
⎯⎯⎯⎯⎯⎯⎯⎯⎯⎯⎯⎯⎯⎯⎯⎯⎯⎯⎯⎯⎯⎯⎯⎯⎯⎯⎯⎯▶

	Emotionale Ansteckung	Kognitive Empathie
Bindung		Verschiebung der Perspektiven
	Erlernte Anpassung	Absichtliche Täuschung
Identifikation		Zuschreibung
	Verhaltensnachahmung	Echte Imitation

Kooperative Tiere mit ausgeprägten Bindungen identifizieren sich miteinander und sind empfänglich für die Gefühle des anderen. Um echte Besorgnis für das Wohlergehen eines anderen zu verspüren, ist eine Differenzierung zwischen dem Ich und dem anderen notwendig. Wahrscheinlich wurde dieser kognitive Schritt von den Vorfahren der Menschen und Menschenaffen vollzogen, obgleich er auch bei anderen sozialen Tieren nicht ausgeschlossen werden kann.

len anderen schreit, die sich in dem Kinderzimmer befinden, auch nur die geringste Vorstellung hat, daß es auf Gefühle reagiert, die ein anderes Neugeborenes empfindet. Vielmehr scheint es an ein Kommunikationssystem direkter Verbindungen zwischen individuellen Erfahrungen angeschlossen zu sein, das keine Relaisstationen hat, die ihm sagen könnten, wo die Schreie ihren Ursprung genommen haben. Säuglinge scheinen in Kollektiven von Schmerz, Freude und Schläfrigkeit »aufzugehen«.

Fürsorgliches Verhalten könnte darüber hinaus selbst bei den Spezies mit den größten Gehirnen von angeborenen Auslösern abhängen, das heißt von besonderen Stimuli, die nahezu automatisch bei allen Mitgliedern der Spezies eine Reaktion bewirken. Wenn ich auf meinem Arm einen Wundschorf habe und zu einer meiner Schimpansenfreundinnen gehe, leuchten ihre Augen auf und heften sich auf die kleine Verletzung. Sie bettelt darum, sie berühren zu dürfen, und wenn ich es ihr erlaube, kratzt sie sie auf und klappert dabei die ganze Zeit vor Aufregung mit den Zähnen. Eine größere Freude könnte ich ihr gar nicht bereiten. Und falls jemand glaubt, die Vorstellung von »angeborenen Auslösern« träfe auf Menschen nicht zu, dann sollte er kurz überlegen: ich kenne Leute, die das gleiche Bedürfnis haben, eine Wunde aufzukratzen!

Ein weiterer Standardreizauslöser wird als Kindchenschema bezeichnet: kindliche Züge, etwa große Augen und weiche Gesichtszüge, lassen unsere Herzen schmelzen wie bei anderen Tieren auch. Niemand hat das besser begriffen als Walt Disney. Das Ergebnis war eine hochgradige »Verniedlichung«

der Tiere. Fügen Sie noch Abhängigkeitsindikatoren wie Bewegungsunfähigkeit und eine hohe Stimme hinzu, und Sie haben die Zauberformel, um Beschützerinstinkte und Fürsorglichkeit zu wecken und ein Verhalten zu verhindern, das normalerweise für ältere Kinder gedacht ist, etwa Verweigerung des Kontakts oder Bestrafung von Fehlverhalten. Die Sonderbehandlung, in deren Genuß Azalea und Wania-6672 kamen, könnte auf derlei Eigenschaften beruht haben; das heißt, andere Gruppenmitglieder gelangten vielleicht nie an den Punkt, daß sie sie als die Heranwachsenden sahen, die sie waren, eben weil sie immer noch wie Babys wirkten.

Ein Beispiel für die Verlängerung der Zeit der Fürsorglichkeit in der Wildnis war ein im Dschungel von Venezuela geborener Kapuzineraffe mit teilweise gelähmten Beinen. Klettern konnte er zwar, aber nicht springen, und daher mußte er getragen werden, um von einem Baum zum nächsten zu kommen. Laut John Robinson trugen die Mitglieder der Gruppe das Junge länger, als dies für sein Alter üblich war (bei Kapuzineraffen übernehmen auch viele andere außer der Mutter das Tragen von Kindern). Von Nachteil war allerdings, daß das Junge die normalen Futtermengen verzehrte. Da es sich kaum bewegte, wurde es groß und fett und immer mehr zu einer Last. Tapfer schleppte die Gruppe den Fettkloß mit sich herum, bis er siebzehn Monate alt war; dann verschwand er. Niemand weiß, wie er umkam; möglicherweise wurde er von der Gruppe zurückgelassen oder die Beute eines Raubvogels.

Bindung, emotionale Identifikation und angeborene Reaktionen in Verbindung mit ausgeprägten Lernfähigkeiten schaffen eine tragfähige Grundlage für hochentwickeltes Fürsorgeverhalten, das gelegentlich schwer von menschlichen Ausdrucksformen des Mitgefühls zu unterscheiden ist. Letztere unterscheiden sich jedoch insofern, als wir erkennen, daß die Gefühle des anderen zum anderen gehören; nur auf diese Weise können wir echte Sorge empfinden. Eine Mutter, die die Augen zumacht und das Gesicht verzieht, wenn der Arzt gerade dabei ist, ihrem Kind eine Spritze zu geben oder Blut abzunehmen, nimmt das emotionale Unbehagen des Kindes, folglich ihrer selbst, vorweg, obwohl sie sich voll und ganz bewußt ist, das Kind und nicht sie wird den Schmerz empfinden. Die Identifikation mit einem anderen und die Sorge um ihn, ohne die eigene Identität aufzugeben, ist der springende Punkt bei menschlichem Mitgefühl. Wie wir gesehen haben, setzt dies gewisse kognitive Fähigkeiten voraus, deren wichtigste ein gut entwickelter Sinn für das Ich und die Fähigkeit zur Übernahme der Perspektive eines anderen sind.

Zwei Beispiele für Mitgefühl bei Menschenaffen veranschaulichen die Vorteile dieser Fähigkeit. Sie beschreiben ein Hilfsverhalten, das sich durch höhere Komplexität und Besorgtheit auszeichnet, als man sie außerhalb des Menschenaffenzweiges des Primatenstammbaums findet.

Der Graben und die Kette

Die Bonobos im San Diego Zoo lebten in einem grottenähnlichen Gehege, das durch einen zwei Meter tiefen trockenen Graben von den Schaulustigen getrennt war. Für die Menschenaffen war er über eine Kette zugänglich, die in den Graben hing; ganz nach Belieben konnten sie hinunter- und wieder hinaufklettern. In *Wilde Diplomaten* beschrieb ich eine des öfteren beobachtete Situation, wenn der dominante Mann, Vernon, in den Graben verschwand. Ein jüngerer Mann, Kalind, zog dann schnell die Kette nach oben und schaute mit geöffnetem Mund – bei Menschenaffen entspricht dies dem menschlichen Lachen – zu Vernon hinunter und schlug dabei auf den Rand des Grabens. Etliche Male eilte Loretta, die einzige andere Erwachsene, herbei, um ihren Gefährten zu »retten«, indem sie die Kette wieder hinunterwarf und Wache hielt, bis Vernon herausgeklettert war. Sowohl Kalind als auch Loretta schienen zu wissen, welchen Zweck die Kette für jemanden hatte, der am Grund das Grabens saß, und verhielten sich entsprechend – der eine, indem er den anderen ärgerte, die andere, indem sie ihm zu Hilfe kam.

Des Reifenproblems überdrüssig

Den Winter über halten die Arnheim-Schimpansen sich im Affenbau auf. Jeden Morgen spritzt der Wärter, nachdem er die Halle saubergemacht hat und ehe er die Kolonie hineinläßt, alle Gummireifen im Gehege aus und hängt sie einen nach dem anderen an einen Balken, der waagrecht aus dem Klettergerüst ragt. Eines Tages interessierte sich Krom für einen Reifen, in dem sich Wasser angesammelt hatte. Unglücklicherweise hing dieser hinter sechs oder noch mehr schweren Reifen ganz am Ende der Stange. Hartnäckig zerrte Krom an dem einen, den sie wollte, konnte ihn jedoch nicht von der Stange herunterholen. Sie stieß ihn nach hinten, aber jetzt prallte er gegen das Klettergerüst, und sie konnte wieder nicht an ihn herankommen. Mehr als zehn Minuten mühte Krom sich mit dem Problem ab, unbemerkt von allen anderen, außer Otto Adang, meinem Nachfolger in Arnheim, und

Jakie, einem siebenjährigen Schimpansenmann, bei dem Krom, als er noch jünger gewesen war, die Funktion einer »Tante« (eine Bezugsperson, die nicht die Mutter ist) übernommen hatte.

Sofort nachdem Krom aufgegeben und sich vom Schauplatz entfernt hatte, kam Jakie näher. Ohne zu zögern schob er die Reifen einen nach dem anderen von der Stange, wie jeder vernünftige Schimpanse es machen würde, wobei er mit dem ersten begann; dann kam der zweite an die Reihe und so weiter. Als er beim letzten Reifen anlangte, nahm er ihn behutsam herunter, um das Wasser nicht zu verschütten, und brachte den Reifen schnurstracks zu seiner Tante, wo er ihn senkrecht vor sie hinstellte. Krom akzeptierte dies Geschenk ohne sonderliche Dankesbekundungen und schöpfte bereits Wasser daraus, als Jakie wieder das Weite suchte.

Da Kooperation im Tierreich weit verbreitet ist, stellt die Neigung, einem Mitglied der eigenen Spezies zu helfen, nichts Neues oder besonders Originelles dar. Allerdings ändert sich die genaue *Absicht*, die dahintersteckt, sobald der Handelnde sich vorstellen kann, was seine Hilfe für den anderen bedeutet. Jakies Verhalten läßt sich ohne die Annahme, daß er begriffen hatte, worauf Krom aus war, und daß er ihr helfen wollte, indem er ihr den Reifen brachte, nur schwerlich erklären. Diese Übernahme der Perspektive eines anderen revolutioniert die Hilfsbereitschaft und verwandelt sie in einen *kognitiven Altruimus*, das heißt einen Altruismus, bei dem man eindeutig die Interessen des anderen im Sinn hat.

Eine Welt ohne Mitleid

Als unter den Schimpansen im Gombe-Nationalpark eine Kinderlähmungepidemie grassierte, die vermutlich von Menschen eingeschleppt worden war, begegnete man den teilgelähmten Opfern mit Furcht, Gleichgültigkeit und Feindseligkeit, so als gehörten sie nicht mehr zur Gemeinschaft. Laut Jane Goodall wurde Pepe mit folgender Reaktion konfrontiert, als er zum ersten Mal am Futterplatz auftauchte und sein gelähmter Arm im Staub schleifte.

»Die Schimpansen, die bereits dort waren, [starrten] einen Augenblick lang zu ihm hinüber und umarmten und beklopften sich dann gegenseitig mit einem breiten Grinsen der Angst auf den Gesichtern, um sich Mut zu machen, ohne dabei den unglücklichen Krüppel aus den Augen zu lassen. Pepe, der offensichtlich nicht ahnte, daß er selber der Anlaß ihrer Furcht war, zeigte ein noch breiteres Angstgrinsen und schaute wiederholt über die Schulter zurück – vermutlich, um herauszufinden, was seinen Genossen eine solche Furcht einjagte.«[46]

Zunächst gingen die Gesunden den Polioopfern wegen ihrer merkwürdigen Art, sich fortzubewegen, und ihrer nachschleifenden Gliedmaßen aus dem Weg. Als nächstes machten sie Drohgebärden, und dann gingen sie zum Angriff über.[47] Das Meiden grotesk verunstalteter Artgenossen mag psychologisch verständlich sein (und auch, angesichts des Risikos einer Ansteckung, eine Art Anpassungsverhalten darstellen), aber es ist eines von vielen Beispielen für das Fehlen von Mitleid und Erbarmen bei einer Spezies, in der derlei Eigenschaften ansonsten zumindest im Ansatz vorhanden zu sein scheinen. Brutale Gewalt zwischen verschiedenen Gemeinschaften, wie man sie bei Schimpansen beobachtete, die früher friedlich miteinander ihres Weges gegangen waren und gegroomt hatten, sowie die Gewohnheit von Schimpansen, erbeuteten Tieren Gliedmaßen und Fleischfetzen herauszureißen, und zwar bei noch recht lebendigen Kreaturen, etwa einem kreischenden Stummelaffen, zeigen: Über welche Hemmschwellen und Sensibilität diese Menschenaffen auch immer verfügen, sie können durch andere Interessen ohne weiteres außer Kraft gesetzt werden.

Das Verhalten gegenüber Mitgliedern der eigenen Spezies darf man natürlich nicht mit dem anderen Spezies gegenüber gleichsetzen. Daß Tiere sich um eine andere Spezies keine Sorgen machen, damit ist zu rechnen, da ja keinerlei Bindungen an sie bestehen. Oft scheinen Tiere Angehörige einer anderen Art lediglich als bewegliche Objekte zu betrachten. Wie Sue Boinski berichtet, drehte sich ein wütendes Kapuzinermännchen, dem die Munition ausging, mit der er sie bewarf, einfach um, griff sich ein arglos in der Nähe sitzendes Totenkopfäffchen und schleuderte es auf sie, als wäre es nichts weiter als ein Stück Holz. Dem Kapuzineraffen, der sich einem Mitglied seiner Spezies gegenüber nie so verhalten hätte, lag offensichtlich absolut nichts an den kreischenden kleinen Äffchen, mit denen er den Wald teilte. Wir Menschen beginnen allmählich, uns Gedanken über Grausamkeit gegen Tiere zu machen – ein in der Natur noch nie dagewesenes Phänomen. Jäger bewerten den Gejagten eher dem Kalorien- als dem Gefühlswert nach, und wenn andere Spezies nicht als Nahrungsmittel dienen, bringt es normalerweise nichts, wenn man Rücksichtnahme in sie investiert.[48]

Gelegentlich, wenn auch nur selten, nehmen Kontakte zwischen verschiedenen Spezies eine grausame Wendung. Denken Sie an das Spiel, bei dem Halbwüchsige Hühner mit Brotkrumen an den Zaun locken. Sobald die leichtgläubigen Küken sich in Reichweite befinden, werden sie mit Stockschlägen traktiert oder man stochert mit einem spitzen Drahtstück in ihrem Gefieder herum. Wolfgang Köhler hat dieses »Quäl«-Spiel, bei dem mitzumachen die Hühner einfältig genug waren, bei seinen Schimpansen beschrieben. Sie spielten es zum reinen Vergnügen, nicht um an das Federvieh heranzukommen, und verfeinerten es soweit, daß ein Affe die armen Tiere anlockte, während der andere zuschlug. Was wiederum die Annahme einer höheren Wahrnehmungsebene bei Schimpansen stützt: ebenso wie Empathie zu Mitgefühl führen kann, wenn sie sich mit einem Zusammengehörigkeitsgefühl verbindet, so kann sie in eine absichtliche Mißhandlung umschlagen, wenn sie mit Gleichgültigkeit einhergeht.

Schadenfreude bedeutet genau das Gegenteil von *Einfühlung*, hängt damit jedoch letztlich zusammen; aus dem gleichen Grund sind Mitgefühl und Sadismus Extreme, die sich irgendwo wieder treffen. Wenn Leute vor Lachen fast vom Stuhl fallen, weil Hardy in ein mit Leim gefülltes Faß fällt, während Laurel einfältig zusieht, oder weil Chaplin von seiner Angebeteten geohrfeigt wird, freuen sie sich über das Mißgeschick anderer. Die Tatsache, daß so viele Komödianten ihrem Publikum Gelegenheit geben, diese Art von Freude zum Ausdruck zu bringen, läßt auf ein tiefverwurzeltes menschliches Grundbedürfnis schließen, das Selbstwertgefühl mittels des Unglücks anderer zu steigern. Wir neigen dazu, diese Empfindung zu verheimlichen, denn im wirklichen Leben erleben wir sie meistens bei Leuten, die wir nicht mögen. Wahrscheinlich leitet dieses Gefühl sich aus einem Sinn für Gerechtigkeit ab: am ehesten stellt es sich ein, wenn jemand seine wohlverdiente Strafe erhält, wenn beispielsweise ein aufgeblasener oder unehrlicher Kerl sein Vermögen einbüßt. Wenn das Haus einer armen Familie niederbrennt oder wenn ein Kind die Treppe hinunterfällt, empfinden wir keine Schadenfreude, denn diese Opfer stellen keinerlei Bedrohung für unser Selbstwertgefühl dar.

Schadenfreude ist genau das Gegenteil von Mitgefühl. Statt den Schmerz eines anderen zu teilen, empfinden wir Vergnügen. Einige der schockierendsten, nahezu unglaublichen Beispiele dafür finden sich in dem Buch *Das Volk ohne Liebe*. Colin Turnbull beschreibt dort einen ostafrikanischen Stamm, die Ik, die durch ständiges Hungern in ein Stadium der Entmenschlichung abgesunken waren. Jegliche Fröhlichkeit schien bei den Ik nur auf Kosten anderer möglich zu sein. Sie brüllten vor Lachen, wenn jemand hinfiel, vor allem wenn es sich um Schwache und Blinde handelte, oder wenn einem Alten von umherstreifenden Jugendlichen das Essen weggenommen wurde; sie gingen sogar so weit, den alten Leuten den Mund aufzureißen, um Bissen herauszuholen, die diese noch nicht hinuntergeschluckt hatten. Mißhandlungen von Kindern waren nicht ausgeschlossen.

»Beispielsweise erlebte ich einmal, wie einige auf dem *di* sitzende Männer gespannt ein Kind beobachteten, das auf eine Feuerstelle zukroch. Als es sich sein mageres Händchen verbrannte, brachen sie in fröhliches und glückliches Gelächter aus. Und die Mutter, entzückt, daß ihr Sprößling die Leute so gut amüsiert hatte, zerrte ihn zärtlich vom Feuer weg.«

Nie sah Turnbull Kinder, die über das Alter von drei Jahren hinaus von Erwachsenen etwas zu essen bekamen, und er beobachtete, daß Leute abseits von ihren Häusern aßen, um das Wenige, das sie hatten, nicht teilen zu müssen. Da ihm klar wird, wie sinnlos unter solch unvorstellbarer Belastung das Streben nach Moralität ist und wie man einfach nicht zulassen kann, daß etwas dem eigenen Überleben im Weg steht, charakterisiert der Anthropologe Moral zynisch als einen »Luxus, den wir als angenehm und bequem empfinden und der für uns zur Konvention wird, wenn wir ihn uns leisten können«.[49]

Am meisten beschäftigt mich an diesem deprimierenden Bericht, daß offenbar, wenn Liebe und Mitgefühl durch die Umstände ausgelöscht werden, nicht bloße Selbstsucht ihr Haupt erhebt, sondern ein echtes Entzücken am Elend anderer. Könnte es sein, daß eine Gleichstellung aller durch das Schicksal, unabhängig davon, ob sie die Folge einer Aufwärts- oder Abwärtsbewegung ist, den Leuten Vergnügen bereitet? Wenn es uns gutgeht, spüren wir die Schlechtergestellten auf und bemühen uns, ihr Los zu verbessern. Sind wir jedoch selbst nahe am Verhungern, dann freuen wir uns über jedes noch so kleine Unglück um uns herum, da es uns bestätigt, daß wir nicht die einzigen Heruntergekommenen sind.[50]

Mit der möglichen Beziehung zwischen Mitgefühl und Fairneß befaßte man sich kaum, dem Zusammenhang mit Egoismus hingegen schenkte man einige Beachtung. Ein Großteil der philosophischen Literatur, vor allem in der englischsprachigen Welt, zeichnet sich durch eine Gegenüberstellung von Egoismus und Altruismus aus. Dabei wurde nicht so sehr die Spannung zwischen diesen beiden Polen sozialen Zusammenlebens gewürdigt, vielmehr ließ sich eine Tendenz feststellen, sich auf die Seite des einen oder des anderen zu schlagen, normalerweise des ersteren. Mittlerweile dürfte offenkundig sein, daß ich dieses Paradigma für ziemlich unfruchtbar halte. Der

Gedanke, alles beruhe auf Egoismus, läßt sich der Behauptung vergleichen, alles Leben auf Erden sei eine Umwandlung von Sonnenenergie. Beides gehört zu den großen Wahrheiten der Wissenschaft, aber ähnlich wie die zweite Wahrheit uns nie daran gehindert hat, die Vielfalt des Lebens anzuerkennen, sollte die erste uns nicht davon abhalten, im Bereich der Motivation grundlegende Unterscheidungen zu treffen.

Wenn mein Tisch reich gedeckt ist und Sie klopfen hungrig an mein Fenster, kann ich Sie einladen hereinzukommen und Genugtuung dabei empfinden, Ihr glückliches Gesicht zu sehen. Oder aber ich behalte alles für mich und empfinde Zufriedenheit darüber, daß ich mir selber den Bauch vollgeschlagen habe. In beiden Fällen kann man mich als selbstsüchtig bezeichnen; doch von Ihrem und vom gesamtgesellschaftlichen Standpunkt aus macht es einen ziemlichen Unterschied, welche Art von Eigeninteresse ich hier verfolge. Außerdem ist die Genugtuung, die ich in den beiden Fällen verspüre, ganz verschieden. Während Verhalten meistens durch die Art und Weise, wie es sich auf den Handelnden auswirkt, belohnt wird, werden Akte des Mitgefühls dadurch belohnt, wie der Handelnde sich *vorstellt*, daß sie sich auf den Empfänger auswirken. Wenn das Selbstsucht sein soll, dann ist es zumindest die einzige Art, die sich nach außen richtet.

Experimente, die Robert Weiss und seine Mitarbeiter mit Menschen durchführten, wobei der Anreiz für eine Reaktion die Erlösung eines anderen von seinem Leiden war, bestätigten es: »Die Wurzeln altruistischen Verhaltens reichen so tief, daß Menschen nicht nur anderen helfen, sondern dies darüber hinaus auch als lohnend empfinden.«[51] Die Tatsache, daß mit Akten des Mitgefühls normalerweise ein Gefühl der Befriedigung einhergeht, lenkt in keiner Weise von ihrer Du-Bezogenheit ab, insofern als die einzige Möglichkeit, diese Belohnung zu erhalten, auf dem Wohlergehen des anderen beruht. Wenn wir ein weinendes Kind beruhigen, es umarmen und streicheln, besänftigen wir nicht so sehr uns selber als vielmehr den anderen. Wir kontrollieren die Auswirkung unseres Verhaltens, und es erfüllt uns mit ungebrochenem Vergnügen, wenn das Kind durch Tränen hindurch über einen Scherz oder wenn wir es kitzeln lacht. Falls menschliches Mitgefühl, falls Mitleid in der Tat der »angeborene und unzerstörbare Instinkt« ist, als den David Hume, Arthur Schopenhauer, Adam Smith und andere ihn bezeichneten, ist es nur natürlich, daß er mit einem eingebauten Kompensationsmechanismus verbunden ist, ebenso wie Sex und Essen.[52]

Da Mitgefühl so tief verwurzelt ist, stirbt es nur unter äußerst extremen Umständen ab, etwa wenn Menschen aller Existenzmittel beraubt werden oder in einem Konzentrationslager zusammengepfercht hungern. Dann wird es zu etwas, das der Vergangenheit angehört, zu einer schmerzlichen Erinnerung. Eine alte Ik-Frau, der Turnbull etwas zu essen gegeben hatte, brach plötzlich in Tränen aus, da es sie, wie sie sagte, sich nach der »guten alten Zeit« sehnen ließ, als die Leute freundlich zueinander gewesen waren. Diese allumfassende Güte nährt und steuert jede menschliche Moralität. Hilfe für Bedürftige würde nie als Pflicht internalisiert werden, ginge sie nicht mit dem Zusammengehörigkeitsgefühl einer, das die Menschen dazu veranlaßt, sich für einander zu interessieren. Moralische Empfindungen kamen zuerst; moralische Prinzipien folgten erst später.

Entgegen Kants Auffassung, Freundlichkeit aus einem Pflichtgefühl heraus sei moralischer als Freundlichkeit aus Veranlagung, trägt im Zweifelsfall das Gefühl den Sieg davon. Genau darum geht es im Gleichnis vom Barmherzigen Samariter. Ein halbtotes Opfer am Straßenrand wird zuerst von einem Priester, dann von einem Leviten ignoriert – beide sind sie fromme Menschen mit einem moralischem Bewußtsein –, doch ein dritter, der vorbeikommt, ein Samariter, hilft ihm. Die biblische Botschaft lautet, sich vor einer Moral zu hüten, die sich nach dem Buchstaben und nicht nach dem Gefühl richtet: einzig der Samariter, ein religiös Ausgestoßener, empfand Mitleid.

Eines meiner Lieblingsexperimente, das John Darley und Daniel Batson durchführten, stellte diese Situation mit amerikanischen Studenten eines Priesterseminars nach. Die Studenten wurden in ein anderes Gebäude geschickt, um einen Vortrag über... den Barmherzigen Samariter zu halten. Auf dem Weg dorthin kamen sie an einer in sich zusammengesunkenen Gestalt vorbei, die man in ein Gasse plaziert hatte. Das stöhnende »Opfer« saß mit geschlossenen Augen und gesenktem Kopf da. Lediglich vierzig Prozent der künftigen Theologen fragten, ob etwas nicht in Ordnung sei und ob sie helfen könnten. Studenten, denen man gesagt hatte, sie sollten sich beeilen, halfen seltener als solche, die genügend Zeit hatten. Einige Studenten, die zu dem Vortrag über *die* Geschichte unserer Kultur, die vom Helfen handelt, eilten, stolperten buchstäblich über den Fremden in Not und bestätigten damit die Kernaussage dieser Geschichte.

Altruismus wird ebendeswegen so hochgeschätzt, weil er uns einiges kostet und allen möglichen Beschränkungen und Bedingungen unterliegt. Er kann anderen Interessen oder als solchen empfundenen Verpflichtungen untergeordnet werden und ganz verschwinden, falls man ihn sich nicht mehr leisten kann. In *Das moralische Empfinden* charakterisiert der Philosoph James Q. Wilson Mitgefühl auf folgende Weise:

»Es wird schnell geweckt und schnell vergessen; und wenn es hochkommt, ohne daß nach ihm gehandelt wird, wird dieses Nichthandeln ebenso schnell rational begründet ... Unser Herz wird weich beim Anblick eines hungernden Kindes, aber hart beim Anblick Tausender.«[53]

Menschliches Mitgefühl ist nicht unbegrenzt. Am bereitwilligsten wird es der eigenen Familie und Verwandten entgegengebracht, weniger gern anderen Mitgliedern der Gemeinschaft und äußerst widerwillig, wenn überhaupt, Außenstehenden. Das gleiche gilt für Hilfsbereitschaft bei Tieren. Beiden ist nicht nur ein und dieselbe kognitive und emotionale Grundlage gemeinsam; vielmehr existieren auch ähnliche Einschränkungen, die einen davon abhalten, sie zum Ausdruck zu bringen.

Trotz ihrer Brüchigkeit und Selektivität stellt die Fähigkeit, sich um und für andere zu sorgen, die Grundlage unseres moralischen Systems da. Sie paßt als einzige nicht ohne weiteres in den hedonistischen Käfig, in den Philosophen, Psychologen und Biologen den menschlichen Geist sperren wollten. Eine der grundlegenden Funktionen von Moral scheint es zu sein, diese Fähigkeit zur Fürsorge zu schützen und zu hegen und pflegen, ihr Wachsen zu steuern und ihre Reichweite auszudehnen, damit sie wirkungsvoll anderen Tendenzen des Menschen entgegenwirken kann, die kaum einer Ermutigung bedürfen.

3
Rang und Ordnung

> Aufs Ganze gesehen stellt sich die Organisation der Gruppe bei diesen Tieren [Pavianen] als ein empfindliches Gleichgewicht der Kräfte dar, das durch den sozialen Lernprozeß der einzelnen Gruppenmitglieder vom Zeitpunkt der Geburt bis zum Stadium des Erwachsenseins hergestellt wird. Verstöße gegen die Gruppennorm sind daher selten. Kommt es dennoch dazu, wird dies unter Umständen hart bestraft, wenn man das Opfer erwischt.
>
> *Ronald Hall*[1]

Als der Wärter an einem lauen Abend die Schimpansen ins Innere des Gebäudes rief, weigerten sich zwei heranwachsende Frauen mitzukommen. Im Arnheim-Zoo gilt die Regel, daß *keiner* der Affen etwas zu essen bekommt, ehe nicht alle von der Insel ins Schlafquartier zurückgekehrt sind; aus diesem Grund helfen die Schimpansen aktiv bei der Durchsetzung dieser Regelung mit. Nachzügler stoßen in der hungrigen Kolonie auf große Feindseligkeit.

Als die aufsässigen Teenager schließlich mehr als zwei Stunden später in die Halle kamen, wies man ihnen einen getrennten Schlafkäfig zu, um Vergeltungsmaßnahmen zu verhindern. Das schützte sie allerdings nur vorübergehend. Denn am nächsten Morgen ließ die gesamte Gruppe, als sie wieder auf der Insel war, ihre Wut über die hinausgezögerte Fütterung an den beiden Schuldigen aus, indem sie sie jagte und schließlich verprügelte. Überflüssig zu sagen, daß die beiden an diesem Abend als erste ins Nachtquartier zurückkehrten.

Sinn für soziale Regelhaftigkeit

Seit langem weiß man, Tiere halten sich an bestimmte Regeln. Beispielsweise bedrohen weibliche Säugetiere fast alles und jeden, das oder der sich unaufgefordert ihren Jungen nähert. Sie tun dies vielleicht auf unterschiedliche Weise und in unterschiedlichem Maß, aber die mütterliche Beschützerhaltung ist weit verbreitet und mit an Sicherheit grenzender Wahrscheinlichkeit vorhersagbar. Und zwar so sehr, daß wir sie zur Regel erklären können – zu einer *deskriptiven Regel,* genauer gesagt. Weil diese Art von Regel ein typisches Verhalten beschreibt, läßt sie sich nicht nur auf lebende Objekte, sondern unter Umständen auch auf unbelebte anwenden. Beispielsweise können wir die Regel aufstellen, daß ein Stein zu Boden fällt, wenn man ihn losläßt, ein mit Helium gefüllter Ballon hingegen nicht.

In moralischer Hinsicht sind deskriptive Regeln nicht sonderlich interessant, da ihnen die entscheidende »Soll-«Qualität fehlt. Steine fallen nicht, um irgendwelchen Schwierigkeiten auszuweichen. Lediglich Tiere und Menschen befolgen *präskriptive Regeln,* Regeln, die aktiv, über Belohnung und Bestrafung, aufrechterhalten werden. Was andere Tiere betrifft, fällt uns das besonders auf, wenn wir uns diese Regeln selber ausgedacht haben, solche etwa, wie wir sie Haus- und Arbeitstieren auferlegen. Die erhöhte Dressurfähigkeit bestimmter Spezies, etwa von Schäferhunden und indischen Elefanten, läßt jedoch auf ein Regelsystem bei diesen Tieren selber schließen.

Um auf mütterliches Beschützerverhalten zurückzukommen, so leuchtet ohne weiteres ein, wie dies die Art und Weise beeinflußt, wie andere sich den Jungtieren der Spezies nähern und sie behandeln. In einer Schimpansenkolonie wird jeder, der gegen die mütterlichen Normen verstößt, entweder ihren Zorn hervorrufen oder in Zukunft größte Schwierigkeiten haben, das Kind überlassen zu bekommen. Eine präskriptive Regel bildet sich heraus, wenn Mitglieder der Gruppe die Zusammenhänge zwischen ihrem Verhalten und dem der Mutter erkennen lernen und sich so verhalten, daß sie negative Folgen möglichst gering halten. Sie lernen, wie man mit dem Kind umgeht, ohne daß es zu brüllen anfängt; sie bringen es freiwillig zurück; sie klettern nicht an gefährlichen Stellen, wobei sich das Kleine verzweifelt an sie klammert, und so weiter. Bei Jugendlichen ist diese Achtsamkeit nicht besonders gut entwickelt; sie müssen noch eine Menge über kindliches Verhalten und mütterliche Reaktionen lernen. Wenn einer ein Kind herumträgt, ist die Mutter nie weit weg. Adoleszente hingegen beherrschen die Regeln meistens so weit, daß die Mütter ihnen als Babysitter trauen.

Bei den Bärenmakaken weichen sämtliche Gruppenmitglieder, selbst die größten Männchen, im allgemeinen sehr kleinen Jungtieren aus, wenn sie unbeaufsichtigt herumspazieren – als befürchteten sie, in Schwierigkeiten zu geraten. Es handelt sich hier auch um die einzige Makakenart, bei der

Jungtiere eine andere Fellfarbe haben – sie ist viel heller als bei älteren Tieren, so daß sie in einer Horde Affen schwer zu verfehlen sind. Sobald ein Baby sich in der Nähe oder auf seiner Mutter befindet, wird es jedoch zum Gegenstand höchst interessierter Aufmerksamkeit. Typischerweise sind Mütter von anderen umringt, die spezielle, als Stakkatogrunzen bezeichnete Laute ausstoßen und versuchen, sich das Gesicht des Jungtieres aus der Nähe anzusehen oder seine Genitalien zu untersuchen. Sollen diese Grunzer Zärtlichkeit zum Ausdruck bringen? Wahrscheinlich etwas anderes, denn wären Liebe und Zuneigung die wichtigsten Motivationen, müßte man eigentlich damit rechnen, daß Mütter am häufigsten grunzen, was jedoch keineswegs der Fall ist. Bei den Forschungsarbeiten für ihre Dissertation zeichnete Kim Bauers Hunderte verschiedener Laute auf, die die Mitglieder der Bärenmakaken-Gruppe im Wisconsin Primate Center ausstießen, und stellte fest, daß Weibchen zwar im allgemeinen die Jungen anderer angrunzen, *nie* jedoch die eigenen Sprößlinge.

Bauers fand heraus, je geringer die Entfernung zwischen Mutter und Kind, desto größer die Wahrscheinlichkeit, daß andere grunzen, wenn sie versuchen, Kontakt mit dem Kleinen aufzunehmen. Obwohl das Stakkatogrunzen sich an das Jungtier richtet, soll es offenbar auch die Mutter ansprechen. Vielleicht ist dies die Art und Weise, wie Mitglieder dieser Spezies »um Erlaubnis fragen«, sich einem Kind zu nähern. Die Tatsache, daß Mütter keine derartige Erlaubnis brauchen, würde erklären, warum sie selber nicht grunzen.

Diese Interpretation wird auch durch die besänftigende Wirkung des Stakkatogrunzens bestätigt: ein stummes Interesse an Kindern stößt weit öfter auf Ablehnung, die sich in Drohgebärden und Schlägen der Mutter äußert, als wenn das Tier seine Neugierde durch eine Folge von Grunzlauten kundtut. Mit anderen Worten: an ein Junges gerichtete freundliche Laute bauen Problemen mit der Mutter vor. Dabei könnte es sich um eine soziale Übereinkunft handeln, die sich allmählich herausbildet; die meisten schweigenden Annäherungsversuche, daher auch die meisten Zurückweisungen, betreffen Jugendliche, die offenbar erst noch lernen müssen, die Hürde der mütterlichen Beschützerhaltung zu überwinden.

Von noch größerem Interesse als die von einzelnen Müttern durchgesetzten Regeln sind die von der Gemeinschaft sanktionierten. Im Fall der beiden Nachzüglerinnen in Arnheim haben wir eine Gruppenreaktion erlebt, aber die Regelung als solche war natürlich von Menschen eingeführt worden. Allerdings scheinen Schimpansen auch ihre eigenen Regeln zu entwickeln.

Jimoh, der derzeitige Alphamann in der Gruppe der Yerkes Field Station, wurde eines Tages Zeuge einer heimlichen Paarung zwischen Socko, einem adoleszenten Mann, und einer von Jimohs Lieblingsfrauen. Socko und die Frau waren wohlweislich außer Sichtweite verschwunden, Jimoh hatte sich jedoch auf die Suche nach ihnen gemacht. Normalerweise verjagt der ältere Mann den Missetäter einfach, aber aus irgendeinem Grund – vielleicht weil die Frau an diesem Tag wiederholt eine Paarung mit Jimoh verweigert hatte – jagte er diesmal hinter Socko her und gab nicht auf. Er hetzte ihn durch das ganze Gehege – Socko schrie und entleerte den Darm vor lauter Angst – und wollte ihn unbedingt erwischen.

Doch ehe ihm dies gelang, begannen einige Frauen in der Nähe zu bellen. Diese »Wau«-Laute der Entrüstung sollen Protest gegen Angreifer und Eindringlinge zum Ausdruck bringen. Anfangs sahen die Bellenden sich um, wie der Rest der Gruppe reagierte; als die anderen in das Gebell einstimmten, vor allem die ranghöchste Frau, wurden sie immer lauter, bis schließlich alle zusammen einen ohrenbetäubenden Lärm veranstalteten. Das vereinzelte Bellen zu Beginn erweckte fast den Eindruck, als stimme die Gruppe ab. Sobald der Protest zu einem Chor angeschwollen war, gab Jimoh, ein breites Grinsen auf dem Gesicht, die Verfolgung auf: er hatte kapiert. Hätte er nicht so reagiert, wäre es zweifelsohne zu einer konzertierten Aktion der Frauen gekommen, um dem Zwischenfall ein Ende zu setzen.

Es gibt solche Augenblicke, in denen wir menschliche Beobachter uns des Gefühls nicht erwehren können, daß die Gemeinschaft sich an irgendeine Art moralische Ordnung hält. Wir können nicht anders, wir identifizieren uns mit einer Gruppe, die wir tagaus, tagein beobachten, und unsere Werte der Ordnung und Harmonie sind derart ähnlich, daß wir mitgebellt hätten, falls dies etwas gebracht hätte! Während einige von uns geneigt sind, die Reaktion der Gruppe auf Jimohs Verhalten in moralischen Kategorien zu erklären, etwa: »Er ist einfach zu weit gegangen«, ziehen andere möglicherweise eine neutrale Interpretation etwa der Art vor: »Als Reaktion auf einen Angriff bellen Schimpansen gelegentlich.« Letztere Ansicht ist allerdings in einer Hinsicht problematisch: man bekommt dieses Gebell nie zu hören, wenn eine Mutter ihre Jungen bestraft oder wenn ein erwachsener Mann einer Kabbelei unter Jugendlichen ein Ende macht – selbst wenn er dabei Gewalt anwendet. Nicht jede Auseinandersetzung löst diese Laute aus. Sie stellen eine Reaktion auf eine ganz bestimmte Art von Störung dar, die Beziehungen oder das Leben ernsthaft gefährdet. Das im Sinne von Regeln und Regelverstößen zu verstehen könnte uns helfen, die charakteristischen Merkmale dieses Verhaltens zu erfassen.

Ohne jeden Zweifel erwachsen präskriptive Regeln und ein Gefühl für Ordnung aus einer hierarchischen Organisation, in der der Untergeordnete ständig auf den Dominanten achtet. Nicht jede soziale Regelung beruht notwendigerweise auf Zwang und Herrschaft, aber die prototypische Durchsetzung einer solchen Regel erfolgt von oben her. Ohne eine Übereinstimmung hinsichtlich der Rangordnung und eine gewisse Anerkennung der Autorität kann es unmöglich eine große Sensibilität für soziale Regeln geben, wie jeder bestätigen wird, der je einer Katze einfache Grundregeln beizubringen versuchte. Selbst wenn Katzenliebhaber eine antihierarchische Einstellung nicht als Charaktermangel empfinden – ganz im Gegenteil! –, weist sie ihren Lieblingen doch eindeutig einen Platz außerhalb der Welt der menschlichen Moral zu. Katzen, die auf eine Evolution als einsame Jäger zurückblicken, gehen ihren eigenen Weg; ihnen ist es gleichgültig, was der Rest der Welt von ihnen hält.

Achtung vor Regeln und Normen kann sich nur entwickeln, wenn die Ansichten und Reaktionen anderer eine Rolle spielen. Angst vor Bestrafung ist ein wichtiger, aber nicht der einzige Beweggrund; der Wunsch, zu einer Gruppe zu gehören und mit ihr in Einklang zu stehen, kommt ebenfalls ins Spiel. Laut Lawrence Kohlberg, einem bahnbrechenden Forscher auf diesem Gebiet, lassen diese Elemente sich in den ersten Stadien der Übernahme einer menschlichen Moral ausmachen. Die Entwicklung beginnt mit Gehorsam und dem Wunsch, Schwierigkeiten aus dem Weg zu gehen; dann folgt das Bemühen darum, von anderen anerkannt zu werden und ihnen gefällig zu sein. Das Kind sucht die Anerkennung des Erwachsenen; beim Erwachsenen ist es möglicherweise die Zustimmung eines allmächtigen Gottes, der im Besitz des vollkommenen moralischen Wissens ist. Natürlich geht es bei Moral um mehr als das – Kohlbergs Schema umfaßt sechs Stadien bis hin zum autonomen Gewissen –, doch Unterwerfung unter eine höhere Autorität ist von grundlegender Bedeutung. Dieses Charakteristikum ist zudem nicht dem Menschen vorbehalten wie einige der Fähigkeiten, die in den späteren Stadien eine Rolle spielen: Unterwerfung unter eine Autorität ist Teil einer uranfänglichen Orientierung, die wir nicht nur bei Primaten, sondern auch bei einer Vielzahl anderer Tiere finden.

Es kann kein Zufall sein, daß Gehorsam und der Wunsch zu gefallen hervorstechende Eigenschaften des besten Freundes des Menschen sind. Daß Hunde fast eine Karikatur der frühen moralischen Stadien der Menschheit darstellen, erklärt vielleicht die Affinität unserer Spezies zur Hundeseele. Die meiste Zeit sind die Hunde »brav«, ansonsten bestrafen wir sie, weil sie »böse« sind, und das in der Hoffnung, ihr Verhalten zu ändern. Gleichzeitig sind Hunde äußerst empfänglich für Lob und Tadel; die fortgeschritteneren Stadien der moralischen Entwicklung des Menschen mit ihrer Betonung von Rechtmäßigkeit und Gleichheit liegen jedoch außerhalb ihres Verständnisses. Sie denken in vertikalen und nicht in horizontalen Ordnungen. Eine antiautoritäre Erziehung beispielsweise behagt diesen Tieren durchaus nicht. Ungeklärte Statusstreitigkeiten sind ein wichtiges Betätigungsfeld für Hundetherapeuten. Besitzer, die es hassen, den Herrn hervorzukehren, berauben ihre Haustiere des Elements, dessen sie für eine psychische Ausgeglichenheit am dringendsten bedürfen: einer eindeutig definierten sozialen Position. So manch ein Hund, der in der familiären Struktur nicht unter seinem Herrn steht, unterminiert unvermeidlich die psychische Stabilität seines Besitzers!

Ihre Law-and-order-Mentalität haben die Hunde von ihren Vorfahren geerbt, die im Rudel jagten. Ähnlich wie wir einem jungen Hund bestimmte Verhaltensregeln beibringen, scheinen Hunde und Wölfe ihre Jungen zu belehren (siehe S. 120 f.). Allerdings beschränkt die hierarchische Ausrichtung sich keineswegs auf Hunde. Auch bei Primaten ist sie weit verbreitet, obwohl sie in ihrem Fall durch eine ausgeprägte Neigung zur Koalitionsbildung gemildert wird, das heißt durch die Tendenz, daß zwei oder mehr Parteien sich gegen eine dritte zusammentun. Normalerweise dienen Koalitionen der Festigung der Stellung von Dominanten, gelegentlich wenden sich jedoch Untergeordnete gemeinsam gegen die Höherstehenden. Das daraus resultierende Gleichgewicht der Machtverhältnisse, verbunden mit einer Neigung zu wechselseitigem Austausch, legt den Grundstein für ein gewisses Bemühen um Gleichheit, besonders bei Schimpansen.

Hunde haben ein ausgezeichnetes Gespür für soziale Regeln, eine Voraussetzung für eine Ordnung innerhalb des Jagdrudels; dies erklärt, warum sie sich so gut für menschliche Zwecke abrichten lassen. Sie befolgen nicht nur Regeln, unter Umständen schärfen sie diese auch anderen ein. Nachstehend Beispiele, wie dominante Wölfe oder Hunde förmlich auf einen Regelverstoß zu warten oder ihn sogar zu provozieren scheinen, um ihn bestrafen zu können.[2]

Beispiel 1: Eberhard Trumler beschreibt, wie ein Hund seinen Jungen Gehorsam beibringt, sobald sie über das Stadium der Narrenfreiheit hinaus sind.

»So ›erklärt‹ er z. B. einen alten Knochen zum Tabu. Zunächst versuchen die Welpen sich darüber hinwegzusetzen. Sofort werden sie energisch bestraft, indem der Rüde den Gesetzesübertreter am Nacken- oder Rückenfell packt und kräftig durchschüttelt. Natürlich schreit der Betroffene und wirft sich, sobald losgelassen, demütig auf den Rücken. Kurze Zeit später aber, wenn der Rüde augenscheinlich mit anderem beschäftigt ist, schleicht der Gemaßregelte ganz vorsichtig abermals zu dem tabuisierten Knochen – und erhält neuerdings Prügel. Das kann sich mehrfach wiederholen, und man hat den Eindruck, daß der Welpe ganz genau wissen will, was er von der Konsequenz des Alten zu halten hat. Wer einen Welpen zu Hause hat, wird dieses Erproben des Erziehers durch den Welpen ebensogut beobachten können.«

Beispiel 2: In *Of Wolves and Men* berichtet Barry Lopez, wie eine Wolfsmutter das Verhalten ihrer Sprößlinge beeinflußt.

»Eines Morgens ließ eine Wölfin vier oder fünf Junge an einem Sammelplatz in den Brooks-Hügeln zurück und entfernte sich von ihnen. Als sie außer Sichtweite war, drehte sie sich um, legte sich flach auf den Weg und blickte zurück. Ein paar Augenblicke später trabte ein Junges, das den Sammelplatz verlassen hatte, munter über einen kleinen Hügel auf dem Pfad und sah sich plötzlich ihr gegenüber. Sie bellte leise. Das Jungtier blieb unvermittelt stehen, schaute um sich, als sei es mit etwas anderem beschäftigt, und schlich schließlich mit scheinheiliger Miene den Weg zurück, den es gekommen war. Seine Mutter begleitete es zum Sammelplatz und trottete dann wieder los. Dieses Mal machte sie sich gar nicht die Mühe zurückzublicken. Offensichtlich hatte die Lektion gewirkt, denn alle Jungen blieben an Ort und Stelle, bis sie abends wieder zurückkam.«

Beispiel 3: Die amerikanische Anthropologin und Primatologin Barbara Smuts berichtete, wie ihre Hündin Safi, eine Schäferhundkreuzung, einem anderen Hund eine Regel beibrachte. Safi ist älter als ein Nachbarhund und ihm übergeordnet. Mit diesem, einem Airedale namens Andy, spielt sie jeden Tag im Garten von Smuts.

»Wiederholt warf ich ihnen den Ball zu. Normalerweise erwischt Safi ihn; wenn er in Andys Nähe landet, bringt er ihn ihr. Diesmal prallte der Ball in einem merkwürdigen Winkel ab und landete direkt vor Andys Füßen; Safi stand in einiger Entfernung. Andy nahm den Ball und brachte ihn zu mir zurück. Ohne irgendein Anzeichen von Unmut folgte Safi ihm.

Dann warf ich den Ball erneut, und wie üblich erwischte Safi ihn. Aber statt ihn, wie gewohnt, zurückzubringen, trug sie ihn diesmal zu Andy, ließ ihn unmittelbar vor ihm fallen, wich ein paar Schritte zurück und wartete ab. Natürlich nahm Andy den Ball. In dem Augenblick stürzte Safi sich auf ihn, packte ihn mit den Zähnen im Genick und knurrte leise. Augenblicklich ließ Andy den Ball fallen und gebärdete sich angemessen unterwürfig. Safi ließ ihn los, und in aller Freundschaft ging das Spiel weiter – nur daß Andy sich seitdem nie mehr den Ball nahm. Es war, als hätte Safi ihm mit voller Absicht zu verstehen gegeben: ›Du darfst meinen Ball nicht aufheben!‹«

Beispiel 4: Anfang unseres Jahrhunderts erklärte Rittmeister Max von Stephanitz – *die* Autorität, was den deutschen Schäferhund betrifft –, beim Erlernen von Regeln komme weit mehr ins Spiel als Angst vor Strafe. In der Darlegung seiner Ziele bei der Ausbildung seiner Schützlinge nahm er einen eindeutig moralischen Standpunkt ein:
»Zu scharfe, lieblose Erziehung dagegen läßt den heranwachsenden Hund seelisch verkümmern, seine Anlagen nicht zur Entfaltung kommen, weil die Grundlage, das freudige Vertrauen, fehlt. Eine gesunde Erziehung will nicht scheue, gebrochene und willenlose Sklaven schaffen, nicht nur auf Anstoß arbeitende Triebwerke, sondern sich selbst im Zaum haltende, unerwünschte Triebe bändigende, eigene Wünsche zwar höherer Einsicht unterordnende, aber im freien Antrieb aus Lust zur Betätigung handelnde Geschöpfe. Sie muß sonach vorhandene Anlagen zu erwecken verstehen, muß sie zur Entwicklung bringen und dazu Überschäumendes mäßigen, Schwaches kräftigen, Fehlerhaftes aber in die rechten Bahnen lenken können.«

Wir können dies beobachten, wenn eine Gruppe eine attraktive Nahrungsquelle findet. Werden die Bosse alles für sich beanspruchen, oder werden sie teilen? Betteln um Futter ist bei Schimpansen üblich, und wenn ein Schimpanse vergeblich um einen Anteil bittet, bringt er seine Empörung möglicherweise durch einen Wutanfall zum Ausdruck. Solche Ausbrüche sind ein Riesenspektakel und können die Geizhälse durchaus dazu bringen, einen Teil abzugeben. Im Gegensatz dazu leben Rhesusaffen in einer Gesellschaft mit ziemlich intoleranten Dominanten. Aus sicherer Entfernung beobachtet der Rangniedrigere schweigend, wie der Dominante sein Futter verzehrt. Teilen ist in dieser Spezies nicht üblich, ebensowenig Betteln oder Protest, wenn der andere alles für sich behält. Man kann diesen Gegensatz folgendermaßen zusammenfassen: Rhesusaffen haben hinsichtlich der Verteilung von Nahrung andere *Erwartungen* als Schimpansen. Letztere rechnen damit, daß geteilt wird; Rhesusaffen nicht.

In Analogie zum menschlichen Gerechtigkeitssinn könnten wir dies als *Sinn für soziale Regelhaftigkeit* bezeichnen, den ich folgendermaßen definieren will:

»Eine Reihe von Erwartungen hinsichtlich der Art und Weise, wie man selber (oder andere) behandelt werden und wie Nahrung geteilt werden sollte. Sobald die Wirklichkeit zum eigenen Nachteil (oder dem des anderen) von diesen Erwartungen abweicht, hat dies eine negative Reaktion zur Folge, meistens in Form eines Protests der Untergeordneten oder einer Bestrafung durch Dominante.«[3]

Dieser Sinn dafür, wie andere sich verhalten oder nicht verhalten sollten, ist im wesentlichen egozentrisch, obwohl die Interessen von Individuen, die dem Handelnden nahestehen – insbesondere Verwandte – ebenfalls in Betracht gezogen werden können (daher die Einbeziehung der »anderen« in den Klammern). Man beachte, daß die Erwartungen nicht genauer spezifiziert sind: sie sind speziesabhängig. Da die Erwartung oder zumindest das Ideal von Gleichheit in unserer Spezies sehr ausgeprägt ist, empfinden wir die Regeln bei Rhesusaffen als weniger »fair« als die bei unseren nächsten Verwandten, den Schimpansen. Wichtiger als diese menschliche Voreingenommenheit ist allerdings die Tatsache, daß alle Spezies sich entsprechend dem, was sie von anderen erwarten können (oder zu erwarten gelernt haben), verhalten und so einen stabilen und vorhersagbaren Modus vivendi schaffen.

Ein offenkundiges Problem für den Ethologen – und ein Grund, warum man diesen Themen bislang nicht die Aufmerksamkeit gezollt hat, die sie verdienen – stellt die Tatsache dar, daß man Erwartungen nicht unmittelbar beobachten kann. Haben Tiere überhaupt welche? Wir können eine Erwartung empirisch als Vertrautheit mit einem bestimmten Ergebnis definieren, und zwar eine Vertrautheit in dem Maße, daß ein anderes Ergebnis das Tier aus dem Gleichgewicht bringt, was sich als Verwirrung, Überraschung oder Verzweiflung äußert. Seit O. L. Tinklepaughs Forschungen in den zwanziger Jahren wissen wir, daß ein Affe, der gelernt hat, daß an einer bestimmten Stelle eine Banane versteckt ist, völlig verdutzt reagiert, wenn er statt dessen nur ein Salatblatt vorfindet. Zuerst rührt er den Salat nicht an, schaut sich um und untersucht die betreffende Stelle immer wieder. Unter

Umständen schreit er sogar den Experimentator an. Erst mit langer Verzögerung wird er sich mit dem Salatblatt »zufriedengeben«. Wie soll man ein solches Verhalten erklären, wenn nicht mit einer mangelnden Übereinstimmung zwischen Wirklichkeit und Erwartung?

Ein zweites, noch schwerer lösbares Problem ist das der Intentionalität. Ohne zu zögern, spreche ich von sozialen Regeln vom Standpunkt desjenigen, der die Regeln befolgt. Wenn ein Affe lernt, daß bestimmte Verhaltensweisen immer wieder eine negative Reaktion auslösen, wird er dieses Verhalten entweder unterlassen, oder er läßt dabei größte Vorsicht walten; man kann dann sagen, der Affe hat sich einer durch sozialen Druck durchgesetzten Regel unterworfen. Aber können wir auch von Regeln vom Standpunkt desjenigen sprechen, der sie aufstellt? Bringen Tiere einander bewußt bei, wie sie sich zu verhalten haben, oder reagieren sie lediglich mit Enttäuschung, Protest und gelegentlich Gewalt auf bestimmte Situationen? Ich will ganz gewiß nicht die Möglichkeit ausschließen, daß sie dem Verhalten anderer mit voller Absicht Beschränkungen auferlegen und selbst die geringfügigsten Abweichungen genauestens überwachen, um die Regel zu bekräftigen (die in der eingefügten Passage angeführten Beispiele lassen bei Hunden auf diese Möglichkeit schließen); allerdings kann ich nicht behaupten, die Beweise dafür seien zwingend. Wir wissen nicht, ob die Regelhaftigkeiten, die wir im Verhalten von Tieren erkennen und bei denen wir sehen, daß sie durchgesetzt werden, im Kopf der Tiere *als Regeln* existieren. Ohne Experimente wird sich diese These nur schwer beweisen lassen. Vorerst modifiziere ich Begriffe wie soziale »Regel« und »Norm« durch den Zusatz, daß sie sich auf Verhaltensänderungen unter dem Druck anderer beziehen, unabhängig von der Intentionalität dieses Prozesses.

Die einzige Möglichkeit, den Sinn für soziale Regelhaftigkeit bei einer Spezies einzuschätzen, ist es, ebenso genau auf spontane soziale Akte wie auch darauf zu achten, wie diese von anderen *aufgenommen* werden. Wir müssen herausfinden, welche Verhaltensweisen akzeptiert werden und welche auf Widerstand, Protest oder Bestrafung stoßen. Es handelt sich hier um ein völlig neues Forschungsvorhaben, das nicht nur Unterschiede zwischen verschiedenen Spezies, sondern möglicherweise auch zwischen verschiedenen Gruppen ein und derselben Spezies aufdeckt.

Von oben her durchgesetzte Regeln, mit denen Dominante dem Verhalten Untergeordneter Einschränkungen auferlegen, dürften nicht allzu schwer festzustellen sein. Vom Standpunkt der Moralität aus sind jedoch die eigentlich interessanten Regeln solche, die das Verhalten aller beeinflussen und das Teilen sowie Wechselseitigkeit betonen. Ehe wir näher auf die verschiedenen Möglichkeiten eingehen, will ich Ihnen ein letztes Beispiel einer negativen Reaktion auf das Verhalten eines anderen geben. Der Vorfall, von dem ich bereits in *Unsere haarigen Vettern*[4] berichtete, läßt darauf schließen, daß der Sinn der Schimpansen für soziale Regelhaftigkeit sich nicht allein auf hierarchische Fragen bezieht, sondern auch auf fortgeschrittenere soziale Regelungen, beispielsweise das allgemein bekannte *Eine Hand wäscht die andere*.

Die hochrangige Frau Puist nahm die Mühe und das Risiko auf sich, ihrem Freund Luit bei der Vertreibung von dessen Rivalen Nikkie zu helfen. Nun hatte Nikkie die Angewohnheit, sich nach größeren Auseinandersetzungen an Verbündete seiner Rivalen heranzumachen und sie in die Enge zu treiben, um sie zu bestrafen. Diesmal legte Nikkie, kurz nachdem er angegriffen worden war, Puist gegenüber Imponiergehabe an den Tag. Puist wandte sich an Luit, streckte ihre Hand aus und bat ihn so um Unterstützung. Luit rührte jedoch keinen Finger, um sie zu beschützen. Kaum war Nikkie wieder verschwunden, als Puist sich wütend bellend zu Luit umdrehte. Sie jagte ihn durch das ganze Gehege und trommelte sogar mit den Fäusten auf ihn ein.

Falls Puists Zorn tatsächlich die Folge von Luits verweigerter Hilfeleistung war, legt der Vorfall den Schluß nahe, daß Wechselseitigkeit bei Schimpansen von Verpflichtungen und Erwartungen gesteuert wird, die denen bei Menschen ähneln.

Das Hinterteil des Affen

Die dem hl. Bonaventura, einem Theologen des 13. Jahrhunderts, zugeschriebene Redensart: »Je höher der Affe hinaufklettert, desto besser sieht man seinen Hintern« warnt vor der Sichtbarkeit von Charaktermängeln bei Leuten, die von den üblichen sozialen Zwängen frei sind. Macht verschafft Handlungsfreiheit, führt jedoch oft auch zu Eitelkeit, sprunghaften Stimmungsumschwüngen und einer fortwährenden Sorge, wie lange man im Genuß dieser Macht bleiben wird. Bei absoluten Herrschern kann die Wirklichkeit mit Phantasievorstellungen verschmelzen; nichts setzt ihrem Willen Grenzen. Nur wenige verfügen über genügend Selbstdisziplin, um mit dieser Droge umgehen zu können. Ihre Pracht beruht teilweise auf der Bewunderung und den Schmeicheleien anderer. Wenn Menschen nicht selber über Macht verfügen, versuchen sie sich zumindest im Glanz der Macht anderer zu sonnen.

Wenn der große Boß einen Raum betritt, wenden alle sich ihm zu, und die Gespräche versiegen. Wir erleben die Gegenwart von etwas Überlebensgroßem. Mag sein, daß der Chef leise spricht, doch alle hören ihm zu; er kann einen abgedroschenen Witz erzählen, doch alle lachen; möglicherweise stellt er eine seltsame Forderung, doch keiner zweifelt, daß es einen guten Grund dafür geben muß. Warum schreiben wir solchen Leuten übermenschliche Qualitäten zu und erlauben ihnen, unsere Unsicherheitsgefühle auszunützen? Macht ist keine persönliche Eigenschaft; sie ist relational, das heißt von anderen abhängig. Auf jede mächtige Person kommen etliche andere, die deren Überlegenheit stützen, ihrem Ego Nahrung geben.

Wie jeder Vertrag ist jedoch auch der zwischen Über- und Untergeordnetem vergänglich. Keiner weiß dies besser als der Machtinhaber selber. Je absoluter die Macht, desto größer die Paranoia. Aus übergroßer Sorge um seine Sicherheit verbarg Qin Shihuang, Chinas erster allmächtiger Kaiser, sämtliche Zugangswege zu seinen verschiedenen Palästen, so daß er unbemerkt kommen und gehen konnte. Wie man in jüngerer Zeit entdeckte, hatte Nicolae Ceaușescu, der hingerichtete Diktator Rumäniens, unter der Zentrale der Kommunistischen Partei auf dem Boulevard des Sozialistischen Sieges in Bukarest auf drei Ebenen ein Labyrinth von Tunneln, Fluchtwegen und mit Nahrungsmitteln gefüllten Bunkern anlegen lassen.

Den Circulus vitiosus zwischen Machthunger und der Furcht vor Machtverlust beschrieb Thomas Hobbes in seinem *Leviathan* folgendermaßen:

»So halte ich an erster Stelle ein fortwährendes und rastloses Verlangen nach immer neuer Macht für einen allgemeinen Trieb der gesamten Menschheit, der nur mit dem Tode endet. Und der Grund hierfür liegt nicht immer darin, daß sich ein Mensch einen größeren Genuß erhofft als den bereits erlangten, oder daß er mit einer bescheidenen Macht nicht zufrieden sein kann, sondern darin, daß er die gegenwärtige Macht und die Mittel zu einem angenehmen Leben ohne den Erwerb von zusätzlicher Macht nicht sicherstellen kann.«[5]

Der Wunsch, das Verhalten anderer zu diktieren, ist ein derart zeitloses und universelles Merkmal unserer Spezies, daß er wahrscheinlich in gleichem Maße wie der Geschlechtstrieb, der Mutterinstinkt und der Überlebenswille ein Teil unseres biologischen Erbes ist. Daß nicht alle Erforscher tierischen Verhaltens an seine Existenz glauben, mag daher überraschend sein. Tiere etablieren Herrschaftsstrukturen und verändern über heftige Auseinandersetzungen die Rangordnung, und trotzdem gesteht man dem Streben nach den besten Positionen nicht immer den Status einer zielgerichteten Motivation zu. Einige Wissenschaftler beschreiben zwar eine ganze Reihe von Rebellionen, die zum Sturz des Alphatieres führen, vermeiden jedoch möglichst jeglichen Hinweis darauf, daß der Herausforderer dies von Anfang an im Sinn gehabt haben könnte. Man beschreibt den Prozeß als Aktion, Reaktion und Ergebnis, nicht jedoch als absichtsvolles Handeln. Diese Betrachtungsweise, als wären die Tiere in ihren politischen Dramen blinde und unwissende Darsteller, ist für mich ebenso überraschend, wie wenn eine olympische Sportlerin so tut, als wäre ihr die Möglichkeit, eine Goldmedaille zu erringen, nie in den Sinn gekommen.[6]

Die andere Sichtweise – mindestens ebenso alt, wenn nicht sogar älter – besagt, daß Tiere voller Absicht die Herrschaft über andere anstrebten. In den dreißiger Jahren untersuchte Abraham Maslow, ein amerikanischer Psychologe, der später mit seinen Theorien über Selbstverwirklichung berühmt wurde, als einer der ersten soziale Dominanz bei Affen. Zufälligerweise tat er das in demselben kleinen Zoo in Madison, in dem ich Jahrzehnte später Makaken beobachtete. Maslow beschrieb das großspurige, selbstbewußte Auftreten dominanter Affen und die kriecherische Feigheit, wie er es nannte, von Untergeordneten. Er postulierte einen *Dominanztrieb* und lehnte im gleichen Atemzug den Begriff »Unterwerfung« ab, da dieser implizieren könnte, Untergeordnete gäben jegliche Hoffnung auf, die Überlegenen zu übervorteilen (was sie laut Maslow nie tun). Trotz dieses Einwands machte er sich als einer der ersten Gedanken über die Funktion unterwürfigen Verhaltens und vertrat die Ansicht, es besänftige den Übergeordneten, da es soziale Unterlegenheit eingestehe.

Rangniedrige Wölfe begrüßen ranghöhere, indem sie deren Mundwinkel lecken (ähnlich wie Hunde das Gesicht ihres Besitzers abschlecken), Rhesusaffen zeigen ihr Hinterteil oder blecken ihre Zähne, und Schimpansen und Menschen verbeugen sich oder werfen sich zu Boden. Obwohl dieses Gebaren bezeugt, welch ungeheure Bedeutung Tiere sozialer Dominanz beimessen, wurde dies während einer Periode, in der Hierarchien vor allem hinsichtlich der Frage »Wer kriegt was« analysiert wurden, schlichtweg ignoriert. Die Folge war eine derartige Fixierung auf das Ergebnis des Wettbewerbs, daß andere Aspekte auf der Strecke blieben.

Das erste Problem bei diesem Ansatz war, daß bei einigen Spezies über das Wer-kriegt-was in gleichem Maße durch soziale Toleranz wie durch den jeweiligen Rang entschieden wird. Bei Schimpansen beispielsweise ist es durchaus nicht ungewöhnlich, daß eine Frau in aller Seelenruhe einem Mann Futter aus der Hand nimmt, selbst wenn dieser das zu verhindern versucht, indem er sich abwendet. Ordnet dieser Austausch sie ihm plötzlich über, selbst wenn kein Zweifel daran bestehen kann, wer in einem Kampf die Oberhand behielte?

Zweitens kann man Kämpfe auf sehr unterschiedliche Weise verlieren oder gewinnen. Hastig den Rückzug anzutreten ist etwas ganz anderes als besänftigendes Verhalten: bei ersterem zerbricht die Beziehung, beim zweiten soll sie erhalten bleiben. Wenn man einen Alphawolf mit gesträubtem, hocherhobenem Schwanz sieht, umgeben von winselnden Untergeordneten, die ihren Schwanz zwischen die Beine klemmen, oder einen einherstolzierenden Alphaschimpansen, wie er von unterwürfigen Rangniedrigeren begrüßt wird, die aus großer Entfernung herbeieilen, wird offenkundig, daß diese Begegnungen mehr bezeichnen als ein bloßes Gewinnen oder Verlieren. Statusrituale enthüllen die Tiefenstruktur von Beziehungen und bringen Bindungsneigungen ebenso zum Ausdruck wie hierarchische Tendenzen. Ich werde daher von *formaler Dominanz* sprechen, um solche äußeren Hinweise auf den Status von alltäglichen Wettkämpfen und ihrem sehr unterschiedlichen Ausgang zu unterscheiden.[7]

Veränderungen im formalen Rang finden oft über eine Reihe von Provokationen durch die vormals Untergeordneten statt, die Niederlagen und Verletzungen erleiden können, ehe sie irgendwelche Auseinandersetzungen gewinnen. Ein Schimpansenmann, der sich vorher vor Respektbezeigungen fast überschlug, sich ständig verbeugte und bei der kleinsten Drohgebärde aufgeregt beiseite sprang, wird plötzlich aufsässig, macht Lärm und stiftet Unruhe. Er scheint größer geworden zu sein, stolziert jeden Tag ein klein wenig näher an dem Dominanten vorbei und zwingt ihn, ihm Beachtung zu schenken, indem er Zweige und Felsbrocken auf ihn schleudert. Anfangs ist der Ausgang dieser Konfrontationen ziemlich offen. Je nachdem, wieviel Unterstützung jeder Rivale von der Gruppe erhält, ergibt sich ein Muster, das schließlich das Schicksal des Ranghöheren besiegelt, wenn sich herausstellt, daß es seinen Herausforderer begünstigt. Bei allen derartigen Abläufen, deren Zeuge ich geworden bin, war der kritische Augenblick nicht der, in dem der Herausforderer zum ersten Mal den Sieg davontrug, sondern wenn er den anderen zum ersten Mal nötigte, sich zu unterwerfen. Der vormals Dominante verliert möglicherweise immer wieder, flieht voller Panik und sitzt schließlich laut kreischend hoch oben auf einem Baum und so weiter; wenn er sich jedoch weigert, die weiße Fahne zu hissen, die die Spezies für diesen Zweck entwickelt hat, wird der Herausforderer nicht lockerlassen. Erst wenn sein Opfer sich formell unterwirft, wechselt sein Verhalten von aggressiv zu tolerant. Die beiden Rivalen versöhnen sich, und die Ruhe ist wiederhergestellt.[8]

Wie soll man die unglaubliche Energie, die auf Umkehrungen der Rangfolge verwandt wird, die lebensgefährlichen Risiken und die abrupte Veränderung im Verhalten, sobald der andere sich unterwirft, erklären, wenn nicht als eine Kette von Aktion und Reaktion, die *darauf abzielt,* den anderen zur Anerkennung einer neuen Ordnung zu zwingen? Ich bin der festen Überzeugung: Primaten (und auch viele andere Tiere) sind sich ihrer Herrschaftsbeziehungen bewußt und teilen mit uns den Willen zur Macht in dem Sinne, daß sie aktiv versuchen, ihre Position zu verbessern, sobald Verschiebungen in den Koalitionen oder ihre körperlichen Kräfte dies erlauben.

Möglicherweise sind sich Affen und Menschenaffen nicht nur ihrer eigenen Position in bezug auf andere bewußt. Robert Seyfarth hat gezeigt, daß wilde Affen, die einander dem Rang nach nahe stehen, sich häufiger groomen als solche, bei denen die Rangunterschiede größer sind, eine Feststellung, die durch unsere eigenen Forschungen bestätigt wird. Seyfarth vermutete, Affen seien so vertraut mit ihrer Rangordnung, daß ihnen nicht nur klar ist, wer über oder unter ihnen steht, sondern in etwa auch, um wie viele Stufen. Ein solches Bewußtsein würde eine richtige Einschätzung der Rangbeziehungen zwischen den anderen voraussetzen.

Ein weiterer möglicher Hinweis auf ein Wissen um die Hierarchie ist die sogenannte *Doppelumarmung*. Da andere Erforscher von Primatenverhalten nie davon berichtet haben, könnte es sich um eine lokale, (aus unbekannten Gründen) nur bei den Rhesusaffen im Wisconsin Primate Center verbreitete Tradition handeln. Dort haben wir es allerdings an Dutzenden von Weibchen beobachtet.

Dabei schnappt sich normalerweise eine Mutter, die ihr Junges an sich drückt, das umherherstreifende Junge eines anderen Weibchens. Ein paar Minuten lang hält sie dann beide fest und schlingt ihre Arme um sie, als hätte sie Zwilllinge; anschließend läßt sie das zweite Junge wieder los. Dieser Vorgang an sich setzt noch kein besonderes Wissen voraus. Als wir genauer darauf zu achten begannen, fiel uns jedoch auf, daß die Doppelumarmung höchst selektiv ist: in neun von zehn Fällen umarmen Mütter ihre Kinder gleichzeitig mit den Sprößlingen von ranghöheren Weibchen. Da diese normalerweise nicht in der Nähe sind, könnte man daraus schließen, daß Affenweibchen wissen, welches Kind in ihrer Gruppe von hoher oder niedriger Abstammung ist.

Angesichts der allgemeinen Neigung von Makaken, Verbindungen mit in der Hierarchie Höherstehenden einzugehen, und unter der Voraussetzung, daß diese Beziehungen sich möglicherweise in Form von Schutz- oder Toleranzverhalten in der Nähe von Nahrungsquellen auszahlen, könnte die Doppelumarmung eine Strategie sein, diesen Prozeß möglichst früh in Gang zu setzen. Genauso wie Geschwister aufgrund der Abstammung von ein und derselben Mutter eine Bindung aneinander entwickeln, könnten Jungtiere jemandem näherkommen, der ihrer Mutter nahesteht, einschließlich Altersgenossen anderer Familien, mit denen eine Doppelumarmung stattgefunden hat. Vielleicht »empfehlen« Mütter ihren Sprößlingen eher Freunde aus der Oberschicht als aus der Unterschicht. Zwar glaube ich nicht, daß Rhesusaffen Fünfjahrespläne für ihre Jungen entwickeln, aber auf lange Sicht könnte dieses Verhalten durchaus vorteilhaft sein.

Dem könnte man entgegenhalten, es spiegle nichts weiter als die Anziehungskraft ranghöherer Jungtiere wider und das eigene Kind der Mutter spiele dabei nur eine unwesentliche Rolle. Ich bezweifle jedoch, daß diese Theorie die hohe Zahl von Doppelumarmungen erklären kann. Darüber hinaus lassen einige Vorfälle darauf schließen, daß die Anwesenheit des Kindes dieser Mutter alles andere als zufällig ist. Unserer Meisterin in der Doppelumarmung, Ropey, näherte sich einmal ein Jungtier, das einen seiner ersten Ausflüge von seiner Mutter, dem Alphaweibchen, weg machte. Ropey schmatzte freundlich mit den Lippen, nahm das Kind jedoch nicht in den Arm. Statt dessen warf sie des öfteren einen Blick zu ihrer jüngsten Tochter, die ein paar Meter von ihr entfernt in einer anderen Ecke des Geheges spielte. Dann schien Ropey eine Entscheidung zu fällen: sie raste los, um ihre Tochter zu holen, brachte sie zu dem Kind des Alphaweibchens und umarmte sie beide.

Die Bedeutung, die Affen und Menschenaffen Dominanzbeziehungen zuschreiben, und ihr Gerangel um Positionen und Verbindungen zeigen, daß das Gruppenleben zwei einander widersprechende Strategien umfaßt. Die erste ist es, nach Schwachstellen in der sozialen Ordnung und nach irgendwelchen Schlupflöchern zu suchen, um die eigene Stellung zu verbessern. Insofern als dieses Vorgehen bestehende Strukturen untergräbt und für Verwirrung sorgt, könnte man es als asozial betrachten. Vom Standpunkt derjenigen aus, die die alten Mauern niederreißen, hat es jedoch überhaupt nichts Asoziales an sich; für sie ist es der reine Fortschritt.

Die zweite Strategie ist eine Reaktion auf die erste: Bewahrung des Status quo. Obwohl dies vor allem im Interesse der Parteien in den besten Positionen ist, nützt die daraus resultierende Stabilität auch den Jungen und Schwachen, die im Fall eines Krieges aller gegen alle als erste zu leiden hätten. Daher die Möglichkeit eines Pakts zwischen Oben und Unten, gemäß dem die niedrigeren Ränge die herrschenden Kräfte unterstützen, vorausgesetzt, diese garantieren ihnen Sicherheit.

Gesellschaft ist ein Ergebnis des Gleichgewichts zwischen diesen einander widerstreitenden Strategien, so daß jede Gesellschaft mehr ist als die Summe ihrer Teile. Auch wenn wir einen Einzelorganismus noch so genau untersuchen, erfahren wir doch wenig oder gar nichts über die Organisationsform, die sich aus der Wechselwirkung zwischen vielen gleichen Organismen ergibt. Kein Mensch zweifelt daran, daß ein solches Wechselspiel seine eigene Dynamik hat, doch ein Großteil der Forschung konzentriert sich nach wie vor auf das Individuum, immer auf Kosten des Gesamtsystems. Der gleiche Reduktionismus zeigt sich an unserer (auch meiner) Neigung, von »Dominanten« und »Untergeordneten« zu sprechen, als wären dies verschiedene Wesen. Jedes Mitglied einer Gesellschaft, außer wer ganz oben oder ganz unten steht, verkörpert jedoch beides. Wie der Romancier und Wissenschaftsphilosoph Arthur Koestler es formulierte: die Mitglieder einer Hierarchie sind wie der römische Gott Janus – alle haben sie zwei Gesichter, die in entgegengesetzte Richtungen blicken; das den untergeordneten Rängen zugewandte ist das des geschlossenen Ganzen; das nach oben, der Spitze zugewandte Gesicht ist das eines abhängigen Teils.[9]

Aus dem gleichen Grund, weshalb das Muster eines Pullovers für immer dahin ist, sobald man ihn zerreißt, kann man Hierarchien nicht verstehen, indem man sie in ihre Einzelteile zerlegt. Diejenigen, die die obersten Ränge einnehmen, haben bestimmte Privilegien – ansonsten bestünde nicht die Notwendigkeit, um bessere Positionen zu kämpfen –, doch per definitionem ist die Spitze nur ein geringer Teil der Hierarchie. Daher genügt es nicht, herauszufinden, was den »Dominanten« geboten wird, sondern wir müssen auch wissen, was die »Untergeordneten« davon haben, und die Organisation als Ganzes betrachten. Alle Individuen sind in das gleiche soziale Gefüge eingebettet und ziehen ihre jeweiligen Positionen ganz offensichtlich den Alternativen eines Lebens in Einsamkeit oder des Anschlusses an eine andere Gruppe vor. Was hätte es für einen Sinn, in einer Gruppe ohne Toleranz und Freundschaft zu bleiben, in der man sich ständig vorsehen muß?

Hierarchien teilen nicht nur Ressourcen zu, sondern auch soziale Akzeptanz: das eine sorgt für Wettstreit, das andere für Zusammenhalt.

Angesichts dieser integrativen Funktion überrascht es nicht, daß formalisierte Hierarchien in den kooperativsten Spezies am höchsten entwickelt sind. Die von einem heulenden Rudel Wölfe oder einer johlenden und trommelnden Schimpansengemeinschaft nach außen demonstrierte Harmonie gründet auf einer Rangdifferenzierung innerhalb der Gruppe. Wölfe verlassen sich bei der Jagd aufeinander, und Schimpansen (zumindest die Männchen, das weit hierarchischere Geschlecht) zählen bei der Verteidigung gegen feindliche Nachbarn auf die anderen Mitglieder der Gemeinschaft. Die Hierarchie reguliert den internen Wettbewerb, so daß eine gemeinsame Front möglich ist. Das gleiche gilt für Menschen. In einem klassischen Experiment des Sozialpsychologen Muzafer Sherif organisierten sich Gruppen amerikanischer Jungen in einem Sommerlager hierarchischer und stärker führungsorientiert, sobald sie ein gemeinsames Ziel verfolgten, etwa Wettstreit mit anderen Gruppen.

Hierarchien binden Individuen durch Bedingungen etwa der Art aneinander: »*Wenn* du dich so verhältst, *dann* sind wir froh, dich bei uns zu haben«, und umgekehrt: »*Wenn* du dich nicht so verhältst, *dann* wirst du möglicherweise bestraft oder, schlimmer noch, ausgestoßen«. Daher fordert ein rangniedriger Affenmann sozusagen Schwierigkeiten regelrecht heraus, wenn er in Anwesenheit des dominanten Mannes mit einer sexuell empfänglichen Frau kopuliert oder auf irgendeine Frau losgeht. Ein solches Verhalten zu unterlassen und regelmäßig seinen niedrigen Status zu demonstrieren ist der Preis, den es für seine ungestörte Zugehörigkeit zur Gruppe bezahlt. Das soll nicht heißen, daß Untergeordnete ein elendes Leben führen; es kommt einzig und allein auf den speziestypischen Sinn für soziale Regelhaftigkeit an. Einige Spezies sind so milde und liebevoll, daß man Rangniedrigere keineswegs bedauern muß. Andere Spezies sind härter und strenger, aber meistens wird durch ein gewisses Maß an Toleranz die volle Integration Untergeordneter garantiert.[10]

Wie eine Verständigung über den Status soziale Akzeptanz einleitet, zeigt sich beispielhaft bei den sogenannten *expliziten Versöhnungen*. So nähert sich beispielsweise bei den Schimpansen ein hochrangiger Mann nach einem Kampf mit gesträubtem Fell seinem Gegner und starrt ihn unverwandt an. Rührt der andere sich nicht, dann ist eine neuerliche Auseinandersetzung unvermeidlich. In den meisten Fällen verbeugt dieser sich jedoch, damit der Dominante einen Arm um ihn legen kann. Unmittelbar darauf dreht er sich um und besiegelt den Frieden mit einem Kuß und einer Umarmung.

Auch bei den Bärenmakaken kommt es zu expliziten Versöhnungen; hier wird der formale Rang durch einen spielerischen Biß in das Handgelenk des Rangniedrigeren bestätigt. Nie wird diese Geste dem anderen aufgezwungen, vielmehr nähert sich gelegentlich der Untergeordnete dem Ranghöheren und wedelt mit dem Arm vor seiner Nase hin und her, um ihn zu einem dieser harmlosen Bisse aufzufordern.

Rhesusaffen kennen kein derartiges Ritual, aber Spickles, ein Alphamännchen im Wisconsin Primate Center, entwickelte ein ganz eigenes. Er setzte es nur bei anderen – erwachsenen und heranwachsenden – Männchen ein, nachdem er sie vorher herumgescheucht hatte. Nie erwischte der alte und arthritische Spickles eines dieser Männchen, um es zu bestrafen, aber sobald sie auf den Boden zurückkehrten (sie hatten sich unweigerlich an die Decke geflüchtet), ging er selbstsicher auf sie zu, packte sie fest am Kopf oder im Nacken und knabberte dann kurz an ihrer Wange, ehe er sie wieder in die Gruppe aufnahm. Manchmal wandte das andere Männchen sich mit einem unterwürfigen Grinsen ab, aber nie habe ich eines dem Biß Spickles ausweichen sehen, der damit signalisierte, »wer hier der Boß ist«. Sie ertrugen es, ohne zu protestieren, vielleicht weil Spickles sie von klein auf an diese typische Behandlung gewöhnt hatte. Wie bei den Bärenmakaken handelte es sich um eine ritualisierte Geste: nie kam es auch nur zu der geringfügigsten Verletzung.

Da explizite Versöhnungen Kooperation voraussetzen, spiegeln sie ein beidseitiges Verständnis wider, welchen Rang der andere einnimmt. Gegner tun sich wieder zusammen, nachdem der Dominante den Untergeordneten in ausreichendem Maße eingeschüchtert hat, um seine Position zu bestätigen, jedoch nie so sehr, daß dies eine Versöhnung unmöglich machte. Es handelt sich hier um die bekannte Verbindung zwischen Kapitulation und Friedensschluß, die untrennbar zusammengehören: der Dominante akzeptiert den Untergeordneten, vorausgesetzt, dieser findet sich mit seinem niedrigeren Status ab und nimmt die rituelle Bestrafung in Kauf.

Schließlich existiert auch noch die menschliche Vorstellung, jemand *verdiene* nach einer Auseinandersetzung oder einer Gesetzesübertretung eine Strafe. Nicht nur der Leidtragende kann dieses Bedürfnis haben, sondern auch der Missetäter, weil er erkennt, daß eine Normalisierung der Beziehung erfordert, daß die Strafe dem Verbrechen auf den Fuß folgt. Obwohl die in Verbindung damit empfundenen Schuld- und Schamgefühle möglicherweise einzig dem Menschen vorbehalten sind, lieferte die explizite Versöhnung unserer Primatenverwandten das Grundmuster für diesen Prozeß. Sogar zwischen Gleichrangigen macht der eine dem anderen Vorwürfe, während dieser die Augen abwendet und sich für seine Missetaten entschuldigt. So wird vorübergehend eine Beziehung der Dominanz und Unterwerfung geschaffen, um das Gleichgewicht wiederherzustellen.

Indem sie die Bedingungen für die soziale Integration festlegt, hat eine Hierarchie viel mit einem moralischen Vertrag gemein. Vielleicht stellt die Unterscheidung zwischen akzeptablem und inakzeptablem Verhalten einen ersten Schritt zu Vorstellungen von »richtig« und »falsch« dar. Allerdings ist jeder auf Autorität beruhende Vertrag eine ziemlich eingeschränkte Version von Moralität, wie wir sie verstehen. Was als akzeptables und inakzeptables Verhalten innerhalb eines hierarchischen Systems gilt, muß nicht unbedingt mit der Unterscheidung zwischen »richtig« und »falsch« in der Gesellschaft als Ganzem zusammenfallen. Die Anerkennung Höherstehender garantiert keineswegs ein reines Gewissen: unter Berufung auf *Befehl ist Befehl* wurden schwere Verbrechen gegen die Menschlichkeit begangen.

Darüber hinaus ist auch fraglich, ob man, wie Kohlberg meinte, die frühesten Stufen moralischer Entwicklung mit den Begriffen Gehorsam und Fügsamkeit wirklich ganz erfaßt hat. Kinder im Vorschulalter unterscheiden bereits bei Regelverletzungen, je nachdem, welche Auswirkung der Verstoß auf andere hat. Wie die beiden Entwicklungspsychologen Larry Nucci und Elliot Turiel feststellten, halten Kinder einen Regelverstoß, durch den anderen Schaden zugefügt wird (etwa Stehlen oder Lügen), für weit gravierender als bloße Verstöße gegen die Etikette (wenn man etwa einen Lehrer mit dem Vornamen anredet oder in die für das andere Geschlecht vorgesehene Toilette geht). Offenbar wiegen für ein Kind Regeln, die die Interessen anderer schützen, schwerer als bloße gesellschaftliche Konventionen.

Selbst wenn dem Respekt vor der Autorität und dem Bemühen, sich so zu verhalten, wie es einem gesagt wurde, ein fester Platz sowohl in der Evolution wie auch in der Entwicklung moralischer Fähigkeiten zukommt, können sie diese doch nur bis zu diesem Punkt erklären. Solche Neigungen müssen sich mit anderen verquicken, etwa mit Empathie und Mitleid, ehe Moral entsteht.

Schuld und Scham

Stellen Sie sich vor, Sie wären eine Laborratte und vor Ihnen lägen ein Dutzend Leckerbissen. Sie schnappen sich einen und verspeisen ihn, machen das gleiche mit dem nächsten und so weiter. Wenn Sie zum fünften kommen, erschreckt ein Riese in weißem Mantel Sie zu Tode, indem er direkt über Ihrem Kopf in die Hände klatscht. Dieser nervenaufreibende Vorgang wiederholt sich jedesmal, wenn Sie zu dem fünften Stück kommen. Mit der Zeit lernen Sie, nach vier Bissen aufzuhören, egal, wie verlockend das Futter ist.

Das Experiment, ursprünglich zur Feststellung der Zählfähigkeit von Ratten entwickelt, bietet eine gute Gelegenheit, sich ein Bild von der Tragfähigkeit von Regeln zu machen. Es wurde von Hank Davis in einem ironisch *Theoretical Note on the Moral Development of Rats* betitelten Artikel beschrieben. Mittels einer geringfügigen Abwandlung des Tests konnte er beweisen, daß von Menschen aufgezwungene Regeln bei Ratten nicht besonders viel gelten. Sobald der Experimentator den Raum verläßt, hält das Tier normalerweise nach dem vierten Bissen inne, stellt sich auf die Hinterbeine und schnüffelt; danach verzehrt es fröhlich alles Freßbare in Sichtweite. Davis kommt zu dem Schluß, Ratten seien, an menschlichen Standards gemessen, eine moralisch verkommene Spezies.

Bei Hunden hat man dieses Experiment nicht durchgeführt, es kann jedoch kein Zweifel bestehen, daß diese Tiere sich anders verhalten würden. Hunde befolgen Regeln oft auch in Abwesenheit der Personen, die sie dressiert haben. Diese Entkoppelung zwischen der Unterdrückung eines bestimmten Verhaltens und den negativen Sanktionen, die dazu geführt haben, wird als *Internalisierung* von Regeln bezeichnet. Zwar gelingt sie einigen Hunden nahezu vollständig, aber auch der Vertrauenswürdigste von ihnen wird gelegentlich schwach. Nachdem er sich vom Küchentisch ein Stück Fleisch geschnappt oder den Schuh seines Herrchens zerfetzt hat, schleicht er sich weg – die Ohren angelegt und den Schwanz zwischen die Beine geklemmt –, noch ehe irgend jemand bemerkt, was passiert ist. Oft lenkt erst dieses Verhalten des Hundes die Aufmerksamkeit auf die Missetat; es verrät eine Art von Bewußtsein, so daß wir sagen, der Hund verhält sich »schuldbewußt«.

Konrad Lorenz schrieb über »das Tier mit einem Gewissen«, wie er es bezeichnete. Dabei bezog sich der Zoologe auf einen seiner Hunde namens Bully, der versehentlich Lorenz in die Hand biß, als dieser einem der wildesten Kämpfe zwischen Hunden, die er je erlebt hatte, ein Ende machen

Eine Ratte, die darauf abgerichtet ist, nicht mehr als eine bestimmte Anzahl von Nahrungspillen zu fressen, macht sich an einen verbotenen Leckerbissen, sobald der Experimentator den Raum verlassen hat. Anders als Menschen und etliche andere Tiere scheinen diese Nagetiere Regeln nicht besonders weitreichend zu internalisieren (Zeichnung von Susan Meier; abgedruckt mit freundlicher Erlaubnis von Hank Davis).

wollte. Obwohl Lorenz ihn nicht schimpfte und sofort versuchte, ihn zu beruhigen und zu streicheln, hatte der Vorfall Bully derart aus dem Gleichgewicht gebracht, daß er einen regelrechten Nervenzusammenbruch erlitt. Tagelang war er wie gelähmt und interessierte sich nicht einmal fürs Fressen. Er lag auf seiner Decke, atmete flach, und ab und zu entrang sich ein Seufzer seiner gequälten Seele. Jeder, der den Vorfall nicht miterlebt hatte, hätte ihn für todkrank gehalten. Noch wochenlang war Bully äußerst bedrückt.

Lorenz bemerkte dazu, sein Hund habe nie zuvor jemanden gebissen, konnte also nicht auf vorangegangene Erfahrungen zurückgreifen, um zu dem Schluß zu kommen, etwas Falsches getan zu haben. Möglicherweise hatte er ein natürliches Tabu verletzt – einem Überlegenen keinen Schaden zuzufügen –, was normalerweise (unter Mitgliedern seiner Spezies) die allerschlimmsten Folgen haben könnte. Falls dies der Fall war, wäre es vielleicht angebrachter zu sagen, Bully habe mit einer Bestrafung, unter Umständen sogar einem Ausschluß aus dem Rudel gerechnet, als ihm ein Schuldgefühl zu unterstellen.

Ich habe keine Hunde daheim, nur Katzen, und bei denen habe ich nie auch nur die geringste Spur von »Schuldgefühl« bemerkt. Statt dessen verwickelte ich viele Hundebesitzer in eine Diskussion über Schuldgefühl versus Vorwegnahme von Bestrafung, und ich habe das Gefühl, letzteres bietet eine bessere Erklärung. Gestützt wird diese Ansicht durch einen Test, den ein amerikanischer Verhaltenstherapeut für Tiere namens Peter Vollmer entwickelte, um Besitzer »böser« Hunde davon zu überzeugen, daß Bestrafung nach begangener Tat nicht funktioniert.

Das Vorgehen wird durch den Fall von Mango, einem sibirischen Huskyweibchen, veranschaulicht, die die Angewohnheit entwickelte, Zeitungen, Illustrierte und ganze Bücher zu zerreißen. Wenn der Besitzer nach Hause kam, schleppte er Mungo zum Schauplatz des Verbrechens, versohlte ihr das Hinterteil und hielt ihr einen lauten Vortrag. Da Mango ihr schlechtes Benehmen nicht ablegte und sich jedesmal »schuldbewußt« aufführte, wenn ihr Besitzer nach Hause kam, gelangte man allmählich zu der Ansicht, sie wisse zwar, daß sie etwas Falsches mache, höre aber trotzdem, aus Groll darüber, allein gelassen zu werden, nicht damit auf. Die Testergebnisse stützten diese Ansicht jedoch nicht.

Vollmers Versuchsanordnung bestand einfach aus dem Besitzer *selber*, der, ohne daß Mango dies sehen konnte, ein paar Zeitungen zerriß. Nachdem er die Hündin wieder hereingelassen hatte, ging er für eine Viertelstunde weg. Und Mango verhielt sich genauso »schuldbewußt«, als hätte sie selber den Schaden angerichtet! Sie schien nur eines zu verstehen:

Beweismaterial + Besitzer = Probleme.

Das Verhalten von Hunden nach irgendeiner Missetat ist daher nicht als Ausdruck von Schuldbewußtsein, sondern als typische Haltung einer hierarchischen Spezies in Anwesenheit eines potentiell verärgerten Dominanten zu verstehen: eine Mischung aus Unterwerfung und Beschwichtigung, die dazu dient, die Wahrscheinlichkeit eines Angriffs zu verringern.[11]

Was Gehorsam betrifft, unterscheiden Hunderassen sich beträchtlich. Mittels einer Reihe von Experimenten fand David Freedman folgendes heraus: Sobald man Shetlandschäferhunde einmal bestraft hat, weil sie sich über Fleisch hergemacht haben, rühren sie nie mehr welches an, wenn man sie damit alleine läßt. Spitze hingegen beginnen, kaum hat der Dresseur den Raum verlassen, sofort zu fressen. Die Tatsache, daß eine Internalisierung von Regeln Haustieren angezüchtet werden kann, sollte jedem zu denken geben, der hinsichtlich einer evolutionären Komponente der Moral skeptisch ist. Darwin stützte sich in hohem Maße auf sein Wissen über künstliche Auslese, um die Macht der natürlichen Auslese zu veranschaulichen. In ähnlicher Weise können wir die Möglichkeit nicht ausschließen, daß ein Merkmal, das bei Hunden einer künstlichen Auslese unterliegt, bei unserer Spezies der natürlichen Auslese unterworfen war.

Wir kennen alle möglichen mit Internalisierung verbundenen Gefühlsnuancen, von der schlichten Furcht, ertappt zu werden, bis hin zum Dostojewskischen Schuldkomplex. Im Augenblick ist noch unklar – und schwer festzustellen –, ob andere Spezies irgend etwas empfinden, das Reue auch nur im entferntesten ähnelt. Es gibt keinen Hinweis darauf, daß Hunde je irgend etwas Verbotenes bereuen, das sie in Abwesenheit und ohne Wissen ihres Herrchens getan haben. Das verweist sie allerdings durchaus nicht auf einen Platz, der sehr weit von uns entfernt wäre. Eine Vorahnung von Bestrafung und die Furcht, eine geschätzte Beziehung aufs Spiel zu setzen, haben durchaus etwas mit Schuldgefühlen zu tun. Wenn Regeln in einem Maße internalisiert werden können, daß sie auch dann befolgt werden, wenn das Risiko einer Bestrafung minimal ist, dann kann auch die Furcht vor Bestrafung so sehr verinnerlicht werden, daß wir uns selbst dann schuldig fühlen, folglich uns *selber* bestrafen, wenn die Untat nie entdeckt wird. Bei einem wachsenden Bewußtsein dafür, was die Mißbilligung anderer hervorruft, und dem Wunsch, derlei Reaktionen zu vermeiden, selbst wenn sie nicht unmittelbar drohen, besteht auch die Möglichkeit, daß man sich wegen irgendwelcher Verstöße schuldig fühlt, unabhängig davon, wer etwas davon weiß.

Und Scham? Wörterbücher definieren sie als ein schmerzliches, durch Schuld, Schande oder Unschicklichkeit verursachtes Gefühl. In ihrem Kern ist sie ein Bewußtsein davon, wie man in den Augen anderer dasteht. Könnte dies auf Mango zutreffen? Schließlich und endlich ließ das Chaos im Haus sie in schlechtem Licht erscheinen, egal, wer es verursacht hatte. Ihre Beschämung mag uns vollkommen logisch erscheinen– vor allem im Licht ihres Unvermögens, das Ganze zu erklären –, würde jedoch Fähigkeiten voraussetzen, bei denen ich mir nicht sicher bin, ob wir davon ausgehen müssen. Es würde bedeuten, daß die Hündin sich Gedanken darüber macht, wie ihr Herr und Meister die Situation aufnimmt und wen er, anhand der Informationen, über die er verfügt, für die Missetat verantwortlich macht. Kurz gesagt, es würde eine Zuschreibung voraussetzen – eine ziemlich hochentwickelte Fähigkeit, verglichen mit dem assoziativen Lernen, das ihr Verhalten offenbar ebensogut erklären kann.

Das Wirken des menschlichen Gewissens ist so komplex und vielschichtig – und folgt seinen eigenen Grundsätzen sowie seiner eigenen Logik –, daß es wohl nie aufhören wird, Philosophen, Dramatiker, Dichter und Romanciers zu beschäftigen. Wenn Schuldgefühl eine Folge der Internalisierung von Regeln und Werten ist und wenn Scham die Besorgnis wegen der Meinung anderer widerspiegelt, haben wir es wirklich mit äußerst komplizierten Gefühlen zu tun – so kompliziert, daß der Begriff »Gefühl« ihnen nicht gerecht wird; Selbstbewußtsein, Perspektivenübernahme und Zuschreibung kommen ebenfalls ins Spiel. Selbst die sogenannten Emotionalisten, die Moral von Empfinden abzuleiten versuchten, erkannten diese kognitive Komponente an. Adam Smith stellt sich vor, unser gesamtes Tun und Denken würde von einem »unparteiischen Zuschauer« überwacht, als hielten wir uns selber einen Spiegel vor, um zu entscheiden, was für einen Eindruck unser Verhalten von außen betrachtet hervorruft. Auf diese Weise wird die soziale Umwelt, die in der Kindheit das Gewissen formt, allmählich durch eine Reihe interner Regelungsmechanismen ersetzt, die zu ähnlichen Ergebnissen führen. Wir brauchen nicht länger auf Lob oder Tadel anderer zu warten; wir selber messen sie uns zu, je nach den Normen, die wir verinnerlicht haben.

In meinen gelegentlichen Anwandlungen von Zynismus frage ich mich, ob wir die Macht der Internalisierung nicht überschätzen. Man braucht nur daran zu denken, wie schnell die Leute Hemmungen über Bord werfen, wenn die Gegebenheiten sich ändern, etwa im Krieg oder während einer Hungersnot, oder wenn sie in den Sog eines gewalttätigen Mobs geraten. Manch ein scheinbar ehrlicher Bürger plündert, stiehlt und tötet bedenkenlos, wenn das Risiko, erwischt zu werden, gering ist oder wenn die Lebensmittel knapp geworden sind. Selbst eine weniger dramatische Veränderung der Umstände, etwa ein Urlaub im Ausland, kann die Leute dazu verleiten, sich albern oder ungebührlich aufzuführen, auf eine Weise, wie es in ihrer Heimatstadt undenkbar wäre. Sind die Angehörigen unserer Spezies – Heilige ausgenommen – wirklich auch nur um einen Deut besser als die Ratten, die schnuppern, ob die Luft rein ist, und befinden, daß sie jetzt ungestraft tun können, was vorher verboten war? Vielleicht sind Schuldbewußtsein und Scham doch nicht so tief in uns verwurzelt, wie wir gerne glauben; möglicherweise muß nach wie vor die Angst vor unangenehmen Folgen hinzukommen, zumindest im Hinterkopf, damit unser moralisches Denken nicht entgleist. Allerdings könnte man nun einwenden, die Verbindung zwischen inneren und äußeren Verhaltensregulatoren gehe nie ganz verloren.

Einer der externen Regelungsmechanismen bei gesellschaftbildenden Primaten, über die man am meisten weiß, ist der Einfluß ranghöherer Männchen auf das Sexualleben rangniedriger. Die Beziehung zwischen Strafe und Verhaltenskontrolle, wie wir sie bei Hunden erörtert haben, einschließlich der Anzeichen für ein »Schuldgefühl«, läßt sich auch hier beobachten. Als Student arbeitete ich mit Langschwanzmakaken (auch Javaneraffen genannt) und verfolgte die Aktivitäten im Freigehege, das durch einen Tunnel mit dem Aufenthaltsraum innerhalb des dazugehörigen Gebäudes verbunden war. Eines der Alphamännchen saß oft im Tunnel, um beide Seiten kontrollieren zu können. Sobald er hineinging, näherten sich die Männchen draußen den Weibchen. Normalerweise wären sie dadurch in größte Schwierigkeiten geraten, jetzt konnten sie sich jedoch ungestört paaren. Die Angst vor Bestrafung war damit nicht verschwunden: ich habe beobachtet, wie rangniedere Männchen sich ungeheuer unterwürfig verhielten und breit grinsten, wenn sie kurz nach einer dieser verstohlenen Kopulationen dem Alphamännchen begegneten – obwohl dieses unmöglich wissen konnte, was vorgefallen war.[12]

Christopher Coe und Leonard Rosenblum untersuchten die Auswirkung früheren Verhaltens auf aktuelle Beziehungen. In einer Reihe von Experimenten durften untergeordnete Makakenmännchen mit einem Weibchen zusammensein, während das dominante Männchen von einem getrennten, transparenten Raum aus zusah. Keiner der Rangniederen wagte es unter diesen Umständen, dem Weibchen eindeutige Avancen zu machen. Ihre Einstellung änderte sich jedoch grundlegend, als in der zweiten Testserie die dominanten Männchen ganz außer Sichtweite gebracht wurden. Jetzt kopulierten die Untergeordneten bedenkenlos. Darüber hinaus gebärdeten sie sich plötzlich übermütig und stolzierten mit in die Luft gestreckten Schwänzen umher, ein ansonsten für die ranghöchsten Männchen charakteristisches Verhalten.

Bei der Rückkehr des Alphamännchens wichen die rangniederen Männchen ihnen öfter aus und legten ein weitaus unterwürfigeres Gebaren an den Tag, als wenn sie nicht mit einem Weibchen zusammengewesen wären. Daraus ziehen die Forscher den Schluß, »das Experiment liefere faszinierende Beweise dafür, daß Tiere Verhaltensregeln verinnerlichen können, die in Zusammenhang mit ihrer sozialen Rolle stehen, und daß sie auf eine Art und Weise reagieren können, die ein Bewußtsein dafür, gegen gesellschaftliche Normen verstoßen zu haben, bekundet«.[13]

Diese Situationen in der Art »Wenn die Katze aus dem Haus ist ...« sind amüsant zu beobachten, da die Katze nie weit von den Mäusen entfernt ist. In der Rhesusgruppe im Wisconsin Primate Center schien Spickles es manchmal leid, während der Fortpflanzungszeit ständig fünf oder sechs unruhige Männchen im Auge zu behalten. Oder vielleicht wollte er einfach seine alten Knochen im geheizten Innenbereich aufwärmen. Jedenfalls, ab und zu trottete er hinein, manchmal für eine volle halbe Stunde, und bot so den anderen reichlich Gelegenheit, sich zu paaren. Das Betamännchen Hulk war bei den Weibchen beliebt und nutzte oft die Gunst des Augenblicks. Er war jedoch regelrecht besessen von dem Gedanken, wo Spickles sich aufhielt, so daß es ihn immer wieder unwiderstehlich zu der Tür zog, wo er durch einen Spalt ins Innere spähte. Vielleicht hatte Hulk unliebsame Erfahrungen gemacht, etwa daß der Boß unerwartet aufgetaucht war, jedenfalls wollte er sichergehen, daß das Alphamännchen sich nicht von der Stelle gerührt hatte. Da Rhesusaffen das Weibchen mehrere Male besteigen müssen, ehe sie ejakulieren können, rannte Hulk nervös ein Dutzend Male zwischen seiner Partnerin und der Tür hin und her, ehe er mit der Begattung fertig war.

Diese Beobachtungen legen den Schluß nahe, daß soziale Regeln bei Primaten nicht nur in Anwesenheit Dominanter befolgt und in ihrer Abwesenheit vergessen werden. Wäre dies der Fall, hätte Hulk nicht kontrolliert, wo Spickles sich aufhielt, und dann würden sich rangniedere Männchen nach ihren Heldentaten nicht so überaus unterwürfig verhalten. Die Reaktionen zeigen: Diese Hemmungen sind tief genug verwurzelt, daß die Angst vor der Reaktion desjenigen, der diese Regeln durchsetzt, in seiner Abwesenheit nachwirkt. Zugegeben, das ist kein sehr hoher Grad an Internalisierung, verglichen mit der nahezu vollkommenen Verhaltenskontrolle, die man abgerichteten Tieren einpflanzen kann. Dennoch bildete dies möglicherweise in der Evolutionslinie der Primaten den Ausgangspunkt für die Entwicklung der Fähigkeit, Schuld und Scham zu empfinden.

Widerspenstige junge Burschen

Wie Affen soziale Regeln lernen, entzieht sich weitgehend unserer Kenntnis; Forschungen auf diesem Gebiet könnten faszinierende Parallelen zur Entwicklung der menschlichen Moral aufdecken. Anfangs träte natürlich das von Davis in seiner Abhandlung über Ratten betonte Problem auf, daß nämlich Beschreibungen der Moral beim Menschen meist »in Begriffe gefaßt sind, die nur einen begrenzten Aussagewert für andere Spezies haben«.[14] Vielleicht regt die Erforschung tierischen Verhaltens die Psychologen zu Definitionen an, die nicht ausschließlich auf verbalisierten Gedanken und Gefühlen beruhen, sondern das Verhalten mit einbeziehen. Was an unserem *Verhalten* ist anders und macht gerade uns, und keine andere Spezies, zu moralischen Wesen? Und falls diese Frage schwer zu beantworten ist, was ist die genaue Bedeutung von Moral? Keine geringe Herausforderung, um den Dingen auf den Grund zu gehen! Auf ähnliche Weise trug Sprachforschung bei Menschenaffen zu einer genaueren Definition von Sprache bei, und sei es auch nur aufgrund des Wunsches der Linguisten, die haarigen Wesen aus dem ihnen angestammten Bereich zu verbannen.

Der Soziologe John Finley Scott stellt sich auf die Seite der Biologen, wenn er in *Internalization of Norms* die Notwendigkeit neuer Begriffsbestimmungen feststellt:

»Eine Definition der Norm, die sich auf jegliche erlernte gesellschaftliche Organisation anwenden läßt und die auf Vergleichen zwischen verschiedenen Spezies aufbauen kann, wird der soziologischen Theorie mehr nützen als ein anthropomorpher Begriff, der innerhalb einer ansonsten kontinuierlichen Dimension von Handeln rein terminologische Schranken errichtet.«[15]

Affen kommen nicht mit ihrem Bewußtsein eingeprägten sozialen Regeln zur Welt. Neugeborene erfreuen sich einer gewissen Narrenfreiheit – wie Hofnarren stehen sie über dem Gesetz. Kleinkinder dürfen hochstehende Erwachsene anrempeln oder sich Nahrung nähern, für die andere sich interessieren, ohne bedroht oder verjagt zu werden, wie dies jedem Jungtier passieren würde. Bei unseren Untersuchungen zu Rhesusaffen entdeckten wir beispielsweise, daß Kleinkinder sich in der Reihenfolge, wann wer in der Gruppe trinken darf, in einer besseren Position befinden als ihre Mütter, da sie sich neben Dominanten, die die Mütter nicht neben sich dulden würden, dem Wasserbecken nähern und trinken dürfen. Dabei werden sie von erwachsenen Männchen eher akzeptiert als von ranghohen Weibchen, und die Jungen lernen rasch, sich ersteren und nicht letzteren zu nähern.

Mütter scheinen sich dieser Sonderprivilegien bewußt zu sein. Fernando Colmenares beobachtete, wie ein Pavianweibchen im Madrider Zoo zur Fütterungszeit ihr Junges fest am Schwanz gepackt hielt, während dieses sich dem Privatbereich eines dominanten Männchens näherte, der normalerweise tabu ist, sobald Futter da ist. Das Junge war nicht übermäßig an der Nahrung interessiert, spielte aber mit kleinen Bissen herum, die es in der Nähe des Männchens aufgesammelt hatte. Die Mutter ihrerseits zog ihren Sprößling ein paarmal zu sich heran, um sich hastig die Leckerbissen zu schnappen. Als das Männchen dies bemerkte, bedrohte es die Mutter (nicht das Junge), woraufhin diese ihm ihr Hinterteil präsentierte und das Futter behielt. Das Kleinkind diente als ein Mittel, um die Regeln zu umgehen.

Kleinkinder reagieren nicht immer auf Drohungen, und vielleicht ist dies der Grund, weshalb Erwachsene die Signale übertreiben. Statt leicht die

Stirn zu runzeln und sie anzustarren – was im Fall von Jugendlichen normalerweise völlig ausreicht –, spielen sie das ganze Verhaltensmuster unmißverständlich durch, reißen Augen und Mund weit auf, spreizen die Ohren ab, werfen den Kopf zurück und so weiter. Ich habe selber gesehen, wie Erwachsene den Kopf eines Kleinkinds packen und es aus unmittelbarer Nähe drohend anstarren. Vielleicht haben sie gelernt, derlei »belehrende« Drohungen zu erteilen, eben weil sehr junge Affen weniger auffällige Warnungen oft unbekümmert ignorieren.

Mit zunehmendem Alter zieht ein Ignorieren der Drohungen immer schwerwiegendere Folgen nach sich. Bestrafungen verschärfen sich vom Klaps über ein kräftiges Schütteln bis zu harmlosen Bissen, und eines Tages wird das Junge dann richtig gebissen. Die Zeiten, in denen man ihm alles durchgehen läßt, sind für immer vorbei: der junge Affe lernt nun, welche Situationen und Individuen er besser meidet. Das Risiko eines Angriffs ist von Spezies zu Spezies verschieden, am größten vielleicht bei den Rhesusaffen; hier büßen Junge infolge einer Bestrafung gelegentlich Finger und Zehen ein. Kein Wunder, daß in dieser Spezies die Hierarchie so strikt beachtet wird, wenn die Kosten für einen Verstoß schon in jungem Alter so hoch sind.

Wie Spickles entwickelte auch Orange, das Alphaweibchen der Rhesusgruppe in Wisconsin, ihre ganz eigene, stereotype Form der Bestrafung. Der Unterschied bestand darin, daß Spickles zurückhaltend an der Wange des Gegners knabberte, während Orange richtig zubiß. Merkwürdigerweise bestrafte sie auf diese Weise ausschließlich Junge, die annähernd ein halbes Jahr alt waren. Völlig unerwartet packte Orange sie und schlug die Zähne so fest in ihr Handgelenk, daß Blut floß. Das Opfer war anschließend völlig aus der Fassung, hinkte ein paar Tage, hielt sich jedoch von da an in sicherer Entfernung und achtete genau darauf, was Orange gerade machte. Den nachhaltigsten Eindruck hinterließ wahrscheinlich nicht einmal der Schmerz als solcher, sondern die Tatsache, daß niemand dem Jungen zu Hilfe gekommen war. Als allmächtige Königin konnte Orange sich alles erlauben. Im Verlauf der zehn Jahre, in denen ich die Gruppe beobachtete, prägte sich dies zu einem in hohem Maße vorhersehbaren Muster aus; nur wenigen Jungtieren blieb diese Behandlung erspart. So sahen wir jeden Herbst (Rhesusaffen gebären im Frühling) Orange ihre Bisse ins Handgelenk verteilen (oder stellten die Folgen davon fest), als hätte sie beschlossen, es sei nun an der Zeit, der neuen Generation Furcht und Respekt vor der herrschenden Ordnung einzuflößen.

Allerdings gibt es niemanden, von dem Kleinkinder und Jungtiere aggressiver behandelt werden als von ihrer Mutter. Natürlich meistens, ohne ernstlich Schaden zu nehmen, aber es kommt durchaus zu Bissen und sogar zu Verletzungen. Der bekannte amerikanische Primatologe Irwin Bernstein interpretiert dies als *Sozialisation*, in deren Verlauf die Mütter ihren Sprößlingen beibringen, bestimmte Verhaltensweisen zu unterdrücken, die sie in Schwierigkeiten bringen könnten. Obwohl mütterliche Aggresssion vielleicht nicht unmittelbar dem Vorteil der Jungtiere dient, fördert sie doch die Vorsicht und Verhaltenskontrolle, die Voraussetzungen für ein Überleben in einer hierarchisch gegliederten sozialen Umwelt sind.

Wie bei der Einprägung von Regeln ist es auch bei diesem Sozialisierungsprozeß fraglich, ob er sich absichtlich vollzieht. Zweifelsohne lernt der junge Affe durch die Zurechtweisungen etwas für sein Leben, aber es ist nicht unbedingt die Absicht der Erwachsenen, ihnen solche Lehren zu erteilen. Bislang ist das Problem, inwieweit Affen die Auswirkungen ihres Verhaltens verstehen, ungeklärt. Merken sie, daß eine Strafaktion das Verhalten des anderen auf Dauer verändern kann? Schätzen sie die Ergebnisse richtig ein, und fallen die Strafen härter aus, wenn vorangegangene Versuche fehlschlugen? Und warum geben sie manchmal auf und lassen die Dinge so, wie sie sind, wie wir dies bei einigen behinderten Affen feststellen konnten? Azalea beispielsweise erlangte nie einen eindeutig definierten Rang. Ihre Reaktionen waren inkonsequent; oft schwankte sie zwischen Drohen und Rückzug. Die anderen ignorierten dieses Verhalten jedoch einfach. Statt Azalea zu bestrafen, wenn sie, sooft man ihr drohte, ihrerseits mit Drohgebärden reagierte, starrten dominante Affen sie an, machten vielleicht einen kleinen Satz in ihre Richtung und überließen sie dann sich selber, als wäre sie es gar nicht wert, Energie an sie zu verschwenden.

Wir sollten auch nicht davon ausgehen, daß soziale Regeln in jedem Fall von einer Partei aktiv durchgesetzt und von einer anderen passiv erlernt werden. Die Festlegung von Regeln ist ein dynamischer Prozeß, bei dem das Ausprobieren der Regeln und soziales Erforschen auf seiten des Lernenden auch eine Rolle spielen.

Eine Technik ist das *Reizen*. Infolge der unterschiedlichen Risiken, die derjenige, der den anderen reizt, eingeht, falls er erwischt wird, ist dieses Verhalten bei Rhesusaffen selten, bei Bärenmakaken und Pavianen nicht ungewöhnlich und bei Schimpansen fast die Regel. Jugendliche dieser Spezies bewerfen die älteren mit einer Handvoll Dreck oder Kiesel, schlagen sie mit Stöcken, bespritzen sie mit Wasser, springen ihnen auf den Kopf, wenn sie vor sich hin dösen, und so weiter. Meistens nimmt ein Schimpanse, wenn er dergestalt belästigt wird, dies bemerkenswert gelassen hin, kitzelt das Junge oder tut so, als würde er es jagen, was den ganzen Vorfall zu einem Spiel macht. Die Individuen, die sich eine feindselige Reaktion nicht verkneifen können, werden nur noch mehr gequält, wie Otto Adang bei seiner Untersuchung des Reizverhaltens junger Schimpansen im Arnheim-Zoo entdeckte.

Adang dokumentierte die verschiedenen Techniken des Reizens, die Reaktionen darauf und wie sie sich mit zunehmendem Alter verändern. An dem einen Ende des Spektrums stehen die kleinen, harmlosen Knuffe, die ein Junges hinterrücks austeilt, um dann zur Seite zu springen, wenn der Erwachsene sich umdreht. Am anderen Ende finden wir ein ausgemachtes Imponiergehabe adoleszenter Männer, die Frauen in körperliche Auseinandersetzungen zu verwickeln versuchen. Den Mächtigen Sand ins Gesicht zu werfen ist eine unfehlbare Methode, eine Reaktion herauszufordern – unangenehme Reize haben das so an sich – und auf diese Weise zu lernen, welche Stellung einem in der Gesellschaft zukommt. Wo stehe ich, wo sind meine Grenzen? Provokation ist darüber hinaus eine Möglichkeit, die Grenzen auszuweiten, indem man sorgfältig beobachtet, wie andere reagieren, und nach einer Möglichkeit sucht, sie einzuschüchtern.

Kurz, Reizen dient dem Zweck, Informationen über das soziale Umfeld zu sammeln und Autorität auf die Probe zu stellen. Daß derlei Verhalten bei Primatenjungen auftritt, bestätigt, wie wichtig es ist, die von der Gesellschaft gesetzten Grenzen zu kennen.

Wenn Primaten erröten

Selbst wenn sich das Erlernen und Erproben von Rollen, Internalisierung und schuldbewußt wirkendes Verhalten bei unseren nächsten Verwandten beobachten lassen, liegt doch klar auf der Hand, daß keine Spezies diese Prozesse in dem Maße perfektioniert hat wie wir Menschen. Während man andere Tiere als Konformisten charakterisieren kann – das heißt, sie lernen es, Regeln zu gehorchen –, gehen Menschen ein gutes Stück darüber hinaus, indem sie nicht nur die Regeln, sondern auch die dahinterstehenden Werte und Ideale internalisieren. Zudem schaffen wir uns ein derart ausgeklügeltes Netzwerk von Sanktionen, daß Verstöße, selbst wenn die Luft rein zu sein scheint, große Risiken mit sich bringen, vom Gerede eines zufälligen Zeugen bis zur Möglichkeit, daß man sich in Widersprüche verstrickt. Darüber hinaus glauben Millionen Menschen an das wachsame Auge eines allgegenwärtigen Gottes, an Belohnung beziehungsweise Bestrafung nach dem Tod sowie an einen Zusammenhang zwischen moralischem Verfall und Naturkatastrophen. Es steht uns kein Ausweg offen: wir unterliegen sowohl einem realen wie auch einem imaginären Druck, uns auf eine bestimmte Art und Weise zu verhalten.

Unsere ausgeprägte Empfänglichkeit für gesellschaftliche und religiöse Einflüsse hängt eng mit der zentralen Rolle zusammen, die der *Ruf* in der menschlichen Gesellschaft spielt. Der Ruf hält für einen Großteil unseres Verhaltens Zuckerbrot und Peitsche bereit. Evolutionsbiologen wie Richard Alexander bringen diesen Umstand mit Systemen gegenseitiger Hilfe in Verbindung, die sich auf Vertrauen gründen. Innerhalb solcher Systeme sucht man sich Partner entsprechend ihrer Fähigkeit aus, Verpflichtungen einzugehen. Weil jedes Verhalten auf zukünftiges Verhalten derselben Person schließen läßt, zahlt es sich aus, andere genau zu beobachten, um herauszufinden, was man von ihnen zu erwarten hat. Diese sorgfältige Beobachtung führt wiederum dazu, daß man sich Gedanken darüber macht, was für ein Bild der gesellschaftliche Spiegel von einem selber wiedergibt, was manchmal soweit geht, daß man in ständiger Sorge darüber lebt, man könnte womöglich das Gesicht verlieren.

Würde der persönliche Ruf sich von Tag zu Tag ändern, hätte man wenig Grund, sich an gesellschaftliche Normen zu halten. Warum nicht in der Öffentlichkeit Lippenbekenntnisse abgeben, um die Regeln zu brechen, wenn es einem paßt? Aber so funktioniert das System nicht. Ein Ruf ist dauerhaft und zugleich unglaublich gefährdet: über viele Jahre hinweg aufgebaut, kann er durch einen einzigen Fauxpas zerstört werden. Der Fernsehprediger, der mit einer Sekretärin geschlafen hat, ist unten durch, ebenso der Bewerber um ein politisches Amt, der Steuern hinterzogen hat. Und wenn man sich vorstellt, in welcher Situation sich unsere Vorfahren befanden, die zweifelsohne den Großteil ihres Lebens ein und derselben Gemeinschaft angehörten – vermutlich wußte praktisch jeder praktisch alles über einen, was es zu wissen gab.

Um ein angesehenes Mitglied der Gemeinschaft zu werden, müssen wir nahezu blindlings konsequent sein. Um jeder auch noch so kleinen Versuchung zu widerstehen, vom rechten Weg abzukommen, müssen wir unerschütterlich an »richtig« und »falsch« glauben. Einzig eine feste moralische

Überzeugung ermöglicht ein Verhalten, das zu einem dauerhaften Ruf der Ehrbarkeit beiträgt. Das geht so weit, daß die meisten Leute an einen Punkt gelangen, an dem sich aus den von der Gesellschaft eingeimpften Werten in Verbindung mit den persönlichen Erfahrungen ein stabiles Denk- und Verhaltensmuster herauskristallisiert, von dem sie nicht abweichen können, ohne großes Mißbehagen zu empfinden. Statt sich von den Reaktionen anderer leiten zu lassen oder unmittelbar auf die jeweilige Situation zu reagieren, vertrauen sie, um den Kurs zu halten, auf einen inneren, durch starke Empfindungen von Schuld und Scham gefestigten Kompaß.

Und genau nach dieser inneren Stärke richten wir uns, wenn wir die Vertrauenswürdigkeit eines Menschen einschätzen. Wir sind Experten darin, den Unterschied zwischen Menschen, bei denen dieser Kompaß funktioniert, und solchen, bei denen er defekt ist, zu entdecken. Laut dem amerikanischen Wirtschaftswissenschaftler Robert Frank, der sich ausführlich über Ruf und emotionale Beteiligung äußerte, zahlt es sich kaum aus, Großzügigkeit oder das Befolgen von Regeln in der Öffentlichkeit lediglich vorzutäuschen. Die Leute verstehen sich darauf, eine Fassade von Verhaltensweisen, die aus dem Inneren kommen, zu unterscheiden. In *Die Strategie der Emotionen* erklärt Frank, wer seine Integrität und Fairneß wahre, lasse sich zwar ab und zu eine Möglichkeit entgehen, einen persönlichen Vorteil zu erzielen, schaffe dafür jedoch andere günstige Gelegenheiten für sich selber, die Opportunisten nicht zugänglich seien. Beispielsweise wird ein ehrlicher Mann auch dann ein Trinkgeld geben, wenn er nicht vorhat, dasselbe Restaurant noch einmal aufzusuchen, wohingegen der Opportunist dies als eine Chance betrachten wird, Geld zu sparen. Auf kurze Sicht hat der Ehrliche einen Verlust, aber auf Dauer werden die Überzeugungen, die sein Verhalten bestimmen, anerkannt und geschätzt werden und ihm Zugang zu Partnerschaften mit Gleichgesinnten verschaffen.

Und mehr noch: der Aufbau eines guten Rufs spielte in unserer evolutionären Vergangenheit offenbar eine so zentrale Rolle, daß jedem, der versuchte, auf unmoralische Weise voranzukommen, erhebliche Hindernisse in den Weg gelegt wurden. Gelegentlich gelangen peinliche Wahrheiten ans Tageslicht, und zwar aufgrund unserer mangelhaften Kontrolle über Stimme, Augen und die kleinen Arterien am Hals und im Gesicht – genau die Körperregion, wo eine hochrote Farbe am besten Schuld und Scham signalisiert.

Erröten ist wahrhaft eine bemerkenswerte Eigenschaft, wie Darwin schon zu seiner Zeit klar war: »Erröten ist die eigentümlichste und menschlichste aller Ausdrucksformen. Die Affen werden in der Leidenschaft rot, aber es würde eines überwältigenden Beweismaterials bedürfen, um uns glauben zu machen, daß irgendein Tier erröten könnte.«[16]

Was für einen Vorteil könnte dieses Signalisieren von Scham oder Verlegenheit haben? Stellt Erröten nicht ein schwerwiegendes Hindernis für uns dar? Es sind zusätzliche Voraussetzungen nötig, damit dieses Merkmal in die Eigennutz-Modelle der Evolutionsbiologie paßt, zusätzliche Annahmen, die das Bedürfnis einschließen, als wünschenswerter Partner für gemeinsame Unternehmungen zu erscheinen – als jemand, auf den man sich dank eines starken inneren Kompasses, der diesen Menschen für Schuldgefühle und Scham empfänglich macht, verlassen kann. Wer lügt, ohne zu erröten, wer nie Reue zeigt und jede Gelegenheit ergreift, die Regeln zu umgehen, wird uns wohl schwerlich als ein besonders begehrenswerter Freund oder Kollege erscheinen. Die einzigartige menschliche Fähigkeit, im Gesicht rot zu werden, legt den Schluß nahe, daß unsere Vorfahren zu einem bestimmten Zeitpunkt allmählich mehr Vorteile daraus zogen, offen Glaubwürdigkeit zu zeigen, als sich einem Opportunismus zu verschreiben. Und was gäbe es da für ein wirkungsvolleres Mittel, als solche unkontrollierbaren verräterischen Zeichen?[17]

Wir sollten bei unserer Analyse evolutionäre Vorteile nicht mit tatsächlichen Motiven verwechseln. Da wir nicht in der Lage sind, auf Befehl die Farbe zu wechseln, kann Erröten unmöglich Teil einer bewußt geplanten Strategie sein, die darauf zielt, einen günstigen Eindruck zu erwecken. Die Menschen verinnerlichen die Werte ihrer Gesellschaft so sehr, daß sie tatsächlich von ihnen motiviert werden. Ich bin überzeugt, Menschen können altruistisch und ehrlich sein, ohne dabei jedesmal an ihren Vorteil zu denken.

Diese Betrachtungsweise menschlicher Motive als unabhängig von dem Evolutionsprozeß, der unseren Körper und unser Denken geprägt hat, ist unter Biologen, wie wir gesehen haben, nicht allgemein verbreitet. Einige glauben, ein selbsttätiger Plan steuere menschliches Verhalten unter allen Umständen; Leute, die anderer Ansicht seien, machten sich lediglich selber etwas vor. Die Aufrichtigkeit menschlicher Gefühle ist bis heute Diskussionsgegenstand. Noch 1994 behauptete der amerikanische Wissenschaftsjournalist Robert Wright in *The Moral Animal*, Menschen seien potentiell, jedoch nicht von Natur aus moralisch. In Wrights Augen sind wir alle Heuchler, die in ständiger Verleugnung ihrer durch und durch egoistischen Natur leben.[18]

Dem menschlichen Gewissen einen bequemen Platz in Darwins Theorie zu verschaffen, ohne menschliche Gefühle und Motive auf eine bloße Karikatur zu reduzieren, ist eine der größten Herausforderungen der modernen Biologie. Wir sind dazu geboren, Regeln und Werte in uns aufzunehmen, die oftmals Gemeinschafts- über Eigeninteressen stellen. Bei uns fand eine Auslese zu einer so tiefreichenden Internalisierung statt, daß diese Regeln und Werte buchstäblich unsere eigenen wurden. Wir verfügen über eingebaute physiologische Mechanismen, die jegliche Versuche, zu schwindeln, vereiteln. Zweifelsohne entwickelten sich diese Fähigkeiten, weil sie in den in hohem Maße auf Kooperation und Vertrauen gründenden Gesellschaften unserer Vorfahren einem bestimmten Zweck dienten. Die Ansicht, dieser Zweck wirke in unserem Denken als bewußtes oder unbewußtes Motiv, geht von der Annahme eines unmittelbaren Zusammenhangs zwischen genetischer Adaptation und Ad-hoc-Entscheidungen aus, für den es absolut keinen Beweis gibt. Dieselbe Annahme würde die Behauptung rechtfertigen, wenn Eichhörnchen im Herbst Nüsse sammeln, wüßten sie über die Entbehrungen im Winter und Frühling Bescheid. Eichhörnchen wären schon längst ausgestorben, wenn ein solches Wissen erforderlich wäre, und die Menschen hätten nie ein Gewissen entwickelt, wäre ihr Denken ausschließlich mit den Berechnungen zur Fortpflanzung beschäftigt gewesen, die Evolutionsbiologen so ungemein faszinieren.

Zwei Geschlechter, zweierlei Moral?

Wie jeder europäische Junge hatte ich kaum gehen gelernt, als ich mit dem beliebtesten Sport der Welt begann. Und das brachte mir, ohne daß mir das so recht bewußt wurde, außer dem Spaß daran, hinter dem runden Leder herzujagen, einige wichtige moralische Lektionen ein. Mannschaftssportarten mit ihren Regeln und Erwartungen stellen Mikrokosmen der Gesellschaft dar. Ob man nun auf dem Rasen oder auf dem Pflaster spielt, das Risiko hinzufallen ist nicht annähernd so groß wie die Gefahr, nicht zu wissen, wie man sich zu verhalten hat, oder nichts zum guten Abschneiden der Mannschaft beizutragen. Und was am allerwichtigsten ist: Nicht die allmächtigen Erwachsenen haben ein Auge auf dich und du auf sie, sondern deine Kumpel und Gefährten!

Anfangs beziehen die Regeln sich einfach darauf, welche Körperteile den

Ball berühren dürfen und welcher Körperkontakt mit den anderen Spielern erlaubt ist. Allmählich werden die Regeln komplizierter und präziser, bis dann eines Tages ein älterer Junge während eines aussichtsreichen Vorwärtsstürmens »Abseits« brüllt – und die frustrierendste aller Vorschriften eingeführt ist. Außer dich an die Regeln zu halten, lernst du, bestimmte Erwartungen und Verpflichtungen zu erfüllen. Einerseits sollst du nicht einfach rumstehen und das Ganze auf die leichte Schulter nehmen. Andererseits darfst du aber auch nicht versuchen, deine Kumpel zu übertrumpfen. Beispielsweise erwartet man von dir, statt in einem unmöglichen Winkel ein Tor zu schießen, den Ball an einen Mitspieler abzugeben, der schließlich als der große Held dasteht. Von ihm wird andererseits erwartet, daß er deine Mithilfe anerkennt.

Dieses Wissen eignet man sich in endlosen Diskussionen darüber an, was dieser oder jener gemacht hat und was er hätte machen sollen. Und selbst wenn man das Spiel nicht gleich wegen irgendeines Verstoßes unterbricht, so wird doch eindeutig klargestellt, daß die übervorteilte Mannschaft sich großzügig verhalten hat – woran prompt erinnert wird, sobald das andere Team sich über irgendeine kleine Regelverletzung aufregt.

Jungen scheinen diese Auseinandersetzungen, was zulässig ist und was nicht, ebenso zu genießen wie das Spiel selber. Das beobachtete 1972 Janet Lever in einer mittlerweile klassischen Untersuchung der Spiele von Kindern aus Connecticut. Wie sie herausfand, neigen Mädchen dazu, in kleineren Gruppen und nicht so wettkampforientiert zu spielen wie Jungen. Außerdem dauern ihre Spiele bei weitem nicht so lange, teilweise weil Mädchen sich nicht so gut darauf verstehen, Streitigkeiten beizulegen, wie Jungen. Ausgehend von Beobachtungen und Befragungen stellte Lever zwei Einstellungen zu Unstimmigkeiten einander gegenüber: »Wie wir beobachteten, stritten Jungen die ganze Zeit, aber nicht ein einziges Mal wurde das Spiel wegen eines Streits beendet oder für mehr als sieben Minuten unterbrochen.« Im Gegensatz dazu »behaupteten die meisten Mädchen, sobald es zu einem Streit kam, damit sei das Spiel beendet, und unternahmen wenig Anstrengungen, das Problem zu lösen«.[19]

In Anlehnung an den berühmten Schweizer Entwicklungspsychologen Jean Piaget, der als erster die aus regelbezogenen Spielen abgeleiteten moralischen Lektionen analysierte, folgerte Lever, daß die Spiele der Jungen eine bessere Vorbereitung auf die Beilegung von Streitigkeiten, das Beachten von Regeln, auf Führerschaft und das Verfolgen gemeinschaftlicher Ziele bieten als die von Mädchen. Da Mädchen sich vor allem mit Seilhüpfen und Himmel-und-Hölle-Spielen beschäftigen, wobei es eher darum geht, wer an der Reihe ist, als um irgendeinen Wettstreit, und weil sie meist in kleinen Gruppen von zwei oder drei engen Freundinnen spielen, scheinen Mädchenspiele eher feinere sozioemotionale Fähigkeiten zu schulen. Lever betrachtete diese Fähigkeiten als recht nützlich für zukünftige Beziehungen und für die Ehe, nicht jedoch als Teil einer moralischen Entwicklung.

Carol Gilligan bietet eine ganz andere Erklärung. In *In a Different Voice* behauptet die amerikanische Psychologin, das moralische Engagement wurzle bei der Frau in Bindung, Intimität und Verantwortungsgefühl, während es sich beim Mann an Rechten, Regeln und Autorität orientiere. Der Einfachheit halber wollen wir diese Typen als mitgefühlorientierte oder regelorientierte Moralität bezeichnen. Gilligan vertritt die Ansicht, zwar beruhe menschliche Moral sowohl auf Regeln als auch auf Mitgefühl, Männer und Frauen erreichten jedoch eine Integration beider auf unterschiedlichen Wegen. Aus diesem Grund könnte das bei Mädchenspielen entwickelte Feingefühl vom Moralischen her ebenso bedeutsam sein wie die Erfahrungen der Jungen mit Konfliktlösungen und Fair play.

Statt ehrfurchtsvoll zu höheren Prinzipien aufzublicken, gehen Frauen moralische Probleme, vor die Wissenschaftler sie stellen, auf eine eher pragmatische Art und Weise an. Gilligan fragte ihre Testpersonen, wie sie sich in einer fiktiven Situation verhalten würden, in der die Interessen verschiedener Individuen aufeinanderprallen. Frauen wollten alle möglichen fehlenden Einzelheiten wissen, die diese hypothetischen Personen betrafen – wo sie wohnten, in welcher Beziehung sie zueinander standen und so weiter. Schließlich warteten sie mit moralischen Lösungen auf, die auf die Bedürfnisse der Betroffenen zugeschnitten waren, wobei sie eher von der Logik sozialer Beziehungen ausgingen als von abstrakten Prinzipien.

Gilligan warnt vor den Auswüchsen einer regelorientierten Moralität. »Die blinde Bereitschaft, Menschen der Wahrheit zu opfern, ist jedoch immer die Gefahr einer vom Leben abstrahierten Ethik gewesen.«[20] In einem aussagekräftigen biblischen Vergleich stellt sie Abrahams Opferung seines Sohnes, um die Festigkeit seines Glaubens zu beweisen, der Frau gegenüber, die vor Salomon ihre Mutterschaft verleugnete, um ihr Kind zu retten. In seiner Weisheit wußte dieser, daß nur eine Mutter so handeln konnte.

In einer Untersuchung zu diesem Thema befragte Kay Johnston Jugendliche nach Lösungen für Äsop-Fabeln, etwa die, in der ein Stachelschwein in einer kalten Nacht in die Höhle von Maulwürfen kommt. »Würde es euch etwas ausmachen, euer Zuhause diesen Winter über mit mir zu teilen?« fragt das Stachelschwein. Die Maulwürfe willigen ein, bedauern jedoch bald ihre Großzügigkeit; die Höhle ist winzig, und jedesmal wenn sie sich umdrehen, kratzen die Stacheln ihres Mitbewohners sie. Als sie endlich den Mut aufbringen, ihren Besucher zum Verlassen ihres Baus aufzufordern, weigert sich das Stachelschwein und erklärt: »O nein. Mir behagt es hier sehr.«

Die Mehrzahl der Jungen, die diese Fabel lasen, entschieden sich für Lösungen, die von angestammten Rechten ausgingen (»Das Stachelschwein muß gehen; es ist das Zuhause der Maulwürfe« oder »Schickt das Stachelschwein weg, es ist als letztes gekommen«), während die meisten Mädchen Vorschläge machten, denen beide Parteien hätten zustimmen können (»Wickelt das Stachelschwein in ein Badetuch« oder »Die sollen sich zusammentun und versuchen, die Höhle größer zu machen«). Eine nicht unbeträchtliche Anzahl von Kindern schlug allerdings Lösungen beider Art vor, und viele änderten ohne weiteres ihre Einstellung, wenn man sie nach einer anderen Möglichkeit fragte. Zwar setzten die beiden Geschlechter unterschiedliche Prioritäten, waren jedoch beide in der Lage, alternative Gedankengänge zu entwickeln. Dies scheint in einem Maße zuzutreffen, daß viele Kollegen Gilligans allmählich ihre Dichotomie zwischen männlicher und weiblicher moralischer Orientierung in Frage stellen.[21]

Zunächst träfe es keineswegs zu, wollte man behaupten, Männer würden Bekundungen des Mitgefühls wenig Wert beimessen. Selbst wenn sie normalerweise einer Orientierung am Recht den Vorzug geben, sollten wir doch nicht vergessen, daß Rechte oft eine abstrakte, geregelte Form von Fürsorglichkeit sind. Rechte gehen mit Pflichten Hand in Hand und haben daher auch etwas mit sozialen Beziehungen und Verantwortung zu tun. Mitleid verdankt gerade Männern – Philosophen wie David Hume, Arthur Schopenhauer und Adam Smith – seine herausragende Stellung in der Theorie der Moral. Umgekehrt kann man nicht behaupten, Frauen stünden einer allgemeineren Problemstellung hinsichtlich bestimmter Rechte ablehnend gegenüber, wie die letzten Jahrzehnte des weltweiten Kampfes für Gleichheit, Gerechtigkeit und Fairneß (»Frauenrechte«) gezeigt haben. Mit anderen Worten, die beiden von Gilligan unterschiedenen Orientierungen liegen durchaus nicht so weit auseinander, wie dies den Anschein haben mag.

Großen Anteil an der Ablehnung ihrer Einstellung hat eine umfassende Übersicht über die Forschungen zur moralischen Entwicklung anhand von mehr als tausend Versuchspersonen, durchgeführt von Lawrence Walker. Da es ihm nicht gelang, in den von zahlreichen Forschern zusammengetragenen Daten systematische Hinweise auf Geschlechtsunterschiede zu finden, kommt Walker zu dem Schluß, »das moralische Denken von Männern und Frauen weist eher Ähnlichkeiten als Unterschiede auf«.[22]

Im folgenden räumt Walker allerdings ein, die für seine Analyse verwandten Maßstäbe zur moralischen Entwicklung sagten sehr wenig darüber aus, welche Normen und sozialen Orientierungen einem moralischen Urteil zugrunde lägen. Wäre es also möglich, daß beide Seiten recht haben? Das intuitiv Erfaßbare an Gilligans Unterscheidung zwischen männlichen und weiblichen Einstellungen sollte ihre Kritiker nachdenklich stimmen. Als die amerikanische Sprachwissenschaftlerin Deborah Tannen in *Du kannst mich einfach nicht verstehen* die Gesprächsstile von Männern und Frauen in eine männliche Vorliebe für Eigenständigkeit und Status und eine weibliche Vorliebe für Intimität polarisierte, sprach sie damit im wesentlichen die gleichen Probleme an. Auch Tannens Auffassung brachte eine Saite zum Klingen. Kritiker argumentieren, die vorgeschlagenen Geschlechtsunterschiede stellten praktische »Klischees« dar, denen die Leute nicht widerstehen könnten, aber selbstverständlich ist es auch möglich, daß diese Ideen eben deswegen so verbreitet sind, weil sie tieferliegende Wahrheiten über uns widerspiegeln.

Zumindest ein Geschlechtsunterschied kommt so früh zum Ausdruck – am allerersten Tag des Lebens –, daß man die Zivilisation als Erklärung ausschließen kann. Neugeborene schreien, sobald andere Babys schreien. Das ist nicht nur eine Frage der Lärmempfindlichkeit, da Babys auf diese Laute weit nachhaltiger reagieren als auf gleich laute computersimulierte Schreie oder Tierrufe. Ihre Reaktion wird als Ausdruck einer emotionalen Ansteckung betrachtet, von der man glaubt, sie liefere die Voraussetzungen für Empathie. Untersuchungen zeigen bei weiblichen Kleinkindern durchwegs einen höheren Grad emotionaler Ansteckung als bei männlichen.

Auch wenn sie älter sind, scheint bei Frauen das Einfühlungsvermögen höher entwickelt zu sein. Auf der Grundlage umfangreicher Untersuchungen kommt Martin Hoffman zu dem Schluß, beide Geschlechter seien zwar gleichermaßen in der Lage, die Gefühle anderer einzuschätzen, Mädchen und Frauen würden jedoch von dem sich daraus ergebenden Wissen stärker *beeinflußt:* »Frauen sind möglicherweise besser in der Lage, sich vorzustellen, was dem anderen geschieht, passiere ihnen selber; oder, genauer gesagt, sich vorzustellen, wie sie sich fühlen würden, wenn die auf den anderen einwirkenden Reize sie selbst beträfen.«[23]

Es ist möglich, daß Jungen und Mädchen unterschiedliche Spiele vorziehen, unterschiedliche soziale Netzwerke aufbauen und unterschiedliche moralische Vorstellungen entwickeln, weil sie mit psychologischen Unterschieden zur Welt kommen, die in der Folge durch das soziale Umfeld verstärkt oder modifiziert werden. Nach dieser Ansicht formen Kultur und Erziehung Geschlechterrollen, indem sie auf genetische Prädispositionen einwirken. Sollte dies der Fall sein, erheben sich zwei grundsätzliche Fragen. Erstens, warum unterstützen die Menschen diese speziellen Geschlechtsunterschiede offenbar? Warum bringt man Mädchen bei, einfühlsam und entgegenkommend zu sein, und warum werden Jungen gedrängt, loszuziehen und sich im Wettstreit mit anderen Jungen zu beweisen? Ist es nur einfacher, Vorgegebenes zu verstärken, als soziales Verhalten in eine andere Richtung zu lenken, oder sind alle menschlichen Gesellschaften so strukturiert, daß es naheliegend oder notwendig ist, Männer und Frauen ihre besondere Rolle spielen zu lassen? Diese Frage sollten sich sowohl Entwicklungspsychologen als auch Soziologen und Anthropologen stellen.[24]

Die zweite Frage ist, welchen evolutionären Grund diese Unterschiede haben. Warum werden Frauen mit einer ausgeprägteren Empfänglichkeit für die Gefühle eines anderen geboren, und warum sind Männer stärker an Wettstreit und Status orientiert? Ergeben diese Unterschiede vom Biologischen her einen Sinn? Die kurzgefaßte Antwort lautet ja. Die ausführliche Antwort lautet, daß es immer gefährlich ist, in Typisierungen zu denken, und daß wir eben nur *durchschnittliche* Neigungen vergleichen. Diese Neigungen könnten jedoch auf lange Sicht zum reproduktiven Erfolg beigetragen haben – sowohl auf Seiten der Männer, die auf einen bestimmten Status angewiesen sind, um bei Frauen Erfolg zu haben, wie auch seitens der Frauen, deren Nachkommen ohne fortwährende Fürsorge und Zuwendung keine Überlebenschance hätten.

Wenn wir das Problem auf diese Ebene verlagern, vergleichen wir nicht länger moralische Vorstellungen, sondern grundlegende psychologische Eigenschaften, die im Verlauf der Evolution Männern wie Frauen förderlich gewesen sein könnten.

Emotionale Nabelschnur versus Konfliktfesselung

Selbst wenn die heutige Gesellschaft die beträchtlichen Fähigkeiten der Männer beim Großziehen von Kindern betont, läßt sich doch nicht leugnen, daß praktisch bei allen Primatenspezies vor allem oder ausschließlich Frauen sich um die Kleinen kümmern. Verantwortung für ein völlig hilfloses und verletzliches Mitglied der Spezies, das auf Ernährung, Transport, Wärme, Behaglichkeit und Schutz angewiesen ist, stellt offensichtlich einen Ausgangspunkt für die Entwicklung des Einfühlungsvermögens in die Bedürfnisse anderer dar. Schon der leiseste, oft kaum hörbare Klageruf wird von der Mutter wahrgenommen und läßt sie entweder die Lage des Kindes oder ihre eigene Haltung verändern, damit das Kleine besser an die Brustwarzen kommt, oder bringt sie dazu, es so auf ihrem Bauch oder Rücken sicherer und bequemer festzuhalten. Tut sie dies nicht, so kann dies das Kind das Leben kosten, wie wir leider bei einer tauben Schimpansenfrau erleben mußten, der es nie gelang, ihre Nachkommen großzuziehen. Obwohl sie fasziniert war von den Kleinen, setzte sie sich aus Versehen auf sie, ohne es zu merken, oder ließ sie lange Zeit nicht trinken, weil sie ihr Klagen einfach nicht hörte.

Eine Primatenmutter ist nie frei, denn sie ist mit einer emotionalen Nabelschnur an ihre Nachkommen gebunden. So kann es sein, daß ihr Kind schläft oder trinkt, wenn sie eigentlich weiterziehen möchte, oder daß sie selber sich gerade ausruht, wenn ein in Jungtiere vernarrtes, unbeholfenes junges Weibchen versucht, ihr Kleines zu entführen. Dann allein das Gewicht, wenn der Sprößling größer wird. Es mag ja ein drolliger Anblick sein, wenn ein Affenjunges sich mit Händen und Füßen an das Fell seiner Mutter klammert und kopfüber an ihrem Bauch hängt, aber für sie es muß eine quälende Last darstellen. Oft bekommen die Weibchen Schwierigkeiten mit ihren Kleinen, wenn sie versuchen, die kleinen geballten Fäuste gewaltsam zu öffnen; dann tut das Junge möglicherweise lautstark seinen Protest kund, weil es nicht die geringste Lust hat, auf das Getragenwerden zu verzichten. Hin- und hergerissen zwischen dem Bedürfnis weiterzuziehen und der Unmöglichkeit, das Kleine zurückzulassen, geben Mütter fast immer nach und schleppen die Last weiter mit sich herum.

Auch wenn die Jungen sich selbständig fortzubewegen beginnen, müssen die Mütter immer auf der Hut sein, um sie vor einem Angriff oder gegen Raubtiere zu schützen und ihnen zu helfen, wenn sie nicht flink genug sind. Bei einigen auf Bäumen lebenden Spezies setzen Mütter ihren Körper als Brücke ein, indem sie sich mit den Füßen (oder dem Schwanz) an den Zweigen des einen Baumes und mit den Händen am anderen festklammern. Einmal beobachtete ich das bei einem Muriki hoch oben im Blätterdach des brasilianischen Urwalds. Die amerikanische Primatologin Karen Strier sah viele solcher lebenden Brücken und beschreibt sie folgendermaßen:

»Jungtiere fangen an zu kreischen, sobald ihre Mütter Anstalten machen, ihnen das schwierige Weiterkommen von einem Baum zum nächsten selber zu überlassen. Nur äußerst ungern versuchen sehr kleine Junge, auf eigene Faust große Abstände zwischen den Bäumen zu überwinden, während größere Murikis sich mühelos von Ast zu Ast schwingen oder einfach hinüberspringen. Oft reagieren die Muttertiere dann auf das Schreien ihrer Sprößlinge, indem sie mit ihrem Körper eine Brücke für das Junge bilden, damit es hinüberklettern kann. In den frühen Entwöhnungsphasen nützen junge Murikis diese Gelegenheiten, um sich an ihrer Mutter festzuklammern. Später allerdings rennen sie über den Rücken ihrer Mutter, ohne auch nur den Versuch zu unternehmen, sich einen Ritt zu ergaunern.«[25]

Angesichts der Tatsache, daß die Pflege der Jungen bei der Aufzucht von grundlegender Bedeutung ist und daß das Bedürfnis, für sie zu sorgen, in den nahezu zweihundert Millionen Jahren der Evolution der Säugetiere jedem Muttertier – von der winzigsten Maus bis zum größten Wal – eigen war, ist es nicht weiter verwunderlich, wenn auch die Frauen unserer Spezies Intimität, Fürsorglichkeit und gegenseitige Hingabe einen großen Wert beimessen. Dies läßt sich am Stil der elterlichen Fürsorge ablesen (mütterliche Liebe ist bedingungslos, die des Vaters wohldosiert), aber auch, wie Gilligan betont, am Umgang mit moralischen Problemen. Nicht personenbezogene Vorstellungen von »richtig« und »falsch« spielen bei Frauen keine allzu große Rolle; vielmehr neigen sie eher zu Kompromissen, bei denen die sozialen Beziehungen intakt bleiben.

Die moralische Einstellung von Männern, die auf Regeln und Autorität beruht, ergibt sich unmittelbar aus einer Orientierung an Dominanz. Immer wenn Männer sich zusammentun – beim Militär, in Geheimbünden, in religiösen Gemeinschaften, im Gefängnis, in Vereinen –, werden binnen kurzem hierarchische Beziehungen festgelegt, um einen Rahmen zu schaffen, in dem Männer offenbar am besten zusammenarbeiten. Obwohl Hierarchie auf Wettstreit gründet, ist sie im Grunde ein Mittel zur Kooperation und sozialen Integration. Einen Streit vom Zaun zu brechen kann für Männer eine Möglichkeit darstellen, Kontakt aufzunehmen, einander auf die Probe zu stellen und so einen ersten Schritt auf eine Freundschaft hin zu unternehmen. Diese Bindefunktion ist den meisten Frauen fremd, die hinter einer Auseinandersetzung immer die Gefahr einer Entzweiung wittern. Wenn ein offener Streit ausbricht, ist bei Jungen und Männern die Wahrscheinlichkeit größer, daß sie sich anschließend versöhnen, wie Janet Levers Untersuchung des Spielverhaltens zeigt. Entsprechend fand eine finnische Forschungsgruppe heraus, daß Groll bei Mädchen länger anhält als bei

Jungen[26], und Tannen berichtet von freundlichen Plaudereien unter Männern, nachdem sie sich vorher gestritten haben:

»Die meisten Frauen sehen in Konflikten eine Bedrohung von Bindung, die um jeden Preis vermieden werden sollte. Sie regeln Meinungsverschiedenheiten am liebsten ohne direkte Konfrontation. Aber für viele Männer sind Konflikte ein notwendiges Mittel der Statusaushandlung, das sie akzeptieren und unter Umständen sogar bereitwillig und freudig in Kauf nehmen.«[27]

Auch bei Schimpansen sind Männer das hierarchischere Geschlecht, und sie versöhnen sich leichter als Frauen. Diese sind relativ friedlich; wenn sie sich jedoch auf einen offenen Konflikt einlassen, sind die Chancen einer anschließenden Wiederherstellung der Beziehung gering. Anders als Männer vermeiden Frauen einen Streit mit Artgenossinnen, zu denen sie eine enge Beziehung haben, etwa mit ihren Nachkommen oder engsten Freundinnen, während sie im Kampf mit einer Rivalin ihrer Aggression freien Lauf lassen. Bei einer Gruppenbildung in Gefangenschaft kommt es, wie man beobachtet hat, bei Frauen öfter zu Versöhnungen – Frieden zu schließen liegt also durchaus im Bereich ihrer Fähigkeiten; aber normalerweise durchlaufen in funktionierenden Gruppen die Männer ganze Zyklen von Konflikt und Versöhnung. Sie stellen ihre Hierarchie auf die Probe oder bestätigen sie, wobei sie gleichzeitig die gegen benachbarte Gemeinschaften erforderliche Einheit aufrechterhalten.[28]

Schimpansen und Menschen scheinen daher hinsichtlich ihrer Einstellung zu Wettkampf, Status und der Aufrechterhaltung sozialer Bindungen grundlegende Geschlechtsunterschiede gemeinsam zu sein. Bei beiden Spezies sollte man sich allerdings vor einfachen Dichotomien hüten, da ein hohes Maß an Abweichungen gegeben ist. Mit Ausnahme des Säugens von Nachkommen sind Männer zu jeglicher für Frauen charakteristischen Verhaltensweise fähig und umgekehrt. Man weiß beispielsweise von Schimpansenmännern, die verwaiste Jungen adoptierten und für sie sorgten, und an Frauen kennt man Einschüchterungsmethoden, die genauso beeindruckend sind wie das Imponiergehabe von Männern. Alles hängt ganz von den jeweiligen Umständen ab. Meistens folgen Geschlechtsunterschiede einem spezifischen, erkennbaren Muster; in einer Umwelt, die andere Reaktionen erfordert, können jedoch beide Geschlechter sich anpassen.[29]

Dementsprechend finden wir in modernen Gesellschaften Haushalte, die von alleinstehenden Vätern geführt werden, und es gibt Frauen, die ihren Weg nach ganz oben machen. Daß solche Geschlechtsunterschiede von der

Kultur abhängig sind, hat Feministinnen und Sozialwissenschaftler – zumindest eine Zeitlang – zu der Ansicht verleitet, die Biologie spiele überhaupt keine Rolle, als würde der offenkundige Einfluß eines Faktors in irgendeiner Weise den eines anderen ausschließen.

Carol Gilligan, der diese komplizierten Zusammenhänge sehr wohl bewußt sind, schwächt ihre Position gegen Ende ihres Buches ab und stellt fest, mit zunehmender Reife bewegten beide Geschlechter sich von den Extremen weg. Frauen geben nicht mehr der Fürsorglichkeit – ursprünglich als Bemühen definiert, anderen nicht weh zu tun – den absoluten Vorrang, sondern beziehen auch Prinzipien der Gleichheit und individuelle Rechte mit ein. Männer begreifen allmählich, daß es keine absoluten Wahrheiten gibt und daß nicht alle Menschen die gleichen Bedürfnisse haben. Das Ergebnis ist ein abgewogeneres Urteil bzw. eine Ethik der Großmütigkeit. Die Verflechtung dieser Stränge von Moralität ist das Ergebnis des Bemühens beider, Männer wie Frauen, die voneinander lernen, daß es verschiedene Standpunkte gibt, von denen aus man Probleme angehen kann, und daß man Moral weder auf ein Regelwerk noch auf nichts weiter als Warmherzigkeit und Sympathie reduzieren kann.

Primus inter pares

Wenn die Männer derart hierarchisch orientierte Wesen sind, wie erklären wir dann, was Anthropologen als »egalitäre« Gesellschaften bezeichnen, etwa die Navajo-Indianer, die Hottentotten, die Mbuti-Pygmäen, die !Kung san und die Eskimos? Von Jägern/Sammlern bis hin zu agrikulturellen Gemeinschaften schließen viele kleinere Kulturen angeblich jegliche Unterschiede – außer vielleicht zwischen den Geschlechtern und zwischen Eltern und Kind – hinsichtlich Reichtum, Macht und Status aus. Die Betonung liegt auf Gleichheit und Teilen. Nachdem es durchaus im Bereich des Möglichen liegt, daß unsere Vorfahren Millionen Jahre so gelebt haben, könnte es da nicht sein, daß hierarchische Beziehungen doch nicht so prototypisch sind wie angenommen?

Statusunterschiede fallen jedoch nie ganz unter den Tisch. Statt überhaupt keine Hierarchie zu haben, besetzen egalitäre Gesellschaften das eine Ende des Spektrums von Herrschaftsstilen, das von Toleranz bis zur Tyrannei reicht. *Herrschaftsstil* bezieht sich auf das Maß an Kontrolle, das ranghöhere Individuen über rangniedrigere ausüben – und umgekehrt. Ein egalitärer Herrschaftsstil ist die Folge einer politischen Einflußnahme von unten, die die Macht und die Privilegien der Spitze einschränkt. Wenn der Sinn für soziale Regelhaftigkeit in unserer Spezies unter dem Namen des Gerechtigkeitssinns läuft, so eben aus dem Grund, weil wir eine Neigung zur Gleichstellung haben. Ab und zu entledigen wir uns unbeliebter Machthaber oder kritisieren sie zumindest und geben ihnen zu verstehen, daß unser Gehorsam Grenzen hat. Zugegeben, für lange Perioden der Geschichte gibt es wenig Hinweise auf Gleichheit – Gleichheit und Gerechtigkeit gelten gelegentlich als Erfindungen aus jüngster Zeit –, doch die Existenz sogenannter egalitärer Gesellschaften legt den Schluß nahe, daß wir diese Neigung schon ziemlich lange haben.

Unterschiede im Herrschaftsstil lassen sich sogar innerhalb eines so relativ kleinen Kulturkreises wie Westeuropa feststellen. Die Bewohner bestimmter Regionen stehen in dem Ruf, fast militärisch-hierarchisch organisiert zu sein, andere, daß sie krasse Klassenunterschiede aufrechterhalten, und wieder andere, daß sie jeden, der zur Selbstverherrlichung neigt, in die Schranken weisen. Möglicherweise gibt es dafür ökologische Erklärungen. So seltsam es klingen mag, die Abneigung der Holländer gegen Aristokratie wurde mit ihrem Leben unterhalb des Meeresspiegels in Verbindung gebracht. Der fortwährende Kampf, das Land vor Überschwemmungen zu schützen, schuf ein machtvolles gemeinsames Interesse, vor allem unter der ständigen Bedrohung durch Sturmfluten im fünfzehnten und sechzehnten Jahrhundert. Jeder Bürger mußte mit anpacken und mitten in der Nacht Sandsäcke schleppen, wenn ein Deich zu brechen drohte. Wer seinen Status über die Pflicht stellte, wurde praktisch von allen Privilegien ausgeschlossen. Die von einem berühmten Ingenieur jener Zeit zum Ausdruck gebrachte Verachtung für die »leicht Beschuhten und die Wappenrock und feine Pelzmäntel Tragenden, die an den Deichen nichts wert sind«[30], wurde so sehr zu einem Teil der holländischen Kultur, daß noch heute die Monarchie jegliches Gepränge und jede großartige Zurschaustellung meidet.[31]

Analog zu dieser kulturell bedingten Vielfalt lassen sich auch innerhalb der Primatenordnung Unterschiede im Herrschaftsstil erkennen. Wiederum machte als erster Abraham Maslow auf dieses Phänomen aufmerksam. Die Veröffentlichung seiner Beobachtungen wurde um Jahre verzögert, da führende Primatologen seiner Zeit andere Ansichten vertraten als er. (Maslow spielt auf ihre Einwände an, geht jedoch nicht näher darauf ein, worauf sie sich genau bezogen.) Er hatte jedoch vollkommen recht, die von ihm so bezeichnete »Herrschaftsqualität« bei Schimpansen und Rhesusaffen einander gegenüberzustellen. Zwei unterschiedlichere Temperamente lassen sich kaum finden.

Bei Rhesusaffen, so Maslow, stellen die Dominanten ihre Vorrechte über alles andere und haben nicht die geringste Scheu, einen Untergeordneten zu bestrafen, weil er sich irgendwelche Freiheiten herausgenommen hat. Der wiederum lebt in ständiger Furcht. Was für ein Unterschied zu den Schimpansen! Bei ihnen verhält der Dominante sich oft als Freund und Beschützer des Untergeordneten: sie teilen die Nahrung miteinander, und es kann passieren, daß ein verschüchterter Rangniedriger sich schnurstracks in die Arme des Dominanten flüchtet. Darüber hinaus wird Individuen mit niedrigem Status ein bemerkenswerter Freiraum zugestanden, um ihren Gefühlen Ausdruck zu verleihen. Mit einigem Vergnügen berichtet Maslow, wie eine junge Schimpansin die Versuche des dominantesten Affen, ihr die Freundin abspenstig zu machen, so satt hatte, daß sie schließlich den großen Mann angriff und mit den Fäusten auf ihn eintrommelte. Seine Reaktion war – er rannte lachend weg (Schimpansen geben beim Spielen heisere Lachgeräusche von sich), als amüsiere er sich über ihre Kühnheit! Wie Maslow zu Recht anmerkt, wäre ein derart unbotmäßiges Verhalten eine Rhesusäffin teuer zu stehen gekommen.

Maslows Untersuchung hatte jedoch nur sehr begrenzten Aussagewert, nicht zuletzt, weil seine Schimpansen ziemlich jung waren (vielleicht bezog die Kritik gegen seine Abhandlung sich darauf). Doch selbst die Rangordnung erwachsener Schimpansen ist nie so streng und starr wie bei den Rhesusaffen. Tatsächlich vorhandene gravierende Unterschiede werden durch Platitüden der Art, bei allen Primaten gäbe es Beziehungen der Dominanz und Unterordnung, nur vertuscht.

Um diese Vielfalt richtig einzuschätzen, brauchen wir gar nicht so weit entfernte Verwandte wie Rhesusaffen und Schimpansen zu betrachten. Rhesusaffen sind auch im Vergleich zu einigen Angehörigen ihrer Gattung, etwa den Bärenmakaken, regelrechte Despoten. Letztere scheinen Harmonie mehr Wert beizumessen als irgendwelchen Vorrechten. Im Vergleich zu den Rhesusaffen toleriert ein dominanter Bärenmakak einiges mehr, einschließlich Gegendrohungen bei einem Streit; er findet auch nichts dabei, Schulter an Schulter mit Untergeordneten zu essen oder zu trinken. Bärenmakaken groomen einander auch häufiger und verstehen sich mit am besten darauf, nach einem Streit wieder Frieden zu schließen.

Laut den Soziökologen, die soziale Gegebenheiten anhand der natürlichen Umwelt erklären, ist die optimale Voraussetzung für die Entwicklung eines Egalitarismus ein Angewiesensein auf Kooperation in Verbindung mit der Möglichkeit, die Gruppe zu verlassen. Die erste Bedingung ist dem Kampf der Holländer gegen das Meer nicht unähnlich: nichts fördert Einheit und Toleranz so sehr wie ein gemeinsamer Feind. Die Notwendigkeit zusammenzuarbeiten kann sich auf die physische Umwelt, auf Raubtiere oder feindliche Gruppen derselben Spezies beziehen. Die zweite Voraussetzung – die Freiheit zu gehen – hängt vom Ausmaß des Risikos, außerhalb der Gruppe angegriffen zu werden, und der Bereitschaft benachbarter Gruppen ab, neue Mitglieder aufzunehmen. Besteht sowohl eine wechselseitige Abhängigkeit als auch eine realistische Chance wegzugehen, tun Dominante besser daran, »nett« zu ihren Artgenossen zu sein, wenn sie nicht plötzlich alleine dastehen wollen. Umgekehrt gilt natürlich das gleiche: wenn Untergeordnete nirgendwo hinkönnen, werden die Dominanten sie ungestraft ausnützen und terrorisieren.[32]

Außer den Untergeordneten steht eine Möglichkeit offen, sich zusammenzutun: die Bildung von Koalitionen, charakteristisch für die Ordnung der Primaten, nimmt absoluter Macht die Spitze. Ursprünglich dienten Allianzen hauptsächlich dem Zweck, Kontrolle über andere zu erlangen, beispielsweise wenn Äffinnen ihren jüngeren Verwandten halfen, die soziale Stufenleiter zu erklimmen. Die Strategie ermöglicht es allerdings niedrigeren Rängen auch, sich gegen Herrscher zu erheben und sie zu stürzen. Das läßt sich bereits bei den Schimpansen beobachten, bei denen die Kooperation gegen Dominante bei weitem nicht so ungewöhnlich ist wie bei Makaken und Pavianen. So entwickelten Koalitionen sich von einem Mittel zur Herausbildung und Stützung der Hierarchie zu einem Werkzeug, sie zu schwächen.

In egalitären Gesellschaften werden die Versuche von Männern, andere zu beherrschen, systematisch durchkreuzt. Die von den »Untergeordneten« eingesetzten Waffen sind Spott und Hohn, Manipulierung der öffentlichen Meinung und Ungehorsam. Der prahlerische Jäger wird durch Witze über seinen miserablen Fang lächerlich gemacht, und dem Möchtegernboß, der versucht, andere herumzukommandieren, gibt man ohne Umschweife zu verstehen, wie erheiternd seine Ansprüche sind. Auf diese Weise wird die Macht der Führer durch eine Allianz von unten eingeschränkt. Der amerikanische Kulturanthropologe Christopher Boehm (der sich später der Erforschung von Schimpansen zuwandte) befaßte sich mit diesen Nivellierungsmechanismen. Er stellte fest, Oberhäupter, die zu überheblich werden

Hilfe von einem Freund

Wenn Futter gebracht wird, stellt dies für Primaten, die die Nahrung miteinander teilen, ein freudiges Ereignis dar, das Betteln und eine einigermaßen gerechte Verteilung nach sich zieht. Schimpansen und Kapuzineraffen bilden in dieser Hinsicht eine Ausnahme: nur wenige andere Primaten teilen so bereitwillig mit anderen außerhalb der Einheit Mutter-Kind. Eine etwas weiter verbreitete Form gegenseitiger Hilfe ist die Bildung von Koalitionen: die meisten Primaten unterstützen bei einem Kampf jeweils eine Partei.

Die Politik der Schimpansen beruht auf Koalitionenbildung. Hier tun sich im Verlauf einer Auseinandersetzung zwei erwachsene Männer zusammen. Nikkie (hinten) wurde mit Hilfe des älteren Yeroen Alphamann. Nikkie besteigt Yeroen, und beide brüllen den gemeinsamen Rivalen an *(Arnheim-Zoo)*.

Wenn Futter kommt, feiern dies die Schimpansen. Sie umarmen einander, johlen laut – hier ein erwachsener Mann – und verbreiten in der ganzen Kolonie Feststimmung. Schößlinge von Brombeerstauden, ein besonders beliebtes Gericht, werden wegen der Dornen mit zurückgezogenen Lippen verspeist (gegenüberliegende Seite) *(Yerkes Field Station)*.

Gwinnie (links) streckt Mai, die einen schmackhaften Leckerbissen verzehrt, die offene Hand entgegen. Da Gwinnie selber nicht besonders gerne teilt, haben die anderen wenig davon, wenn sie ihr etwas zukommen lassen. Gwinnies Betteln bleibt daher oft erfolglos *(Yerkes Field Station)*.

Eine Gruppe von vier Schimpansen und einem Jungen (teilweise unter der Nahrung verborgen), die das Futter miteinander teilen, das der Schimpansenfrau rechts oben (die auch die Mutter des Jungen ist) gehört. Die Frau links unten streckt versuchsweise zum ersten Mal die Hand aus; ob sie etwas abbekommt, hängt von der Reaktion der Besitzerin ab *(Yerkes Field Station)*.

Nicht immer wird Nahrung auf dem Weg passiven Duldens verteilt. Hier verfüttert eine erwachsene Schimpansenfrau aktiv ein Stück Zuckerrohr an einen nicht mit ihr verwandten Jugendlichen *(Yerkes Field Station)*.

Das Teilen von Nahrung ist ein höchst selektiver Vorgang: nur die Hälfte der Interaktionen führt dazu, daß der Betreffende tatsächlich teilt *(Yerkes Field Station)*.

Schimpansen beobachten durch ein Fenster, was Gruppenmitglieder bei einem unserer Nahrungstest möglicherweise entdeckt haben. Im Verlauf dieser Experimente reichen gelegentlich diejenigen, die etwas zu fressen haben (von innen), durch das Fenster einen Teil davon an die Angehörigen der Kolonie, die draußen warten *(Yerkes Field Station)*.

Ein erwachsener Schimpansenmann im afrikanischen Regenwald verspeist einen Roten Stummelaffen. Das Fangen einer derart beweglichen Beute erfordert enge Zusammenarbeit und Arbeitsteilung bei den jagenden Schimpansen (Mit freundlicher Genehmigung von Christophe Boesch; *Taï National Park, Elfenbeinküste*).

Bei Pavianen sind die Kommunikation beim Jagen und das Teilen der Beute nicht so weit fortgeschritten wie bei Schimpansen. Als ein Steppenpavianweibchen auf ein Gazellenkitz stieß, setzte es sich daneben und warf wiederholt einen Blick auf seine Gruppe, die sich in einiger Entfernung aufhielt. Zu der Schar gehörten auch erwachsene Männchen, die zweifelsohne das Kitz getötet hätten, wenn sie etwas davon gewußt hätten. Das Weibchen entfernte sich wieder, ohne ihm etwas angetan zu haben *(Gilgil, Kenia)*.

Eine der vielen Eigenschaften, die Kapuzineraffen mit Schimpansen gemein haben, ist das Teilen von Nahrung. Hier macht ein junger Kapuzineraffe die charakteristische Bettelgeste. Er preßt sein Gesicht an das Futter des erwachsenen Männchens und streckt eine geöffnete Hand aus *(Yerkes Primate Center)*.

Trotz ihrer Gutmütigkeit lassen Bärenmakaken es nicht zu, daß Rangniedere ihnen Futter aus der Hand nehmen und selber fressen. Wenn das Alphamännchen frißt, kommen alle, um zuzusehen, aber keiner bekommt etwas ab. Diese Spezies kennt auch keine Bettelgesten *(Wisconsin Primate Center)*.

Rhesusaffen haben eine Begabung für aggressive Kooperation. Meist bilden sie Koalitionen, um ihre Stellung innerhalb der Gruppe zu verbessern, aber gelegentlich tun sie sich auch gegen Angehörige einer anderen Spezies zusammen – hier gegen einen Hund. Zuerst bedroht ein erwachsenes Männchen den Hund auf eigene Faust. Als es damit keinen Erfolg hat, ruft es einen Freund zu Hilfe, und zusammen verjagen sie den Feind *(Gruppe auf einer Farm in Wisconsin)*.

Drei Rhesusweibchen der dritten Matrilinie stellen sich gegen ein einzelnes Mitglied der zweiten (von hinten zu sehen). Obwohl noch kaum erwachsen, weicht dieses Weibchen nicht von der Stelle, sondern droht seinerseits. Geriete es in Schwierigkeiten, würde in Windeseile ihre gesamten Matrilinie auf die Gegner losgehen *(Wisconsin Primate Center)*.

Freundschaft zwischen Pavianen kommt oft in einer wechselseitigen Unterstützung von Männchen und Weibchen zum Ausdruck. Ein ortsansässiges Pavianmännchen (Mitte) verteidigt ein Weibchen gegen einen Fremden (links). Der Außenseiter, der erst vor kurzem zu der Schar stieß, jagte zuerst hinter dem Weibchen her, das schnurstracks zu seinem Beschützer lief und sich hinter seinem Rücken versteckte, während es seinen Angreifer ankreischte *(Gilgil, Kenia)*.

Drei erwachsene Gelbe Pavianmännchen geraten heftig aneinander. Das Männchen links reagiert mit Kreischen auf das drohende Starren mit gerunzelter Stirn der beiden anderen. Das Männchen im Vordergrund war früher der Verbündete des bedrohten Männchens, hat aber seit kurzem damit begonnen, sich mit dem Männchen im Hintergrund zu verbünden. Das schreiende Männchen wird also mit einer unangenehmen Veränderung der politischen Realität konfrontiert (Mit freundlicher Genehmigung von Ronald Noë; *Amboseli National Park, Kenia*).

oder sich zu herrisch gebärden, die Nahrungsmittel oder andere Güter nicht teilen oder Privatabmachungen mit Außenstehenden treffen, büßen schnell Respekt und Unterstützung ein.[33]

In Extremfällen bezahlen sie das mit ihrem Leben. Ein Buraya-Häuptling, der sich den Herdenbestand anderer Männer aneignet und ihre Frauen zu sexuellen Beziehungen zwingt, läuft Gefahr, getötet zu werden; das gleiche gilt für einen Kaupaku-Führer, der seine Privilegien mißbraucht. Boehm berichtete von derlei – gelegentlich heimlich vorgenommenen – Hinrichtungen bei zehn von den achtundvierzig von ihm untersuchten Kulturen. Der Autor geht sogar so weit, von einer »umgekehrten Hierarchie« zu sprechen; das bedeutet, die Führer werden in Wirklichkeit von ihren Gefolgsleuten beherrscht. Gegen diesen Begriff erheben andere Wissenschaftler Einwände, und zwar weil er die Tatsache ignoriert, daß bei aller Nivellierung der Hierarchie ein Führer trotzdem ein Führer bleibt. David Erdal und Andrew Whiten erklären: »Da man Oberhäuptern in bestimmten Situationen nach wie vor Respekt entgegenbringt, wird die bestehende Hierarchie nicht wirklich umgestoßen, sondern man verhindert eher, daß sie sich über diese speziellen Situationen hinaus, in denen Führerschaft erforderlich ist, ausdehnt.«[34]

Mit anderen Worten: in egalitären Gesellschaften ist es gewissen Männern erlaubt, sich als Oberhaupt zu verhalten, weil ein Überleben ohne jegliche Führerschaft schwieriger ist als ein begrenzter Grad an Ungleichheit. Ein Bereich, in dem das Bedürfnis nach Führerschaft am deutlichsten spürbar wird, ist die Beilegung von Streitigkeiten innerhalb der Gruppe. Was gibt es für eine bessere Möglichkeit, um die Situation in den Griff zu bekommen und zu verhindern, daß alle Gemeinschaftsmitglieder Partei ergreifen – und so alles nur noch schlimmer machen –, als einen einzelnen mit der entsprechenden Autorität auszustatten? Er kann den Interessen der Gemeinschaft Geltung verschaffen, indem er bei Unstimmigkeiten gerechte Lösungen findet.

Die Konfliktbewältigung von oben beschränkt sich nicht auf unsere Spezies. Irwin Bernstein beschrieb als erster die *Kontroll-Rolle* von Affen: Alphamännchen reagieren aggressiv auf Störungen von außen, etwa durch Raubtiere oder andere Gruppen, aber auch auf innere Unruhen, etwa Konflikte innerhalb der Gruppe. Letztere werden durch direktes Eingreifen beigelegt, oft durch ein Verjagen des Angreifenden. Die Wirksamkeit von Kontrollmaßnahmen ist allerdings sehr unterschiedlich. Ich habe Alphamännchen erlebt, die einem Streit Einhalt gebieten konnten, indem sie lediglich die Augenbrauen hochzogen oder nur einen Schritt nach vorne machten, während andere, sobald sie sich einmischten, die Situation nur verschlimmerten. Kompetente Kontrolle erfordert spezielle Fähigkeiten, etwa genau im richtigen Augenblick einzuschreiten und dabei genau das richtige Maß an Gewalt anzuwenden – genug, um Respekt zu gebieten, aber nicht so viel, daß alle besser dran wären, wenn man sie in Ruhe gelassen hätte.

Individuelle Verschiedenheiten hinsichtlich der Wirksamkeit eines Eingreifens, und die Tatsache, daß in einigen oft untersuchten Spezies die Kontroll-Rolle kaum entwickelt ist, führten zu ernstlichen Vorbehalten gegenüber dem gesamten Konzept. Dennoch, es gibt etliche Spezies (Bärenmakaken, Gorillas und Schimpansen), bei denen sich schwerlich bezweifeln läßt, daß hochrangige Individuen immer wieder mit Erfolg Konflikte schlichten. Die eindrucksvollsten Beweise liefern die Schimpansen, deren friedenstiftende Einmischungen Boehm im Gombe-Nationalpark und ich bei Schimpansen in Gefangenschaft dokumentierte. Normalerweise beenden dominante Schimpansen Kämpfe entweder durch Unterstützung des Unterlegenen oder durch unparteiisches Eingreifen. Mit gesträubtem Fell postieren sie sich zwischen den beiden Streitenden, bis diese aufhören zu schreien, scheuchen sie mit Imponiergehabe auseinander oder reißen aneinander geklammerte Gegner mit beiden Händen buchstäblich auseinander. Ihr Hauptanliegen scheint eher zu sein, den Feindseligkeiten ein Ende zu machen, als die eine oder die andere Partei zu unterstützen. Das folgende Zitat aus *Unsere haarigen Vettern* veranschaulicht, wie Luit binnen weniger Wochen, nachdem er in den Alpharang aufgestiegen war, die Kontroll-Rolle übernahm.

»So schossen Mama und Spin einmal bei einem Streit übers Ziel hinaus und fingen einander zu schlagen und zu beißen an, woraufhin zahlreiche Affen herbeigelaufen kamen und sich ins Getümmel stürzten. Binnen kurzem wälzte sich ein riesiger Knäuel kämpfender, kreischender Tiere im Sand, bis Luit dazwischensprang und sie buchstäblich auseinanderprügelte. Im Gegensatz zu den anderen ergriff er für keine der beiden Seiten Partei, sondern versetzte allen, die nicht aufhören wollten zu raufen, einen derben Schlag. Noch nie zuvor hatte ich ihn so eindrucksvoll erlebt.«[35]

Das Besondere an der Kontroll-Rolle ist in erster Linie die Unparteilichkeit. Da meine Studenten und ich in Arnheim Tausende von solchen Einmischungen aufzeichneten, konnten wir die einzelnen Fälle statistisch mit Vorlieben für bestimmte Partner, wie sie beim Groomen und Zusammensein zum Ausdruck kamen, miteinander vergleichen. Während die meisten

Gruppenmitglieder ihre Verwandten, Freunde und Verbündeten bevorzugten, stellten Kontrollmänner insofern eine Ausnahme dar, als sie sich *über* die streitenden Parteien stellten.[36] Ihr Eingreifen schien darauf hinauszulaufen, wie sie am besten Ruhe und Frieden wiederherstellen, und nicht, wie sie ihren Freunden am wirksamsten helfen könnten. Da derlei Kontrolleingriffe keine Möglichkeit zu bieten scheinen, den Mächtigen hervorzukehren oder Parteien zu helfen, die die Gefälligkeit irgendwann einmal erwidern würden, ist das Hauptziel offenbar die Beilegung interner Unruhen. Die gleiche Einstellung beobachtete Boehm bei wilden Schimpansen:

»Nach der erfolgreichen Beilegung des Streits zieht sich derjenige, der die friedenstiftende Rolle übernommen hat, oft zurück und setzt sich hin oder nimmt eine unterbrochene Tätigkeit, etwa fressen, wieder auf, scheint jedoch bereit zu sein, erneut einzugreifen, wenn der Konflikt wiederaufflammt; Kämpfe werden regelmäßig abgebogen, beendet oder gemildert, wenn derlei Methoden ins Spiel kommen.«[37]

Das zweite Charakteristikum der Kontroll-Rolle betrifft den Punkt, daß offenbar keine Gegenleistung erwartet wird. Die wirksamste Methode, vorteilhafte Koalitionen zu festigen, wäre doch ganz offensichtlich eine Unterstützung der Mächtigen in der Gruppe, also derjenigen, die bei Kämpfen normalerweise den Sieg davontragen. Statt dessen greift der Kontrollmann oft in die kleinsten Kabbeleien unter Jungen ein, um den Jüngeren der beiden Gegner zu schützen. Bei Kämpfen zwischen Erwachsenen unterstützt er den Verlierer, etwa die von einem Mann angegriffene Frau – auch wenn der Mann zufällig sein bester Kumpel ist. Er scheint also nicht darauf auszusein, sich bei denjenigen beliebt zu machen, die in der Lage sind, ihm als Gegenleistung den größten Gefallen zu erweisen. In Wirklichkeit hätte ein Mann, der nach solchen Gesichtspunkten vorgeht, als Vermittler keinen großen Erfolg und stieße auf heftigen Widerstand.

Das erlebten wir, als Nikkie mit Yeroens Hilfe an die Spitze der Kolonie in Arnheim aufstieg. Der junge und unerfahrene Nikkie begünstigte, wann immer er eingriff, Yeroen und bestimmte hochstehende Frauen. Vielleicht aus diesem Grund und vielleicht auch wegen seiner Ungeschicklichkeit nahmen die Frauen Nikkies Einmischungen nicht besonders freundlich auf und bildeten oft Koalitionen, um ihn vom Schauplatz einer Auseinandersetzung fernzuhalten. Yeroens schlichtendes Eingreifen hingegen war unparteiisch und beherrscht und wurde bereitwillig akzeptiert. Binnen weniger Monate überließ Nikkie alle Kontrollaktivitäten dem älteren Mann.

Diese Entwicklung zeigte mir nicht nur, daß die Kontroll-Rolle auch vom zweiten oder stellvertretenden Führer ausgeübt werden kann, sondern daß auch die Gruppe ein Wörtchen mitzureden hat, wer sie übernimmt und wie er sie ausführt. Es scheint sich hier um einen jener Gesellschaftsverträge zu handeln, bei denen der einen Partei durch die Erwartungen der anderen Grenzen gesetzt werden. Infolgedessen könnte man die Kontroll-Rolle als eine Art Schirm betrachten, der die Schwachen vor den Starken schützt, jedoch von der gesamten Gemeinschaft gehalten wird. Es sieht so aus, als suche die Gruppe den erfolgreichsten Schlichter in ihrer Mitte und stelle sich dann mit ihrem ganzen Gewicht hinter ihn, um ihn bei der Wahrung von Frieden und Ordnung zu unterstützen. In diesem Sinne zahlt sich die Kontroll-Rolle also doch aus: die Gegenleistung kommt nicht von mächtigen Freunden, sondern von jenen, die auf den ersten Blick machtlos scheinen. In der Tat können Männchen in dieser Rolle ungeheuer von der Unterstützung durch die Basis profitieren, wenn ihre Position von den »zornigen jungen Männern« ihrer Spezies unter Beschuß genommen wird.

Ein weiterer Vorteil für das Kontrollmännchen könnte darin bestehen, daß es, indem es den Schwächeren von zwei Streitenden unterstützt, möglicherweise die Hierarchie unter sich nivelliert und so die Kluft zwischen sich und potentiellen Rivalen verstärkt. Seine Einmischungen vereiteln Versuche anderer hochstehender Individuen, ihre Position zu stärken. Zwar kann diese Taktik nicht alle beobachteten Kontrollaktivitäten erklären – oft weisen Kontrollmännchen Angreifer zurecht, die unmöglich eine Bedrohung für ihre Position darstellen können, beispielsweise wenn sie in eine Streiterei unter Jugendlichen eingreifen –, aber es ist ein zusätzlicher Vorteil, den es mit in Betracht zu ziehen gilt.

Die Trennung zwischen den sozialen Vorlieben eines Kontrollmännchens und der Art und Weise, wie es Konflikte innerhalb der Gruppe beilegt, ist einzigartig und stellt einen ersten Hinweis auf Gleichheit und Gerechtigkeit dar. Ein gerechter Führer ist nicht so leicht zu finden, daher liegt es im Interesse der Gemeinschaft, ihn so lange wie möglich an der Macht zu halten. Spannungen zwischen Müttern beispielsweise kommen unweigerlich zum Ausbruch, wann immer eine spielerische Balgerei zwischen Jungtieren zu gegenseitigem Haareausreißen, Stoßen und Treten und wildem Geschrei ausartet. Da jede Mutter dazu neigt, ihren Sprößling zu schützen, braucht sie sich dem Schauplatz nur zu nähern, damit sich der anderen Mutter – im wahrsten Sinne des Wortes – die Haare sträuben. Eine höhere Autorität, die sich mit Unparteilichkeit und einem Minimum an Kraftaufwand um derlei Probleme kümmert, stellt mit Sicherheit eine Erleichterung für alle dar.

Zwar können wir nicht soweit gehen, die Schimpansen als egalitär zu bezeichnen, aber mit Sicherheit hat sich die Spezies weit von einer Despotie in Richtung auf eine soziale Gliederung entwickelt, die Raum für Teilen, Toleranz und Koalitionen von unten bietet. Obwohl hochstehende Individuen unverhältnismäßig viele Vorrechte genießen und über großen Einfluß verfügen, hängt Dominanz bis zu einem gewissen Grad auch von einer Akzeptanz von unten her ab.

Ein Beispiel für akzeptierte Dominanz ist die Position des derzeitigen Alphamannes in unserer Schimpansengruppe in der Yerkes Field Station. Nach der Verlegung des früheren Alphamannes gesellten wir der Gruppe zwei neue erwachsene Männer bei. Die Frauen, die schon seit vielen Jahre zusammenlebten, lehnten beide ab (das heißt, die Männer mußten wegen schwerer Verletzungen behandelt werden). Einige Monate später brachten wir zwei neue Männer in die Gruppe. Einer wurde auf die gleiche Art und Weise empfangen, aber der andere Mann, Jimoh, durfte bleiben. Wenige Minuten nachdem er ins Gehege gebracht worden war, nahmen zwei ältere Frauen Kontakt mit Jimoh auf und groomten ihn kurz, und wenig später verteidigte eine der beiden ihn erbittert gegen einen Angriff der Alphafrau.

Jahre später entdeckten wir bei einer Überprüfung der Vorgeschichte aller Schimpansen, die in unserer Untersuchung erfaßt wurden, daß Jimoh früher mit ebendiesen beiden Frauen in einem anderen Gehege untergebracht gewesen war, ehe er ins Yerkes Center kam. Offenbar war dieser Kontakt, der mehr als vierzehn Jahre zurücklag, ausschlaggebend gewesen.

Jimoh ist, trotz seiner nicht ganz dreißig Jahre, außergewöhnlich klein – beträchtlich kleiner als einige der erwachsenen Frauen, die er mittlerweile infolge schierer Energie und Hartnäckigkeit dominiert. Jeden Tag führt er sein Imponiergehabe vor und setzt sich durch, gelegentlich unterstützt von seinen Freundinnen, aber zunehmend aus eigener Kraft. Eine nach der anderen begannen die Frauen sich vor ihm zu verbeugen und keuchend zu grunzen, und schließlich tat dies auch die Alphafrau. Jimoh übernahm auch die Kontroll-Rolle – ich habe nur wenige Männer kennengelernt, die so darauf bedacht sind, auch den kleinsten Streitigkeiten Einhalt zu gebieten, ehe sie außer Kontrolle geraten.

Nur sehr selten (etwa bei seinem weiter oben beschriebenen Angriff auf Socko) formiert sich die frühere weibliche Allianz gegen ihn. Derlei Vorfälle, bei denen Jimoh unweigerlich den kürzeren zieht, bestätigen, daß er nur dank der Akzeptanz der Frauen dominant ist, ein Machtgleichgewicht, das an die Regelung früher egalitärer Gesellschaften bei den Menschen erinnert. Die Beziehung dieses kleinwüchsigen Mannes zu den Frauen mag noch so atypisch sein, sie veranschaulicht dennoch: Bei Dominanz geht es nicht immer nur darum, daß eine Partei der anderen ihre Bedingungen aufzwingt – die Beziehungen innerhalb der Rangordnung gleichen einem Vertrag auf Gegenseitigkeit. Auch in der Wildnis kann die Stabilität der Position eines Mannes davon abhängen, ob seine Führerschaft akzeptiert wird.[38]

Kurz gesagt: der Abbau despotischer Hierarchien im Verlauf der Hominidenevolution verlagerte das Gewicht von Dominanz auf Führerschaft und machte die Privilegien eines hohen Status von den der Gemeinschaft erwiesenen Diensten (etwa der erfolgreichen Beilegung von Konflikten) abhängig. Boehms Ansicht nach trug das Schlichten von Auseinandersetzungen dazu bei, Gemeinschaften zahlenmäßig stark zu halten, indem Uneinigkeit reduziert wurde; dies versetzte sie in die Lage, sich gegenüber feindseligen Nachbarn wirkungsvoll zu behaupten.[39] Im Verlauf der menschlichen Evolution wurde diese Verhaltensweise so wichtig, daß sie zu einem vermehrten Vorbeugen von Konflikten führte. So unternehmen die Menschen zusätzlich zur Beilegung von Streitigkeiten und der anschließenden Versöhnung – wie wir sie bei unseren nächsten Verwandten beobachten können – bewußte Anstrengungen, jedem Mitglied Gemeinschaftswerte einzuprägen und allgemeine Prinzipien zur Konfliktlösung festzulegen. Damit diese Entwicklung stattfinden konnte, mußte vermutlich jeder Bereich der Gemeinschaft, vom höchsten zum niedrigsten, bei gemeinschaftlichen Angelegenheiten etwas zu sagen haben. Das egalitäre Ethos ist daher keine irrelevante Abweichung von unserem evolutionären Pfad, sondern vielmehr eine Grundvoraussetzung für den Ursprung von Moral.

4
Quid pro quo

> Die genaue Abstimmung sozialer Beziehungen, bei Primaten immer von großer Bedeutung, gewinnt in einem sozialen System, in dem es auch um den Austausch von Nahrung geht, zusätzlich an Bedeutung. Das Teilen von Nahrung... spielte vermutlich eine große Rolle bei der Entwicklung wechselseitiger sozialer Verpflichtungen, die für alle uns bekannten menschlichen Gesellschaften charakteristisch sind.
>
> *Glynn Isaac*[1]

Wer außer einem verrückten Wissenschaftler würde acht Tonnen toten Viehs durch den Schnee einen Berg hinaufschleppen, nur um zu sehen, wie Aasfresser ein fröhliches Gelage veranstalten? Genau dies tat Bernd Heinrich in der Wildnis von Maine; er führte eine Reihe von Experimenten durch, um herauszufinden, wie Raben Aas entdecken und dies einander mitteilen. Raben sind mit die klügsten Vögel der Welt, und sorgsam überprüfen sie aus der Ferne jeden Kadaver, ehe sie in seiner Nähe landen. Schließlich und endlich könnte es sich um ein verwundetes oder schlafendes oder von anderen interessierten Parteien ins Visier genommenes Tier handeln. So kann es passieren, daß selbst die verlockendsten Leckerbissen wochenlang unberührt liegenbleiben und dem frierenden Zoologen reichlich Zeit bleibt, seine Theorien bis in alle Einzelheiten auszuarbeiten.

In seinem vergnüglichen Buch *Die Seele der Raben* bemerkt Heinrich, ein paar Raben seien, trotz ihrer ungeheuren Vorsicht, immer wagemutig genug, schließlich doch das Risiko einzugehen. Die anderen beobachten dies aus sicherer Entfernung und schließen sich nur dann an, wenn die Luft rein ist. Der Vorteil dieses Vorgehens liegt auf der Hand, doch man fragt sich, was die Vögel dazu bewegt, die Lage zu erkunden. Hätten sie ein wenig länger gewartet, hätte vielleicht ein anderer Rabe das übernommen. Heinrich betont allerdings, nicht alle Raben zögerten, sich als erste in Gefahr zu begeben: einige *suchten* sie förmlich. Beispielsweise beobachtete man, wie Raben aus der Luft auf einen schlafenden Wolf herabstoßen oder sich von hinten anschleichen, um auf seinem Schwanz herumzupicken, nur um im letzten Augenblick seinen zuschnappenden Kiefern zu entkommen.

Ich kenne dieses Verhalten nur allzugut, da ich früher Dohlen hielt, kleine Mitglieder derselben Rabenfamilie. Ein Dohlenmännchen mit Namen Johan machte es sich, wenn ich ihn auf Spaziergänge durch den Park mitnahm, zur Gewohnheit, Hunde zu piesacken, indem er direkt über ihren Köpfen dahinflog, um sie zu reizen, nach ihm zu schnappen. Jedesmal wenn Johan sich näherte, fingen die armen flügellosen Kreaturen an, hinter ihm herzurennen, und sprangen in die Luft, bis sie nicht mehr konnten. Die Gefühle der Hunde kann ich nur erahnen, aber ich kenne mich gut genug mit den Gesichtern von Menschen aus, um zu wissen, daß die Besitzer – vor allem von größeren Hunden – alles andere als entzückt waren, wenn sie sahen, wie der Vogel sich anschließend wieder auf meiner Schulter niederließ.

Heinrich vermutet, die gelegentliche Kühnheit der Raben diene einer Statusverbesserung oder dazu, potentielle Paarungspartner zu beeindrucken, indem sie demonstrieren, daß sie über den Mut, die Erfahrung und die Reaktionsschnelligkeit verfügen, die notwendig sind, um es mit den Gefahren des Lebens aufzunehmen. Vogelmännchen wechseln unter Umständen zwischen Mutproben und einem Umwerben der Zuschauerinnen. Gelegentlich betrachten sie das Eingehen von Risiken sogar eher als Vorteil denn als etwas Unangenehmes: bei Tests mit ausgestopften Eulen streiten Krähen sich darum, wer angreifen darf. In unserer Gesellschaft wird Tapferkeit mit Orden belohnt; in Rabengesellschaften, so Heinrich, trägt sie dazu bei, den Weibchen bei der Unterscheidung zwischen echten »Männern« und kleinen »Bubis« zu helfen.

Raben, die einen Kadaver erspähen, ihn sich aus der Ferne genau ansehen und mit lautem Krächzen ihre Entdeckung dem ganzen Tal und weit darüber hinaus mitteilen, erweisen damit ihren Artgenossen einen riesigen Gefallen, und zwar auf eigene Kosten. Ohne irgendeine positive Auswirkung auf die Fortpflanzung wäre Tapferkeit schon längst durch natürliche Auslese ausgerottet worden. Wie man weiß, töten Wölfe gelegentlich auch lästige Raben.

Die Entstehung der Soziobiologie ist eng mit erfolgreichen Versuchen verbunden, die Entwicklung *altruistischen Verhaltens* zu erklären, das als ein Handeln definiert wird, das den Ausführenden teuer zu stehen kommen kann und dem Empfänger Vorteile bringt. Kosten-Nutzen-Analysen spielen eine große Rolle bei evolutionären Überlegungen. Dabei geht man immer davon aus, daß solches Verhalten auch dem Ausführenden etwas einbringen muß, wenn schon nicht gleich, so doch zumindest auf lange Sicht, und wenn nicht ihm, dann zumindest seinen Verwandten. Heinrich schließt sich dem an, wenn er die Vermutung anstellt, mutiges Verhalten lasse Rabenmännchen dem anderen Geschlecht möglicherweise besonders attraktiv erscheinen. Ein Zurschaustellen wünschenswerter Eigenschaften macht sich dann in Form von vermehrten Paarungsmöglichkeiten bezahlt.

Aufgrund der fortwährend sich verändernden Zusammensetzung der futtersuchenden Schar und der Rabenpopulation ganz allgemein ist es für diese Vögel nahezu unmöglich, mehr als solche unmittelbaren Vorteile aus ihrem Verhalten zu ziehen. Ihre Begegnungen folgen den Regeln in einer Bar für Singles, nicht denen des Marktplatzes. Andere Spezies eignen sich besser für ein System, in dem Gefälligkeiten ausgetauscht werden. Primatengruppen haben nur eine begrenzte Anzahl von Mitgliedern und tendieren dazu, lange zusammenzubleiben. Dauerhafte Beziehungen ermöglichen eine genaue Überwachung des Austauschs von Gefälligkeiten. Diese Tiere brauchen sich nicht darum zu bemühen, möglichst schnell Eindruck aufeinander zu machen; sie blicken auf eine lange Geschichte von Interaktionen zurück.

Eine nicht ganz so goldene Regel

In der von Robert Trivers Anfang der siebziger Jahre entwickelten Theorie des *reziproken Altruismus* ist die Vorstellung des Austauschs von zentraler Bedeutung. Sie unterscheidet sich weitgehend von der Theorie der *Verwandtenselektion,* die William Hamilton ein paar Jahre zuvor formuliert hatte. Dennoch widersprechen die beiden Theorien einander keineswegs; sie ergänzen sich sogar recht gut. Hamiltons Theorie erklärt, warum Tiere oft nahen Verwandten helfen. Selbst wenn ein solcher Altruismus die Fortpflanzungschancen des Handelnden schmälert, verhindert er nicht unbedingt, daß die Gene, die dabei ins Spiel kommen, an die nächste Generation weitergegeben werden. Blutsverwandte sind per definitionem genetisch ähnlich, manchmal sogar identisch; so wird die Hilfe, die der Handelnde ihnen zukommen läßt, sinnvoll verwendet, indem sie zu einer Weiterverbreitung der Gene beiträgt. Aus genetischer Sicht ist Hilfe für Verwandte Hilfe für einen selber.

In Diskussionen über den Ursprung von Altruismus und gegenseitiger Hilfe überschattete anfangs die Verwandtenselektion den reziproken Altruismus völlig. Das Interesse richtete sich damals vor allem auf staatenbildende Insekten (die oft in Kolonien enger Verwandter zusammenleben);

darüber hinaus gab es nur wenig, das Trivers' Theorie stützte. In jüngster Zeit schenkte man dem reziproken Altruismus allmählich die gebührende Aufmerksamkeit, vor allem bei der Erforschung von Primaten und anderen Säugetieren. Teilweise verdankt sich dies der Faszination, die kognitive Fähigkeiten derzeit ausüben; reziproker Altruismus ist ein auf dem Erinnern von erwiesenen und empfangenen Gefälligkeiten beruhender komplexer Mechanismus. Noch wichtiger ist, vom moralischen Standpunkt aus betrachtet, daß reziproker Altruismus eine Ausweitung der Zusammenarbeit über Verwandtschaftsbindungen hinaus ermöglicht.

Das soll nun nicht heißen, Hilfe für Verwandte sei moralisch nicht von Bedeutung – familiäre Verpflichtungen wiegen sogar sehr schwer in einem Moralsystem –, aber die Neigung dazu ist von sich aus tragfähig. Gelegentlich führt sie sogar zu eindeutig ungerechten Situationen, wenn beispielsweise ein Machthaber Regierungsämter vorzugsweise Verwandten überträgt. In menschlichen Gesellschaften geht man einerseits ganz selbstverständlich von einer Bevorzugung der Verwandten aus, andererseits gibt sie Anlaß zur Besorgnis.

Unsere höchste moralische Wertschätzung behalten wir weniger stark ausgeprägten, dem allgemeinen Wohlergehen zukommenden Neigungen vor, etwa Teilen und Kooperation außerhalb von Familie oder Sippe. Die wirkungsvollste Art und Weise, derlei Neigungen zu fördern, ist eine Art Verbindung zwischen Geben und Nehmen. Normalerweise behauptet man, wir seien alle besser dran, wenn wir einander helfen, und die Vorteile eines solchen Systems überwögen bei weitem die Kosten, die man auf sich nehmen müsse. Die Aussicht auf Gewinn ist im Rahmen des moralischen Vertrags unter Menschen von ausschlaggebender Bedeutung – natürlich nicht bei jedem einzelnen Austausch, aber doch aufs Ganze gesehen. Deshalb kann keiner ohne schlimme Folgen – etwa Verbannung, Gefangenschaft oder Hinrichtung – von diesem Vertrag zurücktreten. Alle leistungsfähigen Männer und Frauen sind an ihn gebunden. Was hätte es für einen Sinn, zum Wohl einer Gemeinschaft beizutragen, wenn die anderen müßig danebenstehen?

Wechselseitigkeit ohne Moral gibt es; eine Moral ohne Wechselseitigkeit kann es jedoch nicht geben. Akzeptieren wir diese These, dann wird uns klar, warum der allererste Schritt in Richtung auf die goldene Regel von Lebewesen getan wurde, die sich an die Grundregel der Wechselseitigkeit hielten: »Tu, wie der andere getan, und erwarte vom anderen, daß er so handelt, wie du gehandelt hast.«[2]

Obwohl dies hier als schlichtes »Wie du mir, so ich dir« formuliert ist – in Wirklichkeit ist reziproker Altruismus um einiges flexibler und variabler –, sind die ersten Anzeichen für moralische Pflicht und Schuldigkeit bereits erkennbar.

Bewegliche Mahlzeiten

Nirgends ist eine Verbindung zwischen Moral und Wechselseitigkeit so offenkundig wie bei der Verteilung von Ressourcen wie Nahrungsmitteln. Andere zum Essen einzuladen – ob um einen Tisch versammelt oder an einem Lagerfeuer – und seinerseits bei einer anderen Gelegenheit eingeladen zu werden ist ein weltweit verbreitetes Ritual der Gastfreundlichkeit und Freundschaft. Es fällt schwer, sich auch nur vorzustellen, in einer Kultur würden gemeinsame Mahlzeiten möglichst vermieden und Feste gälten als absonderliche Gewohnheit. Eine solche Einstellung widerspräche der elementarsten Solidarität, und eine Kultur, die das Prinzip des einsamen Speisens pflegte, erschiene uns als eine Ansammlung von Individuen, die es nicht verdient, als »Gemeinschaft« bezeichnet zu werden, ganz zu schweigen von »moralischer Gemeinschaft«.[3]

Weit charakteristischer für unsere Spezies ist die japanische Trinketikette, wonach man die anderen beleidigt, wenn man sich selber etwas zu trinken eingießt. Von Freunden, die um einen Tisch sitzen, erwartet man, daß jeder der Gastgeber des anderen und Gast zugleich ist: alle achten jederzeit auf die Gläser der anderen, um sie bei Bedarf mit Bier oder Sake nachzufüllen. Keiner soll durstig bleiben. Diese Sitte verkörpert das Wesen menschlicher Gemeinschaft: Wechselseitigkeit und Teilen.

Die Regeln des Teilens sind universell. Hier wird ihre Logik in einem amerikanischen Fernsehklassiker, *The Honeymooners*, diskutiert. Ralph Kramden, Ed Norton und ihre Frauen haben beschlossen, sich eine Wohnung zu teilen. Die Männer haben Probleme mit der Verteilung des Essens:
Ralph: Als sie zwei Kartoffeln auf den Tisch gelegt hat, eine große und eine kleine, hast du dir sofort die große genommen, ohne mich auch nur zu fragen, welche ich will.

Ed: Was hättest du denn gemacht?
Ralph: Ich hätte mir natürlich die kleine genommen.
Ed(ungläubig): Tatsächlich?
Ralph: O ja!
Ed: Wieso beklagst du dich dann überhaupt? Du *hast* ja die kleine bekommen!

Teilen kann derart vorherrschend sein, vor allem in den egalitären Kulturen, von denen wir gesprochen haben, daß man nicht einmal auf die Idee kommt, etwas nur für sich selber zu behalten. Die amerikanische Anthropologin und Primatologin Katharine Milton berichtet von dieser Eigenschaft bei den Indios im brasilianischen Urwald:

»Anders als in unserem Wirtschaftssystem, in dem jeder sich normalerweise soviel wie möglich von den verfügbaren Ressourcen sichern und behalten will, beruht das Wirtschaftssystem der Jäger/Sammler auf hochgradig formalisierten Erwartungen hinsichtlich Zusammenarbeit und Teilen. Das bedeutet nicht, daß Jäger/Sammler nicht um Ansehen, Sexualpartner und ähnliches miteinander konkurrieren. Aber sie häufen keinen Überschuß an. Beispielsweise wird kein Jäger, der das Glück hat, ein großes Wild zu erlegen, davon ausgehen, die ganze Nahrung gehöre ihm oder stehe lediglich seiner Familie zu.«[4]

Da Jagdglück eine Sache des Zufalls ist, wird der Mann, der die Beute nach Hause bringt, ein paar Tage später vielleicht ganz froh sein, wenn er etwas von einem anderen abbekommt. Teilen stellt die Nahrungsversorgung sicher. Darüber hinaus gewinnt der Mann, der den anderen regelmäßig mehr Fleisch zukommen läßt als seine Jagdgefährten, möglicherweise an Ansehen und sichert sich sexuelle Privilegien, ähnlich wie die Raben, die einander mit ihrer Tapferkeit beeindrucken. In einer von Hillard Kaplan und Kim Hill untersuchten Jäger/Sammler-Kultur in Paraguay werden erfolgreichen Jägern angeblich mehr außereheliche Affären zugestanden als den anderen. Die beiden Anthropologen vermuten, daß die Frauen mit diesen Männern schlafen, um sie an die Gruppe zu binden.[5]

Aufgrund ihrer egalitären Gesinnung rechnet man auch mit Gegenmaßnahmen, um besonders erfolgreiche Jäger daran zu hindern, sich über die anderen zu erheben. Eine Möglichkeit ist es, den Wert dessen, was sie erbeutet haben, möglichst herunterzuspielen, und wenn es sich um den fettesten Büffel handelt. Ein kluger Jäger wird sich, da er diese Neigung seiner Kameraden kennt, hüten zu prahlen. Laut Richard Lee kommt bei den !Kung San der Jäger nach Hause und setzt sich, ohne ein Wort zu sagen, ans Feuer. Er wartet, bis jemand vorbeikommt und ihn fragt, was er heute zu Gesicht bekommen habe. Ganz beiläufig antwortet er dann in etwa so: »Ach, ich tauge nicht zum Jagen. Ich habe überhaupt nichts erspäht (Pause) ... außer einem winzigkleinen Tier.«

Der Informant des Anthropologen fügt hinzu, solche Worte ließen ihn insgeheim lächeln, da sie nichts anderes besagen, als daß der Auskunftgebende ein großes Tier erlegt hat. Aber selbst diejenigen, die dann den Jäger begleiten, um mit ihm das Fleisch zu zerteilen, zügeln ihre Freude. Wenn sie zu der Stelle kommen, rufen sie: »Willst du damit sagen, du hast uns den ganzen Weg hierhergeschleppt, nur um einen Karren voller Knochen nach Hause zu schieben?!« oder »Wenn ich daran denke, daß ich mir dafür einen angenehmen Tag im Schatten habe entgehen lassen!« Dann zerschneiden sie fröhlich das Fleisch, bringen die Beute ins Lager, und die ganze Schar speist nach Herzenslust.

Ein anderer Informant erklärt, warum es notwendig sei, den Jäger zu verspotten:

»Wenn ein junger Mann viel Beute erlegt, fängt er an, sich selber für einen Häuptling oder großen Mann zu halten, und er glaubt, wir anderen seien seine Diener und ihm untergeordnet. So etwas können wir nicht dulden. Wir lehnen einen Prahler ab, denn eines Tages wird sein Hochmut ihn dazu verleiten, jemanden zu töten. Wir bezeichnen daher das Fleisch, das er nach Hause bringt, als wertlos. Auf diese Weise dämpfen wir seinen Übermut und stimmen ihn mild und nachgiebig.«[6]

Auf diese Weise sorgen Jäger/Sammler für ein labiles Gleichgewicht zwischen einer Anerkennung der Leistungen desjenigen, der sie mit Nahrung versorgt – wenn nicht aus ihrem Mund, dann zumindest durch den Magen –, und dem Ausschalten persönlicher Ambitionen. Ihr gesamtes Gefüge wechselseitigen Austauschs bräche in sich zusammen, käme es zu größeren Statusunterschieden.

Fleisch kommt offensichtlich eine einzigartige Bedeutung zu. Selbst wenn wir nicht mehr von der Annahme ausgehen, daß der Lebensunterhalt der Jäger/Sammler mehr von der Jagd als vom Sammeln abhängig ist, läßt sich nicht leugnen, daß Jagdbeute immer große Aufregung auslöst. Im Verhältnis zu seinem Nährwert ist die dem Fleisch zugeschriebene Bedeutung sogar einigermaßen übertrieben – und zwar überall. Das Tranchieren des Truthahns im Familienkreis beim Erntedankfest ist und bleibt fester Bestandteil der nordamerikanischen Kultur, die ansonsten gemeinsamen Mahlzeiten immer weniger Bedeutung beizumessen scheint. In den meisten Teilen der Welt ist Fleisch (oder Fisch) traditionell das Wichtigste auf einem gedeckten Tisch, und es ist das Nahrungsmittel, das am häufigsten mit besonderen Vorrechten oder religiösen Tabus zusammenhängt.

Abgesehen von kulturellen Erklärungsmodellen, die unsere Verwandtschaft mit den Tieren, die wir verzehren, betonen[7], ist es nicht schwer, einen sehr profanen Grund für die besondere Bedeutung von Fleisch zu finden. Von Gemüse oder Obst unterscheidet Fleisch sich insofern, als es sich bewegt, ehe es im Kochtopf landet. Fleisch rennt, schwimmt oder fliegt weg, wenn man sich ihm mit unfreundlichen Absichten nähert. Und große Fleischberge neigen dazu, sich mit Reiß- oder Stoßzähnen, Hufen und Hörnern zu verteidigen; oft wird ein einzelner Jäger damit gar nicht fertig. Könnte möglicherweise das Gefährliche, Unberechenbare und oft auch Gemeinschaftliche an der Jagd, im Gegensatz zum Sammeln, den hohen Stellenwert des Fleisches erklären? Falls ja, würde diese Frage sich aus einem Ernährungs- in ein gesellschaftliches Problem verwandeln.

Wir stehen vor folgendem Rätsel, das mich seit langem beschäftigt: Schimpansen verstehen sich sehr gut auf das Teilen von Beute, aber sie sind nicht wiederzuerkennen, wenn es um bevorzugte Futterpflanzen geht. In der Wildnis ist das Fangen eines Affen ein Ereignis, das gefeiert und mit einem speziellen Ruf verkündet wird, der alle anderen Schimpansen anlockt. Unter ohrenbetäubendem Gekreisch versammeln sich ganze Scharen von bettelnden und teilenden Individuen, und einer gibt dem anderen ein Stück Fleisch. Warum verhalten diese Menschenaffen sich so anders, wenn sie ein Büschel Bananen finden? Aufregung über diese Futtersorte führte zu solchen Gewalttätigkeiten, daß die Versorgung Gombes mit Bananen eingeschränkt und streng geregelt werden mußte, um die Konkurrenz einzudämmen. Toleranz bekam William McGrew, der die Vorfälle im Camp dokumentierte, kaum zu sehen; Teilen beschränkte sich ausschließlich auf Mütter und ihre jüngsten Sprößlinge.

Wir haben also zwei beliebte Nahrungsmittel vor uns: das eine besteht aus einer Anzahl mundgerechter Happen, das andere ist ein einziges großes Stück. Um ersteres kämpft man, das zweite wird geteilt. Eine Möglichkeit wäre, daß die Besitzer von Bananen viel öfter angegriffen werden, weil es einfacher ist, die Früchte aufzuteilen (unter Umständen läßt derjenige, dem sie gehören, die Hälfte davon fallen und rennt weg), während ein Tierkadaver nicht einfach auseinanderfällt, wenn einer davon abläßt, um möglichst schnell zu fliehen. Könnte es also sein, daß Aggression Fleischbesitzern gegenüber deswegen so selten vorkommt, weil es die Mühe nicht lohnt? Diese Erklärung zieht jedoch nur die damit verbundene Gewalt in Betracht; sie kann uns nicht sagen, warum ein so hoch geschätztes Nahrungsmittel, das so schwierig zu zerlegen ist, *überhaupt* geteilt wird.

Vielleicht bringt es mehr, das Ganze vom Standpunkt des Jägers aus zu betrachten. Wenn Schimpansen auf Bäumen lebende Affen jagen, arbeiten sie oft zu zweit, zu dritt oder in noch größeren Gruppen zusammen. Offenbar ist es gar nicht so einfach, im dreidimensionalen Raum bewegliche Objekte zu fangen. Da bestimmte Spezies, etwa Stummelaffen, sich erbittert verteidigen und dabei unter Umständen den Jägern Verletzungen beibringen, gibt es für die Schimpansen noch zusätzliche Gründe, gar nicht erst zu versuchen, sie auf eigene Faust zu jagen. In Gombe sah man einzelne Männer ruhig in der Nähe einer Stummelaffenhorde verharren; sobald jedoch ein weiterer Mann sich dazugesellte, begann die Jagd. Im Taï-Nationalpark an der Elfenbeinküste dokumentierte das Schweizer Ehepaar Christophe und Hedwige Boesch die Jagdtechniken von Schimpansen. Die von ihnen gesammelten Daten lassen darauf schließen, daß sich mit der Anzahl der Jäger die Aussichten auf eine erfolgreiche Jagd verbessern und daß die Schnelligkeit, mit der die Schimpansen sich bewegen, auffällig zunimmt, sobald die magische Grenze von drei Jägern erreicht ist.

Warum also sollte Schimpanse B sich dem Schimpansen A zu einer anstrengenden Jagd anschließen, wenn B nichts davon hat? Unter derartigen Bedingungen könnte B sich dennoch mit A zusammentun, jedoch nicht, um irgend etwas zu tun, das A einen unverdienten Vorteil einbringt; Bs vorrangiges Ziel wäre es vielmehr, As Einschüchterung der Beute auszunützen, um ihm zuvorzukommen. Bestenfalls wäre das Ergebnis ein synchrones Vorgehen.

Laut den Boeschs sind Schimpansen jedoch weit besser aufeinander eingespielt: sie entwickeln eine Arbeitsteilung, bei der die einzelnen Jäger verschiedene, aber einander ergänzende Handlungen ausführen. Einige jagen hinter der Beute her, andere kreisen sie ein oder schneiden ihr den Fluchtweg zu einem entfernten Baum ab. Wenn Fleisch der Anreiz zu dieser Zusammenarbeit ist, müßten die Taï-Schimpansen eigentlich auch bereitwillig teilen. Und das ist wirklich der Fall, vor allem bei erwachsenen Männern. Statt das Fleisch auf Bäumen zu verzehren, wo sie Bettler fernhalten können, bilden Taï-Schimpansen normalerweise regelrechte Freßgruppen auf dem Boden, wo Platz für alle ist.

Das Teilen von Fleisch ist kein durchwegs friedlicher Vorgang. Normalerweise gelingt es dem Fänger der Beute, einen beträchtlichen Anteil für sich selber zu behalten, dennoch geht sie meist unmittelbar nach Beendigung der Jagd in andere Hände über. Hat man einen Affen erwischt, kommt es zu einem regelrechten Aufruhr; und es kann passieren, daß im Getümmel jemand das begehrteste Stück stiehlt. Trotzdem, Teilnahme an einer erfolgreichen Jagd führt normalerweise dazu, daß man etwas von der Beute abbekommt, ob nun direkt aus der Hand des Fängers oder von einem anderen. Wenn die ganze Gesellschaft sich wieder beruhigt hat, setzt das Betteln, Winseln und Warten auf abfallende Brocken ein. Bald kauen alle auf dem Fleisch herum und zermalmen Knochen.

Schimpansen erkennen anscheinend den Beitrag jedes einzelnen Jägers an diesem Vorgang an. Wie die Boeschs feststellten, beeinflußt die Teilnahme an einer Jagd die Menge an Fleisch, mit der ein Mann letztlich rechnen kann. Männer, die erst *nach* dem Fangen der Beute am Schauplatz auftauchen, erhalten, völlig unabhängig von ihrem Rang oder Status, wenig oder gar nichts. Frauen unterliegen nicht den gleichen Maßstäben: sie bekommen etwas von dem Fleisch ab, egal, welche Rolle sie bei der Jagd gespielt haben. Laut den beiden Primatologen garantiert der Zusammenhang zwischen Teilnahme und Verteilung der Beute den männlichen Jägern einen hohen Grad an Zusammenarbeit in der Taï-Gemeinschaft.

Auf einer internationalen Konferenz über das Verhalten von Schimpansen, die die Chicago Academy of Sciences 1991 veranstaltete, führten die beiden japanischen Primatologen Hiroyuki Takasaki und Toshisada Nishida einen Videofilm vor, auf dem ein Schimpansenmann eine Frau offenbar dafür belohnte, daß sie ihm bei der Jagd geholfen hatte.

»Nachdem ein erwachsener Mann einen Affen gefangen hatte, entdeckte eine Frau einen zweiten, den sie unter ein paar Felsbrocken in die Enge trieb. Anstatt den Versuch zu unternehmen, ihn auf eigene Faust zu fangen, rief sie den Mann und starrte währenddessen unverwandt den Affen an. Der Mann verstand ihre Signale, kam auf sie zu und schnappte sich den zweiten Affen. Er brachte ihn auf der Stelle um, indem er ihn mit aller Macht zu Boden schleuderte. Obwohl auch andere näher kamen, um zu betteln, überließ der Mann einen der beiden erlegten Affen der beteiligten Frau.«

Man vergleiche diesen Vorfall mit einer Begegnung zwischen einem Pavianweibchen und einem im hohen Gras einer Ebene in Kenia versteckten Thomsongazellenkitz, deren Zeuge ich einst wurde. Man weiß, daß Paviane

Gazellen verspeisen, aber das Weibchen starrte das Tier lediglich an. Mein Führer Ronald Noë, der diese Paviane beobachtete, äußerte die Vermutung, das Kitz sei zu groß für das Pavianweibchen, um es zu töten; ein Männchen hätte nicht gezögert. Das Weibchen war mehr als dreißig Meter von seinem Trupp entfernt. Etliche Male sah es sich nach den anderen um, gab aber weder Laut, noch lenkte es die Aufmerksamkeit in irgendeiner anderen Weise auf die Situation, in der es sich befand.

Das Kitz hatte Glück. Wäre Toleranzverhalten in bezug auf Nahrung bei Pavianen so hoch entwickelt wie bei Schimpansen, hätte das Weibchen ein Männchen herbeigerufen, so wie die Schimpansenfrau auf dem Video. Paviane teilen jedoch bei weitem nicht so bereitwillig; das Weibchen hätte nichts abbekommen.

Die gut organisierte Jagd bei Schimpansen ist einzigartig unter nichtmenschlichen Primaten. Es gibt Anzeichen dafür, daß die enge Zusammenarbeit und das anschließende Teilen auch großen Einfluß auf sonstige Aspekte des Soziallebens haben. Laut den Boeschs zeichnen ranghöhere Männer sich durch Großzügigkeit aus, und Nishida und seine Mitarbeiter berichten vom Fall eines Mannes mit Namen Ntologi, der die Verteilung von Fleisch dazu nutzte, seine Machtposition in der Gemeinschaft in den Mahale-Bergen zu festigen. Abgesehen davon, daß Ntologi selber ein hervorragender Jäger war, forderte er oft auch von anderen Männern die von ihnen erlegte Beute: bei etwa einem Drittel der Zusammenkünfte, bei denen Fleisch verteilt wurde, bekam er die größten Portionen. Fressen zu verteilen schien sein Hauptanliegen; gelegentlich nahm er ein Tier an sich, von dem er selber kaum etwas aß. Er behielt sich lediglich die Überreste und ließ die anderen Fleischfetzen abreißen, bis alles weg war.

Ntologis Futterverteilung lag ein seltsames System zugrunde. Wenn er hochstehenden erwachsenen Männern einen Kadaver wegnahm, überließ er den Betreffenden jeweils einen großen Anteil. Junge erwachsene Männer kamen nicht in den Genuß dieser freundlichen Geste; er gestattete ihnen nicht einmal, anschließend die restlichen Brocken aufzusammeln. Wenn Ntologi die Kontrolle übernahm, blieb den Männern, die jünger als zwanzig Jahre waren, kaum etwas anderes übrig, als aus einiger Entfernung zuzusehen, wie die anderen sich an der Beute gütlich taten. Im Alter von etwa zwanzig steigen Männer in der sozialen Rangfolge auf und stellen allmählich eine ernsthafte Herausforderung für ranghöhere Männer dar. Entsprechend erlaubte Ntologi Betamännern, bei denen die Wahrscheinlichkeit am größten war, daß sie den Rang als Alphamann anstrebten, kein einziges Mal, sich der Gruppe anzuschließen, die sich das Fleisch teilte.

»1986 wurde Kalunde der Betamann und ist seitdem Ntologis größter Rivale. Obwohl Kalunde sich meistens nicht weit entfernt von Ntologi aufhält, verschwindet er während gemeinsamer Fleischmahlzeiten typischerweise vom Schauplatz des Geschehens, während Ntologi bestimmt, wer etwas von dem Fleisch abbekommt. Nie sah man Kalunde Ntologi um Fleisch anbetteln. Auch der ehemalige Alphamann hatte nie mit Ntologi geteilt, als dieser noch der Betamann war.«[8]

Hauptsächlich teilte Ntologi mit Frauen wie auch mit Männern, die keine ernsthafte Bedrohung für seine Position darstellten, nämlich mit einflußreichen älteren Männern und gerade erwachsen gewordenen Männern, die eine stabile Mittelposition einnahmen. Zum einen mangelte es diesen Männern am nötigen sozialen Status und/oder an der Körperkraft, um an die Spitze aufzusteigen, und zugleich stellten sie möglicherweise hilfreiche Verbündete dar. Bei einigen beobachtete man, wie sie sich Ntologis Einschüchterungsgebaren Rivalen gegenüber anschlossen. Möglicherweise »bestach« der Alphamann bestimmte Parteien, damit sie ihn in seiner Stellung unterstützten oder sich zumindest nicht gegen ihn wandten. Ntologi nahm seine Spitzenstellung in der Mahale-Gemeinschaft ungewöhnlich lange ein – mehr als zehn Jahre. Vielleicht erklärt seine Art der Fleischverteilung sein Erfolgsgeheimnis zumindest teilweise.

Im Verlauf eines der Machtkämpfe im Arnheim-Zoo entwickelte der Herausforderer Luit plötzlich ein auffallendes Interesse an immergrünen Eichen und Buchen auf der Insel. Es war nahezu unmöglich, an das von den Schimpansen hochgeschätzte Laub heranzukommen, da jeder Stamm von einem elektrischen Zaun umgeben war. Luit brach einen großen Ast von einem abgestorbenen Baum ab und benutzte ihn als Leiter, um zu vermeiden, einen Schlag zu bekommen – ein Akt, der von großer Geschicklichkeit und Tapferkeit zeugte. Sobald er hoch oben auf dem Baum saß, brach er viel mehr Zweige ab, als er für sich selber brauchte, und warf sie den Mitgliedern der Kolonie, die unten warteten, zu. Bald mampften alle, einschließlich seiner Rivalen, die frischen Blätter, die vom Himmel fielen.

Da Luit in der Zeit, als er sich erfolgreich um den Alphastatus bemühte, diese Heldentat etliche Male vollbrachte, spielte, wie ich in *Unsere haarigen Vettern* vermutete, »Luit an diesem ersten Tag und bei späteren Gelegenheiten vielleicht nur zufällig den Weihnachtsmann, der der Gruppe frische Blätter bescherte. Meines Erachtens jedoch hatte er damit eine äußerst wirkungsvolle Möglichkeit entdeckt, die Aufmerksamkeit auf sich zu lenken.«[9]

Möglicherweise dient Großzügigkeit also politischen Zwecken: Nahrungsverteilung kann die Beliebtheit und den Status des einzelnen fördern. Wenn dies der Fall ist, bleibt das uralte System des »von Oben nach Unten« auch in der Tauschwirtschaft sichtbar, die sich erst in jüngerer Zeit entwickelte. Doch statt daß Dominante durch das auffallen, was sie sich nehmen, festigen sie jetzt ihre Position mittels dessen, was sie geben. Man beachte, daß das genau die Art von Machtstreben ist, die man in egalitären menschlichen Gesellschaften zu verhindern versucht.[10]

In ihren Anfangsstadien, noch vor dem Aufkommen des Ackerbaus, war die Evolution des Menschen höchstwahrscheinlich durch eine allmähliche Aufweichung der Hierarchie gekennzeichnet. Das Teilen von Nahrung stellte einen Meilenstein im Verlauf dieser Entwicklung dar: es markierte die abnehmende Bedeutung sozialer Dominanz und stellte außerdem eine Ausgangsbasis für eine weitere Nivellierung dar. Es ist daher wichtig für uns, seinen Ursprung zu verstehen. In einer strengen Rangordnung, in deren Rahmen Dominante Untergeordneten Futter abnehmen, ist der Nahrungsfluß einseitig. In einem auf Teilung beruhenden System fließt Nahrung in alle Richtungen, auch nach unten. Das Ergebnis ist eine relativ gleichmäßige Verteilung von Ressourcen, wie sie unser Gefühl für Gerechtigkeit und Fairneß fordert.

Möglicherweise entspricht die Wirklichkeit nicht immer diesem Ideal, aber ohne das Erbe des Gebens und Nehmens hätte dieses Ideal sich niemals herausgebildet.

Im Mittelpunkt des Kreises

Im Tierreich ist Teilen vor allem bei denjenigen Spezies festzustellen, die von hochwertiger Nahrung leben, die zu sammeln und zu verarbeiten oder zu erbeuten von besonderen Fähigkeiten oder bestimmten seltenen Gelegenheiten abhängt. Unter Nichtprimaten beobachtet man Teilen vor allem bei gruppenbildenden Fleischfressern, etwa bei Wölfen, Braunen (oder Schabracken-) Hyänen, Mungos und Vampirfledermäusen. Innerhalb der Primatenordnung lassen sich zwei Formen feststellen. In kleinen, stabilen Familieneinheiten, etwa bei den Gibbons und Marmosetten, wird die Nahrung freigiebig mit den Nachkommen und Partnern geteilt. Da diese Neigung Verwandten und Fortpflanzungspartnern zugute kommt, läßt sie sich ohne weiteres als Verwandtenselektion erklären. Die innerfamiliäre Großzügigkeit schuf möglicherweise die Grundlage für die zweite Form, die sich nicht ohne einen gewissen Grad an Wechselseitigkeit entwickelt haben kann: das Teilen innerhalb der ganzen Gruppe, wie wir es von Schimpansen, Menschen und Kapuzineraffen kennen.

Bestimmte Eigenschaften von Nahrung fördern diesen Übergang von verwandtschaftlichem zu außerfamiliärem Teilen. Einige Futterpflanzen, etwa sehr große Früchte, die sich nur schwer aufbrechen lassen, weisen ein paar von diesen Merkmalen auf, aber nur große Beutetiere verfügen über alle. Nahrung, die geteilt wird, zeichnet sich durch folgende Eigenschaften aus:

1. Überaus begehrt, nahrhaft, aber leicht verderblich.
2. Zuviel, als daß ein einzelner sie allein verzehren könnte.
3. Verfügbarkeit ist nicht vorhersehbar.
4. Beschaffung abhängig von Befähigungen und körperlicher Stärke, was bestimmte Klassen von Gruppenmitgliedern von anderen abhängig macht, um an diese Nahrung heranzukommen.
5. Bei der Nahrungsbeschaffung arbeitet man am besten zusammen.

Bei Schimpansen und Menschen scheint in der Entwicklung des Teilens ein Zusammenhang mit dem Jagen offensichtlich.[11] Und was ist mit den Kapuzineraffen? Bis in jüngste Zeit waren die Teilungsgewohnheiten dieser in den Tropen der Neuen Welt lebenden Affen der Wissenschaft relativ unbekannt. Feldforscher wie Charles Janson berichteten von einer bemerkenswerten Großzügigkeit, allerdings hauptsächlich zwischen Mutter und Kind sowie zwischen erwachsenen und heranwachsenden Männchen. Meine Beobachtungen von Kapuzineraffen in Gefangenschaft zeigten jedoch, daß dieses Verhalten weit mehr Bereiche umfaßt. Kapuzineraffen gehören zu den wenigen Primaten, die friedlich anderen Futter aus der Hand nehmen, auch wenn es sich um nichtverwandte Erwachsene, einschließlich solche des gleichen Geschlechts, handelt.

In ihrem natürlichen Habitat verwerten Kapuzineraffen eine Vielfalt pflanzlicher und tierischer Nahrung, an die sie mittels Gewalt, Zerstörung und möglicherweise des Gebrauchs von Hilfsmitteln herankommen. Einmal folgte ich einer Gruppe nur dem Gehör nach durch den dichten Wald: auf ihrem Weg brachen sie mit lautem Krachen Palmwedel auf. Da es dazu einer gewissen Kraft bedarf, stellt diese Art von Nahrungsbeschaffungstechnik möglicherweise als solche schon einen Ausgangspunkt für das Teilen dar.

Erwachsene Männchen (die im Vergleich zu Weibchen sehr muskulös sind) können an Nahrungsmittel herankommen, die Weibchen und jüngere Affen sich alleine nicht verschaffen können.

Bei den meisten von diesen Allesfressern verzehrten Tieren handelt es sich um Insekten, Spinnen, Reptilien, Baumfrösche und so weiter. Aber nicht jede Beute ist so klein, daß sie nicht geteilt werden kann. Die beiden Studentinnen Susan Perry und Lisa Rose entdeckten kürzlich, wie in Costa Rica Kapuzineraffen die Nester von Nasenbären überfielen und das Fleisch der Jungen unter sich aufteilten. Die Affen beschränkten sich jedoch nicht auf unbewachte Nester, sondern schafften es gelegentlich sogar, erwachsenen Nasenbären ihre Jungen zu stehlen. Selbst für sehr flinke Affen ist dies ein einigermaßen gewagtes Unternehmen, da Nasenbären furchteinflößende Kiefer haben. Nasenbären sind Verwandte der Waschbären und ungefähr zweimal so groß wie Kapuzineraffen.

Während der Grad der Zusammenarbeit bei solchen Raubüberfällen – falls überhaupt gegeben – noch aufzuschlüsseln bleibt, wurde das anschließende Teilen gut dokumentiert. Da die Kapuzineraffen die Jungtiere bei lebendigem Leib verspeisten, ohne sie zuerst zu töten, lockte deren Geschrei Bettler an. Jedes Beutetier befand sich im Besitz von einem bis sieben Affen, ehe es aufgezehrt war. Hauptsächlich wurde auf die Weise geteilt, daß die Besitzer den anderen erlaubten, heruntergefallene Brocken zu sammeln oder sich kleine Stücke aus dem Fleisch herauszureißen. Gelegentlich legten sie jedoch auch vor ein paar bettelnde Tiere Fleisch auf den Boden. Kapuzineraffen scheinen daher keine Ausnahme zu machen, was den Zusammenhang zwischen Erbeutung und Teilen von Nahrung betrifft.

Falls tatsächlich der Verzehr von Fleisch der Auslöser für die Entwicklung von Teilen war, kann man sich nur schwer der Schlußfolgerung entziehen, daß menschliche Moral mit Tierblut getränkt ist. Wenn wir bettelnden Fremden Geld geben, Nahrungsmittel an Hungernde schicken oder für Maßnahmen eintreten, die den Armen zugute kommen, gehorchen wir damit Impulsen, die sich bereits in der Zeit herausbildeten, als unsere Vorfahren sich um Besitzer von Fleisch zu scharen begannen. Im Mittelpunkt dieses Kreises befindet sich ein Preis, der schwer zu erlangen, aber hochbegehrt ist – eine Situation, die sich im wesentlichen nicht geändert hat. Im Verlauf der Evolution des Menschen und der Geschichte wuchs dieser ursprünglich kleine Kreis der Anteilnahme stetig, bis er schließlich die gesamte Menschheit umfaßte – wenn schon nicht in der Praxis, so doch zumindest im Prinzip. Einige Philosophen, wie Peter Singer in *The Expanding Circle,* vertreten sogar die Ansicht, alle Geschöpfe unter der Sonne verdienten es, in diesen Kreis aufgenommen zu werden; daher sollten Tiere nie zu Forschungszwecken, zur Unterhaltung oder zum Verzehr verwendet werden. Angesichts des vermutlichen Ursprungs unseres Kreises entbehrt es nicht einer gewissen Ironie, seine Ausweitung ausgerechnet an ein Plädoyer für vegetarische Ernährung zu knüpfen.

Ich will damit nicht sagen, derlei Einwände könnten oder sollten nicht vorgebracht werden. Moralische Argumentation folgt ihrer eigenen Logik, unabhängig davon, wie die menschlichen Neigungen, mit denen (oder gegen die) sie arbeitet, entstanden sind. Der Moralphilosoph nimmt einfach als gegeben hin, was der Biologe zu erklären sucht.

Eine Vorstellung von Geben

Seit der Paläontologe Glynn Isaac, der sich für die Bedeutung von Jagen und Teilen für die Evolution des Menschen interessierte, das Fleischteilen bei Schimpansen als »toleriertes Stehlen« abtat, fühlen die Anthropologen sich von der Notwendigkeit entbunden, die Konsequenzen, die sich daraus ergeben, ernst zu nehmen. Laut Isaac verdient nur aktives Weitergeben von Nahrung die Bezeichnung ›Teilen‹.

Man sieht wirklich nur äußerst selten einen Schimpansen spontan einem anderen Nahrung anbieten. Doch anstatt hervorzuheben, was diese Menschenaffen nicht tun, bringt es möglicherweise mehr, sich darauf zu konzentrieren, was sie im Gegensatz zu den meisten anderen Spezies tun. Viele Primaten scheinen nicht einmal eine Vorstellung von Geben zu haben. Wenn ich einem Rhesusaffen zum ersten Mal einen Apfel hinstrecke, schnappt er ihn sich vermutlich, starrt mich dabei drohend an und knurrt – die einzige Möglichkeit, die er kennt, von jemand anderem Nahrung zu bekommen. Da ein entspanntes Geben und Nehmen nicht zu seinem natürlichen Verhaltensrepertoire gehört, braucht der Rhesusaffe eine Zeitlang, bis er lernt, die Hand, die ihn füttert, nicht zu beißen.[12]

Schimpansen (und andere Menschenaffen) reagieren nicht nur weitaus liebenswürdiger auf das Anbieten von Nahrung, sie verstehen auch, was Austausch bedeutet. Wenn wir uns beispielsweise etwas wiederbeschaffen wollen (etwa einen Schraubenzieher), das wir im Menschenaffengehege vergessen haben, wird mit Sicherheit einer der Bewohner schnell begreifen, worauf wir aus sind, wenn wir einen Leckerbissen hochhalten und gleichzeitig auf den Schraubenzieher deuten oder in seine Richtung nicken. Er holt das Werkzeug und tauscht es gegen die Nahrung ein. Ich kenne nur eine Affenspezies, bei der ein solcher Austausch ohne vorheriges Einüben funktioniert, und es kann kein Zufall sein, daß es sich um eine Spezies handelt, die ebenfalls die Nahrung teilt: die Kapuzineraffen.

Obwohl es im allgemeinen selten vorkommt, daß einer dem anderen Nahrung gibt, kann man Situationen künstlich herbeiführen, in denen es ganz normal wird. Bereits vor sechzig Jahren versuchten dies Henry Nissen und Meredith Crawford mit Erfolg. Sie führten Experimente mit Schimpansenpaaren in angrenzenden Käfigen durch, die durch ein Gitter voneinander getrennt waren; nur jeweils einer der beiden erhielt etwas zu fressen. Wenn der andere mit ausgestreckter Hand bettelte, gaben manche etwas ab, was eindeutig aktive Teilnahme erforderte. Vor kurzem führten wir in der Yerkes Field Station ähnliche Versuche durch, bei denen Schimpansen abgerichtet wurden, einzeln in ein Gebäude zu gehen und eine Kiste zu öffnen. Gelegentlich war sie randvoll mit Obst. Der Rest der Kolonie konnte das Ganze durch ein offenes Fenster beobachten, das jedoch zu klein war, um hindurchzuklettern. Bald hieß es bei uns nur noch das »Ausgabefenster«, weil gelegentlich der Menschenaffe drinnen, der das Glück gehabt hatte, etwas zu entdecken, den anderen draußen etwas zukommen ließ.

Obwohl aktives Teilen in der Wildnis nur einen Bruchteil des Nahrungsaustauschs ausmacht, berichteten viele, die das Verhalten von Schimpansen erforschen, von diesem Phänomen. Bei den meisten Berichten geht es um das Teilen von Fleisch, aber Jane Goodall sah einmal, wie eine erwachsene Frau ihrer alten Mutter Obst brachte.

»Madame Bee sah alt und krank aus. In jenem Sommer war es sehr heiß, und Nahrung war ziemlich selten... Wenn leise Rufe darauf hinwiesen, daß die beiden jungen Frauen [ihre Töchter] an einer Stelle angekommen waren, wo es etwas zu fressen gab, bewegte Madame Bee sich ein wenig schneller; sobald sie jedoch dort ankam, war sie offenbar zu müde oder zu schwach, um hinaufzuklettern. Sie schaute zu ihren Töchtern hinauf, legte sich dann auf den Boden und sah zu, wie die beiden herumsprangen und nach reifen Früchten suchten. Nach ungefähr zehn Minuten kletterte Little Bee herunter. Eine Frucht trug sie am Stengel im Mund, eine zweite in der Hand. Als sie unten ankam, gab Madame Bee ein paar leise Grunzlaute von sich. Little Bee ging zu ihr hin, ebenfalls grunzend, und legte die Frucht, die sie in der Hand gehalten hatte, neben ihre Mutter auf den

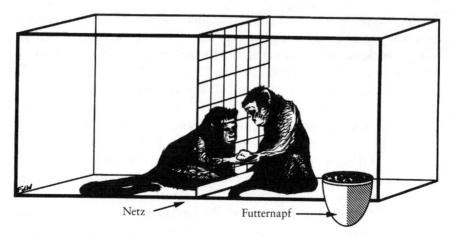

Ein Kapuzineraffe (rechts) gibt einem Weibchen ein Stück Apfel. Das Netz zwischen den beiden Affen verhindert, daß das Weibchen ohne Mitwirken des Männchens an das Futter herankommt. Im Verlauf desselben Tests erhält etwas später das Weibchen einen Napf mit Gurkenstückchen, um zu zeigen, ob ihre Bereitschaft zu teilen, von dem, was sie bekommen hat, abhängig ist. Die Zeichnung (des Autors) beruht auf einem Standphoto des Videofilms.

Boden. Dann setzte sie sich in ihrer Nähe hin, und die beiden Frauen aßen gemeinsam.«[13]

Was Kapuzineraffen betrifft, so verbirgt sich der erste Hinweis auf aktives Teilen in einem fachspezifischen Bericht von M. R. D'Amato und Norman Eisenstein. Im Verlauf von Experimenten zu Nahrungsentzug stellten sie fest, daß eine Probandin, nämlich Lucy, nicht an Gewicht verlor. Die Autoren machten für dieses überraschende Ergebnis Lucys Freunde verantwortlich. »Am wahrscheinlichsten ist die Annahme ... daß Lucy von Unbefugten zusätzliches Futter bekam. Mehr als einmal beobachteten wir, wie ein Tier, das volle Rationen bekam, Nahrung zu einem auf Hungerdiät gesetzten in einen angrenzenden Käfig schob.«[14]

Unsere derzeitigen Forschungen bestätigen diese Beobachtung. Angeregt von der Untersuchung Nissens und Crawfords, bringen wir Kapuzineraffen in aneinandergrenzenden Abteilen einer Testkammer unter, die durch ein Netz voneinander getrennt sind. In unserem Fall enthalten wir den Tieren keine Nahrung vor, sondern spendieren ihnen besondere Leckerbissen.[15] Einer der beiden Affen bekommt zwanzig Minuten lang einen Napf mit Apfelschnitzen; anschließend erhält der andere für den gleichen Zeitraum Gurkenstückchen. Manch ein Kollege war erstaunt, als er auf dem von uns gedrehten Videofilm sah, wie die Kapuzineraffen ihrem Nachbarn durch das Netz Nahrung reichten, zuschoben oder zuwarfen. Bei den meisten anderen Primaten ist diese Art von Austausch schlichtweg undenkbar.

Zu dem ersten mit Video aufgezeichneten Beispiel in der Wissenschaft für ein Verhalten, was wir als vorsätzliche Täuschung bezeichnen, kam es völlig unerwartet im Verlauf eines Nahrungstests bei Schimpansen. Es enthält alle wesentlichen Elemente für einen Fall von Täuschung: ein eindeutiges Motiv, einen Nutzen und das Fehlen eines Lernprozesses nach der Methode von Versuch und Irrtum. Das Tier, das die offenkundige Fehlinformation lieferte, hatte sich nie zuvor in einer solchen Situation befunden.

Die folgende Beschreibung beruht auf der Analyse zweier Videobänder – eines wurde im Inneren des Gebäudes aufgezeichnet, das andere außerhalb – wie auch auf unmittelbarer Beobachtung durch vier erfahrene Schimpansenforscher. Die Zeit ist in Sekunden vom Beginn des Tests an vermerkt.

Datum: 21. Mai 1993

Ort: Yerkes Primate Center Field Station

Zeit Simultane Beobachtungen innerhalb und außerhalb des Gebäudes

000 In einem Gebäude entdecken Marilyn und ihre halbwüchsige Tochter eine Kiste mit zwei Dutzend Äpfeln. Der Rest der Gruppe kann dies durch ein offenes Fenster von draußen beobachten.

040 Während Marilyn und ihre Tochter sich den Bauch vollschlagen, sammelt die erwachsene Frau Georgia im Freigehege ein paar Handvoll Schlamm (es hat geregnet). Sie streckt ihren Arm durch das Fenster und wirft den Dreck mit erstaunlicher Zielsicherheit auf die beiden Schimpansenfrauen drinnen. Mit jammerndem Wimmern nähert sich Marilyn (obwohl sie im Rang beträchtlich höher steht als Georgia) dem Fenster.

460 Drinnen ist es jetzt schmutzig, rutschig und naß. Daß in dieser Kolonie einzelne Schimpansen, die Aufmerksamkeit auf sich ziehen wollen, andere mit Dreck bewerfen, ist nicht ungewöhnlich, aber was Georgia hier macht, wächst sich zu einer regelrechten Quälerei aus. Schließlich bleibt Marilyn nichts anderes übrig, als die Kiste sich selbst zu überlassen. Sie klettert an die Decke, außerhalb Georgias Reichweite. Marilyns Tochter scheint das Ganze nichts auszumachen; sie frißt weiter und weicht den Schlammklumpen aus.

620 Während einer kurzen Pause, in der nichts geschieht, gibt Marilyns Tochter Georgias Tochter, die sich draußen befindet, ein Stück Apfel.

635 Marilyn kommt von der Decke herunter und geht zum Fenster; dabei gibt sie leise Laute von sich. Normalerweise signalisieren diese eine kleinere Gefahr, etwa eine Schlange in einiger Entfernung. Allerdings schaut Marilyn auf nichts Spezielles, und der Experimentator drinnen kann nichts Auffälliges feststellen.

645 Jetzt werden Marilyns Warnschreie durch das Fenster lauter. Georgia reagiert sofort, indem sie zum Zaun des Geheges rennt und in den Wald hinter dem Gebäude starrt. Dann hastet sie zurück; ihre verdutzte Reaktion veranlaßt die anderen, das gleiche zu machen. Die Menschenaffen außerhalb sammeln sich auf einem Klettergerüst (eine übliche Reaktion, wenn Gefahr droht).

Obwohl wir durch Ferngläser die Stelle, auf die Georgia ihre Aufmerksamkeit richtet, genau absuchen, entdecken wir nichts Ungewöhnliches. Darüber hinaus kann Marilyn, falls da etwas ist, es gar nicht gesehen haben, da es sich außerhalb ihrer Sichtweite befindet (die durch die Seitenwand des Gebäudes blockiert ist).

710 Die Schimpansen draußen starren immer noch in dieselbe Richtung und stoßen jetzt im Chor laute »Wau-«Laute aus. Marilyn schließt sich ihnen an und ruft von drinnen; dabei schaut sie durch das Fenster.

725 Marilyns Tochter scheint nun ebenfalls durch das Warngeschrei irritiert – sie geht nicht mehr zu der Kiste und bleibt wachsam –, wie die anderen draußen. Marilyn ist *die einzige*, die dem Ganzen keinerlei Beachtung mehr zollt. Gleich nach ihrem letzten Bellaut wendet sie sich vom Fenster ab und begibt sich in die äußerste Ecke des Innenbereichs. Dort nimmt sie einen Apfel und beginnt ihn zu verspeisen.

Georgia hat das Interesse daran verloren, Marilyn zu ärgern, die jetzt endlich ihr Festmahl ungestört genießen kann.

Dennoch bleibt bei diesen Tests der Nahrungstransfer meistens passiv. Normalerweise bringt derjenige, der im Besitz von Nahrung ist, ein paar Handvoll davon zu der Trennwand, legt sie auf den Boden und fängt an zu essen. Der Partner braucht nur durch das Netz zu greifen, um ein paar Brocken aufzusammeln oder sie dem Besitzer direkt aus der Hand oder dem Mund zu nehmen. Typischerweise halten Kapuzineraffen die hohle Hand unter das

Kinn des Besitzers, um herunterfallende Brocken aufzufangen. Man muß sich vor Augen halten, daß für die jeweiligen Besitzer von Nahrung keinerlei Notwendigkeit besteht, sie auf diese Seite des Abteils zu bringen; sie könnten ohne weiteres alles für sich behalten und sich damit in eine stille Ecke zurückziehen. Das passiert auch tatsächlich bei zänkischen Paaren. Teilen ist ein *selektiver* Prozeß; aufgrund der sozialen Beziehungen können wir vorhersagen, welche Individuen in der Gruppe miteinander teilen werden und welche nicht.

Wenn aktives Geben außerhalb unserer Spezies selten ist, dann nicht, weil andere dessen nicht fähig wären. Vielmehr scheint kaum eine Notwendigkeit dafür zu bestehen. Ob die Nahrungsübergabe durch die Besitzer oder die Empfänger eingeleitet wird, ist von sekundärer Bedeutung; ausschlaggebend ist, daß sie stattfindet. Zuzulassen, daß andere einem friedlich Nahrung wegnehmen, die eindeutig einem selber gehört, ist ein ungeheurer Schritt im Vergleich zu Tieren, die derlei nicht dulden. Schimpansen und Kapuzineraffen teilen vielleicht nicht auf die gleiche Weise wie Menschen, aber das Ergebnis ist dennoch das gleiche: ein Individuum erhält, offenkundig freiwillig, von einem anderen etwas zu essen.[16]

Experimente zur Wechselseitigkeit

Über die Psychologie des Teilens weiß man nur sehr wenig. Beispielsweise könnten unsere Kapuzineraffen einfach aus dem Grund Nahrung zu dem Netz bringen, weil sie es vorziehen, in der Nähe ihres Gefährten zu fressen. Das bedeutet, das Teilen könnte eine Kombination von Duldung und Zuneigung sein. Andererseits könnte ihr Verhalten eine Vorstellung von Austausch und die Erwartung einer Erwiderung der Gefälligkeiten widerspiegeln. Und es macht einen ziemlichen Unterschied, welche dieser beiden Möglichkeiten der Realität entspricht. Es handelt sich hier um Fragen, die wir mit unserem Experiment zu beantworten versuchen, zugleich um Probleme, die in der Feldforschung nur unter großen Schwierigkeiten oder gar nicht zu lösen sind. Jetzt, da wir wissen, *wie* und *wann* Primaten unter natürlichen Bedingungen Nahrung miteinander teilen, ist es an der Zeit, diese Neigung im Rahmen eines kontrollierten Experiments zu beeinflussen, um feststellen, *warum* sie dies tun.

Besonders bei Schimpansen liegt die Notwendigkeit solcher Forschungen auf der Hand. Trotz aller Beobachtungen, wie sie in der Wildnis Fleisch teilen, weiß man praktisch nichts über den Grad an Wechselseitigkeit, unter anderem weil die Teilnahme an Raubzügen sich bei jeder Gelegenheit anders gestaltet; auch die Menge an erbeutetem Fleisch ist unterschiedlich. Möglicherweise merken die Menschenaffen sich, wer was für wen getan hat, aber die ständig wechselnde Zusammensetzung von Freßgruppen macht das Messen der Wechselseitigkeit zu einem statistischen Alptraum für den Wissenschaftler. Wieviel einfacher ist es doch, wiederholbare, standardisierte Versuche mit den immer gleichen Affen durchzuführen. Und genau das wollte ich in der Yerkes Field Station tun.

Welche Art von Nahrung sollte ich verwenden? Ich wußte, wenn ich ihnen regelmäßig einen einzigen Berg ihrer Lieblingsfrüchte hinlegte, wäre das der sicherste Weg zur Zerstörung der Kolonie durch Gewalt. Das hatten wir aus dem Vorfall mit den Bananen in Gombe wie auch aus früheren Versuchen bei der Einrichtung von Schimpansenkolonien in Gefangenschaft gelernt. Die Schimpansen ein Tier fangen und töten zu lassen, hätte möglicherweise einen natürlichen Kontext für eine Untersuchung des Teilungsverhaltens geliefert, verbot sich jedoch aus ethischen Gründen von selber. Statt dessen versorgte ich die Angehörigen der Kolonie mit großen Astbündeln, die mit Geißblattranken zusammengebunden waren.

Wilde Schimpansen brauchen das Laub nicht zu teilen, das um sie herum in Hülle und Fülle vorhanden ist. In Gefangenschaft jedoch eignen sich Zweige mit frischen Blättern ideal zur Erforschung des Teilverhaltens: sie sorgen für einige Aufregung, führen jedoch nicht zu einem erbitterten Wettstreit. Wenn die Schimpansen sehen, wie in der Ferne ein Pfleger mit zwei riesigen Bündeln aus Zweigen von Brombeerstauden, Storaxbäumen, Buchen und Tulpenbäumen auftaucht, brechen sie in lautes Gejohle aus. Es entsteht ein regelrechter Tumult, und voller Aufregung umarmen und küssen sie sich. Freundlicher Körperkontakt nimmt um das Hundertfache, der Austausch von Statussignalen um das Fünfundsiebzigfache zu. Untergeordnete nähern sich Dominanten, vor allem dem Alphamann, und begrüßen sie mit Verbeugungen und keuchenden Grunzlauten. Paradoxerweise bekräftigen die Menschenaffen die Hierarchie, kurz bevor sie sie aufheben, und zwar in jeder Hinsicht.

Ich bezeichne diese Reaktion als *Feiern*. Sie bezeichnet den Übergang zu einer Art von Interaktion, die von Toleranz und Wechselseitigkeit geprägt ist. Feiern dient der Beseitigung sozialer Spannungen und ebnet so den Weg für eine entspannte Freßsitzung.[17] Bei Spezies, die nicht teilen, gibt es nichts, was dem auch nur entfernt ähnlich wäre. Wenn Makaken bemerken, daß von ihnen bevorzugtes Futter gebracht wird, setzt sofort ein Konkurrenzverhalten ein: ranghöhere Affen drängen sich vor und schieben rangniedrigere beiseite. Schimpansen machen genau das Gegenteil: sie umarmen sich stürmisch und offenkundig voller Freude. Binnen Minuten hat jedes einzelne Mitglied der Kolonie etwas zu knabbern. Ab und zu wetteifern sie miteinander, gelegentlich kämpfen sie sogar, aber das eigentlich Auffällige ist ihre Friedlichkeit und Umgänglichkeit: nur drei Prozent der Interaktionen zwischen Erwachsenen lassen Anzeichen von Aggression erkennen.

Bei solchen Zusammenkünften, wenn Nahrung geteilt wird, büßt soziale Dominanz etwas von ihrem Glanz ein, wie Feldforschern schon vor langer Zeit auffiel. Völlig bedeutungslos wird sie zwar nicht – das zeigte das Beispiel Ntologis –, aber es ist durchaus kein ungewöhnlicher Anblick, daß der Gefürchtetste und Geachtetste die Hand ausstreckt, um einen der ihm Untergebenen um ein paar Brocken zu bitten. Warum nimmt er sie sich nicht mit Gewalt? Bei unseren Experimenten lassen Untergeordnete Dominanten den Vortritt, wenn sich beide etwas Eßbarem nähern, das sonst von niemandem beansprucht wird, aber sobald sich die Nahrung einmal in der Hand des Rangniederen befindet, wird dies normalerweise respektiert. Dieses Muster gilt nur bei Erwachsenen; Heranwachsende behandelt man (und sie sich untereinander) mit weniger Zurückhaltung.[18]

Die Großzügigkeit der Ranghöchsten ist so offensichtlich, daß Untergeordnete sich oft um sie scharen, anstatt Rangniedere um etwas zu bitten, die Eßbares nicht so leicht aus der Hand geben. Diese Beobachtung widerspricht einer weitverbreiteten Hypothese, derzufolge Besitzer (menschliche oder nichtmenschliche) sich von dem, was ihnen gehört, aus *Furcht* trennen. Der britische Anthropologe Nicholas Blurton Jones äußerte die Vermutung, Teilen sei eine Art und Weise, einen Streit mit potentiell feindseligen Bettlern zu vermeiden. Würden wir, wenn dies zuträfe, nicht eher erwarten, daß Rangniedere am öftesten teilen, da sie sich am leichtesten einschüchtern lassen?

Von allen Schimpansen, die ich je beobachtet habe, teilte Walnut, der ehemalige Alphamann der Yerkes-Kolonie, am großzügigsten. Walnut, der groß und muskulös war und keine gleichgeschlechtlichen Rivalen hatte, dominierte sämtliche Frauen und Heranwachsenden. Für mich ist es unvorstellbar, daß dieser Mann auch nur eine Spur von Furcht empfand, wenn er zuließ, daß eine Frau die saftigsten Zweige aus seinem Bündel zupfte. Die Hypothese eines Teilens unter Druck kann auch nicht erklären, warum

189

Schimpansen und Kapuzineraffen anderen selbst dann noch Futter bringen, wenn die Gefahr eines Angriffs ausgeschlossen ist wie in den weiter oben beschriebenen Experimenten. Außerdem berücksichtigt die Hypothese nicht, in welcher Richtung sich die Aggressivität bei meinen Versuchen mit Schimpansen hauptsächlich äußert – Besitzer bedrohten Bettler fünfmal häufiger als umgekehrt.

Die Möglichkeit bleibt jedoch bestehen, daß Teilen unter Druck bei heiß umkämpfter Nahrung oder wenn zahlreiche Männchen miteinander konkurrieren, ins Spiel kommt. Die Nahrungsverteilung unter entspannteren Bedingungen ist jedoch so hoch entwickelt, daß ich ersteres lediglich für eine sekundäre Entwicklung halte. Bei Spezies, die nicht teilen, kann ein einzelner Dominanter ungestört fressen, selbst wenn er von hundert hungrigen Untergeordneten umringt ist. Einem Schimpansen oder einem Menschen, der im Besitz überaus begehrter Nahrung ist, wird ein solcher Friede nicht zuteil, und zwar aufgrund gänzlich anderer *Erwartungen* bei denen, die nichts haben und die hartnäckig betteln oder Wutanfälle bekommen, wenn man sie ignoriert. Zu erklären bleibt der Ursprung dieser Erwartungen, nicht so sehr die Techniken des Druckausübens, die sich daraus ergeben. Einzig die Theorie eines reziproken Altruismus gibt eine befriedigende Antwort drauf.

Um diese Theorie zu überprüfen, zeichnete ich an die fünftausend Interaktionen auf, die abliefen, wenn ich den Yerkes-Schimpansen frische Schößlinge brachte. In der Hälfte der Fälle wurde die Nahrung von einem zum anderen weitergereicht – ein Prozentsatz, der nahezu mit dem identisch ist, den Geza Teleki für das Fleischteilen bei den Schimpansen in Gombe feststellte. Daß nur einer von zwei Versuchen erfolgreich verläuft, zeigt, wie genau Schimpansen unterscheiden. Die gebräuchlichste Art und Weise, Bettler loszuwerden, ist es, sich abzuwenden, wenn sie sich nähern, Zweige aus ihrer Reichweite zu ziehen, ihnen auf die Hand zu schlagen, wenn sie danach greifen, oder schlicht und einfach mit dem Futter davonzuspazieren. Nur selten bellen oder schreien Besitzer Bettler an oder versetzen ihnen mit ihrem Futterbündel einen Schlag auf den Kopf, um klarzustellen, daß sie keinen Wert auf ihre Anwesenheit legen. Rangniedere Besitzer sind genauso in der Lage, ranghöhere Bettler abblitzen zu lassen wie umgekehrt. Offenbar bedeutet Teilen kein wahlloses Gerangel.

Weitergabe von Nahrung in der Kolonie wurde bei Erwachsenen in allen möglichen Richtungen untersucht. Wie von der Reziprozitätshypothese vorhergesagt, hing die Zahl der Austauschaktionen in jeder Richtung von der Anzahl derjenigen in der anderen Richtung ab, das heißt, wenn A oft mit B teilte, dann teilte B im allgemeinen auch oft mit A, und wenn A selten mit C teilte, dann galt das gleiche umgekehrt.[19] Des weiteren wurde die These der Wechselseitigkeit von der Beobachtung untermauert, daß Grooming anschließendes Teilen beeinflußte: As Chancen, von B etwas zu essen zu bekommen, verbesserten sich, wenn A an dem Tag B schon einmal gegroomt hatte.

Obwohl ich meine Versuche in einer Kolonie mit einer ungewöhnlichen Geschlechterverteilung durchführte (mehrere erwachsene Frauen und nur ein einziger Mann) und mit Nahrung, die wilde Schimpansen nicht miteinander zu teilen brauchen, sprechen die Daten eindeutig für das *Prinzip* des wechselseitigen Austauschs. Und das ist es, worauf es im Grunde ankommt. Wesen mit der geistigen Fähigkeit, sich erwiesene und erhaltene Gefälligkeiten zu merken, können diese Fähigkeit auf nahezu alle Situationen anwenden. Gemeinsames Jagen und das Teilen von Fleisch oder Groomen und das Teilen von Laub sind nur zwei Möglichkeiten. Schimpansenfrauen halten sich beispielsweise an solche Regeln des wechselseitigen Austauschs, wenn es um das Beschützen oder Bewachen der Sprößlinge anderer geht, und ganz offensichtlich ist Sex eine Art Tauschwährung zwischen Männern und Frauen. Diese Alternative wird vor allem bei Bonobos genutzt: wie man weiß, bekommen die Frauen dieser Spezies von den Männern unmittelbar nach oder sogar schon während der Paarung etwas zu fressen.[20]

Sobald eine solche Gesinnung des Quid pro quo sich durchgesetzt hat, wird die »Währung«, in der der Austausch abgewickelt wird, zweitrangig. Wechselseitigkeit durchdringt allmählich alle Aspekte des sozialen Lebens.

Von Rache zu Gerechtigkeit

Materielle Tauschaktionen, bei denen es beispielsweise um Nahrung geht, sind oft weit überzeugender als immaterielle. Dennoch ist es durchaus möglich, daß bei unseren Primatenvorfahren der Austausch *sozialer* Leistungen bereits voll entwickelt und Wechselseitigkeit die neue Art und Weise des Geschäftemachens war, noch ehe das Teilen von Nahrung auf dem Schauplatz der Evolution auftauchte. Ein wichtiger Auslöser, um diesen Prozeß in Gang zu setzen, war die Unterstützung bei Kämpfen, auch als Koalitionenbildung bekannt.

Wie beim Teilen von Nahrung läßt sich die Bedeutung von Allianzen am besten veranschaulichen, indem man Spezies, die solche Zusammenschlüsse bilden, anderen gegenüberstellt, die es nicht tun. *Felis silvestris catus,* die Hauskatze, gehört letzterer Kategorie an. Wir haben zu Hause zwei sterilisierte Kater, Diego und Freddie. Diego durchstreifte und verteidigte normalerweise ein großes Gebiet um das Haus herum. Er ging mit Erfolg und mit großer Sorgfalt vor, bis er älter wurde; dann begann er allmählich, vor jüngeren und stärkeren Rivalen zurückzuweichen (im für Katzen charakteristischen Zeitlupentempo). Freddie hingegen überschätzt im allgemeinen seine Kräfte. Bei freilaufenden Katzen zieht er regelmäßig den kürzeren und scheint aus diesen Erfahrungen doch nichts zu lernen.

Eines Tages stand Freddie mit gesträubtem Fell einem Rivalen gegenüber, der aus den Wäldern aufgetaucht war. Als Diego sich ihm anschloß und den Eindringling ebenfalls anstarrte, sah das für uns wie ein vielversprechender Anfang aus. Doch kaum machte Diego noch einen Schritt nach vorne, da wandte Freddie sich um und fauchte ihn an, als hätte er es jetzt mit zwei Rivalen gleichzeitig zu tun. Die Anspannung des Augenblicks hatte ihn einer Katze gegenüber feindselig gemacht, mit der er normalerweise gut auskam. In diesem Durcheinander suchte der Feind das Weite.

Infolge der Jahrmillionen von Koalitionenbildung in meinem evolutionären Erbe kann ich einem Freund den Arm um die Schulter legen und gleichzeitig einem anderen Beleidigungen ins Gesicht schleudern. Mein Freund wird keinerlei Schwierigkeiten haben, zu verstehen, daß diese Beschimpfungen sich nicht gegen ihn richten. Das liegt in der Natur der Dinge. Sich gegen einen Rivalen zusammenzutun erfordert einen Übergang von allgemeinen motivationalen Zuständen zu differenzierteren, je nachdem, welche Rolle der andere spielt. Freddie war nicht in der Lage, Freund und Feind voneinander zu trennen, aber viele Primaten sind wahre Meister im gezielten Stimmungsumschwung. Sie (sowie einige andere Tiere, etwa Delphine) haben, als diplomatische Tiere, keinerlei Schwierigkeiten mit Rollenwechseln. Es ist nicht ungewöhnlich, daß ein Schimpanse (mit ausgestreckter Hand) A um Unterstützung bittet, während er gleichzeitig (mit Geschrei und Gebell) B bedroht und unmittelbar darauf (mit erigiertem Penis und Stampfen) C den Hof macht.

Die Reziprozität von Allianzen ist nach wie vor umstritten. Viele Koalitionen beruhen auf Verwandtschaftsbeziehungen – denken Sie an die Kämpfe zwischen verschiedenen Matrilinien bei Makaken und Pavianen. Für die Entwicklung eines solchen Systems der Unterstützung bedarf es keiner Wechselseitigkeit; Verwandtenselektion bietet eine ausreichende Erklärung. Wenn Nichtverwandte einander helfen, gehen wir jedoch von der Annahme aus, daß sie einen Vorteil davon haben müssen, wenn sie so etwas tun.

Manchmal zahlt eine Hilfsaktion sich sofort aus und ist daher unter Umständen nicht wirklich altruistisch. Nehmen wir die Art und Weise, wie zwei Steppenpaviane gemeinsam einen Rivalen von einem sexuell empfänglichen Weibchen wegjagen. Altruismus erfordert Handeln auf eigene Kosten zugunsten eines anderen, doch in derlei Situationen scheint jedes der Männchen nur auf seinen eigenen Vorteil bedacht. Ihr Ziel ist es, das Weibchen zum Nachteil aller anderen anwesenden Männchen, einschließlich ihrer Verbündeten, für sich selber zu beanspruchen. Sobald der ursprüngliche Besitzer besiegt ist, rennen die beiden Verbündeten zu dem Weibchen. Derjenige, der es als erster erreicht, wird ihr nächster Paarungspartner. Gelegentlich kämpft der vorherige Besitzer mit dem einen Verbündeten weiter, während der andere zu dem Weibchen schleicht. Mit »Opportunismus« ist ein derartiges Verhalten weit besser umschrieben als mit dem Begriff »Altruismus«. Bei voneinander unabhängigen Untersuchungen in Kenia stellten sowohl Frederick Bercovitch als auch Ronald Noë fest, daß die Bereitschaft, anderen Männchen zu helfen, diese Verbündeten nicht motiviert. Vielmehr geht es um unmittelbare Vorteile.

Freilich ergeben sich auch Vorteile für beide Seiten. Es gibt Männchen, die ständig als Team zusammenarbeiten; sie würden dies bestimmt nicht tun, wenn dies nicht für beide von Nutzen wäre. Zwar beginnen Beziehungen zur gegenseitigen Hilfe bei Pavianmännchen möglicherweise aus völlig opportunistischen Gründen, aber einige entwickeln sich unter Umständen allmählich zu festen, durch Erwartungen der Reziprozität geregelten Partnerschaften.

Pavianmännchen unterstützen auch Weibchen und ihre Nachkommen. Indem sie Freundschaft mit bestimmten Angehörigen des anderen Geschlechts schließen, verschaffen Männchen sich unter Umständen Akzeptanz in einer Gruppe (Pavianmännchen ziehen des öfteren zu anderen Gemeinschaften weiter, während Weibchen ihr Leben lang bei ein und demselben Trupp bleiben) und fördern gleichzeitig die Bereitschaft ihrer Schützlinge, sich mit ihnen zu paaren. So bietet das Männchen Schutz – wozu es, da fast doppelt so groß wie das Weibchen, hervorragend in der Lage ist –, und das Weibchen bietet dafür Gelegenheiten zu Sex und letztlich Fortpflanzung. Laut Barbara Smuts können derlei für beide Seiten lohnende Beziehungen über Jahre hinweg andauern und nehmen mit Flirts, die denen bei Menschen recht ähnlich sind, ihren Anfang.

»Zuerst sahen das Männchen und das Weibchen einander an, achteten jedoch darauf, dabei vom anderen nicht ertappt zu werden. Diese Phase war immer von vorgetäuschter Gleichgültigkeit dem anderen gegenüber begleitet, die sie dadurch zum Ausdruck brachten, daß sie sich selber groomten oder irgendeinen imaginären Gegenstand in der Ferne anstarrten (Paviane bedienen sich dieser beiden Taktiken in allen möglichen verwirrenden Situationen). Schließlich traten an die Stelle schüchterner Blicke direktere Annäherungsversuche, die normalerweise vom Männchen ausgingen. Dann folgte gegenseitiges Groomen. Wenn es ›funkte‹, verbrachte das Paar die täglichen Ruhepausen gemeinsam, und schließlich stimmten sie auch ihre Aktivitäten zur Sicherung des Lebensunterhalts aufeinander ab.«[21]

Der Austausch unterschiedlicher Währungen, etwa bei Freundschaften, zu denen jedes Geschlecht einen spezifischen Beitrag leistet, macht es dem Forscher nicht gerade leicht, Wechselseitigkeit festzustellen. Manchmal stellen Affengruppen regelrechte Märkte dar, auf denen Sex, Hilfe, Groomen, Toleranz beim Fressen, Warnung vor Gefahren und alle möglichen anderen Leistungen ausgetauscht werden. Uns Wissenschaftlern fällt die Aufgabe zu, den Wert jeder Einzelleistung abschätzen zu lernen und die Beziehungen lange genug zu beobachten, um zu verstehen, welche Geschäfte abgewickelt werden. Von einem Männchen beschützt zu werden kann für ein Pavianweibchen sehr viel bedeuten – es könnte über Leben oder Tod ihrer Nachkommenschaft entscheiden –, aber ist es das wert, dafür die Aufmerksamkeiten anderer Männchen zu ignorieren? Kann auch noch soviel Groomen den Gegroomten für Verletzungen entschädigen, die er bei einem Versuch, den Groomenden zu verteidigen, erlitten hat? Noch wissen wir viel zuwenig, um derlei Fragen zu beantworten.[22]

Im Augenblick ist es vielleicht einfacher, eine einzelne Währung herauszugreifen und ihren Kurs zu bestimmen. Beim Teilen von Nahrung sind wir bereits auf diese Weise vorgegangen. Indem wir das gleiche Verfahren jahrelang auf Tausende von Koalitionen sowohl bei Schimpansen als auch bei zwei Arten von Makaken anwandten, konnten wir zeigen, daß auch sie auf Wechselseitigkeit beruhen. Das heißt, die Neigung von A, bei Kämpfen B zu unterstützen, hängt von der Neigung Bs ab, A zu unterstützen. Diese Wechselbeziehung ist zwar bei Schimpansen weit ausgeprägter als bei Makaken, jedoch für alle drei untersuchten Spezies charakteristisch.

Die Wechselseitigkeit kann auf zweierlei Weise zustande kommen. Die einfachere Möglichkeit ist, daß Affen und Menschenaffen vorzugsweise Verwandten und Freunden helfen, das heißt Partnern, mit denen sie einen Großteil ihrer Zeit gemeinsam verbringen. Unterstützt Sonja Mira, weil sie ständig zusammen sind, und erklärt dies auch Miras Unterstützung Sonjas? Da die gemeinsam verbrachte Zeit symmetrisch (für Sonja und Mira identisch) ist, genügt dies vielleicht, um die wechselseitige Unterstützung zu erklären. Es gibt allerdings statistische Methoden, um die Auswirkungen einer Variablen auszuschalten; man stellte fest, die Wechselseitigkeit dauerte auch dann an, wenn man die Symmetrie mit einberechnete. Daher reicht die erste Erklärung nicht aus, und man muß von einem zweiten Mechanismus ausgehen. Einige der im Verlauf dieser Analyse untersuchten Ereignisse fanden im Abstand von Wochen oder Monaten statt. Vielleicht merken Primaten sich Gefälligkeiten, die sie erwiesen und empfangen haben, und machen eine Unterstützung anderer davon abhängig, wie sie selber in der Vergangenheit behandelt wurden. Von einer solchen eher berechnenden Sicht geht man im allgemeinen bei Menschen aus; möglicherweise gilt sie auch für andere Spezies.[23]

Darüber hinaus stellten wir fest, daß bei Schimpansen Wechselseitigkeit höher entwickelt ist als bei Makaken. Schimpansen helfen einander nicht nur, sie ergänzen dies durch ein *System der Rache* an denjenigen, die sich ihnen entgegenstellen. Wenn ein Schimpanse bei einem Streit Partei ergreift, hilft er damit nicht nur der einen Partei; unvermeidlich schadet er gleichzeitig der anderen. Jede Entscheidung *für* ist immer auch eine Entscheidung *gegen*. Wenn Yeroen sich in einen Kampf zwischen Luit und Nikkie einmischt, trifft er eine Entscheidung *für* (Nikkie) und gleichzeitig eine Entscheidung *gegen* (Luit). Aus der Politik kennen wir dieses Phänomen zur Genüge. Sobald eine Person des öffentlichen Lebens sich für eine bestimmte Sache einsetzt oder einen speziellen Kandidaten unterstützt, nimmt man – zu Recht – an, er habe sich gegen andere Anliegen oder Kandidaten entschieden. Es ist unmöglich, alle Seiten zufriedenzustellen.

Schimpansen sind insofern einzigartig, als nicht nur die *Pro-*, sondern auch die *Kontra*-Einmischungen reziprok verteilt sind; das heißt, wenn A oft anderen gegen B hilft, neigt B dazu, das gleiche bei A zu machen. Das mag nur natürlich erscheinen – weil Menschen sich genauso verhalten –, gilt jedoch zum Beispiel nicht für Makaken. Eine Abrechnung mit dominanten Gegnern erfordert eine Auflehnung gegen die Hierarchie, was für Makaken schwierig oder unmöglich ist. Da die Mehrzahl ihrer Koalitionen sich innerhalb der Hierarchie nach unten richtet, ist kein Platz für ein System der

Rache. Schimpansen lehnen sich viel bereitwilliger gegen diejenigen auf, von denen sie normalerweise beherrscht werden; Vergeltung ist ein integraler Bestandteil ihres Systems der Wechselseitigkeit.[24]

So ist es durchaus nichts Ungewöhnliches, wenn ein dominanter Schimpanse einen Artgenossen einige Zeit nach einer Auseinandersetzung, bei der letzterer sich zusammen mit anderen gegen ihn gestellt hat, in die Enge treibt. Da seine Verbündeten dann außer Sichtweite sind, steht diesem Schimpansen einiges bevor, wenn der Dominante beschließt, die Rechnung zu begleichen. Infolgedessen überlegen rangniedere Schimpansen es sich besser zweimal, ehe sie ihre Nase in die Angelegenheiten Ranghöherer stecken. Sobald andererseits ein Untergeordneter eine Gegnerschaft zu einem bestimmten Dominanten entwickelt hat, ist es nur eine Frage der Zeit, bis dieser in einen Konflikt verwickelt wird, der sich ausnutzen läßt. Der Untergeordnete schlägt sich nun – möglicherweise zusammen mit einigen Gleichgesinnten – auf die Seite des Rivalen des Dominanten und stellt klar, daß es seinen Preis hat, wenn man sich zu viele Feinde schafft.

Bei Makaken ist eine derartige Vergeltung selten, kommt aber durchaus vor. Brenda Miller, eine meiner Studentinnen, beobachtete einen dramatischen Vorfall in einer Kolonie von Japanmakaken auf einer Insel im Milwaukee County Zoo. Shade, das rangniedrigste Weibchen, wurde oft von einem bestimmten Männchen belästigt. Eines Tages nahm sie schließlich all ihren Mut zusammen und wehrte sich gegen seine Aggression, indem sie sich, als dieser hinter ihr dreinjagte, plötzlich umdrehte und sich ihrem Peiniger entgegenstellte.

Was dann geschah, erklärt, warum ein solches Verhalten selten ist. Binnen Sekunden wurde Shade von einem aufgebrachten Mob überwältigt: eine ganze Schar von Makaken trieb sie direkt in den Graben. Es war März, und um diese Jahreszeit ist es in Wisconsin meist noch eisig kalt. Laut Miller zwingen Angreifer ihre Opfer normalerweise nicht, länger als ein paar Minuten im Wasser zu bleiben, Shade mußte es jedoch mehr als zwanzig Minuten dort aushalten. Als sie schließlich an Land kroch, gingen fünf Angreifer gleichzeitig auf sie los und bissen sie. Eine anschließende Untersuchung durch den Tierarzt ergab, daß die Verletzungen nur oberflächlich waren, aber man beschloß, Shade aufgrund einer schweren Unterkühlung die Nacht über im Gebäude unterzubringen.

Früh am nächsten Morgen ging Miller in den Zoo, um dabeizusein, wenn man Shade herausließ, da sie sich Sorgen machte, die anderen würden erneut gewalttätig werden. Aber genau das Gegenteil passierte. Kaum tauchte

Shade auf, als die anderen Makaken auf der Insel davonrannten; die Situation war spürbar spannungsgeladen. Shade, immer noch geschwächt und humpelnd, ging direkt auf das Männchen zu, das den Angriff auf sie angeführt hatte. Innerhalb der folgenden siebzehn Minuten griff sie es dreizehnmal an und ignorierte einfach die Versuche anderer (einschließlich des Alphamännchens), sie aufzuhalten. Jedesmal wenn sie abgelenkt wurde, nahmen ihre beiden Jungen die Jagd nach dem Missetäter auf. Schließlich klang die Aggressivität ab. Dreimal näherte das Männchen sich Shade, um Kontakt mit ihr aufzunehmen, aber sie war offensichtlich nicht versöhnlich gestimmt: ebensooft wandte sie sich von ihm ab. Das Männchen schlug Shade, machte mit gerecktem Schwanz einen Satz und ließ sie dann in Ruhe. Erst jetzt nahm die Gruppe ihre üblichen Beschäftigungen wieder auf.

Ein gemeinsames Vorgehen von Untergeordneten gegen ranghöhere Makaken ist äußerst ungewöhnlich. Vielleicht sind die Makaken gerade deswegen, um dieses Defizit wettzumachen, Experten für *indirekte* Rache. Wie Filippo Aureli und seine Kollegen entdeckten, lassen Opfer von Angriffen ihre Wut oft an einem Verwandten des Gegners aus. Normalerweise sind ihre Opfer jünger und daher leichter einzuschüchtern, und unter Umständen kommt es erst mit einer beträchtlichen Verzögerung zu dieser Strafaktion. Das ist so, als würde ich mich für eine Rüge meines Chefs dadurch rächen, daß ich mich auf die Suche nach seiner Tochter mache und sie an den Haaren ziehe. Ich brauche also nicht gegen die Hackordnung zu verstoßen, bestrafe aber meinen Chef dennoch. Zu meinem Pech ist es für den nicht weiter schwierig, dem ein Ende zu machen! Im Gegensatz dazu können Makaken nicht gefeuert werden; das einzige, was ihnen passieren kann, ist, daß sich eine Koalition bildet, um das junge Opfer zu verteidigen, was zu einer Rache für die Rache führt. Matrilineare Politik ist zyklisch und komplex.

Ich räume bereitwillig ein, es ist noch ein weiter Weg zurückzulegen, ehe wir reziproken Altruismus als bewiesen und verstanden betrachten können, aber alles deutet darauf hin, daß er bei unseren nächsten Verwandten eine größere Rolle spielt als bislang angenommen. Eine Einbeziehung negativer Reaktionen erweitert das Spektrum der Bilanz, die sie in sozialen Angelegenheiten offenbar aufstellen, ganz beträchtlich: einerseits wird Unterstützung belohnt, andererseits tendieren sie anscheinend auch dazu, denjenigen, die ihnen schaden, eine Lektion zu erteilen.

Es ist Trivers' Verdienst als Theoretiker, daß er – noch ehe wir viel über Allianzen und gegenseitige Hilfe wußten – erkannte: Ein System von Gefälligkeiten und der Erwiderung dieser Gefälligkeiten kann nicht bestehen, wenn Tendenzen zu seiner Unterlaufung nicht kontrolliert werden. Die Versuchung ist groß, ein System auszunützen, ohne selber einen entsprechenden Beitrag zu leisten. Als »Betrügen« definiert – das heißt, man gibt weniger, als man nimmt –, bedroht diese Einstellung das System als Ganzes und auch die Interessen aller, die ihren ehrlichen Beitrag dazu leisten. Die einzige Möglichkeit, sich dagegen zu schützen, besteht darin, dafür zu sorgen, daß Betrügern ihr Verhalten teuer zu stehen kommt. Das geschieht durch Strafaktionen, auch *moralistische Aggression* genannt. Eine passende Bezeichnung, denn die Reaktion zeigt, wie andere sich verhalten »sollten«.

Ein in diesem Zusammenhang von Trivers ausdrücklich erwähntes menschliches Gefühl ist *Entrüstung*. Beispielsweise sind wir entrüstet, wenn ein Kollege, dem wir früher des öfteren geholfen haben, sich weigert, uns einen Gefallen zu tun. Man ist entrüstet, wenn man den Eindruck hat, etwas sei ungerecht; als solche ist Entrüstung Teil der emotionalen Festigung menschlicher Moral. Die wütende Reaktion, die sie möglicherweise auslöst, dient der Klarstellung, daß auch Altruismus seine Grenzen hat: er unterliegt Regeln wechselseitiger Verpflichtung.

Eine erste, versuchsweise Annahme, auch Schimpansen könnten dieses spezielle Gefühl empfinden, ergab sich aus unseren Experimenten zur Nahrungsteilung. Wie wir feststellten, wurden einige Schimpansen, wenn sie sich einem Besitzer von Nahrung näherten, öfter mit Drohgebärden verscheucht als andere, und zwar in Abhängigkeit davon, wie sie selber sich als Besitzer verhielten. Veranschaulicht wird dies durch den Gegensatz zwischen den beiden Frauen Gwinnie und Mai. Wenn Gwinnie ein großes Bündel frischer Schößlinge ergatterte, nahm sie es mit auf ein Klettergerüst; dort oben war es für sie nicht weiter schwierig, alles für sich zu behalten. Außer ihren eigenen Sprößlingen bekam selten jemand etwas ab. Im Gegensatz dazu teilte Mai bereitwillig und war normalerweise von einer ganzen Schar Bettler umringt. Nun raten Sie mal, wer auf größeren Widerstand traf, wenn er selber nichts zu fressen hatte und versuchte, etwas zu erbetteln? Gwinnie, Georgia und andere Geizlinge wurden viel öfter bedroht und abgewiesen als Mai und Walnut, die großzügig teilten.

Dieser Zusammenhang zwischen der Gebefreudigkeit als Besitzer und der Reaktion, auf die der Betreffende als Bettler trifft, ist zu erwarten, wenn der Austausch von Futter durch moralistische Aggression reguliert wird. Es ist, als würden die anderen Schimpansen zu Gwinnie sagen: »Du teilst nie mit uns, warum sollten wir also mit dir teilen!«

Eine Neigung zu Rache ist die Kehrseite der Medaille Reziprozität. Sich geizigen Individuen gegenüber abweisend zu verhalten (in Verbindung mit direkten oder indirekten Vergeltungsmaßnahmen) läßt auf einen Sinn für Gerechtigkeit und Fairneß schließen. Die Auge-um-Auge-Mentalität von Primaten dient möglicherweise »erzieherischen« Zwecken, indem unerwünschtes Verhalten mit einem gewissen Preis verbunden wird. Obwohl der Prozeß der Rechtsprechung bei Menschen heftige Gefühlsausbrüche verabscheut und dem Allgemeinwohl dienende Argumente vorzieht, hat es keinen Sinn zu leugnen, welch große Rolle solche Bedürfnisse spielen. In *Wild Justice* weist Susan Jacoby darauf hin, daß menschliche Gerechtigkeit auf der Umsetzung eines primitiven Bedürfnisses nach Rache beruht. Wenn Angehörige eines Mordopfers oder Überlebende von Kriegsgreueln nach Gerechtigkeit verlangen, sind sie getrieben von einem Bedürfnis nach Wiedergutmachung, selbst wenn sie ihre Sache auf einer abstrakteren Ebene verhandeln. Jacobys Ansicht nach ist ein Maß für die Komplexität einer Kultur der Abstand, den sie zwischen dem Geschädigten und der Umsetzung seines Bedürfnisses nach Rache schafft.

»Der Kampf um eine Zügelung von Rachebedürfnissen wurde immer auf der höchsten Ebene moralischen und bürgerlichen Bewußtseins geführt, dem jeweiligen Stand der Entwicklung der Kultur entsprechend. Daß man sich bewußt darum bemühte, kann man angesichts der fortwährenden Spannung zwischen unkontrollierter Rache als zerstörerischem Element und kontrollierter Rache als unverzichtbarem Bestandteil der Gerechtigkeit voraussetzen.«[25]

Die strafende Gerechtigkeit beruht daher letztlich auf einem Bedürfnis abzurechnen, einem Bedürfnis, das bezähmt und einer wirksamen Rationalisierung unterworfen werden muß, um zu verhindern, daß eine Gesellschaft durch immerwährende Fehden zerrissen wird. So wie Feuer kann auch Rache, sofern sie nicht im Keim erstickt wird, unglaublich zerstörerisch sein. Laut dem amerikanischen Anthropologen Napoleon Chagnon ist es nur schwer vorstellbar, welcher Terror unser Leben bestimmte, gäbe es keine Gesetze, die es den Menschen verbieten, den Mord an einem nahen Verwandten mit erneutem Blutvergießen zu rächen. In einer Untersuchung der Blutrache bei den Yanomamö-Indios am Amazonas schätzte Chagnon, daß annähernd dreißig Prozent der erwachsenen Männer eines gewaltsamen Todes starben.

Als ein junger Yanomamö in die Hauptstadt kam, erkannte er sogleich die Vorteile eines unparteiischen Justizapparats:

»Aufgeregt erzählte er mir, er hätte den Gouverneur besucht und ihn gedrängt, seinem Volk Gesetz und Polizei zu geben, so daß sie sich nicht mehr in ihren Rachefeldzügen aufreiben und in ständiger Furcht leben müßten. Viele seiner nahen Verwandten waren eines gewaltsamen Todes gestorben oder hatten ihrerseits tödliche Rache geübt; er machte sich Sorgen, eine mögliche Zielscheibe von Vergeltungsmaßnahmen zu sein und verkündete überall, er wolle nichts mit Überfällen zu tun haben.«[26]

Wiewohl Wechselseitigkeit und Gerechtigkeit bei den Menschen zweifellos viel weiter entwickelt sind als bei den übrigen Säugern, bestehen mehr Gemeinsamkeiten, als den meisten Experten für Recht und Ethik bewußt ist. Wenn ich daher ein so einflußreiches Buch wie *Eine Theorie der Gerechtigkeit* aus der Feder des zeitgenössischen Philosophen John Rawls lese, kann ich mich des Gefühls nicht erwehren, es beschreibe nicht so sehr eine von den Menschen zuwege gebrachte Neuerung, sondern handle vielmehr uralte Probleme ab, von denen sich viele auch bei unseren nächsten Verwandten feststellen lassen. Natürlich ist in der menschlichen Gesellschaft aufgrund unserer Fähigkeit, Verhaltensregeln zu formulieren, sie miteinander zu diskutieren und in aller Ausführlichkeit schriftlich zu fixieren, alles weit deutlicher ausgeführt. Dennoch kann man ohne weiteres von der Annahme ausgehen, daß die Verhaltensweisen unserer Vorfahren von Dankbarkeit, Verpflichtung, Vergeltung und Entrüstung gesteuert wurden, und zwar lange bevor sich eine für einen moralischen Diskurs ausreichende Sprachbefähigung entwickelt hatte.

Vor einem Jahrhundert behauptete Thomas Henry Huxley, in einer ausschließlich am Wettbewerbsdenken orientierten Betrachtungsweise des Lebens sei kein Platz für moralisches Verhalten.

»[Das Streben nach Tugendhaftigkeit] erkennt die auf Kampf beruhende Theorie des Lebens nicht an. Es verlangt von jedem, der in den Genuß der Vorteile einer Verfassung gelangen will, sich seiner Verpflichtung gegenüber jenen, die sie in mühseliger Arbeit geschaffen, bewußt zu sein; und darauf zu achten, daß keine seiner Handlungen das Gefüge schwäche, in dem zu leben ihm gestattet ist.«[27]

Statt nun daraus den Schluß zu ziehen, Moral sei ein kulturelles Konstrukt, das der Natur ins Gesicht schlage, hätten Huxley und seine Nachfolger besser daran getan, auch das mit in Betracht zu ziehen, was der Prozeß der Evolution leisten kann. Peter Kropotkin hatte eine dunkle Ahnung davon; Trivers formulierte es mit bewundernswerter Genauigkeit. Nach unserem jetzigen Wissensstand scheint die oben angeführte Aussage über die

Vorteile gegenseitiger Hilfe in hohem Maße auch für Affen, Menschenaffen und andere Tiere zu gelten.

Und könnte nicht die Ermahnung am Schluß auf Gwinnie zutreffen?

5
Miteinander auskommen

> Bestimmte Geschichten können nicht im buchstäblichen Sinne wahr sein, und dazu gehören unsere beiden gängigen Leitmythen – nicht nur die Genesis, sondern auch der Mythos vom Gesellschaftsvertrag. Der springende Punkt ist nicht nur, daß nie ein solcher Vertrag geschlossen wurde. Der eigentliche Grund liegt viel tiefer – es bestand nie irgendein Bedürfnis, auf das ein solcher Vertrag die Antwort gewesen wäre.
>
> Mary Midgley[1]

In den sechziger und frühen siebziger Jahren wurden die Schleusen für die Aggressionsforschung durch ein einziges Buch geöffnet, das weite Verbreitung fand und höchst umstritten war. *Das sogenannte Böse* von Konrad Lorenz stieß in ein ganz neues Forschungsgebiet vor. Selbst seine Gegner räumten dies ein und nutzten die Möglichkeiten, die sich dadurch eröffneten. In der Folge wurden ganze Bibliotheken zu diesem Thema geschrieben, und bald verglich eine wahre Flut von Artikeln Definitionen und Erklärungen des Phänomens. Obwohl ich damals gerade mal mein erstes Examen hinter mir hatte, durfte ich mich einer Gruppe holländischer Psychiater, Kriminologen, Psychologen und Ethologen anschließen, die regelmäßig zusammenkamen, um über die Wurzeln von Aggression und Gewalt zu diskutieren.

In diesem anregenden geistigen Klima begann ich mit einer Studie zum Aggressionsverhalten von Javaneraffen – ziemlich kleine, braungrüne, in Indonesien, Malaysia und auf den Philippinen beheimatete Affen. Ich arbeitete mit einem Tonbandgerät und einer primitiven Schwarz-weiß-Videoausrüstung – die ein solches Gewicht hatte, daß schon allein der Aufbau ein schier mörderisches Unternehmen war – und wartete geduldig auf spontan ausbrechende Kämpfe in einer in Gefangenschaft lebenden Gruppe. Was mich am meisten verblüffte, während ich so dasaß und wartete, war die Seltenheit solcher Kämpfe, und das bei einer Spezies, die in dem Ruf stand, äußerst streitlustig zu sein: nach meinen Berechnungen widmeten sie nicht einmal fünf Prozent ihrer Zeit dieser Tätigkeit. Meistens spielten sie, groomten einander, schliefen in Riesenknäueln zusammengekuschelt oder beschäftigten sich anderswie auf friedliche Weise. Und dann jagten sie urplötzlich hintereinander her – die Angreifer bellten, die Opfer kreischten schrill, wobei immer die Gefahr ernstlicher Verletzungen durch die scharfen Eckzähne der Männchen bestand. So schnell wie ein Sportreporter vor Ort sprach ich in ein Mikrophon, was gerade passierte, und verzeichnete in allen Einzelheiten die Manöver einer Anzahl gleichzeitig Agierender. Im nächsten Augenblick setzten die Streitenden sich hin, und ich war wieder ohne Beschäftigung.

In jener Zeit verlor die allgemein verbreitete Auffassung von Aggression als Ausdruck eines inneren Drangs, eines Zeichens von Frustration oder als Reaktion auf einen irritierenden äußeren Reiz rasch an Überzeugungskraft für mich. Zwar waren diese Vorstellungen nicht falsch – sie wurden heftig diskutiert, und irgend etwas sprach für jede von ihnen –, aber sie betonten das Individuum, nicht jedoch den sozialen Kontext. Für mich wurden die Einzelwesen mehr und mehr zu einer Abstraktion; ihre Beziehungen untereinander waren es, die meine Aufmerksamkeit fesselten. Ähnlich wie wir, wenn wir den nächtlichen Himmel betrachten, den Großen Bären oder den Orion erkennen und nicht eine Anhäufung von Sternen, sah ich eine Rangordnung, Verwandtschaftsbeziehungen, Koalitionen und Rivalitäten bei meinen Affen. Aggression war unsere Bezeichnung für die Funken, die stoben, wenn Interessen aufeinanderprallten: man konnte sie einzig als ein interindividuelles und nicht als ein individuelles Phänomen betrachten. Kein Phänomen, das man isoliert untersuchen konnte, da es ganz eindeutig in andere Komponenten des Soziallebens eingebettet war. Wie waren die fünf Prozent und die fünfundneunzig Prozent miteinander verzahnt? Damals gelang es mir nicht, das Rätsel zu lösen, doch gelegentlich hatte ich das Gefühl, als untersuchte ich das Yang ohne das Yin.

Die Fragen, die sich mir bei diesem Projekt stellten, bereiteten mich, so vage sie vorläufig auch blieben, auf die Antwort vor, die sich ein paar Jahre später bei meinen Untersuchungen von Schimpansen im Arnheim-Zoo ergab. Wenn dies nach einer Theorie der göttlichen Eingebung bei wissenschaftlichen Entdeckungen klingt, so kann ich nur sagen, oft gelangt man so und nicht anders zu einer wissenschaftlichen Erkenntnis. Lorenz selber bemerkt: »Nach langer unbewußter Anhäufung der Daten tritt eines Tages, oft völlig unerwartet und einer Offenbarung gleich, die gesuchte Gestalt mit voller Überzeugungskraft zutage.«[2]

Die *Gestalt*, die mir den Schlüssel zu meinem Problem darbot, waren eine Umarmung und ein Kuß zweier Schimpansen kurz nach einer heftigen Auseinandersetzung. Das Ereignis löste unbändiges Gejohle in der Kolonie aus;

die anderen Menschenaffen maßen dem Geschehen offenbar große Bedeutung bei. Da die Umarmung zwischen den Hauptgegnern des vorangegangenen Kampfes stattfand, erschien sie mir als eine *Versöhnung*. Diese Erkenntnis wurde zweifelsohne durch die Tatsache erleichtert, daß Schimpansen in allem, was sie tun, den Menschen ungemein ähnlich sind; mittlerweile wissen wir, Versöhnungen kommen nicht nur bei ihnen vor.

Seit jenem Tag vor zwanzig Jahren habe ich buchstäblich Tausende von Versöhnungen miterlebt, von hochgradig gefühlsbetonten bis zu eher beiläufigen, solche, die Spannungen zu lösen schienen, und andere, bei denen ich nicht diesen Eindruck hatte. Es bereitet mir nach wie vor besonderes Vergnügen, die Annäherungsphase (die zögerlich und tastend sein kann), den physischen Kontakt und das anschließende beruhigende Schwatzen oder Groomen zu beobachten. Die Freude daran entspringt meinem menschlichen Einfühlungsvermögen; gleichzeitig verfüge ich jetzt über das beruhigende Wissen, Aggression in den richtigen Zusammenhang eingeordnet zu haben. Es stellt sich heraus, Aggression ist nicht so sehr ein schnell aufleuchtendes und ebenso rasch wieder verlöschendes Feuerwerk innerhalb des Lebens der Gruppe, sondern fester Bestandteil der sozialen Beziehungen: sie entsteht darin, bringt ihre Dynamik durcheinander, und ihre schädlichen Auswirkungen können durch besänftigende Kontakte »ungeschehen« gemacht werden.

Jeder gütlich beigelegte Konflikt ist eine Entscheidung gegen die Entropie. Wie die verschiedenen Ausdrucksformen von Mitgefühl wäre auch Konfliktlösung auf friedliche Weise niemals ohne starke, auf wechselseitiger Abhängigkeit und Kooperation beruhende Bindungen entstanden. Diese Art von Konfliktlösung spiegelt einen Grad an sozialer Verbundenheit wider, der bei vielen anderen Spezies nicht gegeben ist, etwa bei Vögeln und Fischen, die ihre Territorien verteidigen und die bereits von den frühen Ethologen untersucht wurden. Die Auswahl dieser Untersuchungsobjekte erklärt, weshalb Aggression ursprünglich als ein *raumschaffender* Mechanismus beschrieben wurde, als ein Mittel, Abstand voneinander zu halten und sein Territorium zu verteidigen. Beobachtungen von Affen und Menschenaffen stellen diese Auffassung in Frage: von Versöhnung gefolgte Aggression ist genau das Gegenteil davon. Statt Entzweiung sehen wir nach den Kämpfen Annäherung. Dieses Muster mag einem gefühlsmäßig zuwiderlaufen, aber nur, wenn man nicht weiß, in welchem Maße diese Tiere voneinander abhängig sind; sie können es sich nicht leisten, sich einander zu entfremden.

Aggressives Verhalten als einen Ausdruck interindividueller Konflikte zu betrachten, der sowohl von sozialen Beziehungen bestimmt ist wie auch eine bestimmte Funktion darin hat, entfernt uns noch weiter von der Lorenzschen »instinktivistischen« Sicht; unsere Betrachtungsweise widmet sozialen und biologischen Faktoren die gleiche Aufmerksamkeit. Natürlich deckt eine umfassende Definition des Biologischen auch das Soziale ab (soziale Prädispositionen sind ebenso ein Teil der Biologie einer Spezies wie ihre Physiologie und Anatomie), aber normalerweise wird der Begriff in der ewigwährenden Diskussion über Aggression eben nicht in diesem Sinne gebraucht. Ein als »Sevillaner Manifest zur Gewalt« bekannt gewordenes Dokument aus dem Jahre 1986 versucht beispielsweise, die Menschheit durch eine vorbehaltlose Ablehnung genetischer Erklärungen von einem, wie es heißt, »biologischen Pessimismus« zu befreien. Seltsamerweise würde sich kein Mensch je die Mühe machen, ein vergleichbares Manifest zu verfassen, um die genetische Grundlage von Bindung, Kooperation oder Sexualität zu bestreiten. Die meisten akzeptieren diese universellen Verhaltensweisen als Grundelemente menschlicher Natur, warum also nicht Aggression?

Der Grund dafür ist, daß es sich bei Aggression um die Eigenschaft handelt, die unsere Spezies nicht gerne sieht, wenn sie in den Spiegel blickt. Sie ist der häßliche Pickel in unserem Gesicht, und man macht es den Biologen zum Vorwurf, daß sie andeuten, es könnte schwierig sein, diesen Makel loszuwerden.

Das Sevillaner Manifest zielt auf veraltete Ansichten; es stammt noch aus einer Zeit, in der wir als Killeraffen beschrieben wurden.[3] Heutige Ethologen beziehen neben der Genetik auch Umweltfaktoren in ihre Analysen aggressiven Verhaltens ein und haben detaillierte Daten zum sozialen Kontext und zur Lösung interindividuellen Konflikts gesammelt. Als ich mein Buch *Wilde Diplomaten* schrieb, entdeckte ich zu meiner Überraschung, daß wir weit mehr darüber wissen, wie unsere tierischen Verwandten mit Aggression fertig werden, als darüber, wie wir selber damit umgehen. Der Großteil der Forschung zu menschlicher Aggression isoliert nach wie vor das Phänomen von anderen Aspekten des sozialen Lebens und behandelt es eher als asoziales denn als soziales Verhalten.[4]

In diesem vorletzten Kapitel biete ich eine auf den neuesten Stand gebrachte Zusammenfassung dessen, was wir mittlerweile über Konfliktlösung bei Primaten wissen. Ich verstehe dies auch als Aufforderung an die Sozialwissenschaftler, ein in Opposition zu einem dreißig Jahre alten Buch definiertes Paradigma zugunsten eines neuen aufzugeben, das menschliche Aggression sowohl von einem biologischen als auch von einem sozialen

Standpunkt aus betrachtet. Diese Betrachtungsweise ist durchaus möglich, ohne Aggression in irgendeiner Weise auf einen unkontrollierbaren Trieb oder Instinkt zu reduzieren.

Der soziale Käfig

Die abendländische Kultur ist seit langem regelrecht vernarrt in die persönliche Autonomie. Im Innersten sind wir alle Individualisten, und was gäbe es für eine bessere Möglichkeit, dies hervorzuheben, als die Behauptung, unser aller Stammvater sei ein selbstgenügsames Wesen gewesen? Jean-Jacques Rousseaus Bild vom edlen Wilden hat sich für immer in unsere Seelen eingegraben, eines Wilden, der allein unter einem Baum ruht, von dem er eben seine Mahlzeit gepflückt hat, zufrieden an Leib und Seele. Wozu bedürfte er anderer? Nicht einmal durch die Liebe wurde seine Unabhängigkeit aufs Spiel gesetzt: Angehörige der beiden Geschlechter vergaßen einander schlichtweg, sobald sie ihre Leidenschaft gestillt hatten.

Das völlige Fehlen sozialer Verbundenheit in dieser Phantasiewelt störte Rousseau nicht im geringsten. Er selber war ein scheuer, zurückgezogener Mensch, der sich auf seinen einsamen botanischen Ausflügen am wohlsten fühlte. Für ihn war *seul* (= allein) gleichbedeutend mit *libre* (= frei).

Obwohl Rousseau sein einprägsames Bild vom selbstgenügsamen Wilden als rein theoretisches Konstrukt und nicht als historische Wahrheit präsentierte, spukt es immer noch durch unsere Köpfe. Bei Wirtschaftswissenschaftlern wurde es zu einem Glaubensartikel; sie beschreiben Gesellschaft als eine Ansammlung von Robinson Crusoes, das heißt als eine Anzahl voneinander unabhängiger Haushalte, die freien Austausch miteinander treiben. Die gleiche Vorstellung durchdringt die Theorien, die Recht als eine Reihe von Gerechtigkeitsprinzipien auffassen, auf die sich freie und gleiche menschliche Wesen einigten, als sie beschlossen, ihre Autonomie aufzugeben, um eine Gemeinschaft zu bilden. Daraus ergibt sich unsere Vorstellung von »Rechten«: eine Moral, die von jedem einzelnen fordert, die Ansprüche des anderen zu respektieren. John Rawls geht sogar so weit, die »Ausgangssituation« der menschlichen Gesellschaft als eine Konstellation darzustellen, an der vernünftige, jedoch aneinander nicht weiter interessierte Parteien teilhaben.

Nicht interessiert? Als stammten unsere Vorfahren nicht von Tieren ab, die Jahrmillionen in hierarchisch gegliederten Gemeinschaften mit starken wechselseitigen Bindungen gelebt haben. Jegliches von ihnen entwickelte Rechtssystem hätte Individuen betroffen, die unfrei, ungleich und wahrscheinlich eher emotional als rational geprägt waren. Es steht außer Zweifel, daß sie, als Eltern, Nachkommen, Geschwister, Gefährten, Verbündete, Freunde und Wahrer des Gemeinwohls, ein sehr starkes Interesse aneinander empfanden. Eine ausschließlich mit individuellen Rechten befaßte Moral neigt dazu, die Bindungen, Bedürfnisse und Wechselbeziehungen zu übersehen, die von allem Anfang an unsere Existenz kennzeichneten. Es ist eine kalte Moral, die die Menschen voneinander trennt und jedem seinen eigenen Winkel im Universum zuweist.

Wie diese Karikatur einer Gesellschaft in den Köpfen herausragender Denker entstehen konnte, ist und bleibt ein Geheimnis. Sind wir uns der uralten Muster so schmerzlich bewußt, daß wir uns nach einem Gegenmittel sehnen? Fairneß und Achtung voreinander sind mit gewissen Mühen verbunden – sie gelten als Errungenschaften, als Ziele, für die wir kämpfen –, und anstatt zuzugeben, daß wir zwar als einander nahestehend, aber *ungleich* angefangen haben, verleihen wir daher unserem Streben nach Gerechtigkeit lieber dadurch Gewicht, daß wir eine Geschichte erfinden – wie weit wir ursprünglich voneinander entfernt waren, aber trotzdem *gleich*. Wie ein Neureicher, der altes Geld für sich beansprucht, verdrehen wir die Geschichte, um unser Gesellschaftsbild zu rechtfertigen.

Der Mythos hat seinen Zweck erfüllt. Jetzt, da die Französische Revolution mehr als zweihundert Jahre hinter uns liegt, sollten wir uns eigentlich Gedankenexperimente erlauben dürfen, die Vergangenheit so rekonstruieren, wie sie war. Obwohl Rousseau selber kurzfristig die Biologie als Anhaltspunkt betrachtete, ließ er die Idee wieder fallen und beklagte den mangelhaften Wissensstand seiner Zeit. Derzeit sind die Aussichten auf eine glaubwürdige, wissenschaftlich fundierte Rekonstruktion weit besser. Wir brauchen den edlen Wilden nicht durch einen Killeraffen zu ersetzen, aber wir müssen uns von der romantischen Vorstellung eines Vorfahren lösen, der frei wie ein Vogel war.

Ein wilder Schimpansenmann kann durchaus ein weites Gebiet im Wald durchstreifen, doch es gibt eine Grenze, über die hinaus er sich, aufgrund der Feindschaft zwischen den einzelnen Gemeinschaften, nicht wagen darf. Und er muß notwendigerweise mit den anderen Männern in seiner Gruppe auskommen: vereint können sie brutalen Akten territorialer Aggression standhalten (und sie begehen). Gleichzeitig wetteifert er mit ebendiesen

Männern um Dominanz. Ständig muß er den Überblick bewahren, wer seine Verbündeten und wer seine Rivalen sind, denn ersteren verdankt er unter Umständen seinen Rang, während er in Gegenwart der letzteren gewisse Risiken eingeht.

Eine Schimpansenfrau hält sich meist in einem kleineren Umkreis innerhalb des Territoriums der Männer auf; sie ist immer von Männern, die sie dominieren, und von Nachkommen, die Hilfe von ihr fordern, umgeben. Ich will damit nicht eine fortwährende Streßsituation andeuten, denn wilde Schimpansen genießen auch Kameradschaft, Freizeit und alle möglichen befriedigenden Betätigungen – aber ich glaube durchaus, daß sie soziale Gefangene sind.

Es ist wie das Leben in einem kleinen Dorf, in dem jeder jeden kennt: derlei Beziehungen bieten Stabilität, Nähe und Sicherheit, aber sie bringen auch eine ständige Kontrolle mit sich. Diese Charakterisierung gilt in noch höherem Maße für Affen als für Schimpansen. Schimpansen leben in sogenannten Spaltungs-Vereinigungs-Gesellschaften; das heißt, sie ziehen in kleinen Gruppen, deren Zusammensetzung sich ständig ändert, durch den Urwald. Alle Verbindungen, außer die zwischen Mutter und der von ihr abhängigen Nachkommenschaft, sind vorübergehender Natur.[5] Die meisten Affenspezies hingegen bilden feste Gruppen, deren Mitglieder immer alle anwesend sind; ihr sozialer Käfig ist somit noch enger.

Angenommen, die Gruppe, in der jeder jeden kennt, mit dem damit verbundenen Mangel an Freiheit, entspricht dem Originalzustand der Menschheit, dann stellen die Schimpansen in Gefangenschaft, mit denen ich arbeite, ein einzigartiges Experiment dar. Angesichts der fließenden Struktur ihres sozialen Netzes in der natürlichen Umgebung stellt das Zusammengepferchtsein in einer festen Gruppe eine ernste Herausforderung für ihr *adaptives Potential* dar, das ich als Bandbreite der Bedingungen definiere, an die Individuen sich anpassen können, ohne Schaden an ihrer Gesundheit, ihrer Fortpflanzungsfähigkeit oder größeren Bereichen ihres speziestypischen Verhaltensrepertoires zu nehmen. Dieses Spektrum reicht normalerweise viel weiter als in den verschiedenen Habitaten erforderlich, die sie in der Natur bewohnen. Die Erfahrungen der letzten zwei Jahrzehnte in fortschrittlichen Zoos und Forschungsinstitutionen, angefangen bei dem naturnahen Gehege im Arnheim-Zoo, haben gezeigt, daß Schimpansen durchaus in der Lage sind, in großen Gefangenenkolonien ein körperlich wie auch sozial gesundes Leben zu führen, selbst wenn diese Situation den Verlust der Möglichkeit von Spaltungen und Neuvereinigungen bedeutet.

Unter solchen Bedingungen ähnelt das Sozialverhalten in vieler Hinsicht dem wilder Schimpansen, außer natürlich, daß das Gruppenleben weit intensiver ist. Vor allem erwachsene Frauen legen eine soziale Nähe zueinander an den Tag, wie man sie bei ihren wilden Artgenossinnen nicht kennt, die meist ziemlich einzelgängerisch sind. In Gefangenschaft schützen Schimpansenfrauen einander gegen Gewalt seitens der Männer, beeinflussen durch konzertierte Aktionen aktiv die Machtkämpfe der Männer, groomen einander regelmäßig und teilen die Nahrung miteinander – Verhaltensweisen, die bei Frauen in den am besten erforschten wilden Populationen selten oder gar nicht gegeben sind.[6] Die Beziehungen zwischen erwachsenen Männern scheinen nicht in solchem Maße von den Lebensbedingungen beeinflußt zu werden; sowohl in der Wildnis wie auch in Gefangenschaft legen sie eine charakteristische Mischung von Bindung und Rivalität an den Tag. Kurz gesagt: das adaptive Potential von Schimpansen umfaßt auch das Leben in dauerhaften Verbänden, die denen der Affen ähnlich sind.

Zu behaupten, diese Schimpansen verhielten sich nicht »natürlich«, ginge am Wesen der Sache vorbei. Menschen leben auch nicht gerade natürlich. Wir verbringen lange Zeitabschnitte allein in engen Schachteln auf Rädern, essen gekochte Nahrung, halten über Draht die Verbindung mit Verwandten aufrecht, haben tagtäglich mit Fremden zu tun und so weiter. Es könnte durchaus sein, daß wir in dieser künstlichen Welt unser adaptives Potential bis an seine Grenze ausschöpfen; schon aus diesem Grund verdient die Anpassungsfähigkeit anderer Primaten eine nähere Betrachtung. Menschen in modernen Gesellschaften und Schimpansen in Gefangenschaft passen sich aufgrund ihrer psychischen und sozialen Formbarkeit – die an und für sich eine naturgegebene Befähigung ist – erfolgreich neuen Gegebenheiten an.

Die Fähigkeit von Schimpansen, in unveränderlichen Gruppen zu leben, ist von größter Bedeutung für die menschliche Evolution. Hätten unsere Vorfahren nicht über eine vergleichbare Fähigkeit verfügt, hätten sie nie den ungeheuren Schritt zum Leben in festen Siedlungen getan. Wie der amerikanische Politologe Roger Masters bemerkt, könnte die Untersuchung von Kolonien in Gefangenschaft lebender Schimpansen »besonders wertvolle Hinweise darauf geben, was mit Hominoiden geschieht, wenn sie nicht ohne weiteres ihre heimatliche Gemeinschaft verlassen können und daher, wie die Menschen nach der Erfindung des Ackerbaus, dazu neigen, wechselnde Allianzen einzugehen anstatt der vorübergehenden Aufspaltung in einzelne Trupps, wie sie für Jäger-Sammler und Schimpansengesellschaften typisch sind.«[7]

Dies bringt uns zum Thema Freiheit zurück. Unabhängig von den Umständen können Schimpansen, Affen und Menschen nicht einfach jederzeit die Gruppe verlassen, der sie angehören. Die Doppelbedeutung von »angehören« sagt alles: sie sind Teil von und Besitz der Gruppe. In der Natur gibt es ein Wechseln zwischen einzelnen Gruppen, das sich jedoch meist auf ein bestimmtes Lebensstadium des einen oder anderen Geschlechts beschränkt. Obwohl sie Gelegenheit haben, sich zeitweilig zu entfernen – Gelegenheiten, wie sie in der Wildnis beträchtlich öfter als in Gefangenschaft und im dichten »Dschungel der Städte« weit eher als in einem Dorf gegeben sind –, bleiben die meisten Gruppenmitglieder auf lange Sicht aneinander gebunden. Ich formuliere dies hier negativ, nur um die tatsächliche Situation dem Mythos entgegenzusetzen, wir hätten als ein Haufen Einzelgänger begonnen, denen es freistand, zu gehen, wohin sie wollten. Da wir gesellige Wesen sind, fällt es uns nicht schwer, die positive Seite des Ganzen zu sehen. Die Definition geselliger Wesen (*social animals*) besagt ja genau das, daß sie Gesellschaft suchen und sie *genießen*; der soziale Käfig ist ihr Palast!

Wenn das Leben in der Gruppe auf einem Gesellschaftsvertrag beruht, so ist dieser nicht von einzelnen Parteien erdacht und unterzeichnet worden, sondern von Mutter Natur. Und die unterschreibt nur, wenn die Tauglichkeit durch einen Zusammenschluß mit anderen zunimmt, das heißt, wenn soziable Individuen mehr Nachkommen hinterlassen als Einzelgänger. Wir sehen, wie soziale Tendenzen entstanden – eher über genetische Kalkulation als durch eine rationale Entscheidung. Selbst in unserer Spezies, die sich eines freien Willens rühmt, treffen wir gelegentlich auf einen Eremiten, der sich für Zurückgezogenheit entschieden hat; doch nie begegnen wir jemandem, der sich bewußt entschlossen hat, sozial zu werden. Man kann nicht beschließen, etwas zu werden, das man bereits ist.

Es stimmt nicht, daß für uns oder eine andere soziale Spezies das Leben in Gruppen nur Vor- und keine Nachteile hat; eben weil das Leben in der Gruppe nicht allein selig machend ist, braucht man Möglichkeiten der Konfliktlösung. Der größte Nachteil ist, daß man ständig von Individuen umringt ist, die nach der gleichen Nahrung suchen und sich von den gleichen Partnern angezogen fühlen. Gruppen sind Brutstätten für Zwietracht und Konkurrenz, die ironischerweise zugleich die massivste Bedrohung für ihre Existenz darstellen. In einer anonymen Ansammlung können Tiere ungestraft einander in den Rücken fallen – so wie in Piranhaschwärmen gelegentlich einzelne Mitglieder schnell ein Stück von einem anderen abbeißen –, eine individualisierte Gesellschaft ohne Kontroll- und Ausgleichsmechanismen zur Eindämmung von Aggression hingegen ist zum Untergang verdammt. In einer solchen Gesellschaft hat ein gemeinschaftsschädigendes Verhalten mehr Konsequenzen für den Missetäter, da die anderen Gruppenmitglieder dazu neigen, sich zu erinnern, *wer* der Schuldige ist. Kooperative Beziehungen beruhen auf dem Vertrauen, daß die anderen Parteien sich unter bestimmten Umständen auf bestimmte Weise verhalten; Unruhestifter haben Schwierigkeiten, dieses Vertrauen zu erringen.

Ich gehe hier von der Annahme aus, daß Tiere nicht der Gruppe zuliebe den Wettstreit einschränken: das Wohl der Gruppe spielt nur insofern eine Rolle, als es sich mit dem des einzelnen überschneidet. Diese Überschneidung kann jedoch beträchtlich sein, wenn die Zugehörigkeit zur Gruppe eine Frage von Leben und Tod ist. Selbst Menschenaffen haben natürliche Feinde, etwa Löwen und Leoparden, und Affen werden oft die Beute von Raubvögeln, Schlangen und Raubkatzen. Der Hauptvorteil eines Lebens in der Gruppe könnte folglich in der Abwehr von Raubtieren bestehen. Die beiden holländischen Feldforscher Carel van Schaik und Maria van Noordwijk suchten verschiedene Gebiete in Südostasien auf, um herauszufinden, ob die Größe der Gruppen, in denen Javaneraffen leben, von der Gefahr abhängig ist, die Beute von Raubtieren zu werden. In einer Region in Sumatra trafen sie auf zahlreiche Leoparden, Goldkatzen und Tiger, während es in einer anderen Gegend auf einer Insel im Indischen Ozean überhaupt keine Raubkatzen gab. Ihre Untersuchung bestätigte, daß die Affen ohne diese Gefahr dazu neigen, in kleineren Gruppen zusammenzuleben. In einer theoretischen Abhandlung faßte van Schaik zusammen: »Das Bild, das sich ergibt, ist ganz einfach: die untere Schwelle der Gruppengröße ist von der von Raubtieren drohenden Gefahr abhängig, die Obergrenze wird durch die Nahrungskonkurrenz zwischen den Gruppenmitgliedern bestimmt.«[8]

Sue Boinski, die Totenkopfäffchen in Costa Rica beobachtete, bemerkte, wie Weibchen nach der Geburt (sie gebären fast alle gleichzeitig) aufhören, auf eigene Faust durch die Gegend zu streifen, und statt dessen in festen Gruppen umherziehen. Mütter von Neugeborenen sitzen oft nebeneinander und starren in den Himmel, wobei sie ständig den Kopf hin und her drehen. Boinski schrieb ihre verstärkte Geselligkeit der Wachsamkeit vor Raubvögeln sowie der Tatsache zu, daß vier Augen mehr sehen als zwei.

»Die Zeitspannen, in denen Raubvögel entweder direkt über oder in der Nähe der Gruppe in der Luft kreisten, stieg von 2 auf 10 Prozent, wenn die Babys eins nach dem anderen das Licht der Welt erblickten. Achtmal sah ich, wie Kappenwaldfalken versuchten, ein Baby direkt vom Rücken seiner Mutter zu reißen; jedesmal gingen alle Affenweibchen gemeinsam auf die Falken los und verjagten sie. Einige Mütter, die ihre Babys verloren hatten, wiesen auf dem Rücken Kratzer und Blutspuren auf, die denen von Affen glichen, die, wie ich selber miterlebt hatte, von Raubvögeln angegriffen worden waren.«[9]

Raubtiere als eigentliche Begründung für ein Leben in der Gruppe ist eine Vorstellung, die fast überall zutrifft. Selbst von Elefanten nimmt man an, daß sie aufgrund der Wehrlosigkeit ihrer Kälber gegenüber Hyänen und Löwen in Herden umherziehen. Wenn dies schon an Land so ist, dann stellen Sie sich erst einmal einen dreidimensionalen Raum vor, in dem man von allen Seiten überrumpelt werden kann. In *Die Zeit der Delphine* setzt sich Kenneth Norris mit dem Phänomen der Delphin-»Schulen« auseinander, die den Tieren helfen, den überall lauernden Gefahren auszuweichen. Die Anführungszeichen verwende ich, weil eine Ansammlung von Delphinen etwas ganz anderes ist als ein als Schule bezeichneter Fischschwarm. Delphine mögen zwar alle gleich aussehen, aber sie erkennen einander durch besondere Pfeiflaute und führen ein kompliziertes Leben, zu dem die Aufzucht der Jungen und dauerhafte kooperative Beziehungen gehören, und das in einer Welt, in der sie beständig auf der Hut sein müssen. Selbst wenn sie sich in ruhigen Augenblicken voneinander entfernen, bleiben sie doch immer innerhalb des von Norris so bezeichneten *magischen Kreises* in Sicht- und Hörweite, eine dem sozialen Käfig vergleichbare Vorstellung. Wenn sich Haie oder Schwertwale nähern, wird der Kreis enger, gelegentlich blitzschnell, um die Räuber mit einer abgestimmten Reaktion zu verwirren, die schneller ist, als daß sie ihr mit den Augen folgen könnten. Es ist praktisch unmöglich, unter den identisch geformten, sich auf identische Weise fortbewegenden Objekten, die nur wenig Raum zwischen sich lassen, ein potentielles Opfer herauszugreifen.

Delphine stellen eine einzigartige Kombination einer hochindividualisierten Gesellschaft im Inneren und einer gesichtslosen Masse nach außen dar. Norris beschreibt die Reaktion der »Schule« auf Big Bear, einen Fischer in einem großen Boot:

»Die Delphine sprangen vor uns in ungeordneten Reihen aus dem Wasser. Plötzlich griff Big Bear, eine Hand am Ruder, nach einem Gewehr, das hinter der Kabinentür hing, und ballerte hinter den fliehenden Meeressäugern ins Wasser, um, wie er sich ausdrückte, zu sehen, ob er ihnen »Beine machen« könnte. Der Kugelhagel muß die Tiere gehörig aufgeschreckt haben, denn sie sprangen alle gemeinsam aus dem Wasser und drängten sich so dicht aneinander, daß kein Finger mehr zwischen sie gepaßt hätte.«[10]

Abgesehen von der erhöhten Überlebenschance aufgrund der Zugehörigkeit zu einer Gruppe mit ihren zahlreichen Augen und Ohren, ihren Abwehrtechniken und (bei in Rudeln lebenden Fleischfressern wie wilden Hunden) ihrer Fähigkeit, Beute zu überwältigen, die für einen einzelnen Räuber zu schnell oder zu stark ist – alles äußerliche Faktoren –, besteht auch die Möglichkeit einer Zusammenarbeit innerhalb der Gruppe, um gruppeninterne Ziele zu erreichen. Viele Primaten sind wahre Meister darin: ihr wichtigstes Mittel des internen Wettstreits ist die Bildung einer Allianz von zwei Parteien gegen eine dritte. Weil jedes Individuum die bestmöglichen Koalitionen anstrebt, werden die Verbündeten zu Vermögenswerten und soziale Bindungen zu regelrechten Investitionen, wie Hans Kummer als erster bemerkte.

Stellen Sie sich vor, Affe A ist es über die Jahre gelungen, eine auf wechselseitiger Unterstützung beruhende Beziehung mit B zu pflegen, die es beiden ermöglicht, niedrigere Ränge auf die für Makaken- und Pavianweibchen charakteristische harsche Weise unter Kontrolle zu halten. A und B bestätigen und bekräftigen diese Partnerschaft durch gegenseitiges Groomen und gemeinsame Aktionen. Sollte A es nun hinnehmen, wenn ein drittes Weibchen, C, B groomt? Wenn C mit B verwandt oder von hohem Rang ist, kann A wenig dagegen unternehmen; Blut ist dicker als Wasser, und die Hierarchie wird im allgemeinen respektiert. Ist C jedoch keines von beiden, wird A versuchen, C von B wegzuscheuchen oder einfach zur Seite zu drängen. Eine derartige Konkurrenz ist bei Affengruppen durchaus üblich und auch gut dokumentiert; sie läßt darauf schließen, daß soziale Investitionen sorgsam abgesichert werden.

Oder nehmen Sie die Dreiecksbeziehung zwischen Nikkie, dem jungen Alphamann der Schimpansenkolonie in Arnheim, seinem älteren Verbündeten Yeroen und ihrem Hauptrivalen im Kampf um den Platz an der Spitze, Luit. Die große Vorhersehbarkeit, mit der Nikkie die anderen beiden Männer voneinander getrennt zu halten pflegte, ließ mich dies als Strategie des »Teilens und Herrschens« bezeichnen. Sobald er Yeroen und Luit zusammen sah, ging er auf sie zu und scheuchte sie auseinander: in all den Jahren von Nikkies Führerschaft gab es nicht ein einziges Mal eine Abweichung von dieser Regel. Ein weiterer Hinweis darauf, wie sehr Nikkie seine Partnerschaft mit Yeroen schätzte – ohne dessen Unterstützung er Luit nie hätte unterwerfen können –, war sein Bestreben, sich mit ihm zu versöhnen. Zwischen Nikkie und Yeroen kam es gelegentlich zu Spannungen wegen Paarungsvorrechten. Ursprünglich kopulierte Yeroen, der Königsmacher, ungehindert mit den Frauen; aber mit der Zeit wurde der König selber zunehmend selbstsicherer und herrischer, folglich weniger tolerant in bezug auf die sexuellen Affären seines Partners.

Nikkies Einmischungen in Yeroens Paarungsversuche führten unausweichlich zu dramatischen Auseinandersetzungen: Yeroen kreischte wie wild und scharte möglichst viele Frauen zu seiner Unterstützung um sich, während Nikkie die ganze Zeit nervös Luit in Auge behielt, dessen Bedeutung und Kühnheit im Fall eines Auseinanderbrechens der Koalition zugenommen hätten. Die einzige Möglichkeit für Nikkie, die Kontrolle zu bewahren, war es, so schnell wie möglich die politische Grundlage für seine Position wiederherzustellen; dies tat er, indem er Yeroen die Hand hinstreckte. Die darauf folgende Umarmung der herrschenden Männer signalisierte das Ende der kurzen Zeit, in der Luit einen gewissen Bedeutungszuwachs genossen hatte. Mit Yeroens Unterstützung vollführte Nikkie dann einen seiner spektakulären Sprünge über Luit, der sich bei dieser Zurschaustellung von Dominanz bückte und mit beiden Armen seinen Kopf abschirmte.

Daß Nikkie es sich nicht leisten konnte, sich Yeroen zu entfremden, wurde offenkundig, als nach drei Jahren gemeinsamen Herrschens die Koalition schließlich zerbrach. Von einem Tag auf den anderen übernahm Luit die Kontrolle.

Das Beziehungsmodell

Einschränkungen der Konkurrenz, wie bei Nikkie und Yeroen, sind schwer mit der allgemein anerkannten wissenschaftlichen Auffassung von Aggression als einem individuellen Gefühlsausbruch, einem Stimulus-Reaktions-Muster oder als persönliche Eigenschaft in Einklang zu bringen. Wir wollen das als *Individualmodell* bezeichnen. Es lag den klassischen Untersuchungen zugrunde, bei denen Ratten aufeinander losgehen, nachdem sie vom Experimentator erschreckt worden sind, oder bei denen Versuchspersonen angewiesen werden, Fremde zu bestrafen, oder ihre Gefühle nach einem gewalttätigen Film beschreiben sollen.

Ohne seine Verdienste zu leugnen, habe ich doch das Gefühl, daß es dem Individualmodell nicht gelingt, dem verbreitetsten Kontext von Aggression

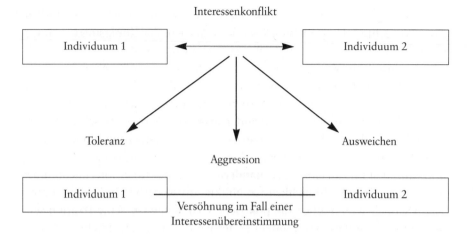

Das Beziehungsmodell geht davon aus, daß aggressives Verhalten nur eine von mehreren Möglichkeiten darstellt, Interessenkonflikte zu lösen. Alternative Lösungsmöglichkeiten sind das Teilen von Ressourcen, auf früheren Begegnungen beruhende Prioritätsansprüche oder das Vermeiden einer Konfrontation. Wenn Aggression aufflackert, hängt es vom jeweiligen Wert der Beziehung ab, ob anschließend Versuche zu einer Wiederherstellung unternommen werden: Versöhnung ist dann am wahrscheinlichsten, wenn ein wechselseitiges Interesse an der Aufrechterhaltung einer wertvollen Beziehung besteht. Parteien handeln die Bedingungen ihrer Beziehung aus, indem sie Zyklen von Konflikt und Versöhnung durchlaufen.

gerecht zu werden: Beziehungen zwischen einander vertrauten Individuen. Man könnte diese Beziehungen natürlich als komplexe Stimulus-Reaktions-Ketten auffassen, ich ziehe es jedoch vor, mein Hauptaugenmerk auf den sozialen Kontext zu richten. Das *Beziehungsmodell* betrachtet aggressives Verhalten als Ergebnis von Interessenkonflikten zwischen Individuen, die eine gemeinsame Vergangenheit (und Zukunft) haben. Es setzt ein Gleichgewicht zwischen Tendenzen, die Individuen voneinander trennen bzw. einander näherbringen, voraus. Es konzentriert sich auf Individuen, die sich durch Zuneigung und das Empfinden, derselben Gruppe anzugehören, zueinander hingezogen fühlen. Sobald offene Konflikte diese emotionale Grundlage erschüttern, führt dies zu Unbehagen, das dem bei einer räumlichen Trennung nicht unähnlich ist. Da es trotz einer Übereinstimmung der Interessen zu Konflikten zwischen denselben Parteien kommen kann, ist Aggression im allgemeinen kein singuläres Ereignis, sondern Teil einer Aufeinanderfolge von Begegnungen, in der die Beziehung einen Kreislauf vom Positiven zum Negativen durchläuft.

Bei einem Versuch, zu erklären, warum wir »so konstruiert sind, daß wir uns in Gesellschaft wohl fühlen und sie suchen und mehr oder weniger starke Unruhe empfinden, wenn wir allein sind«, vertrat der Begründer der Theorie der Bindung, der britische Psychiater John Bowlby, die Auffassung, die Vermeidung von Alleinsein leite sich ursprünglich von einer Vermeidung von Gefahr ab.[11] Wie wir gesehen haben, kann man das gleiche über die Vermeidung von Konflikten sagen. Jeder Zusammenstoß mit einem geschätzten Gefährten läßt einen kalten Luftzug von außerhalb des sozialen Käfigs hereinwehen.

Um die Parallele zwischen physischer Trennung und emotionaler Entfremdung infolge eines Konflikts weiterzuverfolgen, nehmen wir das logische Gegenteil von Trennungsangst, das wir als *Wiedervereinigungseuphorie* bezeichnen könnten. Nach einer Trennung begrüßen sich Elefanten, indem sie sich immer wieder um sich selber drehen, urinieren, mit den Ohren wedeln, die Rüssel ineinanderschlingen, die Stoßzähne zusammenschlagen und einen Chor von Gebrüll und durchdringenden Trompetenstößen anstimmen. Cynthia Moss zweifelt nicht dran, daß sie Freude empfinden: »Diese Freude mag menschlicher Freude nicht ähnlich oder gar vergleichbar sein, aber sie spielt eine sehr wichtige Rolle im gesamten sozialen System der Elefanten.«[12]

Die Begrüßungszeremonien von Schimpansen, sowohl auf freier Wildbahn als auch in Gefangenschaft, sind allgemein bekannt; dazu gehören Herumrennen mit gesträubtem Fell, lautes Johlen, Küssen und Umarmen. Immer sind auch feindselige Zwischentöne spürbar, die die Unterwerfungs- und Beschwichtigungsgesten erklären, mit denen Untergeordnete sich Dominanten nähern. Ich habe einmal beobachtet, wie zwei erwachsene, in Gefangenschaft lebende Männer erneut zusammengebracht wurden; sie hatten früher zusammengelebt, sich aber fast fünf Jahre lang nicht gesehen. Wir machten uns Sorgen, es könnte zu einem Kampf kommen (was zwischen nicht miteinander vertrauten Männern die Regel ist), aber sie umarmten und küßten sich voller Aufregung, schlugen sich gegenseitig auf den Rücken wie alte Freunde und groomten sich anschließend lange, wobei sie mit den Zähnen klapperten. Am nächsten Tag machten sich Spannungen bemerkbar, aber die erste Reaktion war eindeutig Begeisterung.

Und ich selber habe Wiederbegegnungen zwischen Menschen und Menschenaffen erlebt. Jedesmal wenn ich in den Arnheim-Zoo komme – selbst wenn ich in einer Menge von Hunderten Besuchern auftauche –, setzt Mama, die älteste Frau, ihre arthritischen Knochen in Bewegung, um mich am Rand des Grabens mit keuchenden Grunzlauten zu begrüßen. Mama und ich haben eine lange gemeinsame Geschichte, aber ich wurde auch von Menschenaffen, von denen ich geglaubt hatte, sie hätten mich längst vergessen, auf ähnliche Weise begrüßt.

Kevin, ein adoleszenter Bonobomann, war vom San-Diego-Zoo, wo ich ihn kennengelernt hatte, in den Cincinnati-Zoo verlegt worden, den ich sechs Jahre später besuchte. Ich muß hinzufügen, daß ich, zumindest bei meinen Beobachtungsstudien, Wert darauf lege, sowenig wie möglich mit den Tieren zu tun zu haben, und vor allem vermeide, sie zu füttern oder mich sonst irgendwie an ihrer Versorgung zu beteiligen. Ich will die Aufmerksamkeit, die sie mir widmen, so gering wie möglich halten; in der Tat fühle ich mich geehrt, wenn Primaten, die beim Anblick eines Wärters, Tierarztes oder eines ungewohnten Besuchers in die Luft springen, meine Anwesenheit kaum eines Blickes würdigen, so als gehörte ich zum Mobiliar. Ich sage immer hallo, wenn ich komme, und bei Kevin erinnere ich mich an ein paar freundschaftlich-vertraute Begegnungen in seinem Nachtquartier.

Anfangs starrte Kevin mich einfach an, als ich mich in Gesellschaft von Leuten, die er kannte, näherte. Sobald ich mich jedoch hinhockte und ein paar Worte sagte, drehte er Pirouetten, klatschte in die Hände und forderte mich auf, mit ihm zu spielen, indem er mich unverwandt anstarrte, dann wegrannte und über die Schulter zurückblickte. Er freute sich eindeutig, mich zu sehen, kehrte mir den Rücken zu und fing an, guttural zu lachen, und zwar noch ehe ich ihn im Nacken und unter den Armen (wo alle Hominoiden kitzlig sind) kraulte. Sein unmittelbares Vertrauen zu mir war so offensichtlich, daß ich noch am gleichen Tag meinen Zuhörern als »ein guter Freund Kevins« vorgestellt wurde und die meisten Fragen nach meinem Vortrag sich auf unsere Beziehung bezogen. Das veranlaßte mich auch, meine Annahmen noch einmal zu überdenken. Ich selber vergesse nie ein Primatengesicht, das ich tagtäglich gesehen habe, und natürlich hatte ich Kevin auf Anhieb wiedererkannt. Warum hatte ich eigentlich erwartet, daß das bei ihm anders wäre?[13]

Die aufsehenerregendste Wiederbegegnung zwischen Primaten, deren Zeuge ich je wurde, erlebte ich jedoch bei Bärenmakaken im Wisconsin Primate Center. Nachdem die annähernd zwanzig Affen von einem langen »Urlaub« in Puerto Rico zurückgekommen waren (dort hatten sie ein paar Jahre in einem Freigehege verbracht), mußten sie in Quarantäne, ehe sie in ihr Gehege im Vilas Park Zoo in Madison zurückdurften. Monatelang war jeder Affe (außer Mütter mit Kleinkindern) in einem Einzelkäfig in ein und demselben Raum untergebracht: sie konnten einander sehen und hören, hatten sonst jedoch keinen Kontakt miteinander. Als man sie schließlich zusammenließ, brach ein unglaublicher Lärm los. Mit der für ihre Spezies typischen Geste des »Hinterteil-Haltens« umklammerten die Affen sich an den Hüften oder umarmten sich; dabei kreischten sie die ganze Zeit aus vollem Hals. Sie rannten von einem zum anderen und wollten diese Prozedur offenbar bei jedem nur denkbaren Partner wiederholen, auch bei den Jungen. Die Aufregung dauerte ungefähr eine halbe Stunde, dann setzten sie sich hin und groomten einander mit leisen, zufrieden klingenden Rufen.

Angesichts dieser Feststimmung ist es nicht überraschend, daß Bärenmakaken sich nach Auseinandersetzungen auch bereitwilliger versöhnen als fast alle anderen Spezies. Zwischen Begrüßen und Friedenschließen besteht eindeutig eine Verbindung: ersteres bringt Individuen wieder zusammen, die räumlich getrennt waren; bei einem Friedensschluß wird die Verbindung zwischen Parteien, deren Beziehung einer Belastung ausgesetzt war, wiederhergestellt. Beide Prozesse spiegeln den dieser Beziehung zugemessenen Wert wider, und beide bekräftigen sie: Was auch immer geschehen ist, die gefühlsmäßige Verbundenheit ist unversehrt geblieben.

Frieden schließen

Goldstumpfnasen tun es, indem sie sich an den Händen fassen, Schimpansen mit Küssen auf den Mund, Bonobos mit Sex, Tonkeanmakaken, indem sie einander umklammern und mit den Lippen schmatzen. Jede Spezies hält sich an eine eigene Prozedur des Friedensschlusses. Viele haben eine speziell für diesen Zweck bestimmte Gestik und Mimik und besondere Rufe entwickelt, andere nicht: ihre Versöhnungen sehen genauso aus wie jeder andere Kontakt auch.

Woher wissen wir dann, daß diese Wesen sich versöhnen? Weil das Kriterium nicht ein besonderes Verhalten, sondern eine bestimmte Ereignisfolge ist. Ich definiere Versöhnung als Wiedervereinigung zwischen ehemaligen Gegnern nicht lange nach dem Kampf. Einige zufällige Begegnungen genügen nicht: eine Versöhnung ist nur bei einer systematischen Zunahme freundlicher Interaktionen, die auf aggressive folgen, gegeben. Dieses Muster läßt sich durch einen Vergleich des Verhaltens nach einem Konflikt und dem in anderen, entspannteren Situationen bestätigen. Im Verlauf einiger Untersuchungen kam man zu dem Schluß, daß vormalige Gegner *selektiv voneinander angezogen* werden, das heißt, sie neigen dazu, öfter zusammenzukommen als sonst und öfter als mit Tieren, die nichts mit dem Kampf zu tun hatten. In der Primatenordnung scheint dieses Phänomen weit verbreitet zu sein: wir verfügen mittlerweile über systematische Hinweise darauf bei Schimpansen, Bonobos, Berggorillas, Goldstumpfnasen, Kapuzineraffen, Mohrenmakis, Husarenaffen, Grüne Meerkatzen, Pavianen und einer Vielzahl von Makaken (Rhesusaffen, Tonkean-, Bärenmakaken, Javaneraffen, Schweinsaffen, Indischen Hutaffen, Berberaffen und Japanmakaken).[14]

Versöhnungen reichen von den eher verkrampften und ängstlichen Begegnungen von Patas und Rhesusaffen bis zu dem offenbar angenehmen Erotismus der Bonobos. Einige Spezies machen nur einen Bruchteil der Konflikte wieder gut, andere fast alle. Zwar konnte man diese Unterschiede bislang nicht erklären, aber eins scheint logisch: Je versöhnlicher eine Spezies sich verhält, desto wichtiger ist der Gruppenzusammenhalt in der Wildnis. Wir gehen davon aus, daß die Fähigkeit, Frieden zu schließen, sich als Anpassung an die Umwelt entwickelte. Das heißt nicht, daß diese Eigenschaft relativ unveränderlich ist: sie ist derart komplex, daß sie vermutlich durch soziale Erfahrung modifiziert wird.

Primaten entwickeln diese Fähigkeit schon früh. Wie alles, was mit Zuneigung zu tun hat, beginnt sie mit der Mutter-Kind-Bindung und erhält ihre stärksten Impulse von dem unausweichlichen Entwöhnungstrauma. Die Mutter stößt das Junge von den Brustwarzen weg, erlaubt ihm jedoch, gleich wieder zurückzukommen, wenn es schreiend protestiert. Der zeitliche Abstand zwischen wegstoßen und wieder heranlassen wird mit zunehmendem Alter des Jungtieres immer länger, und der Konflikt wächst sich zu veritablen Dramen aus. Schließlich lernt das Junge, seine Forderungen auf Momente zu beschränken, in denen die Wahrscheinlichkeit, von der Mutter abgewiesen zu werden, eher gering ist. Ältere Jungtiere entwickeln eine beträchtliche Geschicklichkeit, sich Zugang zur Mutter zu verschaffen, wie Jeanne Altmann bei Pavianen in Kenia beobachtete:

»Gelegentlich folgte ich einer Mutter, aber ihr Junges konnte ich weit und breit nicht sehen. Die Mutter begann, einen anderen Pavian zu groomen oder ruhte sich aus, und augenblicklich schoß das Junge aus einer Entfernung von über 20 Metern von einer Stelle, wo es sich mit irgend etwas anderem beschäftigt hatte, auf sie zu, schmiegte sich an sie und begann zu saugen.«[15]

Die Aufrechterhaltung der Mutterbindung, trotz gelegentlicher Unstimmigkeiten legt den Grundstein für jegliche spätere Konfliktlösung. Versöhnungen mit Altersgenossen, die von ihrer Bedeutung her wahrscheinlich an nächster Stelle rangieren, lassen sich schon früh beobachten, wie beispielsweise im Rahmen unserer Entwicklungsstudie, in die die beiden vier Monate alten Rhesusweibchen Oatley und Napkin einbezogen waren. Die zwei rangen spielerisch miteinander, als Napkins Tante mütterlicherseits hinzukam. Das erwachsene Weibchen »half« Napkin, indem sie ihre Spielgenossin zu Boden drückte. Napkin nutzte das aus, sprang unvermittelt Oatley an und biß sie. Nach einem kurzen Kampf lösten sie sich voneinander. Der Zwischenfall war nicht allzu schwerwiegend, aber was darauf folgte, war bemerkenswert. Oatley ging direkt auf Napkin zu, die mit ihrer Tante zusammensaß, und groomte sie von hinten. Napkin drehte sich um, und die beiden umschlangen sich, Bauch an Bauch gepreßt. Um dieses harmonische Bild abzurunden, legte die Tante die Arme um die versöhnten Jungtiere.

Leider sagen Beobachtungen junger Affen wenig über den erlernten Anteil aus. Wir sehen, wie ein bestimmtes Verhalten mit zunehmendem Alter komplexer wird, aber um genau zu verstehen, wie es zustande kommt, müssen wir Erfahrungen manipulieren. Von dieser Idee war ich nach einer Diskussion mit einem Kinderpsychologen lange Zeit besessen. Um den Mangel an Daten über Versöhnung beim Menschen zu rechtfertigen, hatte dieser argumentiert, es sei einfacher, solche Informationen bei Affen zu sammeln, da sie auf eine vom »Instinkt« bestimmte stereotype Weise handelten, während sich bei Menschen eine verwirrende Vielfalt zeige. Abgesehen von der Tatsache, daß dies kaum eine ausreichende Entschuldigung ist (die Aufgabe von Wissenschaft ist es ja gerade, eine solche Vielfalt zu erklären), sind Unterschiede zwischen menschlichem und tierischem Verhalten niemals derart absolut. Ich beschloß also, für die Frage der Konfliktlösung bei Primaten könnte ein Lernexperiment recht nützlich sein.

Meine Testanordnung kombinierte zwei Bedingungen, die im Wisconsin Primate Center gegeben waren, wo das Projekt durchgeführt wurde. Erstens standen uns zwei verwandte Primatenspezies mit gegensätzlichem Temperament zur Verfügung. Das zweite war die seit langer Zeit bestehende, von Harry Harlow, dem Gründers des Zentrums, begonnene Tradition herausragender Experimente. Eine seiner Studentinnen, Melinda Novak, hatte sogenannte Affentherapeuten eingesetzt, um Rhesusaffen wieder einzugliedern, die von ihren Müttern getrennt worden und isoliert aufgewachsen waren. Diese armen Tiere zeigten alle möglichen Reiterationen und Muskelzuckungen – ein Ergebnis ihres unnatürlichen Aufwachsens – und schreckten vor jeglichem Körperkontakt zurück. Die von Melinda Novak Anfang der siebziger Jahre durchgeführten Experimente zeigten, daß man ihnen helfen konnte, indem man sie mit normalen Mitgliedern ihrer Spezies zusammenbrachte. Von diesen Therapeuten lernten die isolierten Individuen, daß Kontakt angenehm und sogar wünschenswert sein kann und nicht unbedingt angst machen muß. Ihre Reiterationen legten sich allmählich.

Mein Ziel war es nicht, herauszufinden, ob ich anormale Affen heilen, sondern vielmehr, ob ich normale verändern könnte, daher werde ich von »Erziehern« und nicht von »Therapeuten« sprechen. Wir boten Bärenmakaken die Gelegenheit, als Erzieher für Rhesusaffen zu fungieren. Bärenmakaken sind gelassene, tolerante Wesen, während Rhesusaffen in eine strenge Hierarchie eingebunden sind. Und das wichtigste: bei Bärenmakaken kommt es nach Kämpfen dreimal häufiger zu Versöhnungen als bei Rhesusaffen, und sie verfügen über ein weit reichhaltigeres Repertoire an Beschwichtigungsgesten, einschließlich des Haltens des Hinterteils, das uns zum ersten Mal bei ihrer großen Wiedervereinigung aufgefallen war.

Unsere Frage lautete nun, ob es uns gelingen würde, daß ein wenig von der Sanftheit der Bärenmakaken auf die Rhesusaffen abfärbte. Wir bildeten gemischte Gruppen von jeweils zwei Jahre alten Rhesusaffen und zweieinhalbjährigen Bärenmakaken (ausgehend von der Annahme, dominante Erzieher hätten vielleicht mehr Erfolg als jüngere). Fünf Monate lang waren diese Gruppen Tag und Nacht beisammen – eine lange Zeit im Leben eines Makaken. Makaken erreichen das Erwachsenenstadium im Alter von vier oder fünf Jahren; man könnte also unser Experiment einer Zusammenführung damit vergleichen, daß man ein menschliches Kind zwei Jahre lang in eine Schimpansenkolonie steckt (was, das wette ich, tiefgreifende, wenn auch vielleicht nicht durchwegs wünschenswerte Auswirkungen auf das Kind hätte).

Als wir die beiden Spezies zusammenbrachten, hatten die Rhesusaffen anfangs erstaunlicherweise Angst. Die Bärenmakaken sind nicht nur etwas größer, sondern auch, trotz ihrer Sanftmütigkeit, sehr hartnäckig; das spürten die Rhesusaffen wohl. Während daher die Rhesusaffen sich in einem verschreckten Haufen an die Decke klammerten, inspizierten die Bärenmakaken in aller Ruhe ihre neue Umgebung. Nach ein paar Minuten wagten einige Rhesusaffen, nach wie vor in dieser unbequemen Haltung, die Bärenmakaken mit heiseren Knurrlauten zu bedrohen. Wenn sie ausprobieren wollten, was passierte, so erlebten sie eine Überraschung. Während dominante Rhesusaffen die Herausforderung erwidert hätten und ein Untergeordneter geflohen wäre, ignorierten die Bärenmakaken sie schlicht. Sie sahen nicht einmal auf. Für die Rhesusaffen war dies wahrscheinlich ihre erste Erfahrung mit dominanten Gefährten, die es nicht für nötig hielten, ihre Stellung gewaltsam zu behaupten.

Im Verlauf des Experiments erhielten die Rhesusaffen diese Lektion immer wieder, Tausende Male. Leichte Aggression war zwar an der Tagesordnung, zu Gewaltanwendung und Verletzungen kam es jedoch praktisch nie; bald waren freundschaftlicher Kontakt und Spielen die hauptsächlichen Aktivitäten. Anfangs sonderten die beiden Gruppen sich auffällig von einander ab, worin die Vorliebe nahezu aller Tiere für die eigene Spezies zum Ausdruck kam.[16] Wenn Denise Johanowicz, die Studentin, der ein Großteil des Verdiensts an der Durchführung der Untersuchung zukommt, morgens eintraf, sah sie ein Knäuel Rhesusaffen in der einen und eine Gruppe Bärenmakaken in der anderen Ecke; sie hatten also getrennt geschlafen. Spiele zwischen den Spezies waren selten, aber beim Groomen überwanden sie die Kluft. Die Bärenmakaken, die nur Stummelschwänze haben, waren schier besessen von den Schwänzen der Rhesusaffen. Wir hatten eindeutig den Eindruck, daß sie die Rhesusaffen manchmal nur deshalb groomten, um mit diesen seltsamen Anhängseln herumspielen und sie inspizieren zu können. Zwar gab sich die Absonderung der beiden Spezies nie ganz, aber sie ließ mit der Zeit nach; gegen Ende des Experiments kamen sie sogar recht gut miteinander aus und schliefen zusammen in einer Gruppe.

Das bedeutsamste Ergebnis war: Nachdem sie mit Bärenmakaken zusammengelebt hatten, fiel es den Rhesusaffen leichter, sich zu versöhnen. Anfangs schlossen sie nach Kämpfen so selten Frieden, wie dies für ihre Spezies eben charakteristisch ist; allmählich näherten sie sich jedoch der hohen Versöhnungsrate ihrer Erzieher an, bis sie sich schließlich genausooft versöhnten wie diese. Auch nachdem wir die Bärenmakaken weggebracht und die Rhesusaffen sich selber überlassen hatten, behielten sie diese neu erlernte Friedfertigkeit bei. Wie Chemiker, die die Eigenschaften einer Lösung verändern, hatten wir einer Gruppe von Affen einer Spezies die »soziale Kultur« einer anderen eingeimpft.[17]

Mit Nachahmung ließen sich unsere Ergebnisse nicht erklären. Die Rhesusaffen übernahmen keines der für Bärenmakaken typischen Verhaltensmuster, etwa Gesten des Hinternhaltens oder Zähneklappern. Vielmehr verhielten sie sich in jeder Hinsicht wie Rhesusaffen, nur waren sie jetzt eindeutig friedfertiger. Sie stießen öfter einen leisen, angenehm klingenden Laut aus, ein leichtes Fauchen, das gute Absichten bei einem Zusammentreffen oder beim Spielen signalisiert. Möglicherweise hatte die sanfte, nachsichtige Veranlagung der Bärenmakaken, in Verbindung mit ihrer unfraglichen Dominanz, eine soziale Atmosphäre geschaffen, in der die Rhesusaffen entspannter und versöhnlicher werden konnten, als dies in einer von den typischen Despoten ihrer Spezies beherrschten Gruppe möglich gewesen wäre. Diese Erklärung paßt zum Beziehungsmodell: eine andersartige Gruppendynamik hatte zu einem grundlegenden Wandel in der Art, mit Konflikten umzugehen, geführt.

Das Ergebnis der Studie enthält eine optimistische Botschaft. Wenn Rhesusaffen lernen können, Frieden zu schließen, warum nicht auch Menschenkinder? Eine Extrapolation unserer Ergebnisse auf erzieherische Bemühungen bei der Spezies Mensch legt den Schluß nahe, daß der Schlüssel dazu die Qualität der Beziehungen ist. Belohnung oder Bestrafung eines bestimmten Verhaltens durch Eltern oder Lehrer, etwa die Unterbindung aggressiven Verhaltens oder die Ermutigung, Frieden zu schließen, wären wohl ein etwas zu kurzsichtiger Ansatz. Auch wenn die westliche, insbesondere die amerikanische Erziehung immer Selbstverwirklichung über Gruppenwerte stellen wird, kann man doch Konfliktlösung nicht ohne Einbeziehung des sozialen Umfelds, innerhalb dessen sie stattfindet, lehren. Vielleicht sollten wir uns in anderen Kulturen angewandte Methoden ansehen. Beispielsweise verglichen Joseph Tobin und seine Mitarbeiter Vorschulen in verschiedenen Ländern und stellten dabei fest, daß japanische Lehrer fast nie in Streitereien eingreifen. Sie halten sich an die Philosophie, die Kinder müßten selber lernen, mit Aggressionen umzugehen und miteinander auszukommen. Offenbar konzentriert ihre Erziehung sich eher auf die allgemeine Qualität von Beziehungen als auf wünschenswertes beziehungsweise unerwünschtes Verhalten.[18]

Der bei weitem wichtigste Faktor ist der *Wert* von Beziehungen. Wir lernen allmählich, daß Primaten, einschließlich Menschen, nicht um des lieben Friedens willen Aggressionen unterdrücken und sich versöhnen, sondern um etwas Wertvolles zu erhalten. Marina Cords und Sylvie Thurnheer machten diese Tendenz in einem Experiment mit Javaneraffen deutlich, das sie in Hans Kummers Labor in Zürich durchführten. Bei früheren Versuchen hatte Cords Streits zwischen zwei Affen provoziert, indem sie dem einen Leckerbissen gab, dem anderen hingegen nicht. Nach dem Streit gingen die Affen auf freundliche Weise aufeinander zu. Um versöhnte und unversöhnte Paare miteinander zu vergleichen, verhinderten die Forscher in manchen Fällen ein Zusammentreffen, indem sie die Affen ablenkten. Anschließend wurden die Affen zu zwei Trinksaugern gebracht, aus denen sie sich, wenn sie sich nebeneinander aufstellten, eine süße Flüssigkeit holen konnten. Wie erwartet, tranken die Affen, die sich versöhnt hatten, bereitwilliger nebeneinander als die, die keine Gelegenheit zu einer Versöhnung gehabt hatten.

Dann unternahmen Cords und Thurnheer den kühnen Schritt, den Wert der Beziehung zu steigern – eine Manipulation, die man bei Studien an Primaten noch nie versucht hatte. Sie richteten bestimmte Affen dazu ab, gemeinsam zu fressen. Die Affen wurden vor eine Reihe kleiner Löcher gesetzt, die für einen einzelnen Affen gerade groß genug waren, um an Popcorn, einen besonders beliebten Leckerbissen, heranzukommen. Zu diesem Zweck mußten sie ihre Position gleichzeitig einnehmen, und zwar an Löchern, die näher beieinander lagen, als es ihrem üblichen Abstand voneinander beim Fressen entsprach, und ohne sich zu bedrohen. Hielten sie sich nicht an diese Tischmanieren, dann blieben die Löcher zu. Sobald alle Affen gelernt hatten, wie sie sich zu verhalten hatten, machten sie dieselbe Prozedur durch wie davor, nur bekamen sie diesmal nicht etwas zu trinken, sondern landeten vor dem Popcornverteiler. Da es jetzt unmöglich war, ohne Abstimmung mit dem anderen eine Belohnung zu bekommen, waren die Affen schlau genug, Probleme zwischen sich vorher zu lösen: die Versöhnungsrate stieg auf das mehr als Dreifache. Wir haben hier zum ersten Mal einen stichhaltigen Beweis für *strategische Versöhnung*, das heißt für eine Versöhnung, die den Wert des Partners mit einbezieht.

Versöhnung bei Primaten ist kein automatischer Prozeß, sondern eine erlernte soziale Fähigkeit, die auf die soziale Struktur reagiert, zu der die einzelnen gehören, und deren sie sich zur Aufrechterhaltung kostbarer Bindungen bedienen. Das mag zwar nach Berechnung klingen, aber wir sollten die gefühlsmäßige Einbettung nicht außer acht lassen. Daß Primaten rational abwägen, wie das Leben mit oder ohne den anderen wäre, ist unwahrscheinlich; vermutlich reagieren sie auf allgemeine Ängste hinsichtlich der Beziehung. Wenn emotionale Nähe zwischen Individuen vom Grad der wechselseitigen Unterstützung, von der Häufigkeit des gegenseitigen Groomens, ihrer Verwandtschaftsbeziehung und so weiter abhängt, stellen diese Gefühle eine hervorragende Richtlinie für »rationale« Entscheidungen dar. Ein Bruch oder eine Trennung, deren Folge nachhaltige Ängste sind, betrifft fast immer eine Beziehung, die es wert ist, wiederhergestellt zu werden. Durch verschiedene Untersuchungen ließ sich bestätigen, daß die Versöhnungsneigung mit der Stärke der Bindung zunimmt (gemessen an der Zeit, die die Affen miteinander verbringen).

Krieg und Frieden

Selbst in Gruppen mit sehr engem Zusammenhalt sind Konflikte unvermeidlich. Eine Möglichkeit, sie zu regeln und beizulegen, ist eine klar und deutlich abgegrenzte Hierarchie. Dennoch kann es zu Ausbrüchen von Aggression kommen, unter denen wertvolle Partnerschaften leiden. Um den Frieden wiederherzustellen, unternehmen die meisten Primaten nach Kämpfen freundliche Annäherungsversuche.

Viele Tiere verfügen über besondere Signale, um einander mitzuteilen, wer dominant und wer unterlegen ist. Zwei Schimpansenmänner bringen ihren jeweiligen Rang zum Ausdruck, indem sie die Illusion eines Größenunterschieds schaffen; der Dominante geht mit gesträubtem Fell aufrecht, der Untergeordnete verbeugt sich und gibt keuchende Grunzlaute von sich. In Wirklichkeit sind beide etwa gleich groß *(Arnheim-Zoo)*.

Wenn Schimpansen, vor allem die Männer, größer werden, verwandelt sich ihr Necken allmählich in ernsthafte Infragestellungen des Status quo. Hier setzt sich ein Adoleszenter vor einer erwachsenen Schimpansenfrau großspurig in Szene. Um sie zu beeindrucken, muß er allerdings noch ein wenig größer werden. Sie macht einen Ausfall und boxt ihn in den Magen *(Yerkes Field Station)*.

Ein adoleszenter Schimpansenmann (rechts) reizt seine erwachsene Schwester, bis diese genug davon hat und zu schreien und zu gestikulieren anfängt *(Yerkes Field Station)*.

Luit, Nikkie und Yeroen (von links nach rechts) bei einer strategischen Versöhnung. Der Alphamann Nikkie hat mit seinem Verbündeten Yeroen gestritten und so ihrem gemeinsamen Rivalen Luit eine Gelegenheit gegeben, seine Stärke zur Schau zu stellen. Ohne Yeroens Hilfe gelingt es Nikkie nicht, die Ordnung wiederherzustellen. Hier streckt er Yeroen die Hand hin, um ihre Koalition zu bekräftigen, ehe er Luit an den ihm zustehenden Platz verweist (Aus: *Chimpanzee Politics*; Arnheim-Zoo).

Mag sein, daß Schimpansen sich nicht auf die gleiche Weise küssen wie wir, aber das Prinzip ist dasselbe. Ein Kuß auf den Mund (den hier eine Schimpansenfrau einem Mann gibt) ist bei Menschenaffen die Versöhnungsgeste schlechthin *(Yerkes Field Station)*.

Die jungen Baumschößlinge im Mittelpunkt der Szene haben zu einem Konflikt zwischen den beiden Schimpansenfrauen ganz rechts und ganz links geführt. Sobald eine von den beiden zu kreischen anfing, kam der Alphamann Jimoh mit ausgestreckten Armen auf sie zu, als flehe er sie an, den Streit zu beenden. Trotz seiner geringen Größe hat Jimoh meistens Erfolg beim Schlichten von Auseinandersetzungen *(Yerkes Field Station)*.

Obwohl Bonobos und Schimpansen nahe verwandt sind, schließen sie auf auffällig unterschiedliche Weise Frieden. Bonobos tun dies durch sexuellen und erotischen Kontakt, sowohl mit Partnern des eigenen wie auch solchen des anderen Geschlechts. Ein erwachsener Mann massiert nach einem Kampf einem anderen kurz die Genitalien. Zwei erwachsene Frauen fletschen das Gebiß und kreischen, während sie ihre Genitalien aneinander reiben, und zwei Jugendliche praktizieren einen Zungenkuß (nächste Seite) *(San Diego Zoo)*.

Steppenpaviane bei einem Begrüßungsritual, in dessen Verlauf ein Männchen das andere zu besteigen versucht *(Gilgil, Kenia)*.

Nach einem Kampf halten zwei chinesische Goldstumpfnasenweibchen einander bei den Händen. Eines der Weibchen sperrt den Mund weit auf, ein Ausdruck der Versöhnungsbereitschaft bei dieser Spezies (Mit freundlicher Genehmigung von RenMei Ren; Universität von Beijing).

Rechts: Kapuzineraffen bringen klar und deutlich zum Ausdruck, wenn ihre Erwartungen nicht erfüllt worden sind. Ein männlicher Heranwachsender (rechts), der versucht, sich ein Junges aus der Nähe anzusehen, wird von der Mutter weggestoßen. Der Juvenile reagiert mit Protestgeschrei und hält seinen Wutanfall über eine Minute lang durch. Unmittelbar danach spreizt er die Beine und zeigt seinen erigierten Penis. Die Mutter reagiert auf diese typische Versöhnungsgeste, indem sie seine Genitalien inspiziert *(Yerkes Primate Center)*.

Unter Verwandten kommt es oft zu Streitereien. Eine Rhesusmutter packt den Kopf ihrer pubertierenden Tochter, die ihrem jüngsten Sprößling (der sich an den Bauch der Mutter schmiegt und kaum zu sehen ist) zu nahe gekommen ist. Daraufhin grinst die Tochter unterwürfig *(Wisconsin Primate Center)*.

Ein junger Javaneraffe fordert einen anderen mit einem unmißverständlich drohenden Gesichtsausdruck heraus: er sperrt das Maul auf, starrt den anderen an, zieht die Augenbrauen hoch und spreizt die Ohren ab (Photographie von Han van Beek; mit freundlicher Genehmigung der Universität Utrecht).

Diese Geste, das Hinterteil des anderen zu umklammern, ist charakteristisch für Versöhnungen bei Bärenmakaken *(Yerkes Field Station)*.

Eine wildlebende Rhesusfamilie auf Morgan Island in South Carolina. Die Unterschiede zwischen in Gefangenschaft und wildlebenden Affen werden gelegentlich übertrieben. Natürlich ist es einfacher, einem Angriff auszuweichen, wenn mehr Platz vorhanden ist, aber die Ursachen von Konflikten verschwinden nie. Wie man festgestellt hat, sind Sozialverhalten und Gruppenorganisation unter den jeweils unterschiedlichen Bedingungen im wesentlichen die gleichen.

Bei dem wunderschönen, scheuen Muriki, einem Wollaffen, handelt es sich vermutlich um einen der friedfertigsten Primaten der Welt *(Fazenda Montes Claros, Ostbrasilien)*.

Filippo Aureli untersuchte, welche Rolle Angst bei diesem Prozeß spielt. Dabei machte er sich die Tatsache zunutze, daß Affen sich kratzen, wenn sie unter Streß stehen oder verunsichert sind – so wie ein Student sich bei einer schwierigen Frage am Kopf kratzt –, und maß genau, wie oft Javaneraffen sich nach spontanen Auseinandersetzungen kratzten. Als erstes stellte er fest: Wenn ein Individuum von einem anderen angegriffen wird, nimmt das Kratzen sprunghaft zu. Das Opfer, hinsichtlich seiner Beziehung zum Angreifer nicht mehr sicher, ist zwischen Annäherung und Rückzug hin und her gerissen. Diese Vorsicht ist durchaus begründet, denn oft folgen weitere Attacken, und zwar nicht nur vom ursprünglichen Angreifer.

Zweitens zeigte Aureli, daß Versöhnungen, auch wenn sie nur von kurzer Dauer sind, die Kratzrate augenblicklich vermindern. Wenn wir davon ausgehen, daß Kratzen ein Zeichen von Streß ist – was durch eine Reihe von Studien untermauert wird –, mildern also Versöhnungen zwischen Gegnern den Streß. Ein Grund dafür ist eine größere physische Sicherheit: von Versöhnungen gefolgte Konflikte flackern seltener wieder auf als solche, die nicht beigelegt wurden. Darüber hinaus normalisiert Versöhnung die Beziehung und stellt Toleranz und Kooperation wieder her, wie Cords' Experiment zeigte.

Diese Ergebnisse mögen klar und deutlich auf der Hand liegen. Was sonst sollte man erwarten? Doch all dies mußte erst bewiesen werden, damit Kontakte zwischen nichtmenschlichen Primaten nach einem Konflikt mit Recht als Versöhnung bezeichnet werden können. Nun ja, natürlich ist es wieder einmal andersherum gelaufen, wie so oft in der Wissenschaft – der Begriff war zuerst da, und die Beweise kamen erst später. Aber ohne Untersuchungen wie die eben beschriebenen hätte man dem Begriff »Versöhnung« nach wie vor Anthropomorphismus unterstellen können. Jetzt, da viele Vorhersagen des Beziehungsmodells getestet und durch Daten bestätigt sind, können wir uns ganz den Implikationen des Modells zuwenden.

Die Seilmetapher

Menschliche Aggression durchläuft das ganze Spektrum vom kleinen Familienstreit, der uns meistens nichts weiter ausmacht, bis hin zu sozial schädlichen Formen wie Kindesmißbrauch, Vergewaltigung und Mord. Konzentriert man sich zu sehr auf die extremsten Erscheinungsformen, so neigt man leicht dazu, seine Besorgtheit und Verurteilung auf alle Formen auszudehnen. Das Ergebnis ist jenes unbrauchbare Gemisch aus moralischen Bedenken, politischen Ideen und wissenschaftlichen Erkenntnissen, das die Forschung auf diesem Gebiet von Anfang an belastete.

Jegliche Aggression als unerwünscht und böse hinzustellen, ist so, als würde man alle Pflanzen als Unkraut bezeichnen: das ist die Sichtweise des Gärtners, nicht die des Botanikers oder Ökologen. Keiner der beiden letzteren kümmert sich um die Nützlichkeit oder Schönheit von Pflanzen, sondern untersucht ihre Morphologie, ihre Größe, das Habitat, die taxonomische Einordnung und so weiter. So betrachtet ist die Pflanze, die der Gärtner ausreißt, genauso interessant und aufregend, vielleicht mehr noch als eine, die wachsen und gedeihen darf. Wofür ich plädiere, ist die vorurteilsfreie, offene Einstellung gegenüber der Frage, wie Aggression in sozialen Beziehungen und in der Gesellschaft als Ganzem funktioniert.

Schon das Verb »funktionieren« gilt aufgrund seiner positiven Konnotationen als problematisch. Das »Sevillaner Manifest zur Gewalt« beispielsweise geht davon aus, das Interesse der Biologen an der Funktionsweise laufe darauf hinaus, Aggression und Gewalt zu »rechtfertigen«, was natürlich nicht zutrifft. Die Biologen argumentieren vielmehr, ein Verhalten, das bei der menschlichen Spezies universal gegeben und im Tierreich allgemein verbreitet ist, könne ganz schlicht und einfach nicht so nachteilig sein, wie die Sozialwissenschaft uns glauben machen will. Es muß ein Vorteil damit verbunden sein – vielleicht nicht für das Opfer, aber eindeutig für den Ausführenden. Die Biologen fordern niemanden auf, dieses Verhalten zu bewundern oder zu ermutigen, sondern lediglich, genügend Abstand davon zu gewinnen, um zu erkennen, daß es untrennbar zur sozialen Dynamik um uns herum gehört. Und zwar genaugenommen so sehr, daß wir den Leitsatz ernsthaft in Frage stellen können, aggressives Verhalten sei seinem Wesen nach asozial.

Wenn die Nachfrage das Angebot übersteigt – was in der Natur wie auch in der Gesellschaft oft vorkommt –, ist ein Aufeinanderprallen von Einzelinteressen unvermeidlich. Einige der sich daraus ergebenden Konflikte werden in Form von Auseinandersetzungen geregelt, bei denen es unter Umständen zur Androhung oder Anwendung von Gewalt kommt. Absoluten Frieden können wir daher als utopisch abschreiben. In unserer unvollkommenen Welt der beschränkten Ressourcen gibt es nur zwei Alternativen: (1) ungehemmte Konkurrenz oder (2) eine teilweise durch Aggression geprägte und von ihr aufrechterhaltene soziale Ordnung.

Affen, Menschenaffen, Menschen und eine Vielzahl anderer Tiere haben sich eindeutig für die zweite Möglichkeit entschieden. Indem wir Feuer mit Feuer bekämpfen, haben wir Gewaltanwendung zu einem Teil der Lösung des Problems der Gewaltanwendung gemacht. Eine Art von Aggression schränkt andere Formen ein, auch den rauhen Wettbewerb infolge ungleich verteilter Ressourcen. Drohungen und Einschüchterungsversuche signalisieren Interesse an Nahrung und Paarungspartnern, bekräftigen oder demonstrieren Vorrechte (die auf lange Sicht dazu beitragen können, Konflikte zu reduzieren) oder verhindern, daß den Jungen und Schwachen physischer Schaden zugefügt wird, indem sie der Tyrannisierung durch andere Einhalt gebieten. Mittels dieser Regulierungsfunktionen wird eine Ordnung geschaffen, die weit komplexer ist als bei Tieren wie etwa grasenden Rinderherden, für die eine geringe Konkurrenz infolge gleichmäßig verteilter Ressourcen charakteristisch ist.

So sind einige der von den Menschen am höchsten geschätzten gesellschaftlichen Institutionen fest in Aggression verankert und werden durch sie aufrechterhalten. Beispielsweise lassen sich Rechtsprechungssysteme durchaus als erfolgreiche Umwandlungen eines tiefverwurzelten Bedürfnisses nach Rache – beschönigend als Bestrafung bezeichnet – auffassen, da sie diesen Drang in annehmbaren Grenzen halten. Die Durchsetzung von Gesetzen, im Grunde nichts anderes als Gewalt von seiten der Regierung – beschönigend als Gesetzeskraft umschrieben –, wird oft, wenn auch keineswegs immer, von der Mehrheit der Bevölkerung gebilligt. Es gibt auch Unmengen historischer Beweise für Gewalt als ein Mittel, um einen dringend nötigen gesellschaftlichen Wandel in Gang zu setzen, und die ständige Bedrohung macht Eliten klar: Wenn sie die mißliche Lage der Armen und Benachteiligten ignorieren, dann wirkt sich dies letztlich und ausschließlich zu ihrem eigenen Nachteil aus.

Trotz der Behauptung des britischen Ethologen Robert Hinde, das durch individuelle aggressive Akte angehäufte Unglück mache der Bedrohung durch die Atombombe den Rang streitig, läßt sich aufgrund der oben angeführten Beispiele die Existenz konstruktiver Formen von Aggression auf gesellschaftlicher Ebene kaum leugnen. Das gleiche gilt auf der Ebene der zwischenmenschlichen Beziehungen. Ob Aggression heilsame oder unheilvolle Folgen für soziale Beziehungen hat, hängt davon ab, wie und wann sie zum Tragen kommt, wieweit man sie eskalieren läßt und worum es dabei geht. Eine weitere Voraussetzung ist ein Machtgleichgewicht: kommt Aggression immer nur von der einen Seite und dient sie allein den Interessen einer Partei, stellt sie für die andere Partei wohl kaum so etwas wie einen konstruktiven Mechanismus dar. Es ist eine Frage der Dosierung und der Umstände. Ebenso wie jemand Bier trinken kann, ohne deswegen Alkoholiker zu sein, kann man Zorn zum Ausdruck bringen, ohne jemanden zu mißbrauchen.

Wir alle können zwischen einer gemeinen Beleidigung und Vorwürfen unterscheiden, die Liebe und Sorge zum Ausdruck bringen, etwa wenn Eltern ein Kind anschreien, das fast vom Dach gefallen wäre. Wut ist so sehr ein Teil unserer alltäglichen Beziehungen, daß sie selten in Reinform auftritt: sie vermischt sich mit allen möglichen anderen Gefühlen. Eine der bemerkenswertesten Fiktionen über »prosoziale« Aggression, zumindest aus der Sicht des Adressaten, ist die Schöpfung *Krazy Kat* des Karikaturisten George Herriman. Diese Katze ist so verliebt in die Maus Ignatz, daß sie jeden Ziegelstein, den diese ihr an den Kopf wirft, als ein Zeichen von Zuneigung auffaßt. So sehen wir statt Sternchen Herzen um den Kopf der Katze tanzen, wenn sie von einem der Ziegel Ignatz' getroffen wird. Und wenn eine Weile kein Ziegelstein angeflogen kommt, langweilt Krazy Kat sich und sagt so etwas wie: »Sie wird mich nicht im Stich lassen, die Kleine.«

Neuere Daten über eheliche Beziehungen stellen allmählich die überkommene Weisheit in Frage, die beste Art und Weise, mit einem Konflikt umzugehen, sei es, die »Sache auszudiskutieren«. Seit jeher bemühten Eheberater sich, die Paare vom Streiten und heftigen Auseinandersetzungen abzubringen, überzeugt davon, derlei Konflikte vergifteten die Beziehung. Uns ist es lieber, wenn Paare ihre Meinungsverschiedenheiten mit Worten und nicht mit Fäusten oder schweren Gegenständen austragen, doch man kann kaum erwarten, daß die wichtigste Beziehung in ihrem Leben ohne gelegentliche Wutausbrüche und Aggressionen bleibt. Umfassende Forschungen des amerikanischen Psychologen John Gottman zu Ehe und Scheidung legten den Schluß nahe, viel wichtiger als die Frage, *ob* Leute streiten, sei es, *wie* sie streiten.

John Gottman unterscheidet drei Arten von Ehen: die *Vermeider* (die Konflikten ausweichen und sie herunterspielen), die *Vernünftigen* (die sich die Argumente des anderen aufmerksam anhören) und die *Launischen* (die in großem Maßstab streiten und aufeinander losgehen). Auch wenn es den Anschein haben mag, als beschwöre die letztere Form der Ehe unweigerlich eine Katastrophe herauf, bemerkt der Forscher:

»Es stellt sich heraus, daß die ungestümen Streitereien dieser Paare nur einen kleinen Teil einer ansonsten herzlichen und liebevollen Ehe ausmachen. Die Leidenschaft und das Vergnügen, mit dem sie streiten, scheint ihre positiven Interaktionen regelrecht zu beflügeln. Nicht nur bringen sie öfter Wut und Zorn zum Ausdruck, sondern sie lachen auch öfter und gehen liebevoller miteinander um als durchschnittliche Paare, die sich eben schätzen. Diesen Paaren fällt es mit Sicherheit nicht schwer, sich wieder zu versöhnen – sie sind Meister darin. So heftig ihre Auseinandersetzungen auch sein mögen, die guten Zeiten, die sie miteinander verleben, sind um so besser.«[19]

Gelegentlich stelle ich mir vor, zwischen den Leuten seien Seile gespannt. Je dicker das Seil, desto heftiger können sie einander herumzerren, ohne es zu zerreißen. Wut auf den Ehepartner zum Ausdruck zu bringen ist deswegen leichter als einem Arbeitskollegen gegenüber, weil die dicksten Seile am besten einer Zerreißprobe standhalten. Daher könnte das Austragen von Konflikten einem einfachen Gesetz folgen: Je einfacher es ist, sich zu versöhnen, desto weniger Hemmungen haben wir, eine Salve abzufeuern.

Damit all dies nicht den Eindruck erweckt, Konflikt und Versöhnung seien unter allen Umständen wünschenswert, sollte ich vielleicht hinzufügen, daß sich auch noch andere Bilder mit der Seilmetapher verbinden; dazu gehört die Gefahr, sich darin zu verheddern. Gelegentlich wird eine Bindung aufrechterhalten, die dies nicht wert ist, indem man zu bereitwillig den Forderungen des anderen nachgibt – oder Entschuldigungen für ein inakzeptables Verhalten annimmt. Wenn Aggression einen Punkt erreicht, wo sie Schaden anrichtet oder die Interessen beider Seiten nicht in gleichem Maße berücksichtigt werden, wird Versöhnung zu einem Prozeß dysfunktionaler Anpassung. Beziehungen können sich auflösen, entweder weil eine Bindung zu schwach ist, um ernsthafte Auseinandersetzungen auszuhalten, oder weil eine der Parteien systematisch ihre Interessen zu kurz kommen läßt.

Das Beziehungsmodell sagt nichts darüber aus, ob Aggression oder Versöhnung gut oder schlecht ist. Sein Hauptzweck ist es, zu untersuchen, wie Interessenkonflikte ausgetragen werden, unter welchen Bedingungen dieser Prozeß zu offenen Feindseligkeiten führt und wie man damit umgeht. Aggressives Verhalten wird als eine von vielen Möglichkeiten betrachtet, eine Beziehung zu gestalten. Es läßt sich möglicherweise mit einer harmonischen, für beide Seiten vorteilhaften Beziehung in Einklang bringen; es kann aber auch zu Spannungen und Krisen führen oder sich zu einer »traumatischen Bindung« auswachsen, wie sie manchmal zwischen Opfern und ihren Peinigern besteht. Das genaue Zusammenspiel vieler Faktoren bestimmt die Entscheidung, ob wir zu Aggression Zuflucht nehmen oder nicht, ob wir unsere eigenen Interessen in den Vordergrund stellen oder nicht und ob wir eine Bindung aufrechterhalten oder nicht. Meiner Ansicht nach ist ein Verständnis für die normalen, akzeptablen Formen von Aggression Voraussetzung jeglichen Bestrebens, die ernsteren Formen von Aggression zu verstehen, die uns Sorge und Angst bereiten.

Paviane als Zeugen

Soziale Beziehungen als Kampfplätze zu betrachten, auf denen – teils in stürmischen Auseinandersetzungen – Interessenkonflikte ausgetragen werden, erhielt in jüngerer Zeit Bestätigung durch die Erforschung von Makaken. Seit den bahnbrechenden Feldstudien japanischer Primatologen in den fünfziger Jahren weiß man, daß die stärksten Bindungen innerhalb der Makakengesellschaft zwischen weiblichen Verwandten bestehen. Großmütter, Mütter, Töchter und Schwestern groomen einander oft, lassen zu, daß die anderen sich in der Nähe ihrer Nahrungs- und Trinkquelle aufhalten, und tun sich gegen andere Matrilinien zusammen. Nun zeigten Untersuchungen sowohl bei wild als auch bei in Gefangenschaft lebenden Affen, daß es zu den meisten und erbittertsten Auseinandersetzungen *innerhalb* der Matrilinien kommt. Aggressive Zusammenstöße sind also nicht automatisch ein Zeichen für ein schlechtes Verhältnis, sondern sogar ganz typisch für Individuen, die ansonsten in jeder Hinsicht eine starke, positive Beziehung zueinander haben.[20]

Allerdings sollte man dieses Ergebnis nicht überinterpretieren. Verwandte Affen verbringen keineswegs ihre ganze Zeit damit zu streiten – die Regel ist ein friedliches Zusammenleben. Der springende Punkt ist vielmehr, zu Streitereien kommt es in den besten Familien, und wirklich tragfähige Beziehungen zeichnen sich nicht unbedingt dadurch aus, daß es zu keinerlei Konflikten kommt. Wie in »launischen« Ehen kommt es nicht so sehr auf die Häufigkeit von Auseinandersetzungen an, sondern darauf, wie sie ausgetragen werden. Falls aggressives Verhalten dazu dient, die Bedingungen einer Beziehung auszuhandeln, ergibt eine große Häufigkeit bei einander nahestehenden und voneinander abhängigen Individuen durchaus einen Sinn. In langfristigen Beziehungen gibt es reichlich Gelegenheiten, zur Feinabstimmung der Erwartungen auf beiden Seiten wiederholt Konflikte auszutragen. Sobald die Bedingungen einmal akzeptiert sind, läßt die Intensität der Streitigkeiten nach.

Tagtäglich werde ich in der Yerkes Field Station Zeuge rührender Kompromisse. Einige Jugendliche saugen an der Unterlippe oder dem Ohr ihrer Mutter oder, wenn sie schlafen, an der Haut direkt neben der Brustwarze, ohne diese selber jedoch in den Mund zu nehmen – denn das dürfen sie nicht mehr. Ein solches Ersatzsäugen ist das Ergebnis einer langen Periode auseinanderklaffender Wünsche, in der trotz lautstarken Protests der Zugang zur Milch zunehmend eingeschränkt wurde. Gegen Ende dieses Prozesses vergraben die Jungen oft das Gesicht in der Nähe der Brust ihrer Mutter, etwa in der Achselhöhle, nur um sich an »das Eigentliche« heranzutasten, sobald sich eine Gelegenheit ergibt. Manchmal gibt sie dann nach, oft aber kommt es zu einem regelrechten Streit. Die meisten Vierjährigen haben gelernt, es nicht einmal mehr zu versuchen, mit diesen heimlichen Manövern durchzukommen; hin und wieder stecken sie einen Finger oder eine Zehe in den Mund und schaffen so die *Illusion*, sie würden gesäugt. Wir Beobachter müssen genau hinsehen, denn aus der Ferne möchte man schwören, daß es sich um echtes Säugen handelt.

Das Schlachtfeld des Entwöhnens betreten Mutter und Nachkommen mit unterschiedlichen Waffen. Die Mutter ist an Stärke überlegen; der Sprößling verfügt über einen gut entwickelten Kehlkopf und raffinierte Erpressungstaktiken. Schließlich und endlich will die Mutter die Zeit und Energie nicht vergeudet haben, die sie auf Schwangerschaft, Säugen und Beschützen verwandte. Das Junge versucht, sich mit Anzeichen von Kummer, wie Schmollen und Wimmern, bei ihr einzuschmeicheln, und wenn alles nichts hilft, inszeniert es einen Wutanfall, auf dessen Höhepunkt es an seinen Schreien fast erstickt oder direkt vor ihre Füße erbricht. Das ist die äußerste, auf die Spitze getriebene Drohung: eine buchstäbliche Verschwendung der Investition an Mütterlichkeit.[21] Darüber hinaus lenkt der Aufruhr unerwünscht Aufmerksamkeit auf die Mutter, so daß sie beispielsweise von einem erwachsenen Männchen geschlagen wird, weil sie der Anlaß für diesen Lärm ist. Das Junge unterläuft also die Entschlossenheit seiner Mutter nicht nur dadurch, daß es in ihr Besorgnis über sein Wohlergehen weckt, sondern auch, indem es sozialen Druck auf sie ausübt.

Wo auch immer gegensätzliche Wünsche aufeinanderprallen, finden Verhandlungen statt. Jede Partei entwickelt Erwartungen hinsichtlich des Verhaltens der anderen, die mit der Zeit auf eine unausgesprochene Übereinkunft hinauslaufen, was hinnehmbar ist. Dabei handelt es sich nicht um eine rationale Entscheidung, sondern um eine Anpassung daran, wie der andere jeweils auf das eigene Verhalten reagiert. Da im Endefeffekt die

Wünsche und Bedürfnisse beider in Betracht gezogen werden, haben wir hier den Prototyp eines Gesellschaftsvertrags vor uns.

Die diese Anpassungen regulierenden Gefühle sind von ausschlaggebender Bedeutung für die menschliche Moral; sie reichen von Sympathie und dem Wunsch zu gefallen bis zur Wut und einem Beharren auf dem, was man mittlerweile vom anderen erwartet. Der Kinderpsychologe und Ethologe William Charlesworth versteht den Protest eines Kindes gegen abnehmende mütterliche Fürsorge als ersten Ausdruck moralischer Entrüstung.

»Eine der frühesten Wahrnehmungen der Welt durch das Kind bezieht sich darauf, wie zuträglich oder abträglich sie seinem Wohlbefinden ist. Das Vorteilhafte wird als gerecht empfunden; das Nachteilige als ungerecht. Wut ist... ein eindeutiges Beispiel für ein schon in sehr frühem Stadium entwickeltes Gefühl, in einer unfreundlichen oder ungerechten Welt zu leben.«[22]

Damit behauptet Charlesworth nicht, das Kind sei an Gerechtigkeit für irgend jemand anderen als sich selber interessiert; dies würde ein höher entwickeltes moralisches Verständnis voraussetzen, als es das Kind hat. Die Auseinandersetzungen, die ich beschreibe, sind von Eigeninteresse getrieben, und ein gerechtes Ergebnis ist damit keineswegs garantiert.

Mutter und Sprößling haben so viele Interessen gemein, daß mit zunehmender Unabhängigkeit des Jungtieres und mit der Bereitschaft der Mutter für die nächste Schwangerschaft der Entwöhnungskonflikt normalerweise auf eine Lösung zum beiderseitigen Vorteil hinausläuft. Allerdings gibt es Ausnahmen. Jane Goodall beobachtete, wie Flo, eine hervorragende Mutter, schließlich diese Schlacht verlor, als sie zu alt wurde. Sie brachte nicht mehr die Energie auf, mit den aggressiven Wutanfällen ihres letzten Sohnes zurechtzukommen, und trug ihn auf ihrem Rücken herum, bis er ihr zu schwer wurde; zu der Zeit war er acht Jahre alt. Wir kennen dies auch von unserer Spezies: wenn die eine Partei überlegene Muskelkraft mitbringt und bereit ist, sie einzusetzen, kann man ein gerechtes Ergebnis von vornherein ausschließen.

Wie Interessenkonflikte gelöst werden, hängt im wesentlichen von der Art der Beziehung zwischen zwei Individuen ab, die ihrerseits speziesbedingt ist. Charakteristische Merkmale der Mutter-Kind-Beziehung lassen sich ohne weiteres bei allen Säugetieren feststellen, andere Beziehungen unterscheiden sich jedoch in erheblichem Maße. Bei einigen Spezies wird die Vorherrschaft mit aller Konsequenz durchgesetzt; auf diese Weise wird der Verhandlungsspielraum abgesteckt. Infolgedessen entwickeln Angehörige verschiedener Spezies auffallend unterschiedliche Erwartungen, wie sie behandelt werden sollten und behandelt werden. Jede Spezies hat ihren eigenen Sinn für soziale Regelhaftigkeit.

Was für eine große Rolle Erwartungen spielen, wurde mir klar, als ich mit Kapuzineraffen zu arbeiten begann. Dabei wich ich erheblich von meinem früheren Vorgehen ab, keinen näheren Kontakt zu den von mir beobachteten Tieren aufzunehmen, denn ich wollte bei diesem Projekt soziales Verhalten experimentell untersuchen. Statt also die Affen in Einzelkäfigen unterzubringen, was Tests erleichtert – und oft gemacht wird –, träumte ich davon, die ganze Kolonie in einem großen Raum mit Freigehege, in den der Testbereich integriert wäre, beisammenzuhaben, damit die Tiere während der kurzen Experimente, die ich plante, nach wie vor lautlich den Kontakt miteinander aufrechterhalten konnten. Meiner Ansicht nach ist dies die beste Methode, Primaten in Gefangenschaft zu halten. Darüber hinaus ist es die einzige Möglichkeit, mit Affen zu arbeiten, zwischen denen langandauernde soziale Beziehungen bestehen, an denen ihnen einiges liegt, was wiederum für meine Forschungen von ausschlaggebender Bedeutung ist.

Der ganze Plan hing davon ab, ob es uns gelänge, Individuen von der Gruppe zu trennen, ohne sie dadurch einer zu großen Belastung auszusetzen. Zu diesem Zweck mußten sie lernen, in Transportbehälter zu klettern. Wir bewegten uns ungezwungen unter ihnen, damit sie sich an uns gewöhnten, und bald waren einige der Kapuzineraffen so zahm, daß sie mir auf die Schulter sprangen und ohne Erlaubnis meine Taschen durchsuchten. Einige der älteren blieben jedoch so scheu, daß sie nicht einmal eine Erdnuß aus meiner Hand nehmen wollten. Naiverweise nahm ich an, meine »Freunde« in der Kolonie würden als erste verstehen, was ich wollte, während die ängstlichen Tiere länger brauchen würden. Wie sehr ich mich geirrt hatte! Die Scheuen begriffen sehr schnell, wenn ich in die Hände klatschte und sie jagte, hatten sie ihre Ruhe, sobald sie in den Tragkäfig sprangen. Gleich darauf ließ ich sie in einem anderen Großraumkäfig wieder frei, wo sie jede Menge köstlicher Nahrung vorfanden; nach einigen Versuchen waren sie nur allzugerne bereit, diese Prozedur mitzumachen.

Die zahmsten Affen machten mir die größten Schwierigkeiten. Sie weigerten sich nicht einfach nur, in die Transportkäfige zu steigen – offenbar hatten sie weniger Angst vor mir –, sondern begannen eine wilde Rangelei mit dem Mann, dem zu vertrauen sie gelernt hatten und der nun auf einmal die Kühnheit besaß, allen ihren Erwartungen zuwiderzuhandeln. Sie kreischten und bellten, gingen auf mich los, schlugen mir ins Gesicht, gaben jedoch zwischen ihren Wutausbrüchen auch freundliche Laute von sich, als bäten sie mich, das Ganze abzublasen. Zwischen uns hatte sich schließlich und endlich eine Bindung entwickelt, und ihre Annahme, das sichere ihnen einen gewissen Einfluß, war nur logisch. Ich wollte ihnen nicht weh tun, war aber andererseits auch nicht gewillt, ihnen ihr Verhalten durchgehen zu lassen. Daher legte ich schlichtweg mehr Geduld und Entschlossenheit an den Tag, als sie zu investieren bereit waren. In einigen Fällen dauerte es eine Stunde, bis die Affen schließlich in die Tragkäfige stiegen, nachdem sie wie auch ich völlig erschöpft waren. Am nächsten Tag sprangen die gleichen Tiere binnen zehn Minuten in den Behälter, dann dauerte es nur noch fünf, und schließlich versuchten sie sogar, in die Transportkäfige zu klettern, noch ehe ich sie geöffnet hatte.

Noch heute arbeite ich mit diesen Affen, und sie sind mittlerweile wohl eine der umgänglichsten Gruppen auf der Welt. Ermöglicht wurde das Projekt durch das Yerkes Primate Center, und es stellte sich heraus, daß die Kapuzineraffen, klug und klein, ideal dafür geeignet waren. Die anstrengende Auseinandersetzung, die sie und ich durchmachen mußten, ehe wir an diesen Punkt gelangten, entsprach völlig dem Temperament dieser Spezies. Die Gesellschaft der Kapuzineraffen ähnelt eher der toleranten Organisationsform von Schimpansen als dem Despotismus der Rhesusaffen.

Nach dieser Erfahrung verstand ich auch die Behauptung der amerikanischen Pferdedresseuse Vicki Hearne, daß Trainer und ihre Schützlinge einen, wie sie es nennt, moralischen Pakt eingehen; das heißt, in einem Prozeß gegenseitigen Einverständnisses, nicht durch reinen Zwang, entwickeln beide Seiten Erwartungen hinsichtlich der anderen. Bei physisch so furchteinflößenden Tieren wie Pferden ist vielleicht leichter einzusehen, warum dies so sein muß. Wenn Vicki Hearne erzählt, wie sie bei einem »verrückten« Pferd names Drummer Girl vorgeht, erklärt sie:

»Würde ich beispielsweise an irgendeinen aberwitzigen Unsinn der Art glauben, wie ich ihn vorher zitiert habe – von wegen Dressur als Zwang –, dann würde sie, wenn ich mich ihr nähere, das meinem Körper anmerken, und sie würde mich ganz schlicht und einfach umbringen, wenn sie eine Möglichkeit dazu hätte – das ist alles. Und damit würde sie nur eine Bemerkung von William Steinkraus bestätigen – letzter Prüfstein für die Richtigkeit unserer Theorien und Methoden ist das Pferd. Es ist falsch, von Zwang zu sprechen, nicht nur weil das in Ställen wie der Spanischen Reitschule, wo Pferde bis zur absoluten Perfektion dressiert werden, einfach nicht vorkommt, sondern auch weil es gar nicht funktionieren kann, wenn Pferde

Höchstleistungen vollbringen sollen: Pferde haben eine Seele, und es gibt eine unausweichliche Logik, die besagt, daß es unmöglich ist, sie zu Bestleistungen zu zwingen. Ich will damit nicht sagen, daß man Pferde nicht zu etwas zwingen kann – aber dann hat man am Schluß, mit einigem Glück, ein abgestumpftes, uninteressiertes Pferd vor sich, oder, wenn man Pech hat, ein Drummer Girl, das mit mörderischen Absichten aus dem Anhänger ausbricht.«[23]

Obwohl Zwang und die Androhung von Gewalt einen Großteil der Beziehungen zwischen Primaten (einschließlich Menschen) bestimmen, würden die Seile, die Individuen aneinanderbinden, rasch reißen, gelänge es nicht, diese Neigungen unter Kontrolle zu halten. Eine Schimpansenmutter könnte auf der Stelle ihren Sprößling von weiteren Saugversuchen abbringen, und ein dominanter Schimpanse könnte die gesamte Nahrung für sich behalten – aber so läuft es nicht, denn es besteht ein Interesse an der Aufrechterhaltung guter Beziehungen. Daher ähnelt der Prozeß, den wir beobachten können, auf weite Strecken eher einer *Überredung* als einer Ausübung von Zwang.

Die vielleicht am besten erforschte Form von Verhandlungen zwischen Primaten ist die Art und Weise, wie erwachsene Pavianmännchen andere Männchen ihrer Gruppe begrüßen.[24] Laut Barbara Smuts und John Watanabe, die in Kenia Feldstudien zu Begrüßungen durchführten, geht normalerweise ein Männchen mit raschem wiegenden Gang auf ein anderes zu. Mit einer freundlichen Geste, etwa Lippenschmatzen, sieht es ihm direkt in die Augen; das stellt eindeutig klar: es will nichts weiter als eine Begrüßung einleiten. Angesichts der erbitterten Rivalität von Männchen um Weibchen und der furchteinflößenden Eckzähne, mit denen die Männchen im Bruchteil einer Sekunde eine klaffende Wunde reißen können, ist es von ausschlaggebender Bedeutung, die jeweilige Absicht kundzutun.

Die Begegnung selbst folgt bestimmten Regeln, die von der Art der Beziehung zwischen den beiden Männchen abhängen. Oft erwidert das andere die Annäherungsversuche mit einer ähnlich freundlichen Geste, und ein Männchen präsentiert das Hinterteil, während das andere dessen Hüften berührt oder umschlingt. Unter Umständen besteigt eines das andere, und wenn sie wirklich Freundschaft schließen, fummelt das eine Männchen an den Hoden des anderen herum oder zieht an seinem Penis. Dies als »Herumtändeln« bezeichnete Verhalten ist ein ungeheurer Vertrauensbeweis. Der Kontakt dauert nur ein paar Sekunden, dann trennen die beiden Männchen sich wieder. Pavianmännchen scheinen sich in der Gegenwart von ihresgleichen nicht wohl genug zu fühlen, um einander zu groomen; die gängigen Formen des Umgangs miteinander sind Kämpfe und Begrüßungen.

Fernando Colmenares untersuchte das gleiche Verhalten in einer großen Kolonie im Zoo von Madrid. Er stellte fest, daß die Begegnungen ungemein angespannt verlaufen und gelegentlich zu Kämpfen ausarten, und zwar weil sie oft dem Zweck dienen, herauszufinden und zu bestätigen, wer der Überlegene ist. Daher das Gerangel, welches Männchen das andere besteigen darf (normalerweise das dominante) und welches sich besteigen läßt. Begrüßungen stellen daher offenbar eine Methode dar, die Absichten des anderen einzuschätzen: ein Männchen, das es gewohnt war, ein anderes dazu zu bringen, ihm sein Hinterteil zu präsentieren, erkennt an der Weigerung seines Partners, daß ihre bisherige Rollenverteilung nicht mehr funktioniert und daß unter Umständen eine ernstzunehmende Herausforderung bevorsteht. Da bei den meisten Begrüßungen die Spannungen unter Kontrolle gehalten werden, besteht der Vorteil dieser Art von Informationsaustausch darin, daß man die Sachlage oft klären kann, ohne es zu einem regelrechten Kampf kommen zu lassen.

Wie Smuts und Watanabe herausfanden, machen sich die jüngsten, kämpferischsten Männchen am meisten Sorgen um die Dominanz. Bei Begrüßungen erscheinen sie äußerst gereizt. Ältere Männchen, die einander normalerweise schon lange kennen, sind nicht so nervös; sie haben gelernt, zu kooperieren, statt miteinander zu konkurrieren, das heißt, ihr Netzwerk »alter Jungs« hält die jüngeren und stärkeren Männchen erfolgreich davon ab, alle attraktiven Weibchen für sich zu beanspruchen. Dadurch sind die Begrüßungen zwischen älteren Männchen gelassener, denn es geht nicht mehr um Verhandlungen, wer der Überlegene ist, sondern um Bestätigungen einer Partnerschaft. Einige Gruppen älterer Männchen sind sogar an einem Punkt angelangt, an dem Dominanz kaum mehr eine Rolle spielt; aus Begrüßungen zwischen Über- und Unterlegenen sind solche zwischen Gleichgestellten geworden.

Nehmen Sie Alexander und Boz, zwei aufeinander eingeschworene Verbündete. Als Boz einmal hörte, wie Alexander in einer Entfernung von fünfzig Metern schrie, rannte er zu der Stelle und sprang, ohne zu zögern, dem Angreifer auf den Rücken. Alexander hätte das gleiche für Boz getan. Ihre Verbindung kam beiden in einem Maße zugute, daß sie jeden Morgen als erstes eine Reihe intimer Begrüßungen zelebrierten; man hätte meinen können, sie führten Buch darüber, auf derart ausgewogene Art und Weise lief dieses Zeremoniell ab. Boz präsentierte sich Alexander, damit dieser seine Genitalien berühren konnte; dabei starrten beide einander an und schmatzten mit den Lippen. Kurz darauf bot Alexander sich Boz für die gleiche Prozedur an. Die Ausgewogenheit ihrer Begegnungen machte eindeutig klar: Wenn sie damit etwas besiegelten, dann waren dies wechselseitige Unterstützung und gemeinsame Nutzung von irgendwelchen Gelegenheiten für den neuen Tag und nicht, wer wen herumschubsen würde.

Die Formalisierung von Rollen und die bemerkenswerte Rolle, die verletzliche Körperteile dabei spielen, ließen Smuts und Watanabe eine Parallele zu biblischen Eiden ziehen, bei denen ein Mann eine Hand auf die Lenden des anderen legt. Wenn man bedenkt, daß die Worte »bezeugen«, »Zeugnis ablegen« und »zeugen« die gleiche Wurzel haben, scheint es nicht zu weit hergeholt, wenn die beiden Primatologen behaupten: »das Berühren der Genitalien, zu dem es bei Begrüßungen gelegentlich kommt, dient möglicherweise dazu, den Wahrheitsgehalt dessen, was diese Männchen einander im formal genau festgelegten Kontext einer Begrüßung ›sagen‹, zu bekräftigen. Da Pavianmännchen sich nicht sprachlich artikulieren, folglich auch keine Eide schwören können, vollführen sie möglicherweise eine gleichwertige Geste, indem sie ihren zukünftigen Reproduktionserfolg buchstäblich in die Hände des andern Männchens legen. Derart riskante Gesten tragen unter Umständen dazu bei, die Aufrichtigkeit dessen, was sich aus ihrer Begrüßung ableiten läßt, zu betonen, da sie dem sich präsentierenden Männchen ein mögliches Risiko aufbürden.«[25]

Austrocknen des moralischen Sumpfes

Einige der zerstörerischsten Formen von Aggression in der modernen Gesellschaft werden zwischen Fremden oder Personen ausgelebt, die nur wenige oder gar keine gemeinsamen Interessen haben: das Blutvergießen bei Bandenkriegen, Schüsse aus vorbeifahrenden Autos, Krawalle, Raubüberfälle und ziellose Gewalt. Diese Art von Aggression fügt sich kaum in das Beziehungsmodell ein, denn es betrifft Menschen, zwischen denen keine Bindungen bestehen; möglicherweise verstehen Angreifer und Opfer sich nicht einmal als Teil ein und derselben Gemeinschaft. Oft spielt sich derlei in Großstädten ab, und unglücklicherweise (oder glücklicherweise) haben diese geballten Ansammlungen von einander Fremden keine Entsprechung im Sozialleben von Affen und Menschenaffen. Dies hinderte jedoch die obersten Vertreter der amerikanischen Wissenschaft und Regierung nicht daran, sich auf einen primatologischen Diskurs zu diesem Thema einzulassen.

Zum Eklat kam es, als Frederick Goodwin, der Leiter einer großen Bundesbehörde (der Alcohol, Drug Abuse, and Mental Health Administration), bei einer Ausschußsitzung der National Institutes of Mental Health am 11. Februar 1992 die Vermutung äußerte, das Verhalten von Affen könnte Hinweise für ein Verständnis des innerstädtischen Verbrechens liefern:

»Wenn Sie sich beispielsweise Affenmännchen ansehen, vor allem in der Wildnis, so überlebt nur etwa die Hälfte bis zum Erwachsenenalter. Die andere Hälfte stirbt an den Folgen von Gewalt. Es ist der natürliche Lauf der Dinge für Männchen, einander umzubringen ... Nun, man könnte sagen, der Verlust an sozialer Strukturiertheit in unserer Gesellschaft, insbesondere in den von Gewalt heimgesuchten Innenstädten, hat einige der evolutionären Errungenschaften beseitigt, die wir uns erarbeitet haben, und es ist vielleicht nicht nur ein sorgloser Gebrauch dieses Wortes, wenn man vom Dschungel der Städte spricht. (Wörtliche Auszüge aus einem Sitzungsprotokoll.)«[26]

Diese Bemerkungen hatten einen derartigen Aufschrei der Empörung zur Folge, daß Goodwin schließlich seine Stellungnahme zurückzog. Das Problem bestand zum Teil darin, daß einige Politiker den Vergleich zwischen jugendlichen Bewohnern der Innenstädte und Affenmännchen als rassistisches Klischee empfanden, obwohl Goodwin selber das Wort Rasse nicht erwähnt hatte. In Wirklichkeit berührte das Ganze weit tieferliegende Probleme und spiegelte die grundsätzliche Uneinigkeit hinsichtlich der Rolle wider, die Biologie für das menschliche Verhalten spielt.

Auf der einen Seite stehen Wissenschaftler mit der Ansicht, menschliche Aggression könne nicht rein kulturell bedingt sein. Gene, Gehirn und Hormone müssen daran beteiligt sein, warum sonst würden weltweit die meisten Gewaltverbrechen von jungen Männern begangen? Die andere Seite ist äußerst mißtrauisch, was die politischen Folgen betrifft, die ein biomedizinischer Ansatz nach sich ziehen könnte, etwa die Untersuchung von Kindern auf mögliche genetische oder neurologische Anzeichen für eine gewalttätige Veranlagung und die Entscheidung, welcher Behandlung man solche Kinder unterziehen sollte. Es handelt sich um das altbekannte Problem, ob wir überhaupt Zugang zu Wissen erlangen wollen, das mißbraucht werden könnte. Gemäß dieser Denkweise soll sich alles, was wir über Aggression erfahren wollen und müssen, einzig auf ihre sozioökonomischen und Umweltbedingungen beziehen.

In einem seltsamen Gedankengang argumentierte Peter Breggin, der Wortführer dieser Gruppe, wenn man überhaupt Vergleiche zu Tieren ziehen wolle, dann zu Schimpansen und nicht zu Affen. In einem Brief an die *New York Times* (15. März 1992) erklärt der Psychiater: »Schimpansen sind relativ gewaltfrei und an der Familie orientiert; Konflikte innerhalb der Gemeinschaft lösen sie durch liebevolle Gesten, etwa Spielen, Umarmungen, Küsse und gegenseitiges Groomen. Wir täten gut daran, es ihnen gleichzutun.«

Das hätte ich fast selber sagen können, und ich stimme von ganzem Herzen dem Vorschlag zu, wir könnten das eine oder andere von diesen Menschenaffen lernen. Doch ich glaube andererseits, man trifft den Kern der Sache genausogut, wenn man die tödlichen »Kriegszüge«, die sich bei wildlebenden Schimpansen beobachten lassen, und den gelegentlichen Kindermord und Kannibalismus nicht herunterspielt. Schimpansen sind keine Friedensengel. Eben weil sie alle Hemmungen über Bord werfen *können*, ist es so beeindruckend, daß sie sich normalerweise zurückhalten.

Als sich die Wissenschaftler in aller Öffentlichkeit mit Beispielen von Primaten bombardierten, schien eine goldene Ära der Forschung auf diesem Gebiet anzubrechen, bis zwei Politiker, Senator Edward Kennedy und der Kongreßabgeordnete John Dingell, ein Machtwort sprachen: »Primatenforschung ist eine absurde Ausgangsposition für eine Diskussion des Verbrechens und der Gewalt, die unser Land heute heimsuchen.«[27]

Hinter der Kontroverse lauert drohend das Schreckgespenst des *moralischen Sumpfes*. Ob er dies nun beabsichtigt hatte oder nicht, Goodwins Bemerkungen über den Verlust an Zivilisiertheit und sozialer Strukturiertheit im »Dschungel« der Großstädte spiegelten die allgemein verbreitete Einstellung zu Ordnungsverlust und Sittenverfall bei einer hohen Bevölkerungsdichte wider. Diese Sichtweise verdanken wir John Calhouns Experimenten mit zahmen Ratten, deren Ergebnisse er 1962 unter dem Titel »Population Density and Social Pathology« veröffentlichte. An den Anfang seiner Abhandlung stellte Calhoun Thomas Malthus' Beobachtung, Bevölkerungswachstum werde automatisch durch zunehmende Sittenlosigkeit und Verelendung verlangsamt. Dem fügte der Wissenschaftler die Bemerkung hinzu, wir wüßten zwar alle, daß Überbevölkerung Katastrophen wie Krankheiten und Hungersnöte verursache, von seinem Einfluß auf die »Sittenlosigkeit« hätten wir jedoch praktisch keine Ahnung.

Diese Überlegung führte zu dem alptraumhaften Experiment einer wachsenden Rattenpopulation auf engstem Raum, bei dem die Tiere einander töteten, vergewaltigten und schließlich auffraßen. Ein Großteil dieses Szenarios spielte sich unter den Tieren ab, die sich im zentralen Fütterungsbereich aufhielten. Obwohl auch an anderen Stellen Nahrungsbehälter aufgestellt waren, wurden die Ratten unwiderstehlich von dem Massenauflauf in diesem speziellen Bereich angezogen; das Ergebnis war, daß sich eine große Menge dort drängelte und sich gegenseitig niedertrampelte, um einen Platz am Futtertrog zu ergattern. Die magnetische Anziehungskraft der Masse und das damit einhergehende Chaos und Fehlverhalten veranlaßten Calhoun zu der Formulierung »moralischer Sumpf«.

Im Handumdrehen verglichen demagogische Vereinfacher politisch motivierte Straßenbanden mit Rattenhorden, die Innenstädte mit einem moralischen Sumpf und Großstädte mit Zoos. Der amerikanische Wissenschaftsjournalist Robert Ardrey warnte, die Gesellschaft steuere entweder auf Anarchie oder aber eine Diktatur zu und bemerkte zur Freiwilligkeit des Massenandrangs: »So wie Calhouns Ratten sich freiwillig dafür entschieden, aus den Futterbehältern in der Mitte des Raums zu fressen, so ziehen wir freiwillig in die Stadt.«[28] Bei derartigen Rückschlüssen von Nagetieren auf Menschen übersehen diese Autoren jedoch etwas ungeheuer Wichtiges: der Zusammenhang zwischen Bevölkerungsdichte und Aggression ist in unserer Spezies alles andere als zwingend.

Ich bin in dieser Hinsicht besonders skeptisch, da ich aus dem Land mit der höchsten Bevölkerungsdichte in der industrialisierten Welt in ein Land mit jeder Menge freien Raums – und der bei weitem höchsten Mordrate gezogen bin: die Vereinigten Staaten haben vierzehnmal weniger Einwohner pro Quadratkilometer als die Niederlande, aber auf jeden kommen zehnmal mehr Morde. Es hängt nicht allein davon ab, ob die Leute in großen oder kleinen Ansammlungen leben. Großstädte sind am dichtesten bevölkert, aber warum hat Washington eine jährliche Mordrate von 34,6 pro 100 000 Einwohnern und New York eine von 14,4, verglichen mit 1,4 in Berlin, 1,2 in Rom und 0,5 Prozent in Tokio? Bevölkerungsdichte kann nicht die Antwort sein.[29]

Am erstaunlichsten ist jedoch, daß unsere Spezies überhaupt in Städten überleben kann und wie relativ *selten* Gewalt ist – wie der amerikanische Ethologe Nicholas Thompson es 1976 anschaulich darstellte:

»Meine Studenten waren Bürger von New York, die mit der U-Bahn fuhren und tagtäglich das Schauspiel erlebten, wie Hunderte Leute jeden Alters, jeden Geschlechts, jeder Religion, jeder Art, sich zu kleiden, Leute mit den unterschiedlichsten Rauch- und Eßgewohnheiten und einem unterschiedlichen Grad an Wachheit friedlich auf so engem Raum zusammengepfercht waren, wie ihn Mann und Frau in unserer Gesellschaft sich selten teilen, noch viel weniger Fremde. Doch trotz dieses Schauspiels war meinen Studenten sehr daran gelegen, die paar gewaltsamen Vorfälle, zu denen es Tag für Tag in der U-Bahn kommt, als Beweis dafür zu interpretieren, daß die Affennatur des Menschen ihn für ein Leben in einer städtischen Umwelt nahezu untauglich mache. Für einen Ethologen ist das Erstaunliche an Leuten in U-Bahnen nicht ihre Feindseligkeit; ganz im Gegenteil, es ist der Grad an Koordiniertheit und Gewöhnung, der es Tausenden von Menschen ermöglicht, sich tagtäglich in einer für Leib und Leben so bedrohlichen Umgebung aufzuhalten, die jede normale Tierherde in Panik versetzen würde.«[30]

Wie Thompsons Studenten zog die breite Öffentlichkeit es jedoch vor, auf Leute zu hören, die die Probleme der Großstadt übertrieben, und steif und fest zu behaupten, der Menschheit mangle es an der Fähigkeit, mit dieser Situation fertig zu werden. Die Schuld daran gaben sie unserer tierischen Vergangenheit.[31] Anfangs schlossen die Primatologen sich dieser pessimistischen Einstellung an und behaupteten, das Leben in Gefangenschaft bringe tyrannische Herrscher hervor, die die Gruppe schikanierten, Herrschaftshierarchien seien reine Produkte des Streß und die Häufigkeit von Aggressionen steige sprunghaft an, wenn Affen nicht genügend Platz hätten. In Verbindung mit der damals vorherrschenden Ansicht, die Natur sei ein Hort des Friedens, stellten die Wissenschaftler auffällige Ähnlichkeiten zwischen Primaten und Nagetieren fest.

Die Dinge änderten sich, als Feldforscher immer häufiger von sporadischer, aber tödlicher Gewalt bei einer Vielzahl von Spezies – von Languren bis hin zu Gorillas – wie auch von strengen, klar abgegrenzten Hierarchien berichteten, die jahrzehntelang stabil blieben. Zudem stellten sie ein auffallend entbehrungsreiches Leben der rangniederen Affen fest. Beispielsweise beobachtete Wolfgang Dittus, wie Nahrungskonkurrenz zu einer von ihm so bezeichneten »sozial bedingten Sterblichkeit« führte: nicht weniger als neunzig Prozent der in einer wildlebenden Population von Hutmakaken in Sri Lanka geborenen Männchen und fünfundachtzig Prozent der Weibchen starben, ehe sie das Erwachsenenalter erreichten, und zwar meistens an Unterernährung. Verglichen mit dem Überfluß an Nahrung in Gefangenschaft sowie der Tatsache, daß es hier keine Raubtiere gibt, möchte man doch annehmen, der Streß sei in natürlichen Habitaten mit derart düsteren Überlebensaussichten größer und nicht geringer.

Zur selben Zeit, als die Rousseausche Vorstellung von Primaten in ihrem natürlichen Zustand sich in nichts aufzulösen begann, tauchten Fragen zu dem angeblichen Zusammenhang zwischen Bevölkerungsdichte und Aggression auf. Man hatte das Gefühl, Dichte müsse klar und deutlich von anderen Faktoren unterschieden werden. Beispielsweise berichteten 1971 Bruce Alexander und E. Roth von heftigen Kämpfen, zum Teil mit tödlichem Ausgang, als eine Gruppe von Japanmakaken aus dem Oregon Regional Primate Research Center in ein Gehege gebracht wurde, das dreiundsiebzigmal *größer* war als ihr ursprüngliches. Nachdem sie dann jahrelang dort gelebt hatten, führte ein Zusammenpferchen der Gruppe in ein kleines Gehege zu einem ähnlichen Anstieg der Aggression. Daraus schlossen die Forscher, die »Verlegung aus einem vertrauten Habitat ist dazu angetan, gewaltsame Zusammenrottungen zu fördern, und dieser Effekt ist unabhängig davon, wie diese neue Umgebung beschaffen ist«.[32]

Infolge dieser und anderer verwirrender Feststellungen versuchte man, in weiteren Untersuchungen die Auswirkungen der Neuheit von Umgebung und Gefährten zu umgehen, indem man sich auf gut aneinander gewöhnte Gruppen in vertrauten Habitaten konzentrierte. Die Ergebnisse waren nicht eindeutig: einige Forscher berichteten von steigender, andere von gleichbleibender oder sogar geringerer Aggression unter beengten Bedingungen.[33]

Zwar ist es logisch, bei hoher Populationsdichte mit sozialen Reibungen zu rechnen, aber wie wir wissen, verfügen Primaten über Möglichkeiten, dieses Problem zu meistern. Um zu sehen, ob ihre Kontrolltechniken der Grund sein könnten, weshalb sie anders reagieren als Ratten, verglich einer meiner Studenten, Kees Nieuwenhuijsen, sorgfältig Berichte über das Langzeitverhalten in der Arnheim-Schimpansenkolonie, denen Hunderte Beobachtungsstunden im Affenhaus und im Freien zugrunde lagen. Der Innenraum, in dem die Kolonie die kalten Winter verbringt, hat eine Fläche, die nur fünf Prozent von der des Freigeheges auf der Insel entspricht; wir hatten es also mit einem ungewöhnlich hohen Dichtefaktor zu tun. Die Schimpansen waren mit beiden Umgebungen bestens vertraut, was Neuheitseffekte ausschloß.

Im Winter wirkten die Schimpansen gereizt, teilweise angespannt, aber nie übermäßig aggressiv. Beispielsweise hatten zwei Frauen, die einander normalerweise aus dem Weg gingen, weil sie nicht besonders gut miteinander auskamen, Schwierigkeiten, dieses Verhalten in der Halle beizubehalten. Das machte unter Umständen dann Probleme, wenn das Junge der einen Frau sich nichtsahnend in den Schoß der anderen kuschelte. Allerdings kam es dabei kaum zu einem offenen Konflikt; vielmehr wurde das Problem normalerweise dadurch gelöst, daß die zweite Frau, selbst wenn sie dominant war, sich aus der Reichweite des Jungen entfernte. Oder aber die Mutter ging auf sie zu und groomte sie eine Weile, was auf der Insel unvorstellbar gewesen wäre.

Männer, die dazu bereit waren, die bestehende Ordnung in Frage zu stellen, verhielten sich im Winter ruhig und erwiesen dem Alphamann häufig ihren Respekt, indem sie sich verbeugten und keuchende Grunzlaute von sich gaben. Gelegenheiten dazu, geschickt zu taktieren, ohne in die Enge getrieben zu werden, und sich auf Einzelkämpfe einzulassen, bei denen nicht alle anderen als Zuschauer dabeistanden, ergaben sich immer erst dann, wenn man sie wieder auf die Insel brachte. Unter Umständen kam es dann binnen weniger Wochen zu Schwierigkeiten; nahezu alle größeren Machtkämpfe in der Geschichte der Arnheim-Kolonie wurden im Freien ausgetragen.

Die Häufigkeit aggressiver Vorkommnisse im Winter stieg, verglichen mit dem Aufenthalt auf der Insel, um weniger als das Zweifache, und auch hinsichtlich ihrer Heftigkeit veränderten sie sich kaum; darüber hinaus konnten wir keine Zunahme der Verletzungen beobachten. Angesichts des Dichtefaktors war die Auswirkung also sehr gering. Andere Verhaltensweisen, etwa unterwürfige Begrüßungen und Groomen, stiegen sogar in höherem Maße an als Aggressivität. Da Groomen und Begrüßen beruhigen und beschwichtigen sollen, entkrampfte dies möglicherweise gespannte Beziehungen. Und was am wichtigsten war: wie wir feststellten, kamen einige der Methoden nur in den ersten paar Wochen zum Tragen. Die anschließende Rückkehr auf das Sommerniveau ließ darauf schließen, daß die traditionelle Versuchsanordnung, bei der Tiere oder menschliche Freiwillige für kurze Zeit zusammengepfercht werden, nur die Anfangsreaktionen, nicht jedoch irgendwelche Langzeitwirkungen der Situation mißt.[34]

Da bei den Schimpansen nichts zu beobachten war, was auch nur im entferntesten der ungeheuren Gewalttätigkeit und Hypersexualität des moralischen Sumpfes ähnelt, entwickelte ich eine alternative Theorie. Allerdings ist sie gar nicht so weit von der Calhouns entfernt, denn sie bezieht seine Vorstellung mit ein, daß das Zusammengepferchtsein Individuen und ihr soziales System einer Belastung aussetzt. Die neue Hypothese geht allerdings davon aus – und darin liegt der große Unterschied –, daß Primaten diese Anspannung nicht einfach hinnehmen: sie ergreifen Gegenmaßnahmen, um ihre Gesellschaft vor einem Zusammenbruch zu bewahren. Laut dieser Theorie rechnen wir mit den stärksten Auswirkungen des Dichtefaktors bei »naiven« Populationen, die sich zum allerersten Mal dieser Herausforderung stellen müssen, und mit abgeschwächten Reaktionen bei Populationen, die Zeit hatten, sich darauf einzustellen.

Erste Hinweise auf die Richtigkeit dieser Hypothese enthielten die Untersuchungen Michael McGuires und seiner Mitarbeiter zu Grünen Meerkatzen und meine Auswertung von bereits veröffentlichten Berichten über Rhesusaffen. Beide Vergleichsstudien bezogen sich auf wild wie auch auf in Gefangenschaft lebende Populationen, und beide ergaben ein einigermaßen gleiches Aggressionsniveau. Darüber hinaus untersuchte Anne Rasa eine Zusammenballung auf engem Raum bei hochgradig sozialen Nichtprimaten, den Zwergmangusten. Sie verzeichnete eine Zunahme der Aggression, aber auch des freundschaftlichen Umgangs miteinander, was zu einer Stabilisierung des sozialen Systems führte. Möglicherweise verfügen also nicht nur Primaten über Mechanismen, um mit diesem Problem zurechtzukommen.

Der nächste logische Schritt war, das Netz so weit wie möglich auszuwerfen und einen einzelnen Forscher mit Hilfe einer standardisierten Methode Populationen unter unterschiedlichen Bedingungen bewerten zu lassen. Ich entschied mich für Rhesusgruppen in kleinen Pferchen innerhalb eines Gebäudes und großen Freigehegen im Wisconsin Primate Center, in der Yerkes Field Station für eine Gruppe, die in weitläufigen Gehegen, ebenfalls im Freien, untergebracht war, sowie für eine auf einer großen Insel vor der Küste South Carolinas freigelassene Affengruppe. Die vier Versuchsanordnungen unterschieden sich drastisch hinsichtlich der Anzahl von Affen pro Quadratmeter: die Insel bot 646mal mehr Bodenfläche pro Individuum als die kleinen Käfige. Und dieser Vergleich ist nicht einmal ganz korrekt, denn die Insel ist von Eichenwäldern und Palmenhainen überzogen: geht man von dem dreidimensionalen Raum aus, so überstieg der Dichtefaktor 6000!

1989 stieß der amerikanische Primatologe Peter Judge als herumreisender Beobachter zu meinem Team. Im Lauf der Jahre sammelte er Tausende Daten aus »konzentrierten Beobachtungen« (Beobachtung eines Affen über einen bestimmten Zeitraum hinweg) auf den verschiedenen Geländen und speicherte sie alle im Computer. Dabei stellten wir folgendes fest:

Geringfügige Zunahme der Aggression: Die Durchschnittsrate aggressiver Akte pro erwachsenem Affen und pro Stunde reichte auf allen Beobachtungsgeländen von 1,6 bis 2,6. Obwohl der Höchstwert nicht auf allerengstem Raum erreicht wurde, ging der allgemeine Trend in Richtung mehr Aggression bei höherer Dichte. Angesichts der Variationsbreite hinsichtlich des Raums war die Auswirkung auf das Aggressionsverhalten jedoch erstaunlich gering.

Zunahme der Intensität der Aggression: Unter allen Bedingungen beschränkten die meisten aggressiven Begegnungen sich auf reine Drohungen und gegenseitiges Jagen. Unter Bedingungen des Zusammengepferchtseins stieg jedoch ernste Aggression, etwa Beißen, stärker an als die weniger intensiven Formen; infolgedessen erlitten die Affen mehr Verletzungen.

Geschlechtsunterschied: Die beiden genannten Trends ließen sich nur bei Affenfrauen feststellen; aggressive Akte und Verwundungen durch Affenmänner blieben von den räumlichen Bedingungen unbeeinflußt. Vielleicht ist der Wettstreit und das Imponiergehabe, das Affenmänner an den Tag legen müssen, um erfolgreich zu sein, immer hoch oder nähert sich einer oberen Grenze. Affenfrauen leben Aggressionen normalerweise seltener aus und können oft einen direkten Wettstreit vermeiden, solange sie auf einem weitläufigen Gelände leben. Anders als Affenmänner kann sich bei ihnen das Aggressionsniveau mit zunehmender Dichte also steigern.

Zunahme von Groomen und Beschwichtigung: Die stündliche Groomingrate pro Erwachsenem reichte unter allen Bedingungen von 2,6 bis 4,2 und nahm bei beiden Geschlechtern mit zunehmender Dichte zu. Unterwerfungs- und Beschwichtigungsgesten wurden unter räumlich beengten Bedingungen ebenfalls häufiger.

Diese Daten legen folgenden Schluß nahe: Wenn eine Affenpopulation lange genug in einer bestimmten Umgebung lebt, stabilisieren sich die Aggressionsraten auf einem speziestypischen Niveau, das sich mit zunehmender Dichte nur geringfügig verändert. Das soziale System mit seiner matrilinearen Hierarchie und dem Netzwerk von Verwandtschaftsbeziehungen bleibt unter allen Bedingungen im wesentlichen unverändert und führt offenbar zu ähnlich zahlreichen sozialen Reibungen. Darüber hinaus groomen Affen einander öfter und führen mehr Beschwichtigungsgesten aus, wenn die

Dichte höher ist; dadurch werden möglicherweise Spannungen gedämpft. Die einzige nachteilige – und keineswegs zu vernachlässigende – Folge zunehmender Dichte ist die Anzahl von Kämpfen, bei denen Affen verletzt werden. Dies ist allerdings vermutlich nicht so sehr das Ergebnis der höheren Dichte als solcher; vielmehr hat dies eher etwas mit den reduzierten Ausweich- und Fluchtmöglichkeiten zu tun. Wenn dies der Fall ist, sollte man nicht den Schluß ziehen, ein Zusammenleben auf engem Raum mache Affen aggressiver; richtiger wäre es zu sagen, daß, wenn Aggressionen aufbrechen, unter beschränkten Raumverhältnissen die Folgen ernster sind.

Des weiteren wurde die Vorstellung, daß Primaten aktiv Gegenmaßnahmen gegen umweltbedingten Streß ergreifen, durch die größere Häufigkeit von Groomen unter beengten Verhältnissen untermauert. Allerdings hat die Sache hier einen Haken: sollten wir nicht die Zahlen hinsichtlich der Anzahl von Kämpfen korrigieren? Und sollten wir nicht das gleiche in bezug auf das allgemeine Niveau freundlicher Zuwendung in der Gruppe tun? Auf beengtem Raum ergeben sich schlichtweg mehr Gelegenheiten, zufällig auf einen ehemaligen Gegner zu treffen. Nachdem wir diese Korrekturen vorgenommen hatten, konnten drei eigens zu diesem Zweck durchgeführte Untersuchungen eine Zunahme versöhnlicher Neigungen unter beengten Bedingungen nicht bestätigen. Angeline van Roosmalen und ich verglichen die Versöhnungsrate der Arnheim-Schimpansen innerhalb und außerhalb des Gebäudes, und Josep Call machte das gleiche bei Rhesusaffen in einem Frei- und einem räumlich beschränkteren Gehege; Filippo Aureli schließlich reiste nach Indonesien, um zu beobachten, ob Javaneraffen im Regenwald sich genausooft versöhnen wie solche in Gefangenschaft. Alle drei Studien ergaben keinerlei Auswirkungen der Umgebung auf Versöhnungstendenzen.

Eine Möglichkeit, die Ergebnisse zu interpretieren, ist es, das Ganze unter dem Gesichtspunkt des sozialen Käfigs und der Bindungen der Tiere aneinander zu betrachten. Wenn das Gefühl, zu einer Gruppe zu gehören, und der Wert bestimmter Beziehungen unter allen Bedingungen die gleichen sind, gibt es keinen Grund, Streitigkeiten in einem Pferch oder Gehege öfter beizulegen als in der Wildnis oder auf einer Insel. Die Alternative zum Friedensschluß, nämlich daß Angreifer und Opfer sich einfach aus dem Weg gehen, ist möglicherweise unter allen diesen Voraussetzungen nicht realistisch. Judge vermutete, rangniedere Rhesusaffen auf der Insel könnten sich deswegen nicht für einen zu langen Zeitraum von ihrer Gruppe entfernen, weil sie wahrscheinlich besser dran sind, wenn sie als letzte der Gruppe etwas zu fressen bekommen, als wenn sie auf eigene Faust mit Fremden konkurrieren müssen (auf der Insel leben viele verschiedene Gruppen). Auf ähnliche Weise ging Aureli von der Annahme aus, das Risiko, im Wald auf Raubkatzen oder -vögel zu stoßen, halte Affen möglicherweise davon ab, den Schutz der Gruppe aufzugeben, selbst wenn sie mit einigen ihrer Gefährten ernste Probleme haben.[35]

Das Bild, das sich aus diesen Untersuchungen ergibt, ist das eines dicht geknüpften sozialen Systems, das zu x Konflikten führt und y Versöhnungen erfordert, damit es aufrechterhalten bleibt, unabhängig davon, ob es von einem Graben, einem Zaun, gefährlichen Raubtieren oder feindlichen Gruppen zusammengehalten wird. Je beengter der Raum, desto größere Anstrengungen müssen unternommen werden, um Spannungen zu dämpfen, teilweise eben weil es schwieriger ist, Verletzungen zu vermeiden, wenn es zu offenen Konflikten kommt.

Allerdings sollte man sich bewußtmachen, daß Streßbewältigung keineswegs das gleiche ist wie Streßbeseitigung; unter beengten Bedingungen sind die gleichen verhaltenstechnischen (und möglicherweise auch physiologischen) Gegenmaßnahmen notwendig. Solche Techniken sind Teil des beeindruckenden Anpassungsvermögens der Primatenordnung. Ich habe oft das Gefühl, der traditionelle Ansatz, zu zählen, wie oft Primaten sich streiten oder groomen, könne nur die Spitze des Eisbergs sichtbar machen. Wenn diese Zahlen kaum schwanken, dann vielleicht aus dem Grund, weil sie den Modus vivendi, zu dem jede Population findet, wenn sie über Generationen hinweg in einer speziellen Umgebung gelebt hat, nicht auf angemessene Weise untersuchen. Die Vorstellung von Verhandlungsbereitschaft und Integration, von Tieren, die ihre Absichten und Erwartungen an denen anderer ausrichten, erleichtert das Verständnis dafür, wie sich diese Tiere auf soziale Ordnungen einigen, die auf die jeweiligen Umstände zugeschnitten sind.

Das Ergebnis könnte kultureller Vielfalt entsprechen. Menschliche Populationen mit einer langen Geschichte des Zusammenlebens auf engem Raum, etwa die Japaner, Javanesen und Holländer, betonen jede auf ihre Weise Toleranz, Anpassung und Übereinstimmung, während Populationen, die über weite Landstriche mit unbegrenzten Horizonten verstreut sind, einzelgängerischer sind und mehr Wert auf Unabhängigkeit und Freiheit legen. Insofern die Ausgewogenheit zwischen individuellen und Gemeinschaftswerten moralische Entscheidungen beeinflußt, stellt Moral eine Antwort des Menschen auf seine Umgebung und ein bedeutsames Gegengewicht gegen den für ein Zusammenleben auf beengtem Raum vorhergesagten sozialen Verfall dar.

Die Definitionen von »richtig« und »falsch« von Fall zu Fall anzugleichen ist eines der mächtigsten Hilfsmittel, das dem *Homo sapiens* zur Verfügung steht, einer Spezies, die aus geborenen Anpassungskünstlern besteht. Moral ist nicht die gleiche in Kriegs- und in Friedenszeiten, in Zeiten des Überflusses oder der Knappheit, unter hohem oder niedrigem Bevölkerungsdruck. Wenn bestimmte Bedingungen lange Zeit bestehenbleiben, beeinflußt dies die gesamte moralische Einstellung einer Kultur.

Selbst wenn die Befähigung, mit sozialem Streß fertig zu werden, bei unserer Spezies ihren absoluten Höhepunkt erreicht, hat sie offenbar eine lange evolutionäre Geschichte hinter sich. Die Frage, woher sie letztendlich stammt, kann möglicherweise durch Feldstudien zu anderen Primaten beantwortet werden. Deren Verhalten entwickelte sich im natürlichen Habitat, und keine künstlich geschaffene Umgebung, wie überlegt sie auch gestaltet worden sein mag, kann die Pflanzen, von denen die Spezies sich Jahrmillionen ernährte, die Raubtiere, denen sie zu entkommen versuchte, das Klima, mit dem sie zurechtkommen mußte, und andere Umweltfaktoren ersetzen. Untersuchungen in Gefangenschaft ermöglichen eine Einschätzung des Adaptionsvermögens einer Spezies, Feldstudien hingegen veranschaulichen den Anpassungswert ihrer Verhaltensweisen. Der *Anpassungswert* wird als die Menge der Vorteile definiert, die mit einem Verhalten verbunden sind, das möglicherweise die Weitergabe ebendieses Verhaltens von einer Generation an die nächste förderte, bis es sich schließlich auf die ganze Spezies ausweitete. Idealerweise erfordert ihre Untersuchung naturbelassene Ökosysteme, die sich alle ihre ursprünglichen Eigenschaften bewahrt haben. Sie sind aber heutzutage aufgrund weltweiter Umweltverschmutzung und Habitatzerstörung schwer zu finden, obgleich man allgemein annimmt, derzeitige Primatenhabitate entsprächen den hypothetisch ursprünglichen in ausreichendem Maße, um zumindest *ein wenig* Licht auf die evolutionäre Anpassung zu werfen.[36]

Eine solche Gegend ist ein Restwald mit einer Fläche von achthundert Hektar in Ostbrasilien. In den letzten zehn Jahren rannte Karen Strier hier die Hügel und Täler hinauf und hinab und bahnte sich mühsam ihren Weg durch verfilztes Unterholz, um mit den Murikis Schitt zu halten, die sich mühelos durch das Blätterdach schwangen. Diese Neuwelt-Affen, die bis zu fünfzehn Kilogramm wiegen, entsprechen den Berggorillas der Alten Welt: sie sind die größten einheimischen Primaten auf ihrem Kontinent – und mit die gefährdetsten: wahrscheinlich leben kaum mehr fünfhundert in der Wildnis. Zudem handelt es sich bei ihnen um wahrhaft sanfte Riesen.

Dem könnte man nun entgegenhalten, wir hätten schon so viele falsche Behauptungen über Friedfertigkeit gehört, aber in zwölfhundert Stunden Beobachtung zählte Strier insgesamt lediglich neun Vorfälle, bei denen Murikis aggressiv hintereinander herjagten. Obwohl sie wie jeder Primatologe damit rechnete, daß Männchen in der Nähe eines attraktiven Weibchens miteinander konkurrieren, stellte sie fest: Murikimännchen warten, ohne daß es zu Raufereien zwischen ihnen kommt, einfach ab, bis sie an der Reihe sind. Die Weibchen haben alles unter Kontrolle, wie Strier in *Faces in the Forest* schreibt: »Ich habe oft erlebt, wie ein Weibchen sich weigerte, ihre Genitalien von einem Männchen inspizieren zu lassen, nur um sich im nächsten Augenblick mit einladendem Grinsen und Schnattern einem anderen zuzuwenden.«[37] Ähnliche Sexual- und Toleranzmuster unter Männchen wurden auch auf einem anderen Gelände in Brasilien beobachtet.

Die Männchen verbringen viel Zeit gemeinsam, und oft umarmen sich Gruppen von zwei oder mehr Individuen, wobei sie Laute ausstoßen, die als »Glucksen« bezeichnet werden. Das praktische Fehlen jeglicher Aggression erklärt Strier als Folge einer Kombination aus getrennter Nahrungssuche, gleichberechtigten Beziehungen zwischen den Geschlechtern und den riesigen Hoden der Murikimännchen. Der letzte Faktor legt den Schluß nahe, daß der Schauplatz für sexuelle Konkurrenz sich vom unmittelbaren Wetteifern darum, wer das Weibchen begatten darf, verlagert hat auf die Produktion von genügend Sperma, um das Rennen bei der Befruchtung zu gewinnen. Nach dem Kopulieren ist die Vagina des Weibchens mit einem Klumpen frischen Ejakulats blockiert, der vom nächsten Männchen ohne große Umstände entfernt und auf den Boden geworfen oder verspeist wird, ehe dieses Männchen sich mit dem Weibchen paart. Warum sich die Dinge in dieser Richtung entwickelt haben, ist unklar, aber solche Fragestellungen könnten uns Aufschluß darüber geben, unter welchen Bedingungen die Evolution Aggression als Strategie der Konfliktlösung ausschaltet.

Das Problem, von dem wir ausgegangen sind – Aggression und Gewalt in unserer Gesellschaft –, kann nun freilich nicht dadurch gelöst werden, daß man den Männern größere Hoden gibt. Wir müssen im Rahmen unserer biologischen Ausstattung arbeiten, die sich erheblich von der der Murikis wie auch der Nagetiere unterscheidet, und zwar insofern, als sie ein ziemlich kämpferisches Temperament sowie machtvolle Kontroll- und Ausgleichsmechanismen einschließt.[38] Diskussionen wie jene im Zusammenhang mit der Goodwin-Affäre – ob die Biologie oder die Umwelt den Schlüssel zu den Nöten der Gesellschaft in sich birgt – gehen von der irrigen

Annahme aus, zwischen beiden sei eine ebenso eindeutige Trennlinie zu ziehen wie die zwischen Natur- und Sozialwissenschaften.

Wenn wir uns damit abfinden, daß die Biologie einer Spezies ihr charakteristisches Verhalten und ihre Anpassungsfähigkeit mit einschließt, hat die Biologie des Menschen sogar sehr viel mit der Umwelt zu tun: sie wurde nicht nur durch frühere Formen der Umwelt geprägt, sondern sie bestimmt auch, wie wir auf die jetzige Umgebung reagieren. Weil wir diese Reaktionen mit anderen Primaten gemein haben, könnte eine Untersuchung ihres Gruppenlebens unter verschiedenen Bedingungen dazu beitragen herauszufinden, woher die ungeheure Formbarkeit des Menschen kommt und welcher Voraussetzungen es bedarf, um nicht im moralischen Sumpf zu versinken.

Gemeinschaftsinteresse

Ein adoleszenter Schimpanse in der Yerkes Field Station, Socko, reizt Atlanta auf eigene Gefahr. Atlanta mag zwar fett und langsam sein, aber das gleicht sie durch ein hervorragendes Gedächtnis aus. Einmal bewirft Socko sie mit Dreck; mehr als eine Stunde später, während Socko in eines seiner ausgelassenen Spiele vertieft ist, sehen wir, wie Atlanta auf ihn zuschleicht, schnell seinen Arm packt und ihn beißt. Socko fängt laut zu schreien an, berührt und drückt die verletzte Stelle. Er rennt zu seiner »Tante« Peony und zeigt ihr, immer noch brüllend, die Wunde. Sanft nimmt Peony den jungen Mann beim Arm und groomt ihn.

Socko, der immer noch Angst vor Atlanta hat, schlägt einen großen Bogen um sie, als er auf ihren Sohn Rhett zu geht. Er kitzelt das Junge und balgt sich mit ihm, bis sich schließlich beide auf dem Boden wälzen und heisere Lachlaute ausstoßen. Würde Socko nicht immer wieder Atlanta einen verstohlenen Blick zuwerfen, nähme man an, er hätte den ganzen Vorfall vergessen und amüsiere sich einfach. Statt dessen demonstriert er gute Absichten und nähert sich seiner Gegnerin, indem er Kontakt mit jemandem aufnimmt, der ihr nahesteht. Und in der Tat geht er einige Minuten später vom Sohn zur Mutter, setzt sich knapp außerhalb der Reichweite Atlantas hin und starrt in die Ferne. Atlanta nickt und verändert ihre Stellung ein wenig, und zwar auf die Art, wie ein Schimpanse sich auf Groomen vorbereitet. Socko reagiert augenblicklich, kommt näher und fängt an, sie zu lausen. Kurz darauf groomt Atlanta ihrerseits den Quälgeist.

Als erster stellte Peter Judge auf der gleichen Beobachtungsstation, aber bei einer anderen Spezies, nämlich dem Schweinsaffen, eine Einbeziehung Dritter (in unserem Fall Rhetts) in den Versöhnungsprozeß fest. Wie alle Makaken bilden die Schweinsaffen eine matrilineare Gesellschaft, in der Verwandte sich zusammentun und einander helfen. Neben unmittelbaren Versöhnungen zwischen zwei Streitenden stellte Judge bei Verwandten des Opfers die Neigung fest, Kontakt mit dem Angreifer aufzunehmen. Beispielsweise nähert sich eine Mutter dem Angreifer ihrer Tochter zum Zwecke einer Art Versöhnung »im Namen ihres Sprößlings«. Wenn diese sogenannte *triadische Versöhnung* die Matrilinie des Opfers vor weiteren Feindseligkeiten schützt, ziehen alle ihre Mitglieder einen Nutzen daraus, einschließlich dessen, der auf den Angreifer zugegangen ist.[39]

Das könnte tatsächlich der Fall sein: Spannungen zwischen Individuen weiten sich oft auf ihre jeweiligen Familien aus. Cheney und Seyfarth beobachteten bei wilden Grünen Meerkatzen folgendes: Wenn Mitglieder einer Matrilinie mit denen einer anderen Streit bekommen, ist die Aussicht, daß im Verlauf des Tages *andere* Angehörige der gleichen Matrilinien weiterkämpfen, ziemlich groß. Vermutlich haben sie den ursprünglichen Zwischenfall beobachtet und feindselige Gefühle gegen die Verwandten der Affen entwickelt, die jemanden aus ihrer Sippschaft angegriffen haben. Die triadische Versöhnung, die auch bei Grünen Meerkatzen vorkommt, ist nur die andere Seite der Medaille. Statt mit einer Matrilinie abzurechnen, die ihre Verwandtschaft angegriffen hat, versuchen sie, die Beziehungen zu kitten.

Damit eine Versöhnung über Verwandte funktioniert, müssen Affen nicht nur ihre eigene Sippschaft kennen, sondern auch wissen, welcher Verwandtschaftsgruppe alle anderen angehören. Tatsächlich mehren sich die Hinweise darauf, daß Primaten das Geflecht der Beziehungen um sich herum durchschauen. Überzeugende Beweise legte die Schweizer Primatologin Verena Dasser vor. Sie zeigte Makaken Photos von erwachsenen Weibchen und Jugendlichen ihrer Gruppe und stellte ihnen die Aufgabe, die Bilder unter dem Gesichtspunkt einzuteilen, ob die abgebildeten Individuen miteinander verwandt waren. Ihre Versuchstiere stellten sich bei der Lösung dieser Aufgabe recht geschickt an und zeigten, daß sie, wie Socko, die Mutter-Kind-Verbindung erkannten.[40]

Das Erkennen von Beziehungen, an denen sie nicht unmittelbar teilhaben, erklärt, warum Kämpfe zwischen Primaten nicht immer auf die Parteien beschränkt bleiben, die damit angefangen haben, und warum der Prozeß des Friedenschließens durchaus über das Zentrum des Konflikts hinaus

Wellen schlagen kann. Einige Spezies, etwa die Bärenmakaken, stoßen während einer Versöhnung sogar besondere Quietschlaute aus, durch die die gesamte Gruppe auf den Vorgang aufmerksam gemacht und angelockt wird. Allerdings gibt es vermutlich keinen nichtmenschlichen Primaten, der genauer auf Versöhnungen achtet und ihre Bedeutung besser einzuschätzen weiß als der Schimpanse. Ich habe sogar beobachtet, wie Mitglieder dieser Spezies *negativ* reagierten, wenn einer von ihnen einem anderen Versöhnungsbereitschaft signalisierte.

Es ist nichts Ungewöhnliches, wenn die Frauen einer in Gefangenschaft lebenden Schimpansenkolonie sich zusammentun, um sich gegen Belästigungen durch Männer zu schützen. Angesichts der Tatsache, daß diese weiblichen Verbündeten dem Mann eine gehörige Tracht Prügel verabreichen können, ist verständlich, wenn dieser schnellstens das Weite sucht. Falls er das Glück hatte, ihnen zu entkommen, beobachtet er anschließend das andere Geschlecht aus sicherer Entfernung. Da keine der Frauen ihm an Größe und Schnelligkeit gleichkommt, ist ihre Solidarität von ausschlaggebender Bedeutung. Ich habe beobachtet, wie im Verlauf solcher Rangeleien Frauen ihre ganze aufgestaute Wut an der Frau ausließen, die als erste dem Gegner das Hinterteil präsentierte oder ihn küßte. Offenbar waren die anderen Frauen noch nicht mit ihm fertig und betrachteten die Friedensinitiative dieser einen Frau als Verrat.

Weit öfter reagieren Schimpansen auf Versöhnungen jedoch positiv, ja, sie feiern sie geradezu. Nach einer schweren Auseinandersetzung schleichen junge Schimpansen gelegentlich um erwachsene Männer, die sich noch nicht versöhnt haben, herum und schauen von einem zum anderen, nur um laut johlend auf den Rücken desjenigen zu springen, der als erster den anderen umarmt. Und gelegentlich kommt, wie weiter oben beschrieben, Frauen eine auslösende Funktion zu, indem sie Rivalen zusammenbringen, eine Einmischung, die einen ziemlich hohen Grad an sozialer Bewußtheit voraussetzt. Derlei Vermittlungen zeigen, welchen Wert Schimpansen einem friedlichen Zusammenleben beimessen, was sich auch in dem allgemeinen Tumult und gegenseitigen Umarmen einer ganzen Kolonie nach einer dramatischen Versöhnung in ihrer Mitte widerspiegelt.

Triadische Versöhnung, Vermittlung durch Dritte und allgemeine Aufregung über beigelegte Spannungen legen den Schluß nahe, daß Affen und Menschenaffen einiges daran liegt, wie es um die Beziehungen in ihrer Gruppe oder Gemeinschaft steht. Und zwar nicht nur ihre eigenen, privaten, sondern auch alle um sie herum. Ich bezeichne dies als *Gemeinschaftsinter-*

esse. Zwar glaube ich nicht, daß Affen und Menschenaffen sich um ihre Gemeinschaft als eine abstrakte Einheit Sorgen machen; eher scheinen sie die Art von Gemeinschaft anzustreben, die ihren eigenen Interessen am weitesten entgegenkommt. Insofern, als die Interessen einzelner sich überschneiden, ist das Gemeinschaftsinteresse eine Sache des Kollektivs.

Wenn beispielsweise eine Schimpansenfrau den schweren Stein konfisziert, den ein Mann in der Hand hält, um seinen Rivalen herauszufordern, oder nach einer Konfrontation zwischen den beiden als Vermittlerin auftritt, hat die ganze Gruppe etwas davon, selbst wenn die Frau selber dies im eigenen Interesse getan hat. Denn natürlich kann sie von guten Beziehungen zwischen den Männern nur profitieren. Eine Gruppe ungehemmt brutaler und ständig gereizter Männer stellt eine ernste Bedrohung für jede Frau und ihre Nachkommenschaft dar, die sie aufzuziehen versucht. Darüber hinaus hätten diese Männer in der Wildnis Schwierigkeiten, nach außen hin eine gemeinsame Front zu bilden, und würden auf diese Weise Überfälle und Territoriumsübernahmen durch benachbarte Männer regelrecht herausfordern.

Würden individuelle Interessen sich vollständig decken, wäre alles ganz einfach; es bestünde vollkommene Übereinstimmung hinsichtlich des Werts sozialen Friedens. Zwischen den einzelnen gibt es jedoch auch aufeinanderprallende Interessen. Ein junger Mann, der in der sozialen Rangordnung nach oben strebt, kann Probleme machen und die Gruppe wochen- oder sogar monatelang in ein nicht enden wollendes Chaos stürzen. Oder eine Matriarchin sucht unablässig Konfrontationen mit Mitgliedern einer durch den Tod ihrer eigenen Matriarchin geschwächten ranghöheren Matrilinie. Es besteht eine hochgradige Spannung zwischen privaten Zielen in bezug auf Status und Zugang zu Ressourcen einerseits und gemeinschaftlichen Zielen hinsichtlich des Erfolgs der Gruppe in ihrer jeweiligen Umwelt andererseits. Wenn einzelne um die beste soziale Stellung oder den größten Anteil an Nahrung streiten, haben unter Umständen das weitergespannte Netz von Beziehungen und die Gruppe als Ganzes darunter zu leiden.

Angesichts der Tatsache, wie sehr soziale Primaten zum Schutz gegen Bedrohungen von außen und zur Auffindung von Nahrung und Wasser aufeinander angewiesen sind, ist das eine gefährliche Situation. Sie können es sich kaum leisten, mit den Gefährten, von denen sie abhängig sind, Krieg zu führen. Gemeinschaftsinteresse hat seinen Ursprung im ureigenen Interesse eines jeden einzelnen Organismus an einem sozialen Umfeld, das seinem

Überleben und seiner Reproduktion am förderlichsten ist. Die Rückschläge durch Konkurrenz lassen sich wie folgt zusammenfassen[41]:

Schaden, den spezielle Partnerschaften erleiden: Soziale Primaten befinden sich gelegentlich in dem Dilemma, daß sie einen Kampf nicht gewinnen können, ohne einen Freund zu verlieren. Fruchtbare Beziehungen wollen gehegt und gepflegt werden, ein Prozeß, der die Unterdrückung aggressiver Ausbrüche erfordert. Bei einigen Spezies sind diese Hemmungen so ausgeprägt, daß sie Ressourcen friedlich miteinander teilen und nicht darum konkurrieren. Gelegentlich kommt es jedoch auch in den besten Beziehungen zu einem Eklat, wie wir bei der Herrschaftskoalition in Arnheim zwischen Nikkie und Yeroen gesehen haben. Versöhnung dient dazu, den Schaden zu begrenzen.

Körperlicher Schaden, der anderen zugefügt wird: Hinkende, blutende oder an Infektionen leidende Artgenossen sind von geringem Nutzen im Kampf gegen Raubtiere oder benachbarte Gruppen. Übermäßig aggressive Individuen, die anderen häufig Verletzungen zufügen, stellen die Qualität des sozialen Umfelds aufs Spiel, von der ihr Überleben abhängt.

Schaden für die Gruppeneinheit: Angesichts des Werts der Gruppe ist die Bewahrung des sozialen Zusammenhalts für jedes einzelne Mitglied von Nutzen. Zu Ausnahmen kommt es, wenn einzelne in eine Gruppe einwandern und durch ihre Bemühungen, eine günstige Position zu erringen, alles durcheinanderbringen oder wenn lange dazugehörige Mitglieder einen erbitterten Kampf um die Vorherrschaft beginnen. Der Lohn für derartige Verhaltensweisen ist offenbar so hoch, daß er die Störung des Gruppenzusammenhalts bei weitem aufwiegt. Auf lange Sicht schaden allerdings Mitglieder, die das Gruppenleben regelmäßig und ernstlich stören, nicht nur den Interessen aller anderen, sondern auch ihren eigenen und denen ihrer Verwandten in der Gruppe.

Man kann daher Gemeinschaftsinteresse definieren als *das Interesse jedes einzelnen an der Förderung jener Eigenschaften der Gemeinschaft oder Gruppe, die die Vorteile mehren, die sich für diesen einzelnen und seine Sippschaft aus dem Leben in ihr ergeben.* Diese Definition ist unabhängig von bewußten Motiven oder Absichten; sie geht lediglich von der Vorteilhaftigkeit eines bestimmten Verhaltens aus. Sie besagt, daß soziale Tiere dazu selektiert wurden, Verhaltensweisen zu unterdrücken, die die Gruppenharmonie zerstören könnten, und ein Gleichgewicht zwischen einem friedlichen Zusammenleben und der Verfolgung privater Interessen anzustreben. Ob es Tieren bewußt ist, wie ihr Verhalten sich auf die Gruppe als Ganzes auswirkt, spielt für die Entwicklung eines Gemeinschaftsinteresses genausowenig eine Rolle, wie es auch nicht nötig ist, daß Tiere wissen, was Sex mit Fortpflanzung zu tun hat, um optimale Reproduktionsstragien zu verfolgen.

Unter dieser Voraussetzung ist es faszinierend, sich mit Motiven und Absichten zu befassen, vor allem weil menschliche Moral als ein Gemeinschaftsinteresse betrachtet werden kann, das den einzelnen im höchsten Grade bewußt ist. Je ausgeprägter das soziale Bewußtsein einer Spezies ist, um so mehr ist ihren Mitgliedern klar, wie Ereignisse um sie herum sich durch die Gemeinschaft fortsetzen, bis sie vor ihrer Türschwelle landen. Dieses Verständnis ermöglicht es ihnen, sich aktiv an der Gestaltung der Gemeinschaft zu beteiligen. Das beginnt beim Interesse an Beziehungen, die sie unmittelbar betreffen (etwa zwischen ihren Verwandten und einem Störenfried), geht dann über zu entfernteren Beziehungen, die ihr Leben beeinflussen (angespannte Beziehungen zwischen dominanten Rivalen), und gipfelt in der kollektiven Unterstützung von Aktionen, die der Gruppenharmonie förderlich sind (Schlichtung von Streitigkeiten durch ein bestimmtes, im Mittelpunkt stehendes Individuum, das die sogenannte Kontroll-Rolle übernimmt).

Eine der höchsten Errungenschaften der Menschheit, die sich nicht mit einer durch unkoordinierte individuelle Anstrengungen gestalteten Gesellschaft zufriedengibt, ist es, egozentrische Gemeinschaftsinteressen in kollektive Werte zu übersetzen. Man kann den Wunsch nach einem Modus vivendi, der für alle gleichermaßen gerecht ist, als ein evolutionäres Hinauswachsen über das Bedürfnis betrachten, miteinander auszukommen und zu kooperieren, weil sich diesem Wunsch eine wachsende Einsicht, welche Aktionen diesem Ziel förderlich oder abträglich sind, zugesellt. Unsere Vorfahren begannen allmählich zu verstehen, wie man Frieden und Ordnung aufrechterhält – folglich, wie man die eigene Gruppe gegen Bedrohungen von außen zusammenschweißt, ohne legitime individuelle Interessen zu opfern. Sie lernten ein Verhalten, das das soziale Gefüge systematisch untergrub, als »falsch« und Verhalten, das das Leben in dieser Gemeinschaft lebenswert machte, als »richtig« zu beurteilen. Sie begannen einander zunehmend im Auge zu behalten, um sicherzustellen, daß ihre Gesellschaft so funktionierte, wie sie dies wünschten.

Bewußtes Gemeinschaftsinteresse ist der Kern menschlicher Moral.

6
Schlußfolgerungen

> Ich frage mich, ob das geistige Leben nicht dann am besten und umfassendsten abgesichert ist, wenn allen bewußt ist, daß die Gesetzmäßigkeiten und Bedingungen von Rechtschaffenheit im Wirkungsprozeß des Universums inbegriffen sind; wenn allen klar ist, daß der Mensch mit seinen bewußten Bestrebungen, seinen Zweifeln, Versuchungen und Niederlagen, mit seinen Sehnsüchten und Erfolgen, von jenen Kräften angetrieben und getragen wird, die die Natur gestalteten.
>
> *John Dewey*[1]

Selbst wenn andere Tiere als wir selber auf eine Art und Weise agieren, die auf moralisches Verhalten hinausläuft, beruht dies nicht notwendigerweise auf Überlegungen, wie wir Menschen sie anstellen. Es fällt schwer, zu glauben, daß Tiere ihre Eigeninteressen gegen die Rechte anderer abwägen, daß sie eine Vision vom Allgemeinwohl der Gesellschaft entwickeln oder daß sie sich ihr Leben lang wegen irgend etwas, das sie nicht tun hätten sollen, schuldig fühlen.

Was gehört dazu, moralisch zu sein?

Angehörige derselben Spezies können zu einer stillschweigenden Übereinkunft gelangen, welches Verhalten sie dulden oder aber verbieten. Ohne Sprache lassen sich jedoch die Grundsätze, die hinter diesen Entscheidungen stehen, nicht in Begriffe fassen, geschweige denn diskutieren. Absichten und Gefühle mitzuteilen ist eine Sache, eine andere ist es, klarzustellen, was richtig und was falsch ist und warum. Tiere sind keine Moralphilosophen.

Aber wie viele *Menschen* sind das schon? Wir neigen dazu, tierisches Verhalten mit den verblüffendsten Errungenschaften unserer Rasse zu vergleichen und mit selbstgefälliger Befriedigung festzustellen, daß tausend Affen mit tausend Schreibmaschinen nie auch nur entfernt an William Shakespeare heranreichen. Ist dies ein Grund, uns selber als klug und Tiere als dumm einzustufen? Verhalten wir uns nicht die meiste Zeit weit weniger vernünftig, als wir dies vorgeben? Der Mensch scheint viel eher in der Lage, sein Verhalten nach geschehener Tat zu erklären, als sich die Konsequenzen dieses Tuns vorher zu überlegen. Es besteht kein Zweifel, wir sind vernunftbegabte Wesen; aber es liegt auch auf der Hand, daß wir mit starken Neigungen und Gefühlen geboren werden, die unser Denken und Verhalten beeinflussen.

Ein Schimpanse, der das Opfer eines Angriffs streichelt und tätschelt oder seine Nahrung mit einem hungrigen Gefährten teilt, legt Verhaltensweisen an den Tag, die kaum von denen eines Menschen zu unterscheiden sind, der ein weinendes Kind auf den Arm nimmt oder freiwillig in einer Suppenküche für Bedürftige mithilft. Das Verhalten des Schimpansen als instinkthaft und das des Menschen als Demonstration moralischer Stärke zu bewerten ist irreführend und wahrscheinlich sogar falsch. Erstens ist es unökonomisch, da es von verschiedenen Entstehungsprozessen für ein ähnliches Verhalten bei zwei nahe verwandten Spezies ausgeht. Zweitens ignoriert es die zunehmende Fülle an Beweisen für eine geistige Komplexität beim Schimpansen, einschließlich der Möglichkeit eines Einfühlungsvermögens. Ich zögere, die Angehörigen irgendeiner Spezies außer unserer eigenen als »moralische Wesen« zu bezeichnen, doch ich glaube auch, viele der Gefühle und kognitiven Fähigkeiten, die der menschlichen Moral zugrunde liegen, reichen in eine Zeit vor dem Auftauchen unserer Spezies auf diesem Planeten zurück.

Die Frage, ob Tiere eine Moral haben, ähnelt ein wenig der Frage, ob sie über eine Kultur, Politik oder Sprache verfügen – wenn wir das vollentwickelte menschliche Phänomen als Maßstab nehmen, dann mit Sicherheit nicht. Zerlegen wir andererseits die entsprechenden menschlichen Befähigungen in ihre einzelnen Bestandteile, so lassen sich einige davon auch bei anderen Tieren erkennen (siehe S. 258 f.).

Kultur: Feldprimatologen stellten bei verschiedenen Populationen derselben Spezies Unterschiede im Werkzeuggebrauch und in der Kommunikation fest. So knacken in einer Schimpansengemeinschaft vielleicht alle Erwachsenen Nüsse mit Hilfe von Steinen, während eine andere Gemeinschaft diese Technik überhaupt nicht kennt. Gruppenspezifische Signale und Gewohnheiten wurden sowohl bei Bonobos als auch bei Schimpansen dokumentiert. Die Primatologen erklären diese Unterschiede in zunehmendem Maße als erlernte Traditionen, die von einer Generation an die nächste weitergegeben werden.[2]

Sprache: Seit Jahrzehnten bringt man Menschenaffen bestimmte Wortschätze in Form von Handzeichen (etwa die amerikanische Zeichensprache) oder Computersymbolen bei. Koko, Kanzi, Washoe und etliche andere Anthropoide haben gelernt, ihre Bedürfnisse und Wünsche über dieses Medium verständlich mitzuteilen.

Politik: Neigungen, die den politischen Systemen der Menschen zugrunde liegen, ließen sich auch bei anderen Primaten beobachten, etwa Koalitionen, die den Status quo in Frage stellen, oder Tauschgeschäfte zwischen einem Führer und seinen Helfern. Statuskämpfe stellen ebenso einen Wettstreit um Beliebtheit dar wie körperliche Auseinandersetzungen.

Ohne die im folgenden aufgeführten Neigungen und Fähigkeiten, die sich auch bei anderen Spezies finden, ist menschliche Moral nur schwer vorstellbar.

Auf Mitgefühl bezogene Merkmale
Zusammengehörigkeitsgefühl, Hilfsverhalten und emotionale Ansteckung.
Erlernte Anpassung an und besondere Behandlung von Behinderten und Verletzten.
Befähigung, sich geistig in andere hineinzuversetzen: kognitive Empathie.*

Normenbezogene Eigenschaften
Präskriptive soziale Regeln.
Verinnerlichung von Regeln und Vorwegnahme einer möglichen Bestrafung.*

Wechselseitigkeit
Vorstellung von Nehmen und Geben, Austausch und Rache.
Moralistische Aggression gegen diejenigen, die gegen Reziprozitätsregeln verstoßen.

Miteinander auskommen
Frieden schließen und Vermeidung von Konflikten.
Gemeinschaftsinteresse und Aufrechterhaltung guter Beziehungen.*
Angleichung aufeinanderprallender Interessen durch Verhandeln.

* Vor allem in diesen Bereichen – Einfühlungsvermögen, Internalisierung von Regeln und Gerechtigkeitssinn sowie Gemeinschaftsinteresse – scheinen die Menschen beträchtlich weiter zu sein als die meisten Tiere.

In jedem dieser Bereiche stellen nichtmenschliche Primaten eine beeindruckende Intelligenz unter Beweis; allerdings verarbeiten sie Informationen nicht ganz auf die Weise, wir wir dies tun. Die Äußerungen von auf Sprache trainierten Menschenaffen beispielsweise zeigen wenige oder gar keine Anzeichen von Grammatik. Die Übertragung von Wissen durch eine Generation an die nächste erfolgt selten, wenn überhaupt, durch aktives Lehren. Und noch ist unklar, welche Rolle Planung und Voraussicht, wenn überhaupt, für die soziale Laufbahn von Affen und Menschenaffen spielen.

Trotz dieser Einschränkungen sehe ich keinerlei Grund, Bezeichnungen wie »Primatenkultur«, »Affensprache« oder »Schimpansenpolitik« zu vermeiden, solange klar ist, daß diese Terminologie auf grundlegende Ähnlichkeiten hinweist, ohne in irgendeiner Weise eine *Identität* zwischen dem Verhalten des Menschenaffen und dem des Menschen vorzutäuschen. Derlei Begriffe dienen dazu, eine Diskussion darüber anzuregen, wie viel oder wie wenig Tiere mit uns gemein haben. Wer die Aufmerksamkeit ausschließlich auf jene Aspekte richtet, die uns unterscheiden – eine bevorzugte Taktik von Kritikern der evolutionären Betrachtungsweise –, übersieht die ausschlaggebende Bedeutung der Gemeinsamkeiten. Insofern als die gleichen Eigenschaften höchstwahrscheinlich auf den gleichen Vorfahren zurückgehen, legten sie wahrscheinlich den Grundstein für vieles, was folgte, einschließlich dessen, was wir einzig für uns beanspruchen. Diese gemeinsame Grundlage herabzuwürdigen kommt ein wenig dem Verhalten gleich, wenn man, an der Spitze eines Turms angelangt, behauptet, der Rest des Gebäudes sei unwichtig und der kostbare Begriff »Turm« solle dem obersten Abschnitt vorbehalten bleiben.

Semantik eignet sich zwar hervorragend für akademische Auseinandersetzungen, ist jedoch meist Zeitverschwendung. Sind Tiere moralisch? Lassen Sie uns einfach den Schluß ziehen, daß sie im Turm der Moralität ein paar Etagen bewohnen. Eine Zurückweisung selbst dieses bescheidenen Vorschlags kann nur zu einer verengten Sicht der Gesamtstruktur führen.

Schwimmende Pyramiden

Es ist schwer, sich um andere zu kümmern, wenn man nicht zunächst für sich selber sorgt. Das soll nun nicht heißen, daß die Menschen eine Villa und ein dickes Bankkonto brauchen, ehe sie altruistisch sein können, aber mit Sicherheit erwarten wir von einem Kranken, der kaum über die Mittel zum Überleben verfügt, nicht viel Hilfe. Paradoxerweise fängt daher Altruismus mit einer Verpflichtung sich selber gegenüber an.

Die dem Egoismus am nächsten kommende Form von Altruismus ist die Sorge um die unmittelbare Familie. Bei einer Spezies wie der anderen sehen wir Anzeichen für Verwandtenselektion: Altruismus richtet sich vorrangig auf Verwandte. Die Menschen bilden da keine Ausnahme. Der Vater, der mit einem Laib Brot nach Hause zurückkehrt, ignoriert vermutlich das Flehen eines jeden, der ihm unterwegs begegnet; seine vorrangige Verpflichtung ist es, seine Familie zu ernähren. Dieses Verhaltensmuster sagt natürlich nichts über den Wert seiner Kinder im Vergleich zu anderen in der Nachbarschaft aus. Wäre seine Familie satt, während alle anderen hungern, dann wäre das etwas anderes – wenn jedoch seine Familie genauso hungrig ist wie die übrigen, dann hat er keine andere Wahl.

Der Kreis von Altruismus und moralischer Verpflichtung dehnt sich auf die weitere Familie, die Verwandtschaft und eine größere Gruppe aus, bis hin zum Stamm und zur Nation. Mit zunehmendem Abstand zwischen den Leuten nimmt die Mildtätigkeit ab. Wer gegen dieses natürliche Gefälle verstößt, trifft auf schärfste Mißbilligung. Spione werden verachtet, weil sie auf Kosten der eigenen Gruppe einer anderen Gruppe helfen. Auf ähnliche Weise sind wir schockiert, daß Leute unter dem ostdeutschen kommunistischen Regime die Machthaber über ihre Eltern und Ehepartner informierten und damit der Nation den Vorrang vor der Familie gaben. Und wenn der Vater in dem oben angeführten Beispiel aus Mitleid mit irgendwelchen Fremden mit leeren Händen nach Hause gekommen wäre, hätte seine Familie nur äußerst wenig Verständnis dafür gezeigt.

Altruismus ist davon abhängig, was man sich leisten kann. Der Kreis der Moral kann sich nur dann immer weiter ausdehnen, wenn Gesundheit und Überleben der innersten Kreise gesichert sind. Aus diesem Grund ziehe ich dem Bild eines expandierenden Kreises das einer schwimmenden Pyramide vor. Die Kraft, die die Pyramide aus dem Wasser hebt – ihr Auftrieb –, wird von den verfügbaren Ressourcen geliefert. Wie weit sie über die Wasseroberfläche ragt, entspricht dem Ausmaß der Einbeziehung in die Moral. Je höher die Pyramide sich erhebt, desto weiter ist das Netz von Hilfe und Verpflichtung gespannt. Leute am Rande des Verhungerns können sich nur eine winzige Spitze der Pyramide leisten – hier gilt die Regel: Jeder ist sich selbst der Nächste. Nur unter den extremsten Bedingungen, vielleicht jenen ähnlich, wie Colin Turnbull sie für die Ik beschrieben hat, gilt diese »Rettungsbootethik«.

Sobald die unmittelbaren Gefahren für das Überleben beseitigt sind, kümmern Angehörige unserer Spezies sich um Verwandte und bilden Netzwerke des Austauschs mit Mitmenschen sowohl innerhalb als auch außerhalb ihrer Gruppe. Verglichen mit anderen Primaten sind wir eine bemerkenswert freigebige Spezies. Moralische Einbeziehung bedeutet allerdings nicht, daß jeder Mensch in gleichem Maße geschätzt wird. Im Prinzip mögen sie zwar alle gleich sein, in der Praxis ist jedoch menschliche Freundlichkeit und Hilfsbereitschaft um so dünner gesät, je weiter wir uns von Verwandtschaft und Gemeinschaft entfernen.

Das Ideal universeller Brüderlichkeit ist insofern unrealistisch, als es nicht zwischen diesen innersten und äußersten Kreisen der Verpflichtung unterscheidet. Der amerikanische Humanökologe Garrett Hardin bezeichnet unterschiedslose Freundlichkeit verächtlich als »promiskuitiven Altruismus«. Falls Altruismus sich aufgrund der Notwendigkeit entwickelte, sich gegen feindliche Kräfte zusammenzutun, dann ist Solidarität mit den Nahestehenden gegenüber allem, was einem ferner ist, ein integraler Bestandteil. Wie der französische Anarchist Pierre-Joseph Proudhon vor mehr als einem Jahrhundert bemerkte: »Wenn jeder mein Bruder ist, dann habe ich keine Brüder.«[3]

Je nachdem, was eine Gesellschaft sich leisten kann, erhebt sich daher die moralische Pyramide möglicherweise zu gigantischer Größe und schließt im Prinzip die gesamte Menschheit mit ein, behält jedoch immer ihre ursprüngliche Form bei. Auch andere Lebensformen als unsere können darin aufgenommen werden. Neuere Untersuchungen von Tierverhalten, meine eingeschlossen, liefern genügend Gründe dafür, nochmals die Art zu überdenken, wie man sich der Tiere für die Wissenschaft, zur Unterhaltung, als Nahrungsmittel, zur Erziehung und anderen Zwecken bedient. Wir müssen die traditionellen Einstellungen, die sich im Verlauf einer langen Geschichte ohne realistische Alternativen und ohne Kenntnis der Empfindlichkeiten und kognitiven Fähigkeiten von Tieren entwickelt haben, neu bewerten. In Zoos und Forschungseinrichtungen wie auch in der Gesellschaft auf breiter Ebene hat dieser Prozeß bereits eingesetzt.

Da ich mich den Tieren, mit denen ich arbeite, verbunden fühle, begrüße

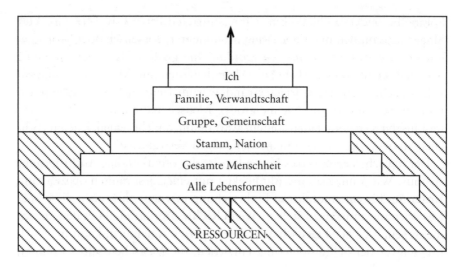

Der sich ausweitende Kreis menschlicher Moralität ist in Wirklichkeit eine schwimmende Pyramide. Je weiter wir uns von der unmittelbaren Familie oder Verwandtschaft entfernen, desto seltener stoßen wir auf Altruismus. Seine Reichweite hängt von den zur Verfügung stehenden Ressourcen ab bzw. davon, was wir uns leisten können; die Auftriebskraft der Pyramide bestimmt, wieviel davon aus dem Wasser ragt. Die moralische Einbeziehung äußerer Kreise wird durch Verpflichtungen gegenüber den inneren eingeschränkt.

ich diese Entwicklung. Mit Sicherheit schließe ich mich nicht der Ansicht an, wir hätten ein gottgegebenes Recht, mit Tieren zu machen, was wir wollen. Wie könnten wir, wenn Menschenaffen, Elefanten, Delphine, Hunde und alle anderen wirklich über die Intelligenz und die Ansätze von Moralität verfügen, von denen hier die Rede war, je Descartes beipflichten, der sie noch als des Leidens unfähige und daher des Mitleids nicht würdige Maschinen beschrieb?

Gleichzeitig verursachen mir Versuche, dieses Anliegen *rechtlich* zu verankern, großes Unbehagen. Das Beharren auf Autonomie und nicht so sehr auf Verbundenheit setzte einen Diskurs in Gang, der kalt und dogmatisch ist und sich einem Absolutheitsanspruch annähert, der den Grauzonen, aus denen menschliche Moral nun einmal besteht, nicht gerecht wird. Das Endergebnis ist der Ruf nach Abschaffung *jeglichen* Gebrauchs *irgendeines* Tieres unter *allen* Umständen, vom Jagen bis zum Fleischverzehr, von der Zootierhaltung bis zum Einsatz als Arbeitstiere in der Landwirtschaft. Dabei übersehen wir oft unsere allererste Verpflichtung, nämlich die gegenüber unseren Mitmenschen.

Eine besonders radikale Einstellung vertreten Paola Cavalieri und Peter Singer. Zusammen mit einer Reihe prominenter Wissenschaftler propagieren sie in dem Buch *Menschenrechte für die großen Menschenaffen* eine »Gemeinschaft von Gleichen«, die Menschenaffen und Menschen umfassen soll. Sie sehen keinerlei triftigen Grund, warum Tiere, die uns so nahestehen und uns so ähnlich sind wie die großen Menschenaffen, unter eine andere moralische Kategorie fallen sollten. Warum ihnen nicht den gleichen rechtlichen Status verleihen wie ihren zweibeinigen Verwandten?

Der logische Fehler dieses Vorschlags ist der offenkundige Anthropozentrismus. Wie kann man die Ähnlichkeit mit einer bestimmten Spezies zum Kriterium für eine moralische Einbeziehung machen, ohne eben diese Spezies über alle anderen zu stellen? Wenn Rechte proportional mit der Anzahl menschenähnlicher Eigenschaften einer Spezies zunehmen, kann man sich nur schwer der Schlußfolgerung entziehen, die Menschen selber könnten am meisten Rechte für sich beanspruchen.

Ein weiteres Problem liegt darin, daß Rechte normalerweise mit Pflichten Hand in Hand gehen, was für Menschenaffen unmöglich gelten kann. Dem halten die Autoren entgegen, geistig Zurückgebliebene seien von dieser Regel ausgenommen, warum also nicht auch Menschenaffen?

Meiner Ansicht nach spiegelt Cavalieris und Singers Plädoyer eine ungeheure Überheblichkeit wider. Ist es mit uns wirklich so weit gekommen, daß Respekt vor Menschenaffen am wirkungsvollsten eingefordert wird, indem wir sie als geistig zurückgebliebene Menschen im Pelzgewand darstellen? Und da wir gerade dabei sind, warum sollten wir dann nicht einen Pavian als geistig zurückgebliebenen Menschenaffen einstufen? Und das würde kein Ende nehmen: sobald man Menschenaffen aus solch fragwürdigen Gründen einen gleichen Status zugesteht, gibt es keine Notwendigkeit, Kakerlaken davon auszuschließen. Für mein Gefühl muß die den Tieren eigentümliche Schönheit und Würde unser Ausgangspunkt sein.

Unabhängig davon, wie gutgemeint die Anliegen der Tierrechtler sein mögen, sie werden oft auf eine Art und Weise vorgetragen, die jeden in helle Wut versetzt, der sich um Menschen und Tiere *gleichermaßen* bekümmert. Menschliche Moral, wie wir sie kennen, würde sich sehr schnell in nichts auflösen, sobald sie nicht mehr das Leben des Menschen in den Mittelpunkt stellte. Das soll wiederum keine Beurteilung des objektiven Werts unseres Lebens im Vergleich zum Leben anderer Tiere sein. Ich persönlich fühle mich keineswegs einem Schmetterling überlegen, ganz zu schweigen von einer Katze oder einem Wal. Doch wer könnte unserer Spezies das Recht abstreiten, sich ihr eigenes moralisches Universum aus einer menschlichen Perspektive heraus zu errichten?

Es ist Aufgabe der Gesellschaft zu entscheiden, ob wir bestimmte Formen von Forschungen an bestimmten Tierarten weiterführen. In der biomedizinischen Forschung ist es bereits üblich, auf Untersuchungen bei Affen zu verzichten, wenn man mit dem gleichen Experiment bei Ratten ebenso gute Ergebnisse erzielt. Sobald abzuschätzen ist, daß ein Experiment an Schimpansen nicht mehr Aufschlüsse bringt als das gleiche Experiment an Affen, wird ersteres ganz schlicht und einfach nicht stattfinden.

Leider sind die Tiere nicht die einzigen, um die es hierbei geht. Auch Menschenleben stehen auf dem Spiel. Jeder, der ins Krankenhaus geht oder sich in der Apotheke ein Medikament holt, zieht einen Nutzen aus Tierversuchen. Nur wenige Leute halten es für nebensächlich, Krankheiten wie Aids, die Millionen betreffen, zu bekämpfen. Könnte man ohne Tierversuche einen Impfstoff entwickeln, dann wäre dies selbstverständlich vorzuziehen. Es gibt jedoch keinen Hinweis darauf, daß wir in absehbarer Zeit diesen Stand erreichen. Man muß sich entscheiden, und diese Entscheidungen werden um so schwieriger, je komplexer die Lebensformen sind, derer wir uns als Versuchskaninchen bedienen.

Wieviel liegt uns daran, und was können wir uns leisten? Es gibt durchaus triftige Gründe, auf Achtung und Fürsorge für Tiere, die der menschlichen Sache einen Dienst erweisen, zu bestehen. Menschenaffen verdienen besondere Rücksichtnahme. Entweder verzichten wir bei bestimmten Spezies ganz auf Experimente, oder aber wir versuchen zumindest – wenn die Menschheit nicht ohne die sich daraus ergebenden Vorteile auskommen kann –, ihr Leben in Gefangenschaft soweit als möglich zu bereichern und verbessern und ihr Leiden auf ein Mindestmaß zu beschränken. Versteht man dieses Anliegen, so wie ich dies hier tue, als unsere Verantwortung anderen Lebensformen gegenüber, dann bleibt die moralische Pyramide intakt. Zudem führt dies zu weniger radikalen Schlußfolgerungen, als wenn man das Ganze in rechtlichen Begriffen formuliert. Allerdings macht es das um keinen Deut leichter, die Probleme zu lösen, denen wir uns gegenübersehen.[4]

Ein Loch im Kopf

Am 13. September 1848 erlitt Phineas Gage, als er in New England ein Stück Land einebnete, wo eine Eisenbahnlinie verlegt werden sollte, einen schrecklichen Unfall, der ihn zu einer neurologischen Cause célèbre machte. Infolge einer kurzfristigen Ablenkung löste Gage eine Explosion in einem mit Sprengstoff gefüllten Loch aus, über das er sich gerade beugte. Das Stopfeisen, mit dem er das Loch verschließen wollte, durchbohrte wie eine Rakete sein linkes Auge, das Gehirn und den Schädel. Es war unglaublich, aber Cage war nur kurze Zeit außer Gefecht gesetzt, erlangte jedoch sogleich wieder das Bewußtsein und war unmittelbar danach in der Lage, zu gehen und zu sprechen. Die meterlange Eisenstange lag in einiger Entfernung im Sand.

Der fünfundzwanzigjährige Vorarbeiter erholte sich vollständig, war nach wie vor im Besitz aller elementaren geistigen Fähigkeiten und blieb für den Rest seines Lebens körperlich unbeeinträchtigt. Er redete normal, nahm neue Informationen auf wie zuvor und ließ keinerlei Gedächtnisschwächen erkennen. Doch seine Persönlichkeit veränderte sich. Aus einem umgänglichen und verläßlichen, bei seinen Kameraden beliebten Kumpel verwandelte er sich in einen Menschen, der nirgends auf Dauer Arbeit fand, da er jegliche Achtung vor gesellschaftlichen Konventionen verloren hatte. Er log und fluchte hemmungslos. Die größte Veränderung war vielleicht, daß sein Verantwortungsgefühl geschwunden war: man konnte sich nicht mehr darauf verlassen, daß er sich an irgendwelche Verpflichtungen hielt. Laut seinem Arzt hatte der Unfall das Gleichgewicht zwischen den intellektuellen Fähigkeiten und den niedrigeren Impulsen zerstört.

Die Neurologin Hanna Damasio und ihre Mitarbeiter berichteten kürzlich von einer Untersuchung des Schädels und des Stopfeisens – beide werden in einem Museum an der Harvard University aufbewahrt. Sie fertigten Computermodelle des beschädigten Gehirns an. Offenbar hatten Verletzungen im präfrontalen Gehirnbereich einen aufrechten Bürger in einen Mann mit schwerwiegenden Charaktermängeln verwandelt. Dieses Muster paßt zu einem Dutzend anderer der Wissenschaft bekannter gehirngeschädigter Patienten, bei denen die Denk- und Gedächtnisfunktionen intakt, die Fähigkeiten, mit persönlichen und sozialen Angelegenheiten zurechtzukommen, jedoch gestört sind. Als wäre der moralische Kompaß dieser Leute entmagnetisiert worden und dadurch außer Kontrolle geraten.

Dieser Vorfall lehrt uns, daß Gewissen eben nicht irgendein vom Körper losgelöstes Prinzip ist, das man nur ausgehend von Kultur und Religion verstehen kann. Moral ist ebenso fest in der Neurobiologie verankert wie alles andere, was wir tun oder sind. Ursprünglich hielt man Ehrlichkeit, Schuldgefühl und das Abwägen ethischer Probleme für rein geistige Phänomene; sie lassen sich jedoch bestimmten Gehirnbereichen zuordnen. Es sollte uns daher eigentlich nicht verwundern, wenn wir bei Tieren Parallelen dazu finden. Das menschliche Gehirn ist ein Produkt der Evolution. Trotz seines größeren Volumens und seiner erhöhten Komplexität ist es im wesentlichen dem zentralen Nervensystem anderer Säugetiere ähnlich.

Wir scheinen an einem Punkt anzulangen, an dem die Wissenschaft den Philosophen die Moral aus den Händen nehmen kann. Daß dies bereits geschieht – wenn auch weitgehend auf theoretischer Ebene –, zeigen in jüngster Zeit erschienene Bücher von Richard Alexander, Robert Frank, James Q. Wilson, Robert Wright und anderen. Die gelegentlichen Uneinigkeiten innerhalb dieses zunehmend wichtigen Bereichs werden bei weitem überwogen von der gemeinsamen Überzeugung, die Evolution müsse unabdingbar ein Teil jeder befriedigenden Erklärung von Moralität sein.

Gärtner und Garten sind eins. Das menschliche Gefühl für Moral reicht so weit in die Evolutionsgeschichte zurück, daß andere Spezies Anzeichen davon erkennen lassen, und dies weist der Moral einen Platz in unserer vielgeschmähten Natur zu. Weder ist sie eine neue Erfindung von uns Menschen noch eine dünne Schicht, die eine tierische und selbstsüchtige Veranlagung überdeckt.

Sie nimmt einen bestimmtem Raum in unserem Gehirn ein, wirkt sich auf unsere Mitmenschen aus und ist genauso ein Teil von uns wie die Neigungen, die sie im Zaum hält.

Anhang

Anmerkungen

Vorwort

1 Huxley, 1989 (1894), p. 83.
2 Williams, 1988, p. 438.
3 Dewey, 1993 (1898), p. 98.

1
Widersprüche des Darwinismus

1 Dawkins, 1976, p. 3 (dt. S. 26).
2 Gould, 1980, p. 261.
3 Dettwyler, 1991, p. 382.
4 Kurland, 1977, p. 81.
5 Midgley, 1991, p. 8.
6 Wilson, 1975, p. 562.
7 Laut Kenneth Lux kam Malthus' Widerstand gegen eine Unterstützung durch Wohlfahrtsmaßnahmen (die sogenannten Armengesetze) am deutlichsten in der 2. Ausgabe seines *Essay on the Principle of Population* zum Ausdruck; in den folgenden Auflagen wurde diese Passage gestrichen: »Ein in diese Welt hineingeborener Mensch ... hat, wenn seine Eltern ihn nicht unterstützen können, denen gegenüber er einen berechtigten Anspruch geltend machen kann, und wenn die Gesellschaft seiner Arbeitskraft nicht bedarf, kein Recht auch nur auf die geringste Zuweisung von Nahrung; ja, er er hat dort, wo er ist, nichts zu suchen. Beim großen Fest der Natur ist für ihn kein Platz am Tisch frei. Sie sagt ihm, er solle verschwinden, und wird diese Anweisung eilig selber durchsetzen, außer er appelliert an das Mitleid einiger ihrer Gäste. Wenn diese aufstehen und ihm Platz machen, werden augenblicklich andere Eindringlinge auftauchen und um den gleichen Gefallen bitten« (zitiert nach Lux, 1990, pp. 34–35).
8 Rockefeller, zitiert in Lux, 1990, p. 148.
9 Die Geschichte ist nicht so einfach wie hier dargestellt. Charles Darwin, Alfred Russell Wallace, Thomas Henry Huxley und Herbert Spencer vertraten jeder eine unterschiedliche Ansicht zu der (Un-)Möglichkeit einer Entwicklung von Moral. Gut dokumentierte Darstellungen dieser frühen Diskussion finden sich bei Richards (1987) und Cronin (1991). Vgl. auch Nitecki und Nitecki (1993).
10 Yerkes und Yerkes, 1935, p. 1024.
11 Ausschließlich genbezogene Soziobiologen sprechen oft von »einem Gen für ein Verhalten x«, ohne Rücksicht darauf, was man über die Erblichkeit dieses Verhaltens x weiß (normalerweise kaum etwas oder gar nichts). In Wirklichkeit wirkt jedes einzelne Gen mit Hunderten anderer zusammen. Daher hängt vermutlich jede Verhaltensweise von einer

Vielzahl genetischer Faktoren ab. Selbst wenn wir den genbezogenen Soziobiologen zugestehen, daß sie ihr »Ein Gen – ein Verhalten«-Schema nicht wörtlich verstanden wissen wollen – daß es nichts weiter als ein Kürzel zum Zwecke der Diskussion sei –, empfiehlt es sich, ihm eine andere Verallgemeinerung gegenüberzustellen, die mindestens genauso nahe an die Wahrheit herankommt, daß nämlich jede Eigenschaft eines Organismus von allen Genen beeinflußt wird und jedes Gen alle Eigenschaften mitbedingt (Mayr, 1963, p. 164).

12 Offenbar ist Dawkins selber nicht überzeugt davon, daß wir alle als Egoisten (in der umgangssprachlichen Bedeutung des Wortes) geboren werden. In seiner Antwort auf Midgley (1979) räumt er ein, die Aussagen über das egoistische Gen könnten sehr wohl ohne jeglichen Bezug zu den tatsächlichen Motiven der Menschen sein: »Von dem her, was ich über die menschliche Psychologie weiß (und das ist nicht besonders viel), bezweifle ich, ob unser Gefühlsleben tatsächlich von Grund auf egoistisch ist« (Dawkins, 1981, p. 558).
Diese Aussage sollte man nie außer acht lassen, denn mit Sicherheit ist eine solche Auffassung aus den Schriften des Autors nicht ersichtlich. Es ist ein allgemeines Problem der populären Soziobiologie, daß komplexe Fragen in einem Maße verkürzt werden, daß selbst wenn der Autor sich dessen durchaus bewußt ist, was alles fehlt, der Leser keine Möglichkeit hat, dies nachzuvollziehen. Die Vereinfachungen werden dann ad nauseam von weniger sachkundigen Schriftstellern immer weiter verbreitet, bis sie sich überall breitmachen und man ihnen entgegentreten muß, als handle es sich um ernstzunehmende Vorstellungen (Kitcher, 1985).
In *The Ethical Primate* (1994, p. 17) wiederholte Midgley ihre Ansichten zu den Fallstricken und Illusionen reduktionistischer Wissenschaft und übte vor allem an den Ausflügen der Soziobiologie in den Bereich der Psychologie vernichtende Kritik: »Oft wird Darwinismus nicht als eine Fülle nützlicher Anregungen zu unserer geheimnisumwitterten Geschichte betrachtet – und tatsächlich auch so dargestellt –, sondern als einheitliche, reduktive Ideologie, die von uns in der Tat fordert, Dinge, die gemäß unserer Erfahrung real und ernst zu nehmen sind, als Illusionen abzutun.«

13 Hamilton, 1971, p. 83; Dawkins, 1976, p. 215.
14 Williams, 1989, p. 210.
15 Williams, 1989, p. 210. Man könnte sich fragen, ob Williams wirklich beabsichtigte, Mutter Natur als böse alte Hexe zu verdammen. Möglicherweise wollte er nicht sagen, die Natur sei *unmoralisch,* sondern *amoralisch;* das wäre natürlich genau das, was Huxley unter »moralisch indifferent« verstand. Immerhin stellt Williams eindeutig fest, er sehe einen Gegensatz zwischen der biologischen und der physikalischen Ordnung: »Ich würde zugestehen, daß moralische Gleichgültigkeit das physikalische Universum angemessen beschreibt. Für die biologische Welt bedarf es eines kraftvolleren Ausdrucks« (p. 180). Wenn Williams einen Unterschied darin sieht, ob man von von einem Blitz getroffen wird (ein physikalischer Prozeß) oder von einer Klapperschlange gebissen wird (tierisches Handeln), bezeichnet er das Verhalten der Schlange und anderer Tiere als »immens unmoralisch«. Im üblichen Sprachgebrauch würde diese Beurteilung eine Mißbilligung beinhalten, aber seiner Ansicht nach kann ein Tier für sein Handeln nicht verantwortlich gemacht werden. Da es jedoch ohne persönliche Verantwortung auch keine Moral geben kann, hat Williams den falschen Begriff gewählt: er hält die Natur für amoralisch, und damit löst sein ganzer Wortschwall sich in nichts auf.

16 NSF Task Force, Newsletter of the Animal Behavior Society, vol. 36 (4).
17 Frank, 1988, p. 21.
18 Der einzige vergleichbare Bericht, den ich kenne, betrifft Delphine in Gefangenschaft. Zwei Weibchen zeigten Interesse an den Wehen eines dritten und blieben in seiner Nähe, bis der Fetus ausgestoßen war. Anschließend schwammen das ältere der beiden Weibchen und die Mutter unter das Delphinjunge, jedes auf einer Seite von ihm. Wäre es dem Neugeborenen nicht gelungen, von selber an die Wasseroberfläche zu kommen, hätten die beiden Weibchen es wahrscheinlich mit ihren Rückenflossen emporgehoben (McBride und Hebb, 1948).
19 Gould, 1988, Titel.
20 Kropotkin, 1972 (1902), pp. 18, 59 (dt. S. 12 f. und S. 58).
21 Wer behauptet, wie Lorenz (1966) dies tat, Tiere töteten nur selten Angehörige ihrer eigenen Spezies, weil die Spezies sonst aussürbe, geht von der Annahme aus, daß Tiere am Wohlergehen ihrer Gruppe oder Spezies interessiert sind. Williams (1966) lehnte eine derart naive Auffassung von Gruppenselektion ab und argumentierte, Varianten, die dieses Ziel im Auge hätten, gerieten rasch ins Hintertreffen gegenüber Varianten, die privaten Interessen Vorrang gäben. Natürliche Auslese begünstigt Individuen, die sich erfolgreicher fortpflanzen als andere; die Interessen der Gruppe oder Spezies sind nur insofern von Bedeutung, als sie sich mit individuellen überschneiden.
Eine extreme Aufopferung, etwa von Kriegern, die in der Schlacht ihr Leben aufs Spiel setzen oder hingeben, stellt allerdings eine ernsthafte Herausforderung für diesen Gedankengang dar. Stellen diese Krieger nicht das Wohl ihrer Gruppe über ihre Eigeninteressen? Um ihr Verhalten zu erklären, stellte man die Vermutung an, überlebenden Helden oder den Familien Gefallener wüchsen hohes Ansehen und Privilegien zu. Wäre dies tatsächlich der Fall, dann könnten Heldentaten zugunsten der Gemeinschaft in der Tat der Zeugung oder dem Überleben von Nachkommen des Kriegers förderlich sein, ein Argument, das Alexander (1987, p. 170) R. A. Fisher zuschrieb. Man beachte jedoch, wie diese Erklärung moralische Mechanismen, etwa Beifall oder Dankbarkeit, in eine Diskussion über den Ursprung von Moralität einfließen läßt und somit zu einer Art Zirkelschluß führt. Zudem ist schwer vorstellbar, daß in der Praxis die Familien gefallener Soldaten besser gestellt sind als die Familien von Soldaten, die lebend vom Schlachtfeld zurückkehren.
22 Erklärungen, die Theorie der Gruppenselektion sei gestorben, erwiesen sich als voreilig. Auslese auf der Ebene von Gruppen wirkt vermutlich mit Auslese auf der Ebene von Individuen und Genen zusammen. »Verschachtelte« Selektionsmodelle dieser Art schließen Prinzipien des Wettbewerbs keineswegs aus; vielmehr siedeln sie den Konflikt eine Stufe höher an: Es geht nun nicht mehr um Individuum gegen Individuum, sondern um Gruppe gegen Gruppe (Wilson, 1983; Wilson und Sober, 1994).
23 Darwin, 1981 (1871), vol. 1, p. 166 (dt. S. 170).
24 De Mandeville, 1966 (1714), pp. 18-24 (dt. S. 84)
25 Smith, 1982 (1776), bk. 3, p. 423 (dt. Buch 3, S. 370).
26 Smith, 1937 (1759), p. 9 (dt. S. 1).
27 Ethologen unterscheiden sehr genau zwischen unmittelbaren und letztendlichen Ursachen. *Unmittelbare Ursachen* beziehen sich auf Lernen, Erfahrung und auf die näheren Umstände und Motivationen, die einem bestimmten Verhalten zugrunde liegen. *Letztendliche Ursachen* fördern ein bestimmtes Verhalten im Laufe der Evolution. Wenn eine Verhaltensweise

Überleben und Fortpflanzung fördert, weil es beispielsweise Raubtiere abstößt und Partner anzieht, ist dies der letztendliche Grund für seine Herausbildung. Da Evolution sich auf einer Zeitskala abspielt, die sich der Wahrnehmung entzieht, existieren im Denken und Fühlen der Tiere und auch der meisten Menschen nur unmittelbare Ursachen. Evolutionsbiologen sind insofern einzigartig, als es ihnen um letztendliche Ursachen geht.

Unglücklicherweise werden unmittelbare und letztendliche Ursachen oft durcheinandergebracht, insbesondere wenn die Funktion eines Verhaltens so offensichtlich scheint, daß man sich kaum vorstellen kann, die Handelnden wären blind dafür. Populärwissenschaftliche Naturfilme tragen zu dieser Verwirrung bei, indem sie tierisches Verhalten im Hinblick auf letztendliche Ursachen beschreiben. Beispielsweise erklären sie, zwei Walrosse kämpften darum, welcher von ihnen das Recht habe, ein Weibchen zu befruchten, während doch keines der beiden Männchen weiß, noch sich darum kümmert, was im Bauch des Weibchens vorgeht, nachdem sie sich gepaart haben.

28 De Waal und van Rosmaelen, 1979, p. 62.
29 Nachdem ich einmal einem Politologen, der etwas gegen die Soziobiologie hatte, diese Theorien erklärt hatte, kommentierte er mit nicht geringer Schadenfreude: »Oh, dann geratet ihr ja in den gleichen Schlamassel, in dem wir stecken.« Er wollte damit sagen: Statt des klaren, griffigen reduktionistischen Bildes vom menschlichem Verhalten, wie es die frühen Soziobiologen entwarfen, führen wir so viele Schichten und Verfeinerungen ein, daß die Komplexität uns genauso zu überwältigen droht wie der Wust von Theorien, denen sich die Sozialwissenschaften gegenübersehen. Der große Unterschied liegt natürlich darin, daß Biologen eine einzige grundlegende Theorie haben, in deren Rahmen alles irgendwie einen Sinn ergeben muß, während den Sozialwissenschaften ein derartiges integratives System fehlt.
30 Zum ersten Mal wurde das Wort »Ethologie« in seinem derzeit geläufigen Sinn als Reaktion gegen die auf Laborversuchen beruhende biologische Wissenschaft des einflußreichen Baron Cuvier gebraucht. Cuviers wichtigster Gegner bei den Diskussionen an der Académie des Sciences war Etienne Geoffroy-Saint-Hillaire, der Vater Isidores, der die Bezeichnung Ethologie vorschlug. Der Begriff bezeichnete die Untersuchung von Tieren als in der Natur lebenden Wesen, im Gegensatz zu den Kadavern Cuviers, die nach Formalin rochen. Ungefähr zur gleichen Zeit prägte jedoch der berühmte deutsche Evolutionstheoretiker Ernst Haeckel den Begriff »Ökologie« für die Beziehung zwischen dem Organismus und seiner Umwelt. Von Anfang an überschattete dieser Terminus den Begriff »Ethologie« und sorgte für Verwirrung, was genau letzteres bedeute. Jaynes' (1988) Ansicht nach verhinderte die Ähnlichkeit beider Bedeutungen, in Verbindung mit der Gleichsetzung der frühen französischen Ethologie mit dem Lamarckismus, daß Ethologie sich im 19. Jahrhundert zu einer wichtigen Denkrichtung entwickelte.
31 Altersspezifische Aufnahmebereitschaft für das Erlernen von Symbolen kann sich auch auf nichtmenschliche Primaten erstrecken. Als Sue Savage-Rumbaugh versuchte, einem ausgewachsenen Bonobo Symbole beizubringen, hatte sie damit wenig Erfolg. Obwohl die Menschenaffenfrau kooperativ und aufgeweckt war, lernte sie nur sieben Symbole; ihr zweieinhalbjähriger Sohn hingegen begriff einfach dadurch, daß er bei den Unterrichtsstunden dabei war. Ohne Anweisung oder Belohnung verstand er die Bedeutung vieler Symbole sowie mehr als hundert gesprochene englische Wörter (Savage-Rumbaugh et al., 1986).

32 Besondere Lernfähigkeiten oder eine spezielle Empfänglichkeit, die beim Erwerb eines moralischen Bewußtseins eine Rolle spielen, wurden auch von Lewin (1977), Simon (1990) und Wilson (1993, pp. 148–152) diskutiert.

33 In populärwissenschaftlichen Büchern spekulierten berühmte Ethologen wie Wolfgang Wickler, Irenäus Eibl-Eibesfeldt und Konrad Lorenz ausführlich über die biologischen Wurzeln menschlicher Ethik. Wahrscheinlich veranlaßte die zunehmende Bewußtwerdung des naturalistischen Trugschlusses Wickler (1981) dazu, der zweiten Auflage seines Bestsellers *Die Biologie der Zehn Gebote* einen Untertitel hinzuzufügen: *Warum die Natur uns kein Vorbild ist*. Der verstorbene deutsche Anthropologe und Primatologe Christian Vogel nahm eine kritische Bestandsaufnahme (1985, 1988) dieser Literatur vor.

34 Der tödliche Vorfall in der Arnheim-Kolonie wurde als politischer Mord interpretiert. Er war die Folge eines Auseinanderbrechens der herrschenden Koalition, da der Führer es versäumt hatte, seinem Verbündeten sexuelle Privilegien zu garantieren. Im daraus sich ergebenden Machtvakuum setzte sich plötzlich ein anderer Mann an die Spitze. Dafür mußte er zehn Wochen später bezahlen, als sich die frustrierten ehemaligen Verbündeten wieder zusammentaten und ihn des Nachts so arg zurichteten, daß er starb (de Waal, 1986a; 1989a, pp. 59–69, S. 62–72).

Da dies der allererste Bericht über einen derart heftigen Kampf innerhalb einer seit langem zusammenlebenden Gruppe war, liegt die Versuchung nahe, ihn als eine Folge der Gefangenschaft abzutun. Vor kurzem beschrieb jedoch Goodall (1992) einen ähnlichen Vorfall bei wildlebenden Schimpansen. Der dominante Alphamann büßte nach dem Angriff einer Clique seine Macht ein; dabei wurde sein Skrotum schlimm verletzt (ohne medizinische Behandlung hätte die darauffolgende Infektion den Schimpansen das Leben kosten können). Diese Aggression in einer Gemeinschaft war die bei weitem brutalste innerhalb von dreißig Jahren in Gombe; eine derartige Streitlust läßt sich sonst eher zwischen verschiedenen Gemeinschaften beobachten (Goodall 1986).

35 Lorenz, 1963, S. 227.

36 Hume, 1978 (1739), p. 469 (dt. S. 211).

37 Die Ansichten über biologische Einschränkungen der Moral sind breit gefächert. Meiner persönlichen Ansicht nach hat der Evolutionsprozeß uns mit der Befähigung und den Voraussetzungen für Moral wie auch mit einer Reihe grundlegender Bedürfnisse und Sehnsüchte ausgestattet, die von der Moral mit in Betracht gezogen werden müssen. Die moralischen Entscheidungen selber bleiben jedoch Vereinbarungen zwischen den Mitgliedern einer Gesellschaft vorbehalten, sind also keineswegs von Natur aus festgelegt. Im Gegensatz dazu glaubt Ruse (1986), »Soll«-Gefühle, wie etwa die vermeintliche Verpflichtung, anderen zu helfen, seien unmittelbar durch natürliche Auslese eingeführt worden: »Wir sprechen von mehr als einem bloßen Gefühl, anderen helfen zu wollen. Es ist vielmehr ein *angeborenes Gefühl von Verpflichtung* anderen gegenüber (p. 222; Kursivierung von mir). Diese Meinungsverschiedenheiten brauchen nicht im Zusammenhang mit einer Evolutionsethik ausgetragen zu werden, deren grundlegender Lehrsatz lautet, moralisches Empfinden laufe der menschlichen Natur nicht zuwider, sondern sei ein fester Bestandteil von ihr (Ruse, 1988; Wilson, 1993).

2
Mitgefühl

1 Darwin, 1981 (1871), vol. 1, pp. 71–72 (dt. S. 122).
2 Wispé, 1991, p. 80.
3 Ausgehend von diesem Vorfall kommentiert Porter (1977, p. 10), er würde die zahlreichen Berichte von Leuten, die angeblich von Tümmlern oder einer der kleineren Walarten gerettet wurden, nicht automatisch als unwahr abtun. Erzählungen von Walen, die Menschen helfen, beschreiben im allgemeinen einen der folgenden Vorfälle: (a) eine ertrinkende Person wird an die Oberfläche getragen; (b) ein Boot oder Schiff wird an einen sicheren Platz gesteuert (um unter dem Wasser verborgene Felsen herum, aus einem Sturm heraus); oder (c) ein Schwimmer wird von Delphinen, die einen Kordon um ihn bilden, vor Haien geschützt. Zum Hilfsverhalten von Walen, sowohl zwischen verschiedenen Spezies wie auch innerhalb der eigenen Spezies, siehe Caldwell und Caldwell (1966), Connor und Norris (1982) und Pilleri (1984).
4 Porter, 1977, pp. 10, 13.
5 Siehe Eibl-Eibesfeldt, 1990.
6 Manipulierte Yeroen die Wahrnehmung des anderen Mannes absichtlich, oder hatte er einfach gelernt, daß Hinken das Risiko, angegriffen zu werden, verringert? Erstere Möglichkeit hätte vorausgesetzt, daß er sich vorstellen konnte, wie er in den Augen der anderen wirkte; die zweite hätte wenig mehr erfordert als eine wertvolle Erfahrung in der Zeit, als er notgedrungen gehinkt hatte.
Zwar neigt man zunehmend der Ansicht zu, große Menschenaffen verfügten über eine Fähigkeit zur absichtlichen Täuschung, aber es ist unmöglich, dies in jedem Einzelfall zu beweisen. Darüber hinaus gibt es parallel zu vorgetäuschten Schmerzen bei einer Gorillafrau (Hediger, 1955, pp. 150–151) und Yeroen (de Waal, 1982, pp. 47–48) ähnliche Vorfälle bei Spezies, die auf der kognitiven Skala angeblich niedriger rangieren. Hundebesitzer berichten mir von vorgetäuschtem Hinken bei ihren Haustieren, die auf diese Weise versuchen, Aufmerksamkeit auf sich zu ziehen, und Caine und Reite (1983, p. 25) beschreiben ein Makakenweibchen, das offenbar simulierte: »Immer wenn sie zu ihrer sozialen Gruppe gebracht wurde, hinkte sie fürchterlich, obwohl man bei Untersuchungen keinerlei Anzeichen für eine Verletzung oder Krankheit feststellen konnte. Außerdem verschwand das Hinken, sobald das Tier getrennt von den anderen untergebracht wurde.«
Das Verhalten dieses Weibchens könnte mehr damit zu tun haben, wie Tierärzte hinkende Affen behandeln, als damit, wie Artgenossen darauf reagieren. Vielleicht zog sie es vor, alleine zu sein, und hatte möglicherweise anläßlich einer echten Verletzung in der Vergangenheit gelernt, wie sie die Leute dazu bringen konnte, sie aus der Gruppe auszuschließen. Falls dies so war, unterschied sich Yeroens Täuschung vom Verhalten dieses Affen wie auch des Gorillas und der Hunde mindestens in einer Hinsicht: sie appellierte an Angehörige seiner Spezies.
7 Lieberman, 1991, p. 169.
8 Hemmungen beim Spielen beschränken sich offenbar nicht auf Primaten. Wie wohl jeder Besitzer eines großen Hundes bezeugen kann, sind sie etwa bei fleischfressenden Tieren, die mit ihr scharfen Zähnen im Bruchteil einer Sekunde entsetzlichen Schaden anrichten können, noch drastischer. Die Aneignung solcher Hemmungen ließ sich bei zwei jungen

Schwarzbärweibchen, Kit und Kate, beobachten, die Ellis Bacon für ein Naturschutzprojekt in den Smoky Mountains großzog. Bärenjungen können, obwohl sie ungemein niedlich aussehen, beim Spielen sehr aggressiv werden und lassen sich mit einer Energie und Kraft auf Ringkämpfe ein, bei denen ein menschlicher Partner völlig hilflos ist. Die Haut des Menschen ist im Vergleich zu der des Bären hauchdünn, und die Arme und Beine des Pflegers der Jungen waren von Kratzern, Bissen und Blutergüssen übersät. Allerdings kam es, als die Jungen ungefähr acht Monate alt waren, zu einer einschneidenden, äußerst willkommenen Veränderung im Stil ihres Spielens: »Sie verhielten sich, als hätten sie entdeckt, daß er [Bacon] sich von einem Bären unterschied: versehentliches Kratzen und Beißen ließen rapide nach, und sie unterschieden Kleidung (da war es nach wie vor ein faires Spiel) von Fleisch. Von da an – abgesehen von einer gelegentlichen Kraftprobe – fühlte Ellis sich in ihrer Gegenwart sicher. Miteinander gingen die Bären hingegen bei Kämpfen und Spielen weiterhin sehr grob um« (Burghardt, 1992, p. 375).

Moss (1988, p. 163, [dt. S. 158]) beschreibt, wie der furchteinflößendste Spielgefährte der Welt, ein Elefantenbulle, zurückzustecken lernte, damit das Spielen noch Spaß machte: »Früher schon hatte ich einmal Mark, einen erwachsenen Bullen, dabei beobachtet, wie er sich in aufrechter Haltung hinlegte, um mit einem anderen Bullen einen Übungskampf auszutragen, der beträchtlich kleiner war als er. Sie hatten spielerisch gekämpft und dabei kurze Zeit beide gestanden, aber M140, der junge Bulle, wandte sich ab, und obwohl Mark ihm folgte, kämpfte M140 nicht weiter mit ihm. Daraufhin ließ sich Mark auf die Knie nieder, wobei er die Hinterbeine nach hinten wegstreckte. Als M140 ihn so sah, kehrte er um und nahm den Übungskampf wieder auf. Nun war M140 der größere von beiden.«

9 Nachdem ich mir dieses Beispiel ausgedacht hatte, hörte ich von Sue Savage-Rumbaugh eine verblüffende Geschichte von einem Orang-Utan namens Marie, die in jungem Alter beide Arme verloren hatte. Marie stellte genau die Art von Verbindung zwischen ihrem Körper und dem eines anderen her, die für kognitive Empathie die Voraussetzung ist. Savage-Rumbaugh, der an einem Finger die Kuppe fehlt, groomte und redete auf Marie ein, als diese plötzlich den verstümmelten Finger bemerkte. Sie untersuchte ihn sehr genau und hielt dabei mit einem ihrer Füße Savage-Rumbaughs Hand fest. Dann führte Marie Sues Finger zu dem einen ihrer Armstümpfe. Fragend sah sie ihrer Gefährtin in die Augen, als wolle sie wissen, ob diese den gleichen Zusammenhang sehe.

10 Wie die Graphik S. 276 oben zeigt, groomte Azalea bis zum Alter von achtzehn Monaten sehr viel seltener als ihre Altergenossen. Sie selber wurde bis zu diesem Zeitpunkt genauso oft gegroomt wie die anderen, danach jedoch wesentlich häufiger. Es ist nicht ganz klar, ob diese beiden Entwicklungen in Zusammenhang miteinander standen. Daten aus: de Waal et al. (1995).

11 Fedigan und Fedigan, 1977, p. 215.

12 Bei einem der Experimente, bei dem man sich, mit den Worten von Silk (1992a), notgedrungen fragt, wo die taxonomischen Grenzen für Mitleid verlaufen, blendete Berkson zu Experimentierzwecken eine Reihe junger Rhesusaffen in einer freilebenden Population. Den jungen Affen, die beim Gehen nach Wurzeln tasteten, fiel es sehr schwer, ihren Weg durch den Mangrovenwald zu finden. Ihre Mütter blieben oft stehen und warteten auf sie, und die gesamte Gruppe war besonders wachsam und auf der Hut, wenn sich menschliche Beobachter den blinden Jungtieren näherten. »Die blinden Babys wurden nie ganz

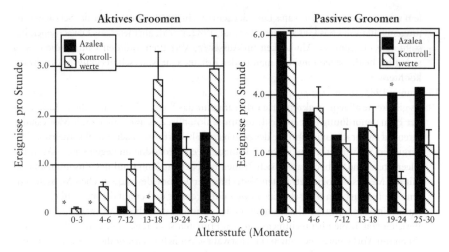

Gesamtraten des stündlichen Groomens je nach Altersabschnitt bei Azalea, einem an Trisomie erkrankten Rhesusaffen, sowie die Mittelwerte (plus mittlerer Standardfehler) bei dreiundzwanzig normalen Altersgenossinnen (Kontrollwerte). Sternchen bezeichnen Perioden, in denen Azalea auffällig weit oben oder unten in der Verteilung rangierte.

sich selber überlassen ... Bemerkenswerterweise hielt sich immer irgendein anderes Tier der Gruppe in ihrer Nähe auf. Darüber hinaus blieben zwei Affen, die mit keiner der Mütter verwandt waren, während dieser Zeit oft bei den blinden Jungtieren« (Berkson, 1973, p. 585).

13 Scanlon, 1986, p. 107.
14 Wir wissen erstaunlich wenig darüber, welche Situationen genau Hilfsverhalten auslösen und welche zu Intoleranz führen. Pavelka (1993, p. 92) beschrieb freilebende Japanmakaken und kommentierte, in irgendeiner Weise behinderte Gruppenmitglieder stießen unter Umständen auf Feindseligkeit; dies entsprach der typischen Reaktion auf herumtorkelnde und stolpernde Affen, die sich nach einer Routineuntersuchung durch den Tierarzt von der Narkose erholten. Zwar beschützten die Mütter ihre noch ganz verschlafenen Kinder, gelegentlich jedoch bissen und schüttelten sie ihre Sprößlinge, als wollten sie sie für unangemessenes Verhalten bestrafen. Im Lauf der Jahre gewöhnten die Tiere sich an den Anblick noch halb sedierter Gruppenmitglieder, und die Aggressivität ihnen gegenüber nahm ab.
15 Moss, 1988, p. 73 (dt. S. 67).
16 Goodall, 1990, p. 196 (dt. S. 225).
17 Flint war vielleicht zu alt, um von anderen adoptiert zu werden. Um jüngere Waisen kümmern sich oft verwandte, gelegentlich auch nichtverwandte Frauen, und erwachsene Männer verhalten sich ihnen gegenüber bemerkenswert tolerant (Goodall, 1986, pp.102–103; Nishida, 1979, p. 106). Zur Adoption bei nichtmenschlichen Primaten siehe Thierry und Anderson (1986).
In der Arnheim-Schimpansenkolonie verlor Fons seine Mutter, als er vier Jahre alt war. Kurz darauf konnte man beobachten, wie er sich erwachsenen Männern anschloß, vor al-

lem seinem mutmaßlichen Vater Luit, der sein mächtiger Beschützer wurde. Schon in sehr jungem Alter sah Fons Luit ähnlich (de Waal, 1982, p. 75), aber jetzt, als Erwachsener, besteht eine unheimliche Ähnlichkeit im Aussehen, Verhalten und den Lauten, die er von sich gibt. Leider starb Luit, ehe man in der Kolonie eine Vaterschaftsanalyse vornehmen konnte.

18 Smuts, 1985, p. 23.
19 Es gibt keine allgemein akzeptierte Erklärung für das Weinen beim Menschen. Außerhalb der Primatenordnung tritt starke Tränenproduktion in Zusammenhang mit Meereshabitaten auf (wahrscheinlich infolge des gesteigerten Bedürfnisses nach Salzabsonderung). So vergießen Süßwasserkrokodile keine Tränen, Meereskrokodile hingegen schon. Auch bei Meerottern und Robben lassen sich Tränen beobachten. Aufgrund des Zusammenhangs mit der Meeresökologie betrachten Verfechter der Theorie des »aquatischen Menschenaffen« die Tränen beim Menschen als Beweis dafür, daß es im Verlauf der menschlichen Evolution eine Phase gegeben haben muß, in der sie im Wasser lebten (Morgan, 1982).
Berichte von Tränen bei nichtmenschlichen Primaten sind äußerst selten, und man sollte ihnen mit Vorbehalten begegnen. Höchstwahrscheinlich *erwarten* die Leute Tränen, daher projizieren sie sie oder bilden sie sich ein. Der einzige Bericht eines erfahrenen Primatologen ist der von Fossey (1983). Trotz meiner großen Skepsis – könnten die »Tränen« die Folge übermäßigen Schwitzens gewesen sein? – führe ich sie hier an, da Fossey sich mit Sicherheit dessen bewußt war, wie außergewöhnlich ihre Beobachtung war.
Bei ihrem Bericht geht es um Coco, einen jungen Berggorilla, dessen ganze Familie von Wilderern ausgelöscht worden war. Nach Wochen der Mißhandlung, in der sie in einer winzigen Kiste untergebracht war, nahm Fossey sie mit in ihr Camp. Dort sah Coco zum ersten Mal ihre natürliche Umgebung wieder. »Coco saß einige Minuten lang ruhig auf meinem Schoß, dann ging sie zu einer langen Bank unter den Fenstern, die auf die Visokehänge blickten. Mühsam erkletterte sie die Bank und starrte auf den Berg. Plötzlich begann sie zu schluchzen und Tränen zu vergießen, was ich weder vorher noch nachher je bei einem Gorilla gesehen habe. Als es schließlich dunkelte, rollte sie sich in einem Blätternest ein, das ich für sie vorbereitet hatte, und weinte sich leise in den Schlaf« (p. 110; dt. S. 154 f.)
20 Yerkes und Yerkes, 1929, p. 297.
21 Temerlin, 1975, p. 165.
22 Boesch, 1992, p. 149.
23 Der deutsche Zoologe Bernhard Grzimek wurde einmal von einem erwachsenen Schimpansenmännchen angegriffen und konnte von Glück reden, daß er überlebte. Als der Zorn des Schimpansen sich gelegt hatte, schien er sehr besorgt über die Folgen seines Verhaltens. Er näherte sich dem Professor und versuchte, mit seinen Fingern die Ränder der schlimmsten Wunden zusammenzupressen. Lorenz (1966, p. 215), der diesen Vorfall beschrieb, fügte hinzu, es sei äußerst bezeichnend für diesen unerschrockenen Wissenschaftler gewesen, daß er dieses Verhalten des Menschenaffen zugelassen habe.
24 Die Graphik S. 278 oben zeigt Daten aus de Waal und Aureli (erscheint demnächst) und bezieht sich auf 1321 spontane Angriffe in einem Außengehege in der Yerkes Field Station, in dem zwanzig Schimpansen untergebracht sind. Sie demonstriert, daß unmittelbar nach Kämpfen (in den ersten beiden Minuten) Zuschauer oft Kontakt mit den Beteiligten aufnehmen, vor allem mit den Opfern einer schweren Aggression.

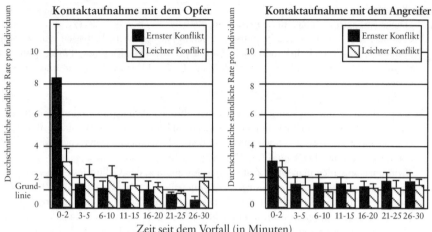

Durchschnittliche (plus mittlerer Standardfehler) stündliche Raten einer engen Kontaktaufnahme (Küssen, Umarmen, Groomen, zärtliche Berührungen) durch Zuschauer bei Schimpansen, die eine kämpferische Auseinandersetzung hinter sich haben. Kontakte zwischen Gegnern (Versöhnungen) wurden nicht in die Analyse einbezogen. Das Dreißig-Minuten-Fenster für die Zeit nach jedem Vorfall wurde in Blöcke von zwei, drei und fünf Minuten unterteilt. Die Daten werden getrennt nach Zwischenfällen mit Geschrei und/oder physischem Kontakt (ernste Konflikte) und solchen, bei denen es lediglich zu stillen Drohungen und Vorwärtsausfällen kam (leichte Konflikte), dargestellt. Die Grundlinie gibt den durchschnittlichen stündlichen Kontakt für jedes Individuum an.

25 In Skinners (1990) Augen waren sowohl die Wahrnehmungspsychologie als auch der Kreatianismus in hohem Maße von der Religion beeinflußt. Was den Kreatianismus – fälschlicherweise oft als Wissenschaft von der Schöpfung bezeichnet (fälschlicherweise insofern, als Kreatianisten mit einer einzigen Hypothese arbeiten, die a priori als wahr gesetzt wird, während Wissenschaft versucht, zwischen verschiedenen alternativen Hypothesen zu wählen) – betrifft, ist dies wohl offensichtlich. Der Einfluß von Religion auf die Wahrnehmungspsychologie ist wahrscheinlich weniger offenkundig – verborgen durch Jahrhunderte sophistischen Philosophierens –, zeigt sich jedoch an den durchgängigen Dualismen Geist/Körper und Mensch/Tier. Diese Dualismen entbehren einer faktischen Grundlage, und die Psychologie wäre ohne sie weit besser dran (Gibson, 1994).
26 Die meisten Leser hätten dieses Buch schon längst zur Seite gelegt, hätte ich mich auf eine rein deskriptive Fachsprache beschränkt. Es gibt eine feine, aber wichtige Trennlinie zwischen dem Gebrauch von Anthropomorphismen zu Kommunikationszwecken oder als heuristisches Mittel und einer unbegründeten Vermenschlichung, die ohne jegliche Rechtfertigung, Erklärung oder kritische Untersuchung menschliche Gefühle und Absichten auf Tiere projiziert. Dezidierte Ansichten zum Gebrauch und Mißbrauch eines Anthropomorphismus finden sich bei Kennedy (1992), Marshall Thomas (1993), Masson und McCarthy (1995) sowie Mitchell, Thompson und Miles (erscheint demnächst).

27 Burghardt, 1985, p. 917.
28 Diogenes Laertius, zitiert in: Menzel, 1986, p. 167.
29 Chancen und Probleme des kognitiven Ansatzes bei tierischem Verhalten wurden von Ethologen ausführlich diskutiert. Siehe Griffin (1976, 1984), Kummer (1982), Kummer, Dasser und Hoyningen-Huene (1990), de Waal (1982, 1991a) sowie Cheney und Seyfarth (1990).
30 Carpenter, 1975, pp. 452–453.
31 Anton Portielje war ein sehr guter Beobachter; ihm fiel auch als erstem auf, daß die Unterschiede zwischen einem Schimpansen und einem Bonobo ausreichen, um sie als jeweils eigenständige Spezies zu betrachten (1916). Erst 1929 wurde die Unterscheidung offiziell bestätigt (de Waal, 1989, pp. 177–178).
32 Seltsamerweise hielt man lange Zeit Gorillas für unfähig, den Gallup-Test – ob sie sich in einem Spiegel erkennen – zu bestehen (Zusammenfassung bei Povinelli, 1987). Da Westergaard, Hyatt und Hopkins (1994) herausfanden, daß Bonobos sich wiedererkennen, wäre der Gorilla der einzige anthropoide Menschenaffe gewesen, der nicht in der Lage ist, sich selber zu erkennen. Abgesehen davon, daß dies von der Evolution her keinen Sinn ergibt (wenn der gemeinsame Vorfahr von Menschenaffen und Menschen über ein Selbstbewußtsein verfügte, warum sollte es bei einer Spezies dann fehlen?), ist diese Schlußfolgerung zweifelhaft.
Ein Videofilm mit dem sprachlich geschulten Gorilla Koko zeigt, wie der Menschenaffe in voller Absicht einen Spiegel benutzt, um in seinen Mund zu starren, seinen Kopf verdreht, um besser sehen zu können, mit Hilfe des Spiegels in seinen Zähnen herumstochert und so weiter. Ein Bericht aus jüngerer Zeit bestätigt, daß Koko in der Lage ist, eine Verbindung zwischen sich und dem Gorilla im Spiegel herzustellen (Patterson und Cohn, 1994). Vielleicht hat Kokos besondere Erziehung diese Begabung gefördert (Povinelli, 1994), dennoch fragt man sich, ob andere Gorillas so weit hinterherhinken können.
In diesem Fall handelt es sich um das bekannte Problem von negativen Beweisen. Selbst wenn wir akzeptieren, daß ein Bestehen des Spiegeltests Selbstbewußtsein beweist, besagt ein Versagen bei diesem Test noch lange nicht, daß keines vorhanden ist. Zur Diskussion dieser Fragen vgl. Parker, Mitchell und Boccia (1994), Bd. 11 (3) von *New Ideas in Psychology*, pp. 295–377 (1993), Heyes (1993) sowie Cenami Spada et al. (erscheint demnächst). Ein Experiment, das verspricht, die Kluft zwischen Affen und Menschenaffen in eine Grauzone zu verwandeln, wurde kürzlich von Howell, Kinsey und Novak (1994) vorgestellt.
33 Hatfield, Cacioppo und Rapson (1993, p. 96) definieren emotionale Ansteckung als »die Neigung, automatisch Gesichtsausdrücke, Laute, Haltungen und Bewegungen einer anderen Person synchron nachzuahmen, folglich sich emotional einander anzunähern«.
34 Über diesen Zusammenhang berichteten Johnson (1982) und Bischof-Köhler (1988). Laut letzterer Untersuchung gilt die Verbindung zwischen Sich-Erkennen im Spiegel und dem Auftauchen kognitiver Empathie selbst dann noch, wenn man das Alter einbezieht.
35 Die gewichtigste Alternative zu einer kognitiven Erklärung des Fehlens von Trostverhalten bei Makaken ist die sogenannte Hypothese der sozialen Zwänge. Sie postuliert, daß Makaken ernstliche Risiken eingehen, wenn sie sich mit einem Individuum zusammentun, das eben erst angegriffen wurde. Möglicherweise unterliegen Schimpansen, deren Beziehungen untereinander toleranter und flexibler sind, nicht diesen Zwängen. Wir planen

Experimente, in denen dieses Risiko bei der Annäherung an das Opfer einer Aggression ausgeschlossen wird. Sollten Makaken auch unter solchen Bedingungen keinen Kontakt mit bekümmerten Gruppenmitgliedern aufnehmen, würde dies die Hypothese der sozialen Zwänge schwächen (de Waal und Aureli, erscheint demnächst).

36 Bestimmte Vögel flechten Blätter in ihre Federn, und Einsiedlerkrebse schleppen ganze Häuser mit sich herum, die sie, wenn sie wachsen, durch größere ersetzen. Diese Selbstverschönerungen sind bei allen Mitgliedern der Spezies identisch und haben wahrscheinlich nichts mit einem Selbstbewußtsein zu tun. Die einzigen Nichtprimaten, bei denen das Sich-schmücken möglicherweise mit einem Bewußtsein, was für eine Wirkung dies auf andere haben könnte, einhergeht, sind Delphine und Schwertwale. Dresseure von Meeressäugetieren sprechen von den *Juwelen* ihrer Schützlinge und verstehen darunter Stücke von Seetang, die sie um ihre Brust- oder Schwanzflossen winden, oder die toten Fische, die sie auf der Schnauze tragen (Pryor, 1975). Auch wilde Delphine neigen dazu, derlei »Zeug« mit sich herumzuschleppen (Christine Johnson, persönliche Mitteilung).

Falls es sich hier tatsächlich um Selbstschmückung und nicht bloß um ein Herumspielen mit irgendwelchen Dingen handelt, ist dies angesichts des hochentwickelten Hilfsverhaltens bei eben diesen Säugetieren äußerst interessant. Stellen die Zetazeen, die schließlich und endlich ein außergewöhnlich großes Gehirn haben, möglicherweise eine weitere Gruppe mit einem gesteigerten Bewußtsein ihrer selbst dar? Vergleiche dazu einige hochinteressante Überlegungen des Neuroanatomen Harry Jerison (1986) und die ersten Untersuchungen zur Selbsterkenntnis von Delphinen bei Marten und Psarakos (1994) sowie Marino, Reiss und Gallup (1994).

37 Menschenaffen sind zwar die besten, unter Umständen jedoch nicht die einzigen Verhaltensimitatoren. Breuggeman (1973, p. 196) liefert ein faszinierendes Beispiel bei Affen; er beobachtete, wie ein juveniler Rhesusaffe seiner Mutter nachging, die ein Neugeborenes trug. Die Tochter hob ein Stück Kokosnußschale auf und trug es auf die gleiche Weise auf dem Bauch, wie ihre Mutter ihren neuen Bruder hielt. Als die Mutter sich seitlich hinlegte, eine Hand auf dem Rücken des Babys, machte die Tochter in einiger Entfernung das gleiche und drückte die Kokosnußschale auf die nämliche Weise an sich.

38 Garner, 1896, p. 91.

39 Neue, bahnbrechende Experimente zum Lernen durch Beobachtung bei Affen und Menschenaffen wurden von der italienischen Ethologin Elisabetta Visalberghi und dem amerikanischen Entwicklungspsychologen Michael Tomasello durchgeführt. Bis jetzt konnten ihre Ergebnisse die Annahme eines vollentwickelten Imitationsverhaltens bei nichtmenschlichen Primaten nicht untermauern.

Feldforscher wie Boesch (1991a, 1993) und McGrew (1992, pp. 82–87) sind nicht davon überzeugt, daß ein fehlendes Imitationsverhalten im Labor bedeutet, daß die Tiere in ihrem natürlich Habitat dieses Verhalten nicht zeigen. Obwohl sie nicht explizit sagen, Schimpansen in Gefangenschaft seien zurückgeblieben, lassen sie dies doch anklingen, wenn sie darauf hinweisen, daß man von Individuen unter eingeschränkten Lebensbedingungen nicht erwarten könne, komplizierte Aufgaben durchzuführen. Dieser Hypothese widerspricht der meisterhafte Gebrauch von Werkzeugen, für den Orang-Utans in Gefangenschaft bekannt sind, während ihre wilden Artgenossen selten Fähigkeiten an den Tag legen, die dem auch nur nahe kommen (Lethmate, 1977; McGrew, 1992). Darüber hinaus wurde argumentiert, die ihnen zur Verfügung stehende freie Zeit unter Bedingungen der Gefangenschaft fördere in Wirklichkeit Innovation und soziale Differenzierung (Kummer und Goodall, 1985).

Die eigentliche Frage ist ganz eindeutig nicht, ob gefangene oder wilde Primaten klüger sind, sondern ob die ausschlaggebenden Variablen kontrolliert wurden. In dieser Hinsicht hat das Labor eindeutig einen Punktevorsprung; Lernen durch Beobachtung umfaßt eine ganze Palette von Prozessen, die man in der Wildnis nicht so ohne weiteres auseinanderhalten kann. Vgl. auch Galef (1988), Visalberghi und Fragaszy (1990), Whiten und Ham (1992), Tomasello, Kruger und Ratner (1993) sowie Byrne (1995).

40 Menzel, 1974, pp. 134–135.

41 Die Fähigkeit, anderen Wissen, Gefühle und Absichten zuzuschreiben, wird mittlerweile oft als eine »Theorie des Denkens« über andere bezeichnet. Der Begriff leitet sich von einem von Premack und Woodruff (1978) durchgeführten Experiment ab, bei dem Menschenaffen auf die Absichten anderer schließen sollten, indem sie deren Anstrengungen auf einem Videofilm verfolgten. Die Menschenaffen schienen eine Vorstellungen von der geistigen Verfassung anderer zu haben. Forschungen zur »Theorie des Denkens« befassen sich mit dem Verhalten von Kindern wie auch von nichtmenschlichen Primaten (Zusammenfassungen bei Buttersworth et al., 1991; Whiten, 1991; Byrne, 1995).

Laut Cheney und Seyfarth (1991, p. 253) kann man selbst die zwingendsten Beispiele für Zuschreibung bei Affen und Menschenaffen »normalerweise als Folgeerscheinungen erlernter Verhaltensweisen erklären, ohne auf eine Intentionalität auf einer höheren Ebene zurückgreifen zu müssen. Die wenigen Beweise, die wir haben, legen den Schluß nahe, daß vor allem Menschenaffen möglicherweise eine Theorie des Denkens haben, aber keine, die ihnen eine klare oder einfache Unterscheidung zwischen verschiedenen Theorien oder verschiedenen Denkweisen ermöglichen würde.« Allerdings wurde dies geschrieben, ehe die Experimente Povinellis die Annahme einer Zuschreibung und Perspektivenübernahme beim Schimpansen stützten (Povinelli et al., 1990, 1992).

Ein schwerwiegendes Problem bei Untersuchungen zu einer Theorie des Denkens bei Menschenaffen ist die Interpretation negativer Ergebnisse. Die Tiere, mit denen man experimentiert, werden gelegentlich mit ziemlich ungewöhnlichen Situationen konfrontiert, etwa Personen mit verbundenen Augen oder Personen, die man angewiesen hat, in die Ferne zu starren. So wie wir reagieren auch Menschenaffen äußerst empfindlich auf Körpersprache: ein menschlicher Experimentator, der nicht reagiert, verwirrt und verstört sie wahrscheinlich. Darüber hinaus sind die Regeln für Augenkontakt bei Menschenaffen andere als beim Menschen: sie starren den anderen nicht so sehr direkt an – dies tun sie nur unter außergewöhnlichen Umständen, etwa bei einer Versöhnung –, sondern sind wahre Meister darin, ihre Gefährten aus den Augenwinkeln und durch schnelle, kaum merkliche Seitenblicke zu beobachten. Negative Testergebnisse sagen daher unter Umständen mehr über die Erwartungen der Menschenaffen hinsichtlich einer normalen sozialen Interaktion und die Bedeutung der Speziesbarriere in diesem speziellen Fall aus als über ihr Erfassen des Zusammenhangs zwischen Schauen und Sehen.

Am fairsten wäre es, würde man von Menschen getestete Affen mit von Menschenaffen getesteten Kindern vergleichen; wer weiß, was für einen armseligen Eindruck Kinder unter solchen Umständen machen würden.

42 Menzel, 1988, p. 258.

43 Beispiel 1: de Waal, 1986b, p. 233; Beispiel 2: de Waal, 1992d, p. 86; Beispiel 3: de Waal, 1986 b, p. 238; Beispiel 4: de Waal, 1982, p. 49 (dt. S. 48).
44 Salk (1973) entdeckte, daß Menschenmütter ihre Kinder bevorzugt links tragen; Manning, Heaton und Chamberlain (1994) berichten von der gleichen Vorliebe bei Gorillas und Schimpansen, nicht jedoch bei Orang-Utans. Zu einer Zusammenfassung vgl. Hopkins und Morris (1993).
45 Mercer, 1972, p. 123.
46 Goodall, 1971, p. 221 (dt. S. 184).
47 Eine bemerkenswert unterschiedliche Reaktion auf Polioopfer betraf zwei erwachsene Männchen, die vermutlich Geschwister oder Neffen waren: Mr. McGregor (dessen Beine gelähmt waren) und Humphrey (dem nichts fehlte). Humphrey hielt bis ans Ende zu Mr. McGregor und verteidigte ihn noch gegen die dominantesten Angreifer. Nach dem Tod Mr. McGregors kehrte Humphrey fast ein halbes Jahr lang immer wieder zu der Stelle zurück, wo sein möglicher Verwandter unter großen Schmerzen kläglich die letzten Tage seines Lebens verbracht hatte (Goodall, 1971, p. 222–224).
48 Dennoch erregen sich Mitglieder einer Spezies gelegentlich über Angehörige einer anderen. Kürzlich verfolgte die gesamte Schimpansenkolonie in der Yerkes Field Station voller Interesse, wie Wärter einen Rhesusaffen einfingen, der in den Wald um ihr Gehege entflohen war. Versuche, den Affen in seinen Käfig zurückzulocken, schlugen fehl. Die Situation wurde brenzlig, als er auf einen Baum kletterte. Plötzlich hörte ich einen der beobachtenden Schimpansen, einen Heranwachsenden namens Bjorn, kläglich wimmern und sah, wie er die Arme nach einer Frau neben ihm ausstreckte, um sich von ihr beruhigen zu lassen. Als ich aufblickte, bemerkte ich, Bjorns besorgte Reaktion fiel zeitlich genau damit zusammen, daß der Affe sich verzweifelt an einen tieferliegenden Ast des Baumes klammerte; er war gerade von einem mit einem Betäubungsmittel präparierten Pfeil getroffen worden. Unter dem Baum warteten Leute mit einem Netz. Obwohl Bjorn sich nie in einer vergleichbaren Situation befunden hatte, schien er sich in den Affen einzufühlen: er winselte erneut, als der Entflohene in das Netz fiel.
49 Turnbull, 1972, pp. 112, 330 (dt. S. 88, 188 f.).
50 Es ist kaum vorstellbar, daß man sich am Elend anderer ergötzt, außer man hat eine Rechnung mit jemandem zu begleichen. Turnbulls (1972) Beobachtungen blieben nicht unwidersprochen; eine bedenkenswerte Überlegung ging dahin, ob der Anthropologe sich bei den Ik derart isoliert und frustriert fühlte, daß *er selber* allmählich Vergnügen an ihrem Unglück empfand (Heine, 1985).
51 Weiss et al., 1971, p. 1263.
52 In einer sorgfältigen Sichtung der psychologischen Literatur vergleicht Batson (1990) die Einstellung der Wissenschaft zu menschlichem Altruismus mit der der Viktorianer zum Sex: er wird geleugnet und wegerklärt. Nur allzuoft wird Fürsorge für andere mit Sorge um den eigenen Vorteil interpretiert.
Diese Interpretation konnte experimentell nicht bestätigt werden. Da Beweise für egoistische Motive hinter *jeglichem* Hilfsverhalten fehlen, kommt Batson zu dem Schluß, daß Menschen in der Tat über eine echte Fähigkeit zu Sorge verfügen. Wispé (1991) schließt sich dieser Ansicht an, behauptet allerdings, Gefühle des Mitleids lösten sich in dem Augenblick in nichts auf, wenn Eigeninteresse als bewußtes Motiv ins Spiel komme. Das bedeutet nicht, eine innere Befriedigung zu leugnen, aber diese Belohnung ist immer mit

dem Wohlergehen des anderen verknüpft. Die Last oder den Schmerz einer anderen Person zu lindern vermittelt eine ganz besondere Befriedigung, die jenen schlicht unzugänglich ist, die ihr Helfen auf die Hoffnung, daß man ihnen ihrerseits einen Gefallen erweist, oder auf ein Streben nach Lob oder auf den Wunsch, in den Himmel zu kommen, gründen. Derlei Berechnungen können sich mit Mitleid *vermischen*, aber sie können es nicht ersetzen, da solche »Belohnungen genau das sind, um was es bei Mitgefühl *nicht* geht ... Selbst wenn man immer ein Vergnügen daran gehabt hat, anderen zu helfen, folgt daraus nicht, daß man anderen hilft, um dieses Vergnügen zu empfinden« (Wispé, 1991, p. 81). Man beachte, daß das Problem der Uneigennützigkeit hier unter dem Gesichtspunkt von Motivation und bewußter Absicht behandelt wird. Von der Möglichkeit, daß Akte des Mitleids und des einfühlenden Altruismus auf lange Sicht und möglicherweise auf Umwegen dem Eigeninteresse des Handelnden dienen könnten, ist überhaupt nicht die Rede. In Wirklichkeit hätte das gesamte Phänomen von Einfühlungsvermögen und Hilfsverhalten sich ohne derlei Vorteile für den Handelnden nie entwickeln können. Der ausschlaggebende Punkt ist, daß diese Vorteile das bewußte Fällen einer Entscheidung seitens des Handelnden nicht beeinflussen.
53 Wilson, 1993, p. 50 (dt. S. 93 f.).

3
Rang und Ordnung

1 Hall, 1964, p. 56.
2 Beispiel 1: Trumler, 1974, S. 52 f.; Beispiel 2: Lopez, 1978, p. 33; Beispiel 3: Barbara Smuts, persönliche Mitteilung; Beispiel 4: von Stephanitz, 1950, S. 916.
3 Leicht verändert aus: de Waal, 1991b, p. 336.
4 Siehe de Waal, 1982, p. 207, Nishida (1994, pp. 390–391) berichtet von ähnlich erbosten Reaktionen auf Verletzungen der sozialen Regeln. Beispielsweise sah er einmal, wie ein wilder Schimpanse einen anderen von hinten überfiel, nachdem er sich heimlich angeschlichen hatte. Solch eine Taktik ist höchst außergewöhnlich: normalerweise signalisieren Schimpansen aggressive Absichten im voraus. Laut kreischend verjagte das Opfer den Angreifer, der sich, obwohl dominant, zurückhielt. Nishida vermutet, der Dominante wich einem Kampf aus, weil er sich aufgrund seines hinterlistigen Angriffs schuldig fühlte, und zieht den Schluß, »eine ungewöhnlich heftige, lang andauernde Vergeltungsmaßnahme seitens eines Untergeordneten sowie das Zögern des Dominanten, den Kampf auf die Spitze zu treiben, könnte einer der Faktoren sein, die eine moralistische Aggression vom üblichen Gegenangriff eines Subdominanten unterscheiden«. Die Bezeichnung der moralistischen Aggression ließe sich möglicherweise auch auf das in Kapitel 4 beschriebene ungewöhnliche Zurückschlagen des Japanmakaken Shade anwenden.
5 Hobbes, 1991 (1651), p. 70 (dt. S. 75).
6 Jahrzehntelang war man allgemein der Ansicht, Tiere ließen sich zwar auf Begegnungen mit Angriff und Rückzug, Kämpfe und Wettstreits ein, die möglicherweise *enthüllen,* wer wen beherrscht, die Rangordnung selber sei jedoch nichts weiter als eine gedankliche Konstruktion des menschlichen Beobachters: weder klassifizierten Tiere sich danach, wer

wen beherrscht, noch strebten sie absichtlich bessere Positionen an (Bernstein, 1981; Altmann, 1981; Mason, 1993).
In den Lehrbüchern weniger häufig vertreten, aber spätestens seit Maslow (1936) bekannt ist die alternative Ansicht, soziale Dominanz existiere auch im Denken der Tiere. Beispielsweise ergaben sich bei der Erforschung von Schimpansen Hinweise auf anscheinend berechnete, machiavellistische Strategien, um einen hohen Status zu erringen (de Waal, 1982). Theorienbildung folgt normalerweise einem Muster, das dem Ausschlagen eines Pendels gleicht, und in Zukunft werden Erforscher tierischen Verhaltens zweifelsohne erneut das Thema des Strebens nach einem hohen Status aufgreifen. Ungeklärt ist noch, inwieweit sich die Ansicht, Positionen würden angestrebt, von der nachstehenden Formulierung der Gegenmeinung unterscheidet: »Der springende Punkt ist nicht der Status als solcher, sondern das Maß, in dem die Herrschaft einer Unterdrückung gleichkommt, sowie die Art von Befriedigung, die sie bietet. Wenn der einengende Zwang in einer Beziehung fortwährend die Befriedigung eines der Beteiligten übersteigt, ist das Konfliktpotential hoch ... Im allgemeinen verhalten Primaten sich auf eine Weise, die ihre persönliche Freiheit und ihren Bewegungsspielraum unter schwierigen Bedingungen maximiert« (Mason, 1993, p. 25).

7 Während das Ergebnis einer Auseinandersetzung davon abhängt, ob die Beteiligten Verbündete haben oder nicht und um welche Ressourcen es geht, sind Bekundungen der Unterwerfung praktisch unabhängig von derlei Faktoren. Das gebleckte Gebiß einiger Makakenspezies oder das Auf- und Abhüpfen und keuchende Knurren eines Schimpansen sind absolut vorhersagbar: es ist schwer, sich eine Situation auch nur vorzustellen, in der ein Dominanter einem Untergeordneten derlei Signale übermittelt (Noë, de Waal und van Hooff, 1980; de Waal und Lutrell, 1985). Die einfachste Erklärung für diese Kontextunabhängigkeit ist kognitiver Art, daß nämlich Primaten wissen, in welcher Beziehung sie dominant oder aber untergeordnet sind, und daß sie einander diese Einschätzung zu verstehen geben. Entsprechend dieser Betrachtungsweise zeigen Unterwerfungsgesten und der jeweilige Gesichtsausdruck, wie die Tiere *selber* Herrschaftsbeziehungen einschätzen.

8 Ich spreche hier von männlichen, nicht von weiblichen Rivalen, da das Ganze mit einem Blick auf Schimpansen geschrieben ist, eine Spezies, in der die Männer das bei weitem hierarchischere Geschlecht sind. Die Mehrzahl der Männer konkurriert um Partnerinnen; Frauen kämpfen um Futter für sich selber und ihre Nachkommen. Zwar bilden Schimpansenmänner keine Ausnahme von dieser Regel, aber Schimpansenfrauen in den am besten erforschten Beobachtungsgeländen vermeiden Konkurrenz, indem sie weit über den ganzen Wald verstreut leben – jede Frau hat ihren eigenen Kernbereich (Wrangham, 1979). Diese Neigung erklärt möglicherweise die weniger fortgeschrittene Entwicklung einer weiblichen Hierarchie bei diesen Menschenaffen. Hingegen bilden die meisten Affen dauerhafte Gruppen aus Angehörigen beider Geschlechter, und ein Wettstreit um Nahrung ist an der Tagesordnung: Frauen dieser Spezies sind ebenso herrschaftsorientiert wie Männer.
Berichte über Statuskonkurrenz sowohl bei männlichen als auch bei weiblichen Affen finden sich bei Bernstein (1969), Chance, Emory und Payne (1977), de Waal (1977; 1989a; pp. 133–140), Leonard (1979), Walters (1980) und Small (1990).

9 Koestler, zitiert in: Barlow, 1991, p. 91.

10 Die Auswirkung von Unterwerfung auf soziale Beziehungen ließ sich anhand eines drei

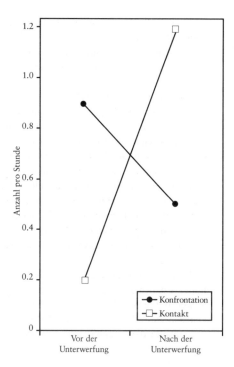

Am 16. März 1978 verbeugte Yeroen sich zum ersten Mal nach drei Monaten intensiver Rivalität vor Luit und stieß keuchende Grunzlaute aus. Die Graphik zeigt die durchschnittliche Anzahl aggressiver Konfrontationen und freundlicher Kontakte pro Stunde zwischen den beiden Männchen im Verlauf von sieben Tagen vor und nach Yeroens erster Unterwerfungsgeste.

Monate andauernden ungeklärten Verhältnisses zwischen zwei Schimpansenmännern im Arnheim-Zoo, Yeroen und Luit, genauer untersuchen (de Waal, 1986c). Über zweihundert Stunden lang hat man die beiden beobachtet, um Veränderungen um den Zeitpunkt der ersten Unterwerfung herum zu dokumentieren. In den Wochen davor waren freundliche Kontakte zunehmend seltener geworden, hingegen erreichten aggressive Konfrontationen und das Einschüchterungsgebaren beider Männer ihren Höhepunkt. Wie üblich im Verlauf von Machtkämpfen, hörte der Austausch von Statussignalen völlig auf. Die geringe Anzahl von Kontaktaufnahmen erklärt sich aus der Tatsache, daß der zukünftige Dominante, Luit, jedesmal wegging, wenn Yeroen in seine Nähe kam.

An dem Tag, als Yeroen zum ersten Mal zum Zeichen der Unterwerfung keuchende Grunzlaute von sich gab, veränderte Luits Verhalten sich drastisch: mit einem Mal wurde er Yeroens Annäherungsversuchen gegenüber zugänglich. Die Aggression nahm ab, und innerhalb der nächsten Tage wuchs die Zahl der Kontakte zwischen den Rivalen. Bezeichnenderweise fand die längste Groomingsitzung nur wenige Stunden nach der Anerkennung von Luits Status durch Yeroen statt. Die Fallstudie bestätigte, daß die friedliche Koexistenz bei Schimpansenmännern von einer förmlichen Klarstellung der Herrschaftsbeziehung abhängt.

11 Hundebesitzer, die an die Wirksamkeit einer Bestrafung nach der Tat glauben, könnten durchaus recht haben, wenn auch aus den falschen Gründen. Zwar haben sie ihrem Haustier nicht beigebracht, eine schlechte Angewohnheit mit Bestrafung in Verbindung zu

bringen, dafür aber schlicht, bestimmte Anblicke, Gerüche oder Stellen zu meiden, die in irgendeiner Beziehung zu der Missetat stehen. Beispielsweise lernt ein Hund, ein Schlafzimmer zu meiden, in dem er ausgeschimpft wurde, weil er ein Paar Schuhe zerkaut hat, daher hört er mit dem Herumkauen auf diesen speziellen Schuhen auf, weil er sie einfach nicht mehr zu Gesicht bekommt (Vollmer, 1977).

12 Die übermäßig unterwürfigen Makaken veranschaulichen den Vorteil von Zuschreibungsfähigkeiten beim Menschen, vielleicht auch bei Menschenaffen (Kapitel 2). Träfe ein Schimpanse bei einem Untergeordneten auf ein vergleichbares Verhalten, würde er wahrscheinlich vermuten, daß irgend etwas passiert ist, ähnlich wie wir aus dem Ausbleiben einer freundlichen Begrüßung durch einen Hund schließen, daß er gegen ein Verbot verstoßen haben muß. Infolge dieses besseren Verständnisses dafür, was sich möglicherweise hinter einem bestimmten Gefühlsausdruck verbirgt, müssen Schimpansen und Menschen vorsichtiger sein: bessere Fähigkeiten, eine Lüge zu erkennen, verlangen ausgeklügeltere Lügen. Nie habe ich erlebt, daß ein untergeordneter Schimpansenmann auf die gleiche Weise reagierte wie diese Makaken. Selbst wenn man sie in flagranti ertappt, neigen sie erst einmal dazu, die Beweise zu verbergen (etwa indem sie die Hände auf den Penis legen), ehe sie mit Angst und Unterwerfung reagieren.

13 Coe und Rosenblum, 1984, p. 51.

14 Davis, 1989, p. 88.

15 Scott, 1971, p. 81.

16 Darwin, 1965 (1872), p. 309 (dt. S. 205).

17 Ausgehend von Trivers' Theorie des reziproken Altruismus scheinen wir nun über die ersten Bausteine eines einleuchtenden Szenarios für die Evolution des Gewissens zu verfügen. Meine Darstellung schließt sich eng an neuere theoretische Überlegungen von Alexander (1987), Frank (1988) und Simon (1990) über die Empfänglichkeit für gesellschaftliche Einflüsse (Simons *Gelehrigkeit*) und emotionale Beteiligung (Frank) an. Ein zentraler Begriff ist der Ruf oder Status, wie ihn Alexander (1987, p. 95) definiert: »Systeme indirekter Reziprozität, mithin moralische Systeme, sind soziale Systeme, die um die Bedeutung von Status strukturiert sind. Der Begriff Status beinhaltet ganz einfach, daß die Privilegien eines Individuums oder sein Zugang zu Ressourcen teilweise davon beeinflußt werden, was andere infolge früherer Interaktionen kollektiv von ihm denken.«

18 Frank (1988), Simon (1990) und ich (Kapitel 1) unterscheiden bei Erörterungen evolutionärer Moral klar zwischen den Gründen für die Entwicklung eines bestimmten Verhaltens und der zugrundeliegenden Motivation.

Im Gegensatz dazu verficht Alexander (1987, 1993) die Ansicht, eigensüchtige Motive steuerten, ob bewußt oder nicht, alles menschliche Verhalten, auch solches, das die Handelnden selber für uneigennützig halten. Auf ähnliche Weise versucht Badcock (1986), die wahre Natur unserer Spezies – die er im wahrsten Sinne des Wortes für eigensüchtig hält – mit altruistischen Motiven in Einklang zu bringen. Ihm kommt die Freudsche Theorie der Verdrängung zu Hilfe: das Ego schützt sich selber, indem es ein verzerrtes Bild der in ihm ablaufenden Prozesse liefert. Es verbirgt egoistische Motive vor unserem bewußten Ich und läßt sie im günstigsten Licht erscheinen. In den Augen Alexanders und Badcocks verschwendet also der menschliche Geist eine Menge Energie darauf, eigensüchtige Strategien zu verhehlen: wir sind raffinierte Heuchler.

In einer Besprechung von Wright (1994), der die gleiche Position vertritt, äußert der Wahrnehmungsneurologe Steven Pinker (1994, p. 35) die mittlerweile vertraute Meinung (Kapitel 1, Anmerkungen 12 und 27), diese Sichtweise verwechsle unmittelbare und mittelbare Verursachung: »Wenn das Verhalten einer Person nach außen hin selbstlos ist, seine privaten Motive jedoch seinen Eigeninteressen dienen, können wir dies als Heuchelei bezeichnen. Wenn jedoch das Verhalten einer Person und seine persönlichen Motive selbstlos sind, jene Motive jedoch zum Tragen kommen, weil sie einst den Interessen der Gene unserer Vorfahren dienten, haben wir keineswegs Scheinheiligkeit aufgedeckt: wir haben eine auf einer anderen Ebene der Analyse angesiedelte wissenschaftliche Erklärung gefunden ... Die evolutionären *Ursachen* unserer Motive können nicht beurteilt werden, als *seien* sie unsere Motive.«

19 Lever, 1976, pp. 482, 483.
20 Gilligan, 1982, p. 104 (dt. S. 130).
21 Gilligan wurde beschuldigt, ohne gründliche Forschungen zur Untermauerung ihrer Position populären Erwartungen entsprochen zu haben (Colby und Damon, 1983; Walker, 1984; Mednick, 1989; Smetana, Killen und Turiel, 1991). Nach Ansicht einiger Leute sind ihre Ideen fortschrittsfeindlich, ein Einwand, der am schärfsten von Broughton (1983, p. 614) formuliert wurde: »Angesichts ihres Wunsches, Frauen noch weitgehender in die häuslichen und persönlichen Aspekte des Wohlergehens in der bürgerlichen Gesellschaft einzubinden, scheint Gilligan nicht sonderlich interessiert an gesellschaftlicher Veränderung.«
22 Walker, 1984, p. 687.
23 Hoffman, 1978, p. 718.
24 Durch Anwendung ethologischer Methoden der Datensammlung bei der Feldforschung fand Edwards (1993) durchgängige Geschlechterunterschiede bei einem Dutzend Kulturen in Ländern von Kenia bis Indien und von den Philippinen bis zu den Vereinigten Staaten. In der mittleren Kindheit verbringen Jungen mehr Zeit außer Haus als Mädchen, und Mädchen haben mehr Kontakt zu und Verantwortung für kleine Kinder. Letzteres spiegelt wohl einerseits die Tatsache, daß Mädchen von Kindern stärker angezogen werden, andererseits bestimmte Sozialisierungspraktiken wider (Mütter weisen die Beaufsichtigung von Kindern bevorzugt ihren Töchtern zu).
25 Strier, 1992, p. 85.
26 Die finnische Studie fällt insofern aus dem Rahmen, als sie sich nicht nur auf offene Konflikte konzentrierte – die bei Jungen am häufigsten auftreten (Maccoby und Jacklin, 1974) –, sondern auch *indirekte* Konflikte einbezog, indem die Kinder gefragt wurden, was sie tun, wenn sie sich ärgern. Dabei trat bei Mädchen eine ziemliche Unversöhnlichkeit zutage: sie sagten, sie könnten für immer und ewig wütend bleiben, während Jungen ihren Zorn nach Minuten bemaßen (Lagerspetz, Björkqvist und Peltonen, 1988).
Margaret Atwood geht in ihrem Roman *Katzenauge* detailliert auf den typischen Stil von Konflikten unter Frauen ein. Die Autorin setzt die Quälereien, die Mädchen einander antun, dem offeneren Wettstreit zwischen Jungen entgegen. An einer Stelle beklagt sich die Heldin: »Ich überlege, ob ich meinem Bruder davon erzählen soll, ob ich ihn um Hilfe bitten soll. Aber was genau soll ich ihm eigentlich erzählen? Ich habe kein blaues Auge, keine blutige Nase: Meinem Körper tut Cordelia ja nichts. Wenn es Jungen wären, die einen verfolgen oder ärgern, würde er wissen, was zu tun ist, aber Jungen tun mir nichts. Gegen Mädchen und ihre indirekten Methoden, gegen ihr Geflüster, wäre er hilflos« (Atwood, 1989, p. 166 [dt. S. 189]).

Leider wurden Geschlechtsunterschiede im Bereich zwischenmenschlicher Konflikte kaum untersucht. Wir befinden uns in der seltsamen Situation, daß wir mehr über spontane Aggression und Versöhnung bei nichtmenschlichen Primaten als bei unserer Spezies wissen (de Waal, 1989a).
27 Tannen 1990, p. 150 (dt. S. 161).
28 In etablierten Schimpansengesellschaften versöhnen Männer sich nach Kämpfen bereitwilliger als Frauen; die männliche Machtstruktur ist klar geregelt und wird, verglichen mit der eher informellen weiblichen Hierarchie, leidenschaftlich angefochten (Goodall, 1971, 1986; Bygott, 1979; de Waal 1982, 1986c). Wie Nishida (1989, p. 86) erklärt, entscheiden Frauen über Herrschaftsfragen ausgehend vom Alter: »Anders als Männern, deren reproduktiver Erfolg vom sozialen Status abhängt, beruht dieser bei Frauen unter Umständen hauptsächlich darauf, einen Kernbereich in der Nähe des Mittelpunkts des Territoriums der Gruppeneinheit für sich in Beschlag zu nehmen. Daher besteht für Frauen, sobald sie ihre Kernbereiche erobert haben, kein zwingender Grund für ein Streben nach einem höheren Rang. So wird der Rang einer Frau einige Zeit nach ihrer Zuwanderung mehr oder weniger festgelegt. Danach findet ein sozialer Aufstieg hauptsächlich infolge des Todes älterer hochstehender Frauen sowie durch die Einbeziehung jüngerer rangniederer Frauen in die Hierarchie statt.«
Daß es zwischen Schimpansenfrauen so selten zu offenen Konflikten kommt sowie ihre relativ verschwommene Hierarchie sollten nicht als mangelndes Interesse an bestimmten Zielen eines Machtkampfes interpretiert werden. Unter gewissen Umständen, etwa wenn wilde Frauen in eine andere Gemeinschaft abwandern oder wenn Frauen in Gefangenschaft Fremden vorgestellt werden, konkurrieren Frauen erbittert. In Arnheim gaben Frauen ihre Spitzenstellung nicht freiwillig auf, als Männer in die Kolonie gebracht wurden (de Waal, 1982); und als im Detroiter Zoo eine neue Kolonie gegründet wurde, bedienten Frauen sich Herrschaftsstrategien, die denen von Männern bemerkenswert ähnlich waren (Baker und Smuts, 1994).
Angesichts der Formbarkeit des Verhaltens von Schimpansen und anderen Primaten verzichten die Forscher mittlerweile auf deterministische Erklärungsweisen von Geschlechtsunterschieden. In Diskussionen über diese Unterschiede richtet man das Augenmerk zunehmend auf Leistungsfähigkeit, Situationsabhängigkeit, soziale Werte sowie das Maß, in dem das jeweilige Verhalten sich auszahlt (Goldfoot und Neff, 1985; Smuts, 1987; de Waal 1993b; Baker und Smuts 1994).
29 Judith Gibber und Robert Goy (Gibber, 1981, pp. 63–66) untersuchten die Auswirkung des sozialen Umfelds auf die Fähigkeiten von Rhesusaffen, Junge großzuziehen. Im Verlauf einer Testserie brachte man ein unbekanntes Jungtier zu den in Einzelkäfigen untergebrachten Affen. Normalerweise schenken Rhesusmännchen Jungen keine allzu große Beachtung, aber unter diesen Bedingungen erwiesen sie sich als bemerkenswert umgänglich. Bei der zweiten Testreihe ließ sich diese Reaktion jedoch nicht beobachten; in diesem Fall bewohnte jeweils ein Paar einen Käfig. Männchen, die, als sie alleine waren, ein Junges hochgenommen und auf dem Arm gehalten hatten, unterließen dies in Anwesenheit eines Weibchens: in der Hauptsache kümmerte sich dieses um das Junge. Offenbar delegieren Männchen an das andere Geschlecht, sobald es darum geht, Junge zu versorgen.
30 Andries Vierlingh, in: Schama, 1987, p. 43 (dt. S. 58).
31 Vgl. Schama (1987, pp. 25–50, [dt. S. 27–65]); es handelt sich hier um eine bemerkens-

werte Darstellung der holländischen Geschichte von einem Außenstehenden. Die erwähnten Tendenzen sind nach wie vor Bestandteil der Kultur; dies zeigte sich 1995, als die Wasserpegel der Flüsse in den Niederlanden so anstiegen, daß Tausende Familien in höhergelegene Gebiete evakuiert werden mußten. In einem Akt der Solidarität erschien Königin Beatrix in Gummistiefeln bei den gefährdeten Deichen.

32 Diese sozioökologischen Theorien wurden unter anderen von Wrangham (1980), Vehrencamp (1983) und van Schaik (1989) entwickelt. Eine weitere wichtige, von van Schaik betonte Variable ist Wettstreit innerhalb der Gruppe. Die für Rangstreitigkeiten aufgewandte Energie hängt offensichtlich davon ab, welche Vorteile der höhere Rang bietet. Dies wiederum variiert je nach Art der Nahrung, von der die Spezies lebt: verstreutes Futter mit niedrigem Kalorienwert, etwa Blätter, zu monopolisieren bringt kaum etwas; im Fall von Anhäufungen hochwertiger Nahrungsmittel wie Früchten zahlt es sich jedoch aus, dominant zu sein. Unter derlei Bedingungen ist daher ein krasses Herrschaftsgefälle wahrscheinlicher. Zu einer Diskussion gegensätzlicher Herrschaftsstile bei Affen und Menschenaffen siehe de Waal (1989b) sowie de Waal und Luttrell (1989).

Die Vorstellung, despotische Herrschaft setze die Unmöglichkeit voraus, die Gemeinschaft zu verlassen, gilt vermutlich auch für Menschen. Beispielsweise hält Gewalt innerhalb der Familie vor allem dann besonders hartnäckig vor, wenn die (vermeintlichen) Möglichkeiten des Opfers, die Beziehung abzubrechen, minimal sind. Umgekehrt kann ein totalitäres Regime die Herrschaft über sein Volk einbüßen, sobald die nationalen Grenzen durchlässig werden. Dies war der Fall, als Veränderungen in den angrenzenden Ländern eine Öffnung für einen Exodus aus Ostdeutschland schufen. Erich Honeckers Macht löste sich in nichts auf, als die Leute mit den Füßen abzustimmen begannen.

33 Zu anthropologischen und evolutionären Sichtweisen von Despotismus und Egalitarismus siehe Woodburn (1982), Betzig (1986), Knauft (1991), Boehm (1993) sowie Erdal und Whiten (1994, erscheint in Kürze). Boehm führte als erster die Idee näher aus, Egalitarismus bedeute nicht einfach das Fehlen einer sozialen Schichtung, sondern sei die Folge der Wachsamkeit gegen übermäßigen persönlichen Ehrgeiz.

Wenn man in egalitären Gesellschaften hierarchischen Bestrebungen entgegenwirkt, dann eben weil sie nicht gänzlich verschwunden sind. Egalitarismus entspricht also nicht so sehr einer naiven, idealisierten Vorstellung von der menschlichen Natur, sondern zieht die allgegenwärtige Neigung der Menschen, Macht und Privilegien an sich zu reißen, voll und ganz in Betracht. Es gibt nur eine Möglichkeit, diese Tendenz zu neutralisieren: Koalitionen von unten. Verhöhnung und soziale Kontrolle spielen eine große Rolle dabei, dem Ehrgeiz Schranken zu setzen, aber ohne Sanktionen bleiben sie wirkungslos. Und Sanktionen gegen die Spitze erfordern letztendlich ein gemeinsames Vorgehen der niedrigeren Ränge.

Koalitionen von unten lassen sich auch in den Strukturen des Machtausgleichs bei Schimpansen erkennen (de Waal, 1982, 1984). Höchstwahrscheinlich kannten daher bereits die gemeinsamen Vorfahren von Menschen und Menschenaffen Herrschaftsorientiertheit *und* Nivellierungstendenzen. Knauft (1991) hat jedoch zweifelsohne recht, wenn er sagt, Menschen hätten mittels kultureller Normen und Institutionen diese Nivellierungstendenzen einen riesigen Schritt vorwärtsgebracht.

Insofern man Demokratie als durch Egalisierung erzielte hierarchische Ordnung verstehen kann, ist die Entwicklung und Geschichte von Nivellierungsmechanismen nicht nur

in bezug auf kleinere menschliche Gemeinschaften, sondern auch auf Staaten von Bedeutung.
34 Erdal und Whiten, in Vorbereitung.
35 De Waal, 1982, p. 124 (dt. S. 125).
36 Normalerweise beschränkt sich die Kontroll-Rolle in Primatengruppen auf ein einziges dominantes Männchen. Zwar gibt es Beispiele für weibliche Makaken ohne Anhang, die Kontrollfunktionen ausübten (Varley und Symmes, 1966; Reinhardt, Dodsworth und Scanlan, 1986), und eine Schimpansenfrau kann durchaus einen Streit beilegen, wenn sie das ranghöchste anwesende Individuum ist (de Waal, 1982; Boehm, 1992), aber das starke Engagement weiblicher Primaten für nahe Verwandte – und vielleicht auch noch enge Freunde – steht einer unparteiischen Schlichtung im Weg.
In den Anfangsjahren wurde die Schimpansenkolonie im Arnheim-Zoo von Mama, einer Frau ohne Nachkommen, dominiert. Leider verfügen wir kaum über Informationen zu ihrer Herrschaft. Aus den tierärztlichen Aufzeichnungen wissen wir jedoch, daß die Anzahl von ernsten Verletzungen drastisch zurückging, nachdem Männer die Macht übernommen hatten. Eine mögliche Erklärung ist, daß die Männer Kämpfe wirkungsvoller unterbanden als Mama (de Waal, 1982).
Bei einem Experiment im Wisconsin Primate Center, bei dem juvenile Rhesusaffen und Bärenmakaken zusammen untergebracht waren (Kapitel 5), wurde eine Gruppe, die sich aus beiden Spezies zusammensetzte, von einem Bärenmakakenmännchen dominiert, die andere von einem Bärenmakakenweibchen. Nur das Männchen übte Kontrollfunktionen aus, eine Aufgabe, bei der die ansonsten typische Bevorzugung der eigenen Spezies aufgegeben wurde. Es griff weit öfter ein als alle anderen Affen und beschützte normalerweise die Verlierer, selbst wenn dies eine Bevorzugung von Rhesusaffen gegenüber Makaken bedeutete (in 67 Prozent von 46 Interventionen). Alle anderen Bärenmakaken bevorzugten ihre Spezies. Das dominante Weibchen in der anderen Gruppe griff lediglich siebenmal ein, davon fünfmal zugunsten anderer Bärenmakaken.
Zu einer Erörterung der Kontroll-Rolle vgl. de Waal (1977, 1984), Ehardt und Bernstein (1992) sowie Boehm (1992, 1994).
37 Boehm, 1992, p. 147.
38 Als Goblin, nachdem er seine Spitzenposition in der Gombe-Gemeinschaft eingebüßt hatte, ein Comeback zu inszenieren versuchte, war die Reaktion ein erboster Massenangriff, dem er unterlag. Diese ungewöhnliche Feindseligkeit hatte möglicherweise etwas mit der Tatsache zu tun, daß Goblin ein sehr ungestümer Alphamann gewesen war, dessen Imponiergehabe oft zu einem Zwiespalt innerhalb der Gruppe geführt hatte. »Möglicherweise wäre seine Rückkehr nicht so dramatisch aufgenommen worden, wäre er selber von friedlicherem und ruhigerem Temperament gewesen« (Goodall, 1992, p. 139).
39 Das Thema, welche Rolle äußere Bedrohungen, vor allem durch feindliche Gruppen derselben Spezies, für die Entwicklung von Moralsystemen spielten, wird immer wieder aufgegriffen, und auch ich gehe in Kapitel 1 und 5 darauf ein; dieser Punkt wurde sowohl von Darwin (1871) als auch von Alexander (1987) hervorgehoben.

4
Quid pro quo

1 Isaac, 1978, p. 107.
2 Diese Regel vermag nicht zu erklären, wie altruistischer Austausch zustande kam. Lediglich die Tendenz, zu reagieren (»Tu, wie der andere getan«), genügt nicht. Gemäß Computersimulationen von »Wie-du-mir-so-ich-dir«-Strategien ist eine kooperative Einstellung Vorbedingung (Axelrod und Hamilton, 1981).
3 In der Tat widerspricht eine solche Einstellung allem Menschlichen in einem Maße, daß sie sich nur unter äußerst extremen Bedingungen entwickeln kann. Siehe Turnbulls Behauptung, die Ik hätten angesichts lebensbedrohlicher Nahrungsmittelknappheit jegliche Moralität verloren (Kapitel 2).
4 Milton, 1992, p. 39.
5 Der Anthropologe Kristen Hawkes faßte diese Ideen zusammen; er behauptet (1990), Männer hätten ein Interesse daran, große Mengen Nahrungsmittel zu beschaffen, um viele hungrige Mäuler zu stopfen; Erfolg bei der Jagd und Großzügigkeit machen sie als Paarungspartner attraktiver und tragen dazu bei, politische Bindungen zu festigen. Die Strategien von Schimpansenmännchen beim Verteilen von Fleisch scheinen durchaus mit Hawkes' Hypothese des »Protzens« übereinzustimmen. Siehe auch Anmerkung 20 zu diesem Kapitel.
6 Lee, 1969, p. 62.
7 Laut dem französischen Soziologen Claude Fischler verwischt Fleisch die Trennlinie zwischen uns und dem, was wir essen. Wir stellen unsere Identität in Frage und bestätigen sie gleichzeitig, wenn wir ein anderes Wesen aus Blut, Knochen, Gehirn, Sekreten und Ausscheidungen verzehren. In dieser Sichtweise ist Menschenfleisch *das* Fleisch schlechthin; Fischler argumentiert in *L'Homnivore* (ein Wortspiel; *Homnivore* [Menschenfresser] wird im Französischen genauso ausgesprochen wie *Omnivore* [Allesfresser]) in der Tat, daß unsere Besessenheit von tierischer Nahrung sich letztlich aus uralten Praktiken des Kannibalismus und des Menschenopfers ableitet. Eine Verbindung mit dieser Vergangenheit hat sich im katholischen Ritual des Verzehrens von Brot und Wein als Verkörperung des Fleisches und Blutes Christi bewahrt.
8 Nishida et al., 1992, p. 169.
9 De Waal, 1982, p. 110 (dt. S. 112).
10 Laut Sahlins (1965) nimmt wechselseitiges Geben und Nehmen beim Menschen zwei Formen an: a) direkter Austausch von Gütern und Dienstleistungen im Rahmen dyadischer Beziehungen und b) zentralisierter Austausch über eine anerkannte Autorität, die Ressourcen sammelt und neu verteilt. Letztere Funktion kann von einem Häuptling oder, in einer modernen Gesellschaft, von der Regierung übernommen werden.
Zentralisierte Reziprozität läßt sich sowohl an den Strategien zur Verteilung von Nahrungsmitteln durch hochstehende Schimpansen wie auch an ihrer Kontroll-Rolle – ihre Neigung, die Schwachen gegen die Starken zu verteidigen – erkennen (Kapitel 3). In beiden Fällen schränkt ein Dominanter den Wettbewerb ein, und zwar zugunsten rangniederer Mitglieder der Gemeinschaft; dafür bieten diese ihm Unterstützung und Respekt.
Auch Untersuchungen zu Hilfeleistung und Teilen bei Kindern fügen sich in dieses Muster. Abgesehen von einer Wechselseitigkeit auf dyadischer Ebene lassen sie mit höher wer-

dendem Status eine Zunahme der Beschützerfunktion und Großzügigkeit erkennen (Ginsburg und Miller, 1981; Birch und Billman, 1986; Grammer, 1992).

11 Genauere Informationen über Raubzüge und Fleischverteilung bei Schimpansen finden sich bei Teleki (1973b), Goodall (1986), Boesch und Boesch (1989), Boesch (1994ab) sowie Stanford et al. (1994a).
Ob die Raubzughypothese bezüglich der Entwicklung von Teilen auch auf die Bonobos zutrifft, ist nach wie vor ungewiß. Trotz Berichten über das Teilen von Fleisch (Badrian und Malenky, 1984; Ihobe, 1992; Hohmann und Fruth, 1993) scheint Raubzügen relativ geringe Bedeutung zuzukommen. Beispielsweise hat man nie Bonobos Affen jagen sehen; ganz im Gegenteil, ihr Verhältnis zu Affen scheint eher freundlich (Ihobe, 1990; Sabater Pi et al., 1993).
Im Gegensatz dazu ist das Teilen von pflanzlicher Nahrung allgemein üblich. An einer Futterstelle für Bonobos in Zaire wurde Zuckerrohr großzügig geteilt (Kuroda, 1984), und man hat auch beobachtet, wie Bonobos große *Treculia-* und *Anonidium*-Früchte teilen, die manchmal bis zu dreißig Kilogramm wiegen (Hohmann und Fruth; erscheint demnächst). Möglicherweise trug der Verzehr solcher Früchte dazu bei, Teilungsneigungen zu fördern. Man sollte noch hinzufügen, daß die Toleranz von Bonobos, was Nahrung angeht, in keiner Weise der von Schimpansen entspricht (de Waal, 1992b, sowie Anmerkung 16 zu diesem Kapitel).

12 Teilen zwischen Mutter und Nachkommen findet man bei den meisten oder sogar allen Primaten, einschließlich Rhesusaffen, ebenso gemeinsames Fressen von einem auf engsten Raum vorhandenen reichlichen Nahrungsangebot. Unter »nichtteilenden« Spezies verstehe ich Primaten, bei denen eine Konkurrenzeinstellung hinsichtlich Nahrung vorherrscht und bei denen Untergeordnete nie Futter direkt aus den Händen oder dem Mund von nichtverwandten Dominanten nehmen. Im allgemeinen kennen diese Spezies auch keine speziellen Kommunikationssignale, die sich auf Teilen beziehen, etwa Gesten und Schreien, mit denen sie um Nahrung bitten.

13 Goodall, 1986, p. 357.

14 D'Amato und Eisenstein, 1972, p. 8.

15 Der Haupteffekt von Nahrungsentzug ist ein verstärktes Interesse an Essen. Die gleiche Wirkung kann man jedoch erzielen, indem man den Probanden ihr Lieblingsfutter vorsetzt. Meines Erachtens kann man auf diese Weise so viel herausfinden, daß dies einen Nahrungsentzug völlig überflüssig macht. Die Kapuzineraffen und Schimpansen erhalten bei unseren Experimenten Nahrung, die sie besonders schätzen, jedoch nicht allzuoft bekommen, zumindest nicht in solchem Überfluß.

16 Feistner und McGrew (1989), die Nahrungsverteilung bei Primaten untersuchen, definieren Teilen als die »Übertragung eines Nahrungsmittels, das man verteidigen könnte, von einem an Nahrung interessierten Inividuum an ein anderes, unter Ausschluß von Diebstahl« (p. 22).
Weiter unten sehen Sie eine Aufstellung von vier Methoden des Nahrungstransfers zwischen Individuen im Verlauf eines Austauschs von Pflanzenfutter bei Schimpansen im Yerkes Primate Center (de Waal, 1989d), Bonobos im San Diego Zoo (de Waal, 1992b) und Kapuzineraffen im Wisconsin Primate Center (de Waal, Luttrell und Canfield, 1993). Bei allen Spezies kam es zu allen vier Arten von Nahrungsübergabe; bei Schimpansen handelte es sich jedoch öfter um tolerante Transfers (gemeinsames Fressen und spielerisches

Nehmen), bei Bonobos hingegen öfter um einen intoleranten Transfer (Aneignung unter Zwang oder Diebstahl).
Erzwungene Aneignung oder Diebstahl: Ein Individuum verdrängt mit Gewalt ein anderes von einer Nahrungsquelle, nimmt sich das Futter mit Gewalt oder schnappt sich einen Brocken und rennt weg. Die beiden ersten Muster sind für ranghöhere Individuen charakteristisch, das letztere für Untergeordnete und Heranwachsende.
Spielerisches Nehmen: Ein Individuum nimmt unter den Augen des Eigentümers Nahrung aus dessen Hand, und zwar auf eine entspannte oder spielerische Art und Weise, ohne Drohsignale oder Anwendung von Gewalt.
Gemeinsames Fressen: Ein Individuum schließt sich dem Besitzer von Nahrung an und frißt gemeinsam mit ihm vom selben Nahrungsmittel, das sie unter Umständen beide festhalten. In diese Kategorie fällt auch das aktive Verteilen von Nahrung: 0,2 Prozent aller Transfers bei Schimpansen, 2,7 Prozent bei Bonobos und 1,8 Prozent bei Kapuzineraffen.
Sammeln im Umkreis: Ein Individuum wartet, bis kleine Stücke oder Brocken zu Boden fallen und sammelt sie dann auf, und zwar in Reichweite des Besitzers.

	Schimpansen	Bonobos	Kapuzineraffen
Anzahl von Nahrungstransfers	2377	598	931
Erzwungene Aneignung oder Diebstahl	9,5 %	44,5 %	26,2 %
Spielerisches Nehmen	37,1 %	15,7 %	26,5 %
Gemeinsames Fressen	35,9 %	17,6 %	9,2 %
Sammeln im Umkreis	17,6 %	22,2 %	38,0 %

17 Die Auswirkung von Feiern wurde anhand verschiedener Methoden, den Schimpansen Laubbündel zu geben, untersucht:
Übergabe durch den Wärter: Ein Pfleger brachte aus einiger Entfernung Bündel und ließ der Kolonie ein oder zwei Minuten Zeit zu feiern, ehe er die Bündel ins Gehege warf.
Unerwartete Übergabe: Einige Zeit vor dem Versuch versteckte ich die Bündel hinter mir auf der Beobachtungsplattform. In einem Augenblick, als die Schimpansen nicht damit rechneten, warf ich die Bündel ins Gehege, so daß der Kolonie keine Zeit blieb, sich auf dieses Ereignis vorzubereiten.
Unter beiden Bedingungen war Aggression in dem Augenblick, wenn sie das Futter erhielten, selten; am häufigsten kam es dazu, wenn einzelne Schimpansen versuchten, sich den Freßgruppen, die sich gebildet hatten, anzuschließen oder von den Besitzern etwas zu erbetteln. Im Durchschnitt kam es bei einer unerwarteten Übergabe zu eineinhalbmal mehr aggressiven Zwischenfällen als bei Übergaben durch den Wärter. Dieses Ergebnis stimmt mit der Vorstellung überein, daß Feiern soziale Toleranz fördert. Die Atmosphäre schien weniger explosiv, wenn die allgemeine Aufregung mit Körperkontakt und hierarchiebestätigenden Ritualen vorangegangen war (de Waal, 1992b).
18 Achtung vor Besitz wurde zuerst in bezug auf Sexualpartner bei Mantelpavianen unter-

sucht. Männchen dieser Spezies mischen sich nicht in die Beziehungen anderer zu Weibchen ein: selbst große, vollkommen dominante Männchen unterlassen es, das Weibchen eines anderes Männchens für sich zu beanspruchen, wenn sie gesehen haben, daß die beiden ein paar Minuten zusammen waren (Kummer, Götz und Angst, 1974). In jüngerer Zeit führten Kummer und seine Mitarbeiter weitere Experimente zu Besitz und Eigentumsregeln durch, die ähnliche Hemmungen auch in bezug auf Gegenstände ergaben (Sigg und Falett, 1985; Kummer und Cords, 1991; Kummer, 1991).

19 Die Graphik zeigt, daß bei Paaren dominanter und untergeordneter Schimpansen die Anteile, die jeder erhält, korreliert und ausgewogen sind. Da einige Rangbeziehungen nicht eindeutig waren, wurden nur dreißig von den sechsunddreißig Paarkombinationen unter den neun Erwachsenen aufgenommen. Die auf der 9 x 9-Matrix untersuchte Reziprozität ergab eine Korrelation von $r = 0{,}55$ ($P = 0{,}001$). Zu Einzelheiten vgl. de Waal (1989d).

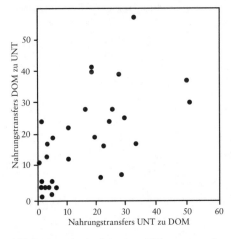

Graphische Darstellung der Häufigkeit des Nahrungsaustauschs von dominanten zu untergeordneten Schimpansen (DOM zu UNT) im Vergleich zu Transfers in umgekehrter Richtung (UNT zu DOM). Jeder Punkt steht für eine Partnerkombination zwischen Erwachsenen.

20 Austausch von Sex gegen Nahrung wurde von Kuroda (1984) für wilde Bonobos und von de Waal (1987, 1989a) für Bonobos in Gefangenschaft dokumentiert. Bei Schimpansen findet ein solcher Austausch nicht so häufig statt, kommt aber durchaus vor (Yerkes, 1941; Teleki, 1973b). Der beste Indikator für Jagd ist bei Schimpansenmännern im Gombe National Park daher die Anwesenheit östrischer Frauen in der Gruppe, die unterwegs ist. Ein Motiv für Jagen könnte folglich die Aussicht auf mehr Paarungsmöglichkeiten sein, die sich ergeben, wenn sie mit den Frauen teilen (Stanford et al., 1994b).

21 Smuts, 1985, p. 223.

22 In unserer Gesellschaft wird der Wert verschiedener Dienstleistungen in einer gemeinsamen Währung ausgedrückt: Geld. Das evolutionäre Äquivalent, Reproduktionserfolg, ist schwer zu messen. In einer Sammlung von Beiträgen zum derzeitigen Wissensstand im Bereich des reziproken Altruismus setzen sich Seyfarth und Cheney unter Bezugnahme auf ihre eigenen, bei Feldstudien gewonnenen Daten mit dieser Frage auseinander. Siehe *Ethology and Sociobiology 9* (1988, pp. 67-257). In Harcourts und de Waals Buch zu Koalitionenbildung (1992) ist Reziprozität ebenfalls ein zentrales Thema.

23 Zu Einzelheiten siehe de Waal und Luttrell (1988). Das gleiche Verfahren der statistischen Ausschaltung wurde auf das Teilen von Nahrung angewandt, mit dem gleichen Ergebnis:

auch unter Einbeziehung symmetrischer Beziehungsmerkmale, etwa Verwandtschaft und gemeinsam verbrachter Zeit, blieb ein beträchtlicher Grad an Wechselseitigkeit bestehen (de Waal, 1989d).
24 Silk (1992b) stellt die Behauptung in Frage, nur bei Schimpansen gäbe es ein System direkter Rache. Die Autorin berichtet von reziproken *Gegen*interventionen bei Hutaffenmännchen. Da eine Auflehnung gegen die etablierte Ordnung bei diesen Affen ebenso ungewöhnlich ist wie bei anderen Makaken, bleibt abzuwarten, inwieweit ihr Verhalten mit dem von Schimpansen vergleichbar ist, die ohne Rücksicht auf die Hierarchie Vergeltungsmaßnahmen ergreifen (de Waal und Luttrell, 1988). Weitere Daten zu Rache bei Affen und Menschenaffen siehe de Waal (1982, 1989d), Aureli (1992) sowie Cheney und Seyfarth (1986, 1989). Diskussionen von einem evolutionären Standpunkt aus bieten Trivers (1971) sowie Clutton-Brock und Parker (1995).
25 Jacoby, 1983, p. 13.
26 Chagnon, 1988, p. 990.
27 Huxley, 1989 (1894), p. 140.

5
Miteinander auskommen

1 Midgley, 1994, p. 119.
2 Lorenz, 1963, S. 63.
3 In Anlehnung an Darts (1959) Beschreibung des *Australopithecus* als Fleischfresser, der mit Vorliebe sich krümmende Lebewesen verschlang und seinen Durst mit warmem Blut stillte (angesichts der Begrenztheit der Fossilienüberlieferung eine wahrhaft phantasievolle Schlußfolgerung), bezeichnete Ardrey (1967) unsere Spezies als Killeraffen. Dart betrachtete die Lust am Töten als das »Kainszeichen« der Menschheit, eine Eigenschaft, die uns von unseren anthropoiden Verwandten unterscheide. Dieser Gedankengang veranlaßte andere dazu, den Ursprung des Krieges im Jagen zu suchen und Aggressivität als eine Voraussetzung für Fortschritt einzuschätzen (Cartmill, 1993).
Eines der Probleme mit dem Killeraffen-Mythos besteht darin, daß er das Fleischfressen mit Gewalt gegen die eigene Art gleichsetzt. Wir müssen Aggression eindeutig von räuberischem Verhalten unterscheiden, wie Lorenz (1966), als er klugerweise Aggression als Kampfinstinkt bei Tier und Mensch, der sich gegen Angehörige der eigenen Spezies richtet, definierte. Man geht also davon aus, daß das Motiv eines Leoparden, der eine Antilope reißt, Hunger ist, während ein Leopard, der einen anderen von seinem Territorium verjagt, von Aggressivität getrieben ist. Vor allem kommunizieren Mitglieder ein und derselben Spezies im Verlauf von Konfrontationen ausführlich miteinander. Sie haben bestimmte Ritualisierungen entwickelt und haben Hemmungen, Blut zu vergießen, während Raubtiere normalerweise ihre Beute ohne irgendwelche Warnsignale überfallen und ohne sich in irgendeiner Weise zurückzuhalten. Der Unterschied hinsichtlich der Form und des Zwecks dieser beiden Formen von Angriff wird deutlich, wenn wir eine Katze, die sich an eine Maus anschleicht, und eine, die schnaubend und fauchend auf einen Rivalen losgeht, miteinander vergleichen.

Auf dem – angesichts der Tatsache, wie nachdrücklich Lorenz diesen grundlegenden Unterschied betonte – wohl widersinnigsten Umschlag, mit dem sein Buch *Über das sogenannte Böse* je erschien (zweifelsohne aus Marketinggründen ausgewählt), war ein dramatisches Gemälde abgebildet, das zeigte, wie ein Löwe seine Zähne und Pranken in ein erschrecktes Pferd schlägt.

4 Bemerkenswerte Ausnahmen stellen Entwicklungsstudien von Sackin und Thelen (1984), Hartup et al. (1988) sowie Killen und Turiel (1991) dar. In Übereinstimmung mit dem in diesem Kapitel skizzierten theoretischen Bezugsrahmen bemerken Killen und Thuriel, Streits zwischen Kindern seien nicht immer destruktiv; oft hätten sie eine soziale Ausrichtung. »Konflikte von Kindern sind nicht immer Kämpfe aus selbstsüchtigen Wünschen oder infolge aggressiver Impulse. Kinder sind sehr aufgeschlossen anderen gegenüber und nehmen Verhandlungen auf, um ihre Konflikte zu lösen« (p. 254).

5 Ursprünglich verwirrte diese Beweglichkeit die Feldforscher. Kannten Schimpansen überhaupt stabile Gruppen? Nach jahrelanger Dokumentation der Zusammensetzung von Schimpansengruppen in den Mahale-Bergen gelang es Nishida als erstem, das Rätsel zu lösen. Er entdeckte, daß die ständig sich verändernden Kleingruppen Teil einer übergreifenden Gruppe waren, deren Mitglieder sich zwar untereinander, jedoch nie mit Angehörigen einer anderen solchen Gruppe vermischten. Dieses höhere Organisationsniveau bezeichnete Nishida als »Einheitsgruppe«; allerdings wurde dieser Begriff bald durch Goodalls »Gemeinschaft« abgelöst (»Gruppe« allein würde angesichts des Spaltungs-Vereinigungs-Charakters der Schimpansengesellschaft dem Ganzen kaum gerecht werden).

6 Angesichts der bemerkenswerten Vielfalt der Verhaltensweisen wilder Schimpansen – gelegentlich als kulturelle Verschiedenartigkeit bezeichnet – erweist sich die nähere Bestimmung »am besten erforschte wilde Populationen« als notwendig. Selbst Populationen in ähnlichen Habitaten im gleichen Teil Afrikas unterscheiden sich in ihren Kommunikationsgesten und ihrem Werkzeuggebrauch (Nishida, 1987; McGrew, 1992; Wrangham et al., 1994).

Am variabelsten innerhalb der sozialen Organisation der Schimpansen sind vermutlich die Beziehungen zwischen Frauen (de Waal, 1994; Baker und Smuts, 1994). Sie reichen von sehr eng bei allen mir bekannten Kolonien in Gefangenschaft zu eher locker bei wilden Populationen in den tansanischen Nationalparks vom Gombe und den Mahale-Bergen (Nishida, 1979; Goodall, 1986) wie auch im Kibale-Wald von Uganda (Wrangham, Clark und Isabirye-Basuta, 1992).

Allerdings weisen diese Schwankungen vermutlich nicht auf einen generellen Unterschied zwischen in Gefangenschaft und in der Wildnis lebenden Schimpansen hin. Bindung zwischen Frauen existiert offenbar auch in einer kleinen, durch landwirtschaftliche Erschließung »in der Falle sitzenden« Population in einem Wald von annähernd sechs Quadratkilometern auf der Spitze eines Berges in Bossou, Guinea. Obwohl der verfügbare Raum beträchtliche Ausmaße hat, beobachtete Sugiyama (1984, 1988), daß die Mehrheit der Individuen oft zusammen durch die Gegend streifte, und stellte eine relativ hohe Groomingrate unter Frauen fest. Ähnlich sind offenbar die Schimpansenfrauen im Taï-Wald an der Elfenbeinküste geselliger als anderswo: sie tun sich oft zusammen, entwickeln Freundschaften, teilen sich die Nahrung und helfen einander. Boesch (1991b) schreibt diese Soziabilität der gemeinsamen Verteidigung gegen Leoparden zu.

7 Masters, 1984, p. 209.

8 Van Schaik, 1983, p. 138.
9 Boinsky, 1991, p. 187.
10 Norris, 1991, p. 187 (dt. S. 211).
11 Bowlby, 1981, p. 172.
12 Moss, 1988, p. 125 (dt. S. 119).
13 Unter Verwendung von Porträts vertrauter Individuen beider Spezies verglich Matsuzawa (1989, 1990) die Fähigkeit zur Unterscheidung von Gesichtern bei Schimpansen und menschlichen Versuchspersonen, gemessen an der Zeit, die sie brauchten, um den richtigen Namen zu finden (die Schimpansen hatten zuvor gelernt, Gesichter mit Namenstasten auf einer Computertastatur in Verbindung zu bringen). Er stellte fest, die Erkennung menschlicher Gesichter fällt Menschen leichter als Schimpansen, während Schimpansen sich leichter tun, Schimpansengesichter zuzuordnen. Ähnliche Experimente bei Versuchspersonen, die verschiedenen Rassen angehörten, bewiesen eine Vorliebe für die eigene Rasse, das heißt, es fällt uns leichter, Mitglieder der eigenen Rasse voneinander zu unterscheiden als Angehörige einer anderen Rasse (Brigham und Malpass, 1985).
14 Die von de Waal und Yoshihara (1983) eingeführte Technik, Beobachtungen des Verhaltens nach einem Konflikt mit dem von Kontrollindividuen zu vergleichen, wurde bei den meisten Beobachtungsstudien sowohl in Gefangenschaft als auch in der Wildnis angewandt. Unterschiedliche Kontrollverfahren führten im wesentlichen zu den gleichen Ergebnissen. Ein Überblick über die in der Versöhnungsforschung nichtmenschlicher Primaten angewandten Methoden findet sich bei de Waal (1993a).
15 Altmann, 1980, p. 163.
16 Der australische Philosoph und Tierrechtler Peter Singer (1976) setzte die menschliche Vorliebe für die eigene Spezies moralisch mit Sexismus und Rassismus gleich, und zwar verwandte er dafür den Begriff *speciesism* (Speziesdiskriminierung). Obwohl Singer die Ursprünge bis auf die griechische Antike und die Bibel zurückverfolgt und auf diese Weise *speciesism* als abendländische Besonderheit hinstellt, ist eine gewisse Vorliebe für die eigene Spezies mit Sicherheit älter als die Menschheit selber. Praktisch alle Tiere werden, wenn sie die Wahl haben, Angehörige ihrer eigenen Spezies besser behandeln, und eine Ausnutzung anderer Spezies ist in der Natur gang und gäbe (beispielsweise halten einige Ameisenspezies sich Blattläuse als eine Art Viehbestand oder zwingen andere Ameisen, für sie zu arbeiten; Hölldobler und Wilson, 1990).
17 Wie zu erwarten, zeichneten Bärenmakaken sich durch hohe Versöhnungsraten aus (siehe Abbildung, S. 298). Rhesusaffen, die nicht mit Bärenmakaken zusammen waren (Kontrollrhesusaffen), wiesen im Verlauf des gesamten Experiments niedrige Raten auf. Mit Bärenmakaken zusammenlebende Rhesusaffen (Versuchsrhesusaffen) hingegen begannen zwar auf dem gleichen Niveau wie die Kontrolltiere, dieses stieg jedoch im Verlauf der einzelnen Phasen des Zusammenlebens (Co-1, 2 und 3) ständig an und blieb auch dann hoch, als man in der Phase danach die Bärenmakaken wegbrachte (aus: de Waal und Johanowicz, 1993).
18 Diese Erkenntnis beschränkt sich nicht auf japanische Lehrer. Die Amerikanerin Helen Dawe, die schon früh kindliches Verhalten untersuchte, bemerkte, »die Mutter oder der Lehrer/die Lehrerin, die sich ständig einmischen, berauben das Kind hervorragender Möglichkeiten, soziale Anpassung zu erlernen« (1934, p. 154). Der graduierte Student Peter Verbeek, der Kinder auf einem Spielplatz im Freien beobachtete, stellte fest, in unge-

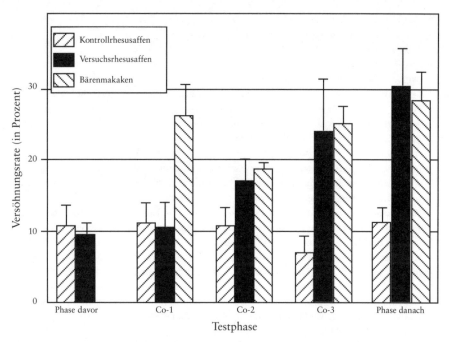

Zunahme der Neigung zu Versöhnungen bei gemeinsam mit Bärenmakaken untergebrachten Rhesusaffen. Zu sehen sind die jeweiligen individuellen Durchschnittswerte (plus mittlerer Standardfehler) aggressiver Konflikte, auf die innerhalb von drei Minuten eine Versöhnung folgte. Vor und nach dem Experiment (Phase davor und Phase danach) wurden die Versuchstiere ausschließlich zusammen mit Angehörigen ihrer Spezies untergebracht (bei Bärenmakaken liegen für die Phase davor keine Daten vor).

fähr einem Drittel der Streits griffen Lehrer ein. Sie forderten die Kinder auf, »Frieden zu schließen«, aber nur acht Prozent der Streitenden spielten nach einer erzwungenen Aussöhnung wieder miteinander, verglichen mit fünfunddreißig Prozent bei denen, die ihre Streitigkeiten selber beigelegt hatten.

19 Gottman, 1994, p. 41.
20 Als erster berichtete Kurland (1977) von hohen Aggressionsraten zwischen Verwandten in Gruppen wilder Japanmakaken. Bestätigt wurde diese paradox anmutende Beobachtung von Bernstein und seinen Mitarbeitern (Bernstein und Ehardt, 1986; Bernstein, Judge und Ruehlmann, 1993) sowie de Waal und Lutrell (1989), und zwar für Rhesusaffen und Bärenmakaken in Freigehegen. Darüber hinaus sind Verwandtschaftsbeziehungen nicht die einzigen Bindungen, für die häufige Aggression charakteristisch ist; das gleiche gilt für Bindungen zwischen Nichtverwandten (de Waal und Lutrell, 1986).
Die Anzahl von Kämpfen unter Verwandten erscheint nicht mehr so außergewöhnlich, wenn man die Zeit in Betracht zieht, die sie gemeinsam verbringen. Die hohe Aggressionsrate ist daher teilweise ein Ergebnis der Nähe. Das gleiche gilt jedoch auch für andere Arten von Wechselbeziehungen, so daß ein Zusammenhang mit Nähe nicht dazu dienen

kann, hohe Aggressionsraten bei Verwandten abzutun, es sei denn, man ist bereit, das gleiche für Groomen und anderes freundschaftliches Verhalten gelten zu lassen (Bernstein, Judge und Ruehlmann, 1993).

Es gibt keinen Beweis dafür, daß Aggression unter Verwandten relativ harmlos ist: gelegentlich kommt es sogar zu Verletzungen. Wie überlebt die matrilineare Organisation all diese internen Kämpfe? Der Schüssel zu dieser Frage ist, daß es nach Streitereien zwischen Verwandten und anderen einander Nahestehenden relativ häufig zu einer Versöhnung kommt (vgl. Kappeler und van Schaik, 1992). Ein entsprechender Bericht zu menschlichen Kindern stellt fest, daß Freunde einander trotz hoher Konfliktraten nahe bleiben (Hartup et al., 1988).

21 Offensichtlich ist das Erbrechen jugendlicher Schimpansen nicht als bewußte Drohung zu verstehen; sie sind einfach furchtbar frustriert und verärgert. Bei der Verwendung des Begriffs »Investition« ließ ich mich von Trivers' (1974) provozierender Analyse des Eltern-Kind-Konflikts als eines genetischen Tauziehens inspirieren.

In dieser Schlacht, in der Wille gegen Wille steht, verfügen auch die Mütter über ihre Waffen. Auf einem Symposium unter dem Motto »The Great Ape Revisited« (Mexiko, 1994) lieferte Jane Goodall ein bemerkenswertes Beispiel dafür. Im Gombe-Nationalpark hatte Fifi regelmäßig, wie ein Uhrwerk, im Abstand von fünf Jahren Junge zur Welt gebracht. Das letzte Mal gebar sie jedoch, als das vorhergehende Kind, Faustino, erst dreieinhalb Jahre alt war. Das unvermittelte Nachlassen mütterlicher Zuwendung löste bei Faustino schreckliche Wutanfälle aus. Er war noch mehr als ein Jahr zu jung, um entwöhnt zu werden, und empfand daher das Leben wohl eindeutig als »ungerecht«. Fifi entwöhnte ihn allerdings nicht ganz; sie erlaubte ihm auch weiterhin, in ihrem Nest zu schlafen, und säugte ihn gelegentlich zusammen mit seinem neuen Geschwister.

Eine der anfänglichen Reaktionen Fifis auf Faustinos Wutanfälle war, daß sie hoch auf einen Baum hinaufkletterte, Faustino buchstäblich auf den Boden hinunterschleuderte und ihn erst im allerletzten Augenblick am Knöchel packte. Der junge Mann hing fünfzehn Sekunden oder länger mit dem Kopf nach unten in der Luft und schrie wie wild, ehe seine Mutter ihn wieder in die Höhe zog. Man beobachtete zweimal, daß Fifi sich bei einem Streit dieser Einschüchterungstaktik bediente; an solchen Tagen bekam Faustino dann keine Wutanfälle mehr.

22. Charlesworth, 1991, p. 355.

23 Hearne, 1986, pp. 43–44.

24 Diese Diskussion basiert auf den Arbeiten von Smuts und Watanabe (1990) sowie Colmenares (1991). Die Untersuchung des Begrüßungsverhaltens bei Pavianen hat jedoch eine weit längere Geschichte und geht auf Kummers (1968) Beobachtungen der von ihm so genannten Benachrichtigung bei Mantelpavianen zurück. Es handelt sich hier ganz offensichtlich um ein besonders interessantes Gebiet für die Erforschung nichtverbalen Verhandelns. Colmenares (1991, p. 59) faßt die einzelnen Vorgänge bei solchen Verhandlungen folgendermaßen zusammen: (a) Interessenkonflikt, (b) Versuche, nichtaggressive Lösungen zu finden, (c) Bestätigung und Beeinflussung der Absichten des anderen und (d) Angleichung der ursprünglich eigenen Ziele an die des anderen. Zu weiteren Überlegungen bezüglich Verhandlungen bei Tieren vgl. Hinde (1985), Dunbar (1988, pp. 238–248), Noë (1992) und Chadwick-Jones (1992).

25 Smuts und Watanabe, 1990, p. 169.

26 Goodwin, zitiert in: Haglund, 1992, p. 140.
27 Zitiert in: *Washington Post*, 28. Februar 1992.
28 Ardrey, 1970, p. 62.
29 Die Zahlenangaben für Mordfälle in den Niederlanden und den Vereinigten Staaten stammen aus dem *World Health Statistics Annual* von 1987 und 1988. Die Mordstatistiken der einzelnen Städte wurden einem Bericht der *New York Times* vom 5. August 1990 entnommen.
30 Thompson, 1976, p. 226.
31 Die breite Öffentlichkeit hört mit besonderer Genugtuung etwas über die biologischen Wurzeln von Laster und Verkommenheit. Und seit Mandeville (1714) waren bestimmte Autoren nur zu gerne bereit, dieses Bedürfnis zu befriedigen (Montagu, 1986). Zum ersten Mal sind wir dieser Art von Literatur in Kapitel 1 begegnet, und zwar in Zusammenhang mit dem Evolutionsprozeß; die Literatur über Aggression hat jedoch, falls dies überhaupt möglich ist, noch schlimmere Dinge über unsere Spezies geäußert.

Der gängige Trick besteht darin, gemeine, selbstsüchtige Handlungen als Beweis unseres wahren Charakters hinzustellen und menschliche Freundlichkeit und Mitleidsgefühle entweder schlicht zu übersehen oder zu beweisen, daß geheime Absichten dahinterstecken. So kann auf die gleiche paradoxe Weise, wie ein Traum, in dem kein Sex vorkommt, als Beweis für sexuelle Verdrängung aufgefaßt wird, die offenkundige Umgänglichkeit und Höflichkeit der meisten Menschen als Fassade interpretiert werden, hinter der sich eine viehische Natur verbirgt (Thompson, 1976).
32 Alexander und Roth, 1971, p. 82.
33 Die Parallele bei Primaten, die Calhouns (1962) wachsender Rattenpopulation vielleicht am nächsten kommt, war eine Gruppe von Japanmakaken in einem Pferch von 0,8 Hektar, in dem die Anzahl der Mitglieder innerhalb fünf Jahren von 107 auf 192 anstieg. Trotz dieser 79prozentigen Zunahme der Bevölkerungsdichte gab es im Lauf der Jahre keine bedeutsamen Unterschiede hinsichtlich der durchschnittlichen individuellen Aggressionsrate (Eaton, Modahl und Johnson, 1980). Zu einem Überblick über Forschungen zu einem Zusammenleben auf engem Raum bei nichtmenschlichen Primaten siehe Erwin (1979) und de Waal (1989c).
34 Nachstehende Tabelle faßt die Auswirkungen einer Reduzierung des der Arnheim-Schimpansenkolonie zur Verfügung stehenden Raums zusammen und beruht auf von Nieuwenhuijsen und de Waal (1982) gesammelten Daten. Relevante individuelle Verhaltensraten während zweier Sommerperioden (im Freien) werden mit denen dreier Winterperioden (innerhalb des Gebäudes) verglichen; das Ergebnis sind nach Faktoren aufgeschlüsselte Steigerungsraten. Beachten Sie, daß alle Werte außer bei Spielen im Winter höher lagen.

Gemessen	im Freien	im Gebäude
Aggression	1	1,7
Anteil schwerer Aggression	1	1,1
Unterwürfige Begrüßungen	1	2,4
Soziales Groomen	1	2,0
Soziales Spielen	1,4	1

35 Angesichts des Zusammenlebens von wilden Makaken in festen Gruppen, während Schimpansen Spaltungs-Vereinigungs-Gesellschaften bilden, ist es durchaus möglich, daß die beobachtete Ähnlichkeit hinsichtlich Versöhnungsneigungen zwischen wilden und in Gefangenschaft lebenden Makaken sich nicht auf in Gefangenschaft und wild lebende Schimpansen verallgemeinern läßt: eine räumliche Absonderung von einem Gegner ist in der Tat eine realistische Möglichkeit für wilde Schimpansen.

Obwohl den Schimpansen auf der Arnheim-Insel jede Menge Raum zur Verfügung steht, können sie sich nicht länger als ein paar Stunden aus dem Weg gehen. Die beobachtete Ähnlichkeit hinsichtlich Versöhnungstendenzen während Perioden im Freien und im Gebäudeinneren könnte daher das Ergebnis eines Lernprozesses der Schimpansen sein, daß es besser ist, sich auf der Stelle zu versöhnen, als später einem übelgesinnten Gegner über den Weg zu laufen.

Einige der spektakulärsten Versöhnungen in Arnheim fanden am späten Nachmittag statt, als die Schimpansen zur Abendmahlzeit ins Gebäudeinnere gerufen wurden. Wenn Rivalen nach einem Zusammenstoß einander gemieden hatten, empfanden sie es jetzt möglicherweise als eine unangenehme und gefährliche Situation, die Nacht unversöhnt in ein und demselben Raum verbringen zu müssen. Unter diesen Umständen konnte man oft beobachten, wie Männer im Freien, in der Nähe des Eingangs, umeinander herumschlichen, um herauszufinden, ob der andere zu einer Versöhnung bereit war. Normalerweise endeten diese spannungsgeladenen Szenen mit einem Ausbruch von Gekreische und Umarmungen zwischen den beiden – ein äußerst gefühlsträchtiger Augenblick, auf den gegenseitiges Groomen folgte. Manchmal groomten sie sich so lange, daß der Pfleger den Rest der Kolonie fütterte und wartete, bis die beiden Männer sich genügend beruhigt hatten, um zusammen hereinzukommen. Diese Versöhnungen, die sich den Männern durch die Aussicht auf Nähe förmlich aufdrängen, sind auf die Zukunft gerichtet. Dementsprechend habe ich sie als »Waffenruhen« bezeichnet (de Waal, 1982, pp. 113–114).

36 So etwas wie »das« natürliche Habitat für Schimpansen gibt es nicht. Umgebungen, in denen noch heute solche Menschenaffen leben, reichen von relativ weiten, baumbestandenen Savannen bis zu dichten Regenwäldern. Darüber hinaus wurden die meisten Schimpansenpopulationen durch menschliche Aktivitäten wie Jagen oder Versorgung mit Futter beeinflußt. Ausgehend von ihrer Lektüre behauptete Power (1991), die Nahrungsversorgung in einigen Gebieten (etwa das Bananencamp in Gombe) hätte die Schimpansen gewalttätiger und weniger gleich gemacht und damit ihren »Umgangston« innerhalb wie auch zwischen Gemeinschaften verändert. Powers Analyse – die eine ernsthafte Überprüfung verfügbarer Daten mit einer nostalgischen Erinnerung an das in die sechziger Jahren zurückreichende Bild von Menschenaffen als edlen Wilden miteinander vermischt – wirft Fragen auf, die zweifelsohne durch derzeit laufende Forschungen zu wilden Schimpansen, die nicht mit Nahrung versorgt werden, zu klären sind.

Der Punkt Nahrungsversorgung ist auch insofern für den in diesem Kapitel angestellten Vergleich von Makaken unter verschiedenen Bedingungen bedeutsam, als alle Populationen (außer der 1992 von Aureli untersuchten freilebenden) mit Futter versorgt wurden. Man weiß kaum etwas darüber, wie das Verhalten freilebender Affen, die versorgt werden, sich mit dem wilder Affen, die auf verstreute natürliche Nahrungsquellen angewiesen sind, vergleichen läßt. Asquith (1989) stellte die Vor- und Nachteile einer Futterversorgung freilebender Kolonien einander gegenüber.

301

37 Strier, 1992b, p. 70.
38 Angesichts der derzeitigen Fortschritte in der Gentechnologie könnte eine Feststellung wie diese: »Wir müssen im Rahmen unserer biologischen Ausstattung arbeiten« binnen kurzem überholt sein.
39 Wenn Affen sich gelegentlich stellvertretend »für« ihre Matrilinie versöhnen, könnte derselbe Mechanismus auch zwischen verschiedenen Gruppen am Wirken sein. Auf Morgan Island, South Carolina, wurden Beziehungen zwischen Gruppen in einer freilebenden Population von Rhesusaffen untersucht. Die überwiegende Mehrheit der Begegnungen zwischen Gruppen war feindseliger Natur, aber bei elf jeweils gesonderten Gelegenheiten beobachtete man, wie erwachsene Weibchen, die *verschiedenen* Gruppen angehörten, zusammenkamen, um sich zu groomen. Bemerkenswerterweise waren an diesen Kontakten die jeweiligen Alphaweibchen beteiligt, vor allem wenn es sich um Gruppen handelte, zwischen denen es häufig zu Auseinandersetzungen kam. Ähnlich wie bei der internationalen Diplomatie fanden einige dieser Begegnungen auf hoher Ebene kurz nach Kämpfen zwischen diesen Gruppen statt und dienten daher möglicherweise der Wiederherstellung friedlicher Beziehungen (Judge und de Waal, 1994).
40 Für eine weiterführende Diskussion nicht-egozentrischen sozialen Wissens siehe de Waal (1989a, pp. 107–110) sowie Cheney und Seyfarth (1990, pp. 72–86).
41 Körperlicher Schaden, den man selber nehmen könnte, ist zweifelsohne der erste und wichtigste Grund für eine gewisse Zurückhaltung. Laut Maynard Smith und Price (1973) werden die Vorteile, die ein Sieg mit sich bringt, gegen die Nachteile einer Verletzung abgewogen, falls der Gegner zurückschlägt. Van Rhijn und Vodegel (1980) verfeinerten dieses Modell, indem sie die Rolle mit einbezogen, die individuelles Erkennen spielt.
Diese frühen evolutionären Modelle berücksichtigten jedoch nur physische Beeinträchtigungen. An anderer Stelle bin ich auf die Einschränkungen des Wettbewerbs hinsichtlich eines *sozialen* Nachteils eingegangen. Das soziale Umfeld wird möglicherweise als eine Ansammlung von Ressourcen betrachtet (beispielsweise kooperative Beziehungen), deren effektive Nutzung erfordert, daß man sich um ihre Bewahrung bemüht (de Waal, 1989b). So vermuteten Sigg und Falett (1985), die wichtigste Funktion von Toleranz in bezug auf Nahrung sei, daß sie ranghohen und -niederen Pavianen ermöglicht, nebeneinander zu fressen, was seinerseits ihnen allen hilft, in Zeiten der Gefahr die Reihen zu schließen und sich zu verteidigen.

6
Schlußfolgerungen

1 Dewey, 1993 (1898), pp. 109–110.
2 Der Vater der japanischen Primatologie, Kinji Imanishi, definierte Kultur als »sozial vermitteltes Anpassungsverhalten« (Nishida 1987, p. 462). Frühe Daten und Konzepte hinsichtlich der Untersuchung von Kultur bei Tieren finden sich bei Kummer (1971), Menzel (1973) und Bonner (1980). Kulturelle Übermittlung wird normalerweise der Aneignung bestimmter Verhaltensweisen durch individuelles Lernen und/oder genetische Übertragung gegenübergestellt: kulturelle Vermittlung impliziert *Lernen von* anderen und, in sei-

ner wirksamsten Ausprägung (die möglicherweise auf unsere Spezies beschränkt ist), *Lehren durch* andere. McGrew (1992) und Wrangham et al. (1994) geben in zwei in jüngster Zeit veröffentlichten Büchern einen Überblick über kulturelle Phänomene bei Primaten.
3 Proudhon, zitiert in: Hardin, 1982, p. 184.
4 Eine ausgewogene Darstellung der Kontroverse über den Einsatz von Affen und Menschenaffen in der biomedizinischen Forschung findet sich bei Blum (1994). Das Buch des Wissenschaftsjournalisten schließt mit einer Beschreibung der Yerkes Field Station als einer vorbildlichen Einrichtung, die zu akzeptieren die Vertreter von Tierrechten eigentlich in der Lage sein müßten. Als Verhaltensforscher, der hier und in einigen anderen Institutionen arbeitet, die sich Forschung, Lehre und Artenschutz verschrieben haben, habe ich oft das Gefühl, im Brennpunkt der Kontroverse zu stehen. Ich erkenne voll und ganz die Notwendigkeit an, Tiere mit Respekt und Mitleid zu behandeln, und setze mich mit allem Nachdruck dafür ein, nichtmenschliche Primaten gemeinsam unterzubringen (siehe beispielshalber de Waal 1992c). Gleichzeitig weiß ich die Vorteile, die sich aus der biomedizinischen Forschung ergeben, sehr zu schätzen, Vorteile, die selbst die hartnäckigsten Kritiker dieser Art von Forschung nicht ablehnen wollen.
Die Strategie beider Seiten in dieser erbitterten Diskussion bestand darin, die jeweiligen Gegner als unmenschlich oder unmoralisch hinzustellen. Ironischerweise entspricht eine Debatte wie diese ganz dem, was uns als menschliche Wesen ausmacht. Wie bei jedem echten Dilemma fühlen sich die meisten Menschen hin- und hergerissen zwischen zwei Übeln: Tieren Schmerzen zuzufügen oder auf die dadurch erzielten Fortschritte in der Medizin zu verzichten.

Bibliographie

Adang, O. M. J. 1984. Teasing in young chimpanzees. In: *Behaviour* 88, 98–122.
- 1986. Teasing, harassment, provocation. In: The development of quasiaggressive behaviour in chimpanzees. Phil. Diss., Universität Utrecht.

Alexander, B. und E. Roth. 1971. The effects of acute crowding on aggressive behavior of Japanese monkeys. In: *Behaviour* 39, 73–89.

Alexander, R. D. 1987. *The Biology of Moral Systems.* New York: Aldine.
- 1993. Biological considerations in the analysis of morality. In: M. H. Nitecki und D. V. Nitecki, Hrsg., *Evolutionary Ethics,* S. 163–196. Albany: State University of New York Press.

Altmann, J. 1980. *Baboon Mothers and Infants.* Cambridge, Mass.: Harvard University Press.

Altmann, S. A. 1981. Dominance relationships: The Cheshire cat's grin? In: *Behavioral and Brain Sciences* 4, 430–431.

Ardrey, R. A. 1967. *The Territorial Imperative.* London: Collins. Dt.: Adam und sein Revier. Wien: Molden, 1966.
- 1970. The violent way. In: *Life,* 11. Sept. S. 56–68.

Arnhart, L. 1993. How animals move from »is« to »ought«: Darwin, Aristotle, and the ethics of desire. Bei einem Treffen der American Political Science Association in Washington, D. C., vorgelegte Abhandlung.

Asquith, P. 1984. The inevitability and utility of anthropomorphism in description of primate behaviour. In: R. Harré und V. Reynolds, Hrsg., *The Meaning of Primate Signals,* S. 138–176. Cambridge: Cambridge University Press.
- 1989. Provisioning and the study of free-ranging primates: History, effects, and prospects. In: *Yearbook of Physical Anthropology* 32, 129–158.

Atwood, M. E. 1989. *Cat's Eye.* New York: Doubleday. Dt.: Katzenauge. Frankfurt/M.: Fischer, 1990.

Aureli, F. 1992. Post-conflict behaviour among wild long-tailed macaques *(Macaca fascicularis).* In: *Behavioral Ecology and Sociobiology* 31, 329–337.

Aureli, F. und C. P. van Schaik. 1991a. Post-conflict behaviour in long-tailed macaques *(Macaca fascicularis):* I. The social events. In: *Ethology* 89, 89–100.
- 1991b. Post-conflict behaviour in long-tailed macaques *(Macaca fascicularis)*: II: Coping with Uncertainty. In: *Ethology* 89, 101–114.

Aureli, F. et. al. 1992. Kin-oriented redirection among Japanese macaques: An expression of a revenge system? In: *Animal Behaviour* 44, 283–291.
- 1993. Reconciliation, consolation, and redirection in Japanese macaques *(Macaca fuscata).* In: *Behaviour* 124, 1–21.
- 1994. Post-conflict social interactions among barbary macaques *(Macaca sylvana).* In: *International Journal of Primatology* 15, 471–485.

Axelrod, R. und W. D. Hamilton. 1981. The evolution of cooperation. In: *Science* 211, 1390–96.

Badcock, C. R. 1986. *The Problem of Altruism: Freudian-Darwinian Solutions.* Oxford: Blackwell.

Badrian, N. und R. Malenky. 1984. Feeding ecology of *Pan paniscus* in the Lomako Forest, Zaire. In: R. L. Susman, Hrsg., *The Pygmy Chimpanzee: Evolutionary Biology and Behavior*, S. 275–299. New York: Plenum.
Baker, K. und B. B. Smuts. 1994. Social relationships of female chimpanzees: Diversity between captive social groups. In: R. W. Wrangham et al., Hrsg., *Chimpanzee Cultures*, S. 227–242. Cambridge, Mass.: Harvard University Press.
Barlow, C. 1991. *From Gaia to Selfish Genes*. Cambridge, Mass.: MIT Press.
Batson, C. D. 1990. How social an animal: The human capacity for caring. In: *American Psychologist* 45, 336–346.
Bauers, K. A. 1993. A functional analysis of staccato grunt vocalizations in the stumptailed macaque *(Macaca arctoides)*. In: *Ethology* 94, 147–161.
Bercovitch, F. B. 1988. Coalitions, cooperation, and reproductive tactics among adult male baboons. In: *Animal Behaviour* 36, 1198–1209.
Berkson, G. 1973. Social responses to abnormal infant monkeys. In: *American Journal of Physical Anthropology* 38, 583–586.
Bernstein, I. S. 1969. Spontaneous reorganization of a pigtail monkey group. In: *Proceedings of the 2nd International Congress of Primatology, 1968*. Bd. 1, S. 48–51. Basel: Karger.
– 1981. Dominance: The baby and the bathwater. In: *Behavioral and Brain Science* 4, 419–458.
Bernstein, I. S. und C. Ehardt. 1986. The influences of kinship and socialization on aggressive behavior in rhesus monkeys *(Macaca mulatta)*. In: *Animal Behaviour* 34, 739–747.
Bernstein. I. S., P. G. Judge und T. E. Ruehlmann. 1993. Kinship, association, and social relationships in rhesus monkeys. In: *American Journal of Primatology* 31, 41–54.
Betzig, L. L. 1986. *Despotism and Differential Reproduction: A Darwinian View of History.* New York: Aldine.
Birch, L. L. und J. Billman. 1986. Preschool children's food sharing with friends and acquaintances. In: *Child Development* 57, 387–395.
Bischof-Köhler, D. 1988. Über den Zusammenhang von Empathie und der Fähigkeit, sich im Spiegel zu erkennen. In: *Schweizerische Zeitschrift für Psychologie* 47, 147–159.
Blum, D. 1994. *The Monkey Wars*. New York: Oxford University Press.
Blurton Jones, N. G. 1987. Tolerated theft, suggestions about the ecology and evolution of sharing, hoarding and scrounging. In: *Social Science Information* 26 (1), 31–54.
Boehm, C. 1992. Segmentary warfare and the management of conflict: Comparison of East African chimpanzees and patrilineal-patrilocal humans. In: A. H. Harcourt und F. B. M. de Waal, Hrsg., *Coalitions and Alliances in Humans and Other Animals*, S. 137–173. Oxford: Oxford University Press.
– 1993. Egalitarian behavior and reverse dominance hierarchy. In: *Current Anthropology* 34, 227–254.
Boesch, C. 1991a. Teaching among wild chimpanzees. In: *Animal Behaviour* 41, 530–532.
– 1991b. The effects of leopard predation on grouping patterns in forest chimpanzees. In: *Behaviour* 117, 220–242.
– 1992. New elements of a theory of mind in wild chimpanzees. In: *Behavioral and Brain Sciences* 15, 149–150.
– 1993. Towards a new image of culture in wild chimpanzees? In: *Behavioral and Brain Sciences* 16, 514–515.

- 1994a. Chimpanzee-red colobus monkeys: A predator-prey system. In: *Animal Behaviour* 47, 1135–48.
- 1994b. Cooperative hunting in wild chimpanzees. In: *Animal Behaviour* 48, 653–667.
Boesch, C. und H. Boesch. 1989. Hunting behavior of wild chimpanzees in the Taï National Park. In: *American Journal of Physical Anthropology* 78, 547–573.
Boinski, S. 1988. Use of a club by a wild white-faced capuchin *(Cebus capucinus)* to attack a venomous snake *(Bothrops asper)*. In: *American Journal of Primatology* 14, 177–179.
- 1992. Monkeys with inflated sex appeal. In: *Natural History* 101 (7), 42–48.
Bonner, J. T. 1980. *The Evolution of Culture in Animals*. Princeton: Princeton University Press. Dt.: Kultur-Evolution bei Tieren. Berlin: Parey, 1983.
Bowlby, J. 1983 (1973). *Attachment and Loss,* Bd. 2, *Separation Anxiety and Anger*. Harmondsworth: Penguin. Dt.: Bindung und Verlust. München: Kindler, 1975.
van Bree, P. 1963. On a specimen of *Pan paniscus,* Schwarz 1929, which lived in the Amsterdam Zoo from 1911 till 1916. In: *Zoologischer Garten* 27, 292–295.
Breggin, P. R. 1992. We could all learn a thing or two from the chimpanzees. In: *New York Times,* 15. März.
Breuggeman, J. A. 1973. Parental care in a group of free-ranging rhesus monkeys *(Macaca mulatta)*. In: *Folia primatologica* 20, 178–210.
Brigham, J. C. und R. S. Malpass. 1985. The role of experience and contact in the recognition of faces of own-and other-race persons. In: *Journal of Social Issues* 41, 139–155.
Brothers, L. 1989. A biological perspective on empathy. In: *American Journal of Psychiatry* 146, 10–19.
Broughton, J. M. 1983. Women's rationality and men's virtues: A critique of gender dualism in Gilligan's theory of moral development. In: *Social Research* 50, 597–642.
Burghardt, G. M. 1985. Animal awareness: Current perceptions and historical perspective. In: *American Psychologist* 40, 905–919.
- 1991. Cognitive ethology and critical anthropomorphism: A snake with two heads and hog-nosed snakes that play dead. In: C. A. Risteau, Hrsg., *Cognitive Ethology,* S. 55–90. Hillsdale, N. J.: Erlbaum.
- 1992. Human-bear bonding in research on black bear behavior. In: H. Davis und D. Balfour, Hrsg., *The Inevitable Bond: Examining Scientist-Animal Interactions,* S. 365–382. Cambridge: Cambridge University Press.
Butterworth, G. E. et al. 1991. *Perspectives on the Child's Theory of Mind*. Oxford: Oxford University Press.
Bygott, J. D. 1979. Agonistic behavior, dominance, and social structure in wild chimpanzees of the Gombe National Park. In: D. A. Hamburg und E. R. McCown, Hrsg., *The Great Apes,* S. 405–428. Menlo Park, Calif.: Benjamin Cummings.
Byrne, R. W. 1995. *The Thinking Ape*. Oxford: Oxford University Press.
Byrne, R. W. und A. Whiten. 1988. *Machiavellian Intelligence: Social Expertise and the Evolution of Intellect in Monkeys, Apes, and Humans*. Oxford: Oxford University Press.
- 1990. Tactical deception in primates: The 1990 database. In: *Primate Report* 27, 1–101.
Caine, N. und M. Reite. 1983. Infant abuse in captive pig-tailed macaques: Relevance to human child abuse. In: M. Reite und N. Caine, Hrsg., *Child Abuse: The Nonhuman Primate Data,* S. 19–27. New York: Liss.
Caldwell, M. C. und D. K. Caldwell. 1966. Epimeletic (care-giving) behavior in Cetacea. In:

K. S. Norris, Hrsg., *Whales, Dolphins, and Porpoises,* S. 755–789. Berkeley: University of California Press.
Calhoun, J. B. 1962. Population density and social pathology. In: *Scientific American* 206, 139–148.
Campbell, D. T. 1975. On the conflict between biological and social evolution and between psychology and moral tradition. In: *American Psychologist* 117, 1103–26.
Canetti, E. 1960. *Masse und Macht.* Hamburg: Claassen.
Caporael, L. R. et al. 1989. Selfishness examined: Cooperation in the absence of egoistic incentives. In: *Behavioral and Brain Sciences* 12, 683–739.
Carey, S. 1985. *Conceptual Change in Childhood.* Cambridge, Mass.: MIT Press.
Carpenter, E. 1975. The tribal terror of self-awareness. In: P. Hockings, Hrsg., *Principles of Visual Anthropology,* S. 451–461. Den Haag: Mouton.
Cartmill, M. 1993. *A View to a Death in the Morning: Hunting and Nature through History.* Cambridge, Mass.: Harvard University Press. Dt.: Tod im Morgengrauen. Zürich: Artemis & Winkler, 1993.
Cavalieri, P. und P. Singer. 1993. *The Great Ape Project: Equality beyond Humanity.* London: Fourth Estate. Dt.: Menschenrechte für die großen Menschenaffen. München: Goldmann, 1994.
Cenami Spada, E. et al. (erscheint in Kürze). The self as reference point: Can animals do without it? In: P. Rochat, Hrsg., *The Self in Infancy: Theory and Research.* Amsterdam: Elsevier.
Chadwick-Jones, J. K. 1992. Baboon social communication: The social contingency model and social exchange. In: F. D. Burton, Hrsg., *Social Processes and Mental Abilities in Non-Human Primates,* S. 91–108. Lewiston, N. Y.: Mellen.
Chagnon, N. A. 1988. Life histories, blood revenge, and warfare in a tribal population. In: *Science* 239, 985–992.
Chance, M., G. Emory und R. Payne. 1977. Status referents in long-tailed macaques *(Macaca fascicularis):* Precursors and effects of a female rebellion. In: *Primates* 18, 611–632.
Charlesworth, W. R. 1991. The development of the sense of justice. In: *American Behavioral Scientist* 34, 350–370.
Cheney, D. L. und R. M. Seyfarth. 1986. The recognition of social alliances by vervet monkeys. In: *Animal Behaviour* 34, 1722–31.
– 1989. Reconciliation and redirected aggression in vervet monkeys, *Cercopithecus aethiops.* In: *Behaviour* 110, 258–275.
– 1990. *How Monkeys See the World: Inside the Mind of Another Species.* Chicago: University of Chicago Press. Dt.: Wie Affen die Welt sehen. München: Hanser, 1994.
– 1991. Reading minds or reading behaviour? Tests of a theory of mind in monkeys. In: A. Whiten, Hrsg., *Natural Theories of Mind; Evolution, Development and Simulation of Everyday Mindreading,* S. 175-194. Oxford: Blackwell.
Ci, J. 1991. Conscience, sympathy and the foundation of morality. In: *American Philosophical Quarterly* 28, 49–59.
Clutton-Brock, T. H. und G. A. Parker. 1995. Punishment in animal societies. In: *Nature* 373, 209–216.
Coe, C. L. und L. A. Rosenblum. 1984. Male dominance in the bonnet macaque: A malleable relationship. In: P. R. Barchas und S. P. Mendoza, Hrsg., *Social Cohesion: Essays toward a Sociophysiological Perspective,* S. 31–63. Westport, Conn.: Greenwood.

Colby, A. und W. Damon. 1983. Listening to a different voice: A review of Gilligan's *In a Different Voice*. In: *Merrill-Palmer Quarterly* 29, 473–481.

Colmenares, F. 1991. Greeting behaviour between male baboons: Oestrus females, rivalry, and negotiation. In: *Animal Behaviour* 41, 49–60.

Connor, R.C. und K.S. Norris. 1982. Are dolphins reciprocal altruists? In: *American Naturalist* 119, 358–372.

Cords, M. 1988. Resolution of aggressive conflicts by immature male long-tailed macaques. In: *Animal Behaviour* 36: 1124–35.

Cords, M. und S. Thurnheer. 1993. Reconciling with valuable partners by long-tailed macaques. In: *Ethology* 93, 315–325.

Coser, L.A. 1966. Some social functions of violence. In: *Annals* 364, 8–18.

Cronin, H. 1991. *The Ant and the Peacock*. Cambridge: Cambridge University Press.

Crook, J.H. 1989. Introduction: Socioecological paradigms, evolution and history: Perspectives for the 1990s. In: V. Standen und R.A. Foley, Hrsg., *Comparative Socioecology: The Behavioural Ecology of Humans and Other Mammals*, S. 1–36. London: Blackwell.

Damasio, H. et al. 1994. The return of Phineas Gage: Clues about the brain from the skull of a famous patient. In: *Science* 264, 1102–05.

D'Amato, M.R. und N. Eisenstein. 1972. Laboratory breeding and rearing of *Cebus apella*. In: *Laboratory Primate Newsletter* 11 (3), 4–9.

Darley, J.M. und C.D. Batson. 1973. From Jerusalem to Jericho: A study of situational and dispositional variables in helping behavior. In: *Journal of Personality and Social Psychology* 27, 100–108.

Dart, R.A. 1959. *Adventures with the Missing Link*. New York: Harper.

Darwin, C. 1965 (1872). *The Expression of Emotions in Man and Animals*. Chicago: University of Chicago Press. Dt.: Der Ausdruck der Gefühle bei Mensch und Tier. Düsseldorf: Rau, 1964.

– 1981 (1871). *The Descent of Man, and Selection in Relation to Sex*. Princeton: Princeton University Press. Dt.: Die Abstammung des Menschen und die geschlechtliche Zuchtwahl. Stuttgart: Kröner, 1966.

Dasser, V. 1988. A social concept in Java-monkeys. In: *Animal Behaviour* 365, 225–230.

Davis, H. 1989. Theoretical Note on the moral development of rats *(Rattus norvegicus)*. In: *Journal of Comparative Psychology* 103, 88–90.

Dawe, H.C. 1934. An analysis of two hundred quarrels of preschool children. In: *Child Development* 5, 139–157.

Dawkins, R. 1976. *The Selfish Gene*. Oxford: Oxford University Press. Dt.: Das egoistische Gen. Reinbek: Rowohlt, 1996.

– 1981. In defense of selfish genes. In: *Philosophy* 56, 556–573.

Demaria C. und B. Thierry. 1990. Formal biting in stump-tailed macaques *(Macaca arctoides)*. In: *American Journal of Primatology* 20, 133–140.

Deputte, B.L. 1988. Perception de la mort et de la séparation chez les primates. In: *Nouvelle Revue d'Ethnopsychiatrie* 10, 113–150.

Dettwyler, K.A. 1991. Can paleopathology provide evidence for »compassion«? In: *American Journal of Physical Anthropology* 84, 375–384.

Dewey, J. 1993 (1898). Evolution and ethics. Reprinted in M.H. Nitecki und D.V. Nitecki, Hrsg., *Evolutionary Ethics*, S. 95–110. Albany: State University of New York Press.

Dickey, L. 1986. Historicizing the »Adam Smith Problem«: Conceptual, historiographical, and textual issues. In: *Journal of Modern History* 58, 579–609.
Dittus, W. P. J. 1979. The evolution of behaviors regulating density and age-specific sex ratios in a primate population. In: *Behaviour* 69, 265–302.
Dittus, W. P. J. und S. M. Ratnayeke. 1989. Individual and social behavioral responses to injury in wild toque macaques *(Macaca sinica)*. In: *International Journal of Primatology* 10, 215–234.
Dugatkin, L. A. 1992. Sexual selection and imitation: Females copy the mate choice of others. In: *American Naturalist* 139, 1384–89.
Dunbar, R. I. M. 1988. *Primate Social Systems*. London: Croom Helm.
Dutton, D. und S. L. Painter. 1981. Traumatic bonding: The development of emotional attachments in battered women and other relationships of intermittent abuse. In: *Victimology* 6, 139–155.
Eaton, G., K. B. Modahl und D. F. Johnson. 1980. Aggressive behavior in a confined troop of Japanese macaques: Effects of density, season, and gender. In: *Aggressive Behavior* 7, 145–164.
Edwards, C. P. 1993. Behavioral sex differences in children of diverse cultures: The case of nurturance to infants. In: M. E. Pereira und L. A. Fairbanks, Hrsg., *Juvenile Primates: Life History, Development, and Behavior*. New York: Oxford University Press.
Ehardt, C. L. und I. S. Bernstein. 1992. Conflict intervention behaviour by adult male macaques: Structural and functional aspects. In: A. H. Harcourt und F. B. M. de Waal, Hrsg., *Coalitions and Alliances in Humans and Other Animals*, S. 83–111. Oxford: Oxford University Press.
Eibl-Eibesfeldt, I. 1990. Dominance, submission, and love: Sexual pathologies from the perspective of ethology. In: J. R. Feierman, Hrsg., *Pedophilia: Biosocial Dimensions*, S. 150–175. New York: Springer.
Erdal, D. und A. Whiten. 1994. On human egalitarianism: An evolutionary product of Machiavellian status escalation? In: *Current Anthropology* 35, 175–183.
– Im Druck: Egalitarianism and Machiavellian intelligence in human evolution. In: *Cambridge Archeological Journal*.
Erwin, J. 1979. Aggression in captive macaques: Interaction of social and spatial factors. In: J. Erwin, T. L. Maple und G. Mitchell, Hrsg., *Captivity and Behavior*, S. 139–171. New York: Van Nostrand.
Fedigan, L. M. und L. Fedigan. 1977. The social development of a handicapped infant in a free-living troop of Japanese monkeys. In: S. Chevalier-Skolnikoff und F. E. Poirier, Hrsg., *Primate Bio-Social Development: Biological, Social, and Ecological Determinants*, S. 205–222. New York: Garland.
Feistner, A. T. C. und W. C. McGrew. 1989. Food-sharing in primates: A critical review. In: P. K. Seth und S. Seth, Hrsg., *Perspectives in Primate Biology*, Bd. 3, S. 21–36. New Delhi: Today and Tomorrow's Printers and Publishers.
Fiorito, G. und P. Scotto. 1992. Observational learning in *Octopus vulgaris*. In: *Science* 256, 545–547.
Fischler, C. 1990. *L'Homnivore: Le goût, la cuisine et le corps*. Paris: Odile Jacob.
Fisher, A. 1991. A new synthesis comes of age. In: *Mosaic* 22, 3–17.
Fossey, D. 1983. *Gorillas in the Mist*. Boston: Houghton Mifflin. Dt.: Gorillas im Nebel. München: Kindler, 1989.

Frank, R. H. 1988. *Passions within reason: The Strategic Role of the Emotions*. New York: Norton. Dt.: Die Strategie der Emotionen. München: Oldenbourg, 1992.

Freedman, D. G. 1958. Constitutional and environmental interactions in rearing of four breeds of dogs. In: *Science* 127, 585–586.

Freud, S. 1930. *Das Unbehagen in der Kultur*. Wien: Internationaler Psychoanalytischer Verlag.

Galef, B. G. 1988. Imitation in animals: History, definitions, and interpretation of data from the psychological laboratory. In: T. Zentall und B. G. Galef, Hrsg., *Psychological und Biological Perspectives*, S. 1–28. Hillsdale, N. J.: Erlbaum.

Gallup, P. 1982. Self-awareness and the emergence of mind in primates. In: *American Journal of Primatology* 2, 237–248.

Garner, R. L. 1896. *Gorillas and Chimpanzees*. London: Osgood.

Gibber, J. R. 1981. Infant-directed behaviors in male and female rhesus monkeys. Ph. Diss., University of Wisconsin-Madison.

Gibson. E. J. 1994. Has psychology a future? In: *Psychological Science* 5, 69–76.

Gibson, J. J. 1979. *The Ecological Approach to Visual Perception*. Boston: Houghton Mifflin.

Gilligan, C. 1982. *In a Different Voice: Psychological Theory and the Women's Movement*. Cambridge, Mass.: Harvard University Press. Dt.: Die andere Stimme. München: Piper, 1984.

Ginsberg, H. und S. Miller. 1981. Altruism in children: A naturalistic study of reciprocation and an examination of the relationship between social dominance and aid-giving behavior. In: *Ethology and Sociobiology* 2, 75–83.

Goldfoot, D. A. und D. A. Neff. 1985. On measuring sex differences in social contexts. In: N. Adler, D. Pfaff und R. W. Goy, Hrsg., *Handbook of Behavioral Neurobiology*, Bd. 7, S. 767–783. New York: Plenum.

Goodall, J. 1971. *In the Shadow of Man*. Boston: Houghton Mifflin. Dt.: Wilde Schimpansen. Reinbek: Rowohlt, 1991.

– 1986. *The Chimpanzees of Gombe: Patterns of Behavior*. Cambridge, Mass.: Belknap Press, Harvard University Press.

– 1990. *Through a Window*. Boston: Houghton Mifflin. Dt.: Ein Herz für Schimpansen. Reinbek: Rowohlt, 1991.

– 1992. Unusual violence in the overthrow of an alpha male chimpanzee at Gombe. In: T. Nishida et al., Hrsg., *Topics in Primatology*, Bd. 1, *Human Origins*, S. 131–142. Tokio: University of Tokyo Press.

Gottman, J. 1994. *Why Marriages Succeed or Fail*. New York: Simon and Schuster.

Gould, S. J. 1980. So cleverly kind an animal. In: *Ever since Darwin*, S. 260–267. Harmondsworth: Penguin.

– 1988. Kropotkin was no crackpot. In: *Natural History* 97 (7), 12–21.

Grammer, K. 1992. Intervention in conflicts among children: Contexts and consequences. In: A. H. Harcourt und F. B. M. de Waal, Hrsg., *Coalitions and Alliances in Humans and Other Animals*, S. 258–283. Oxford: Oxford University Press.

Guisso, R. W. L. und C. Pagani. 1989. *The First Emperor of China*. New York: Birch Lane.

Hadwin, J. und J. Perner. 1991. Pleased and surprised: Children's cognitive theory of emotion. In: *British Journal of Developmental Psychology* 9, 215–234.

Haglund, K. 1992. Violence research is due for attention. In: *Journal of NIH Research* 4, 38–42.

Hall, K. R. L. 1964. Aggression in monkey and ape societies. In: J. Carthy und F. Ebling, Hrsg., *The Natural History of Aggression*, S. 51–64. London: Academic Press.

Hamilton, W. D. 1971. Selection of selfish and altruistic behavior. In: J. F. Eisenberg und W. S. Dillon, Hrsg., *Man and Beast: Comparative Social Behavior*, S. 59–91. Washington, D. C.: Smithsonian Institution Press.

Harcourt, A. H. und F. B. M. de Waal. 1992. *Coalitions and Alliances in Humans and Other Animals*. Oxford: Oxford University Press.

Hardin, G. 1982. Discriminating altruisms. In: *Zygon* 17, 163–186.

Hartup, W. et al., 1988. Conflict and the friendship relations of young children. In: *Child Development* 59, 1590–1600.

Hatfield, E., J. T. Cacioppo und R. L. Rapson. 1993. Emotional contagion. In: *Current Directions in Psychological Science* 2, 96–99.

Hawkes, K. 1990. Showing off: Tests of an hypothesis about men's foraging goals. In: *Ethology and Sociobiology* 12, 29–54.

Hearne, V. 1986. Reflections: Questions about language. I – Horses. In: *New Yorker* 62 (Aug.), 33–57.

Hediger, H. 1955. *Studies in the Psychology and Behaviour of Animals in Zoos and Circusses*. London: Butterworth. Dt.: Skizzen zu einer Tierpsychologie im Zoo und Zirkus. Zürich: Büchergilde Gutenberg, 1954.

Heine, B. 1985. The mountain people: Some notes on the Ik of north-eastern Uganda. In: *Africa* 55, 3–16.

Heinrich, B. 1989. *Ravens in Winter*. New York: Summit. Dt.: Die Seele der Raben. München: List, 1992.

Heyes, C. M. 1993. Anecdotes, training, trapping and triangulating: Do animals attribute mental states? In: *Animal Behaviour* 46, 177–188.

Hinde, R. A. 1970. Aggression. In: J. Pringle, Hrsg., *Biology and the Human Sciences*, S. 1–23. Oxford: Clarendon.

– 1985. Expression and negotiation. In: G. Zivin, Hrsg., *The Development of Expressive Behavior: Biology-Environment Interactions*, S. 103–116. Orlando, Fla.: Academic Press.

Hobbes, T. 1991 (1651). *Leviathan*. Cambridge: Cambridge University Press. Dt.: Leviathan. Neuwied: Luchterhand, 1966.

Hoffman, M. L. 1978. Sex differences in empathy and related behaviors. In: *Psychological Bulletin* 84, 712–722.

– 1981. Perspectives on the difference between understanding people and understanding things: The role of affect. In: J. H. Flavell und L. Ross, Hrsg., *Social Cognitive Development*, S. 67–81. Cambridge: Cambridge University Press.

Hohmann, G. und B. Fruth. 1993. Field observations on meat sharing among bonobos *(Pan paniscus)*. In: *Folia primatologica* 60, 225–229.

– Erscheint demnächst: Food sharing and status in provisioned bonobos *(Pan paniscus)*: Preliminary results. In: P. Wiessner und W. Schiefenhövel, Hrsg., *Food and the Status Quest*. Oxford: Berghahn.

Hölldobler, B. und E. O. Wilson. 1990. *The Ants*. Cambridge, Mass.: Harvard University Press.

Hopkins, W. D. und R. D. Morris. 1993. Handedness in great apes: A review of findings. In: *International Journal of Primatology,* 14, 1–25.
Howell, M., J. Kinsey und M. A. Novak. 1994. Mark-directed behavior in a rhesus monkey after controlled reinforced exposure to mirrors. In: *American Journal of Primatology* 33, 216.
Hume, D. 1978 (1739). *A Treatise of Human Nature.* Oxford : Oxford University Press. Dt.: Ein Traktat über die menschliche Natur. Hamburg: Meiner, 1989.
Huxley, T. H. 1888. Struggle for existence and its bearings upon man. In: *Nineteenth Century,* Febr. 1888.
– 1989 (1894). *Evolution and Ethics.* Princeton: Princeton University Press.
Ihobe, H. 1990. Interspecific interactions between wild pygmy chimpanzees *(Pan paniscus)* and red colobus *(Colobus badius).* In: *Primates* 3, 109–112.
– 1992. Observations on the meat-eating behavior of wild bonobos *(Pan paniscus)* at Wamba, Republic of Zaire. In: *Primates* 33, 247–250.
Isaac, G. 1978. The food-sharing behavior of protohuman hominids. In: *Scientific American* 238 (4), 90–108.
Itani, J. 1988. The origin of human equality. In: M. R. A. Chance, Hrsg., *Social Fabrics of the Mind,* S. 137–156. Hove: Erlbaum.
Izawa, K. 1978. Frog-eating behavior of wild black-capped capuchin *(Cebus apella).* In: *Primates* 19, 633–642.
Jacoby, S. 1983. *Wild Justice: The Evolution of Revenge.* New York: Harper and Row.
Janson, C. H. 1988. Food competition in brown capuchin monkeys *(Cebus apella):* Quantitative effects of group size and tree productivity. In: *Behaviour* 105, 53–76.
Jaynes. J. 1969. The historical origins of »ethology« and »comparative psychology«. In: *Animal Behaviour* 17, 601–606.
Jerison, H. J. 1986. The perceptual worlds of dolphins. In: R. J. Schusterman, J. A. Thomas und F. G. Woods, Hrsg., *Dolphin Cognition and Behavior: A Comparative Approach,* S. 141–166. London: Erlbaum.
Johnson, D. B. 1982. Altruistic behavior and the development of self in infants. In: *Merrill-Palmer Quarterly* 28, 379–388.
Johnston, K. D. 1988. Adolescents' solutions to dilemmas in fables: Two moral orientations – two problem-solving strategies. In: C. Gilligan, J. V. Ward und M. Taylor, Hrsg., *Mapping the Moral Domain: A Contribution of Women's Thinking to Psychological Theory and Education,* S. 49–71. Cambridge, Mass.: Harvard University Press.
Joubert, D. 1991. Elephant wake. In: *National Geographic* 179, 39–42.
Judge, P. G. 1991. Dyadic and triadic reconciliation in pigtail macaques *(Macaca nemestrina).* In: *American Journal of Primatology* 23, 225–237.
Judge, P. G. und F. B. M. de Waal. 1994. Intergroup grooming relations between alpha females in a population of free-ranging rhesus macaques. In: *Folia primatologica* 63, 63–70.
Kant, I. 1785. Grundlegung zur Metaphysik der Sitten. Riga.
Kaplan, H. und K. Hill. 1985. Hunting ability and reproductive success among Ache foragers: Preliminary results. In: *Current Anthropology* 26, 131–133.
Kappeler, P. M. und C. P. van Schaik. 1992. Methodological and evolutionary aspects of reconciliation among primates. In: *Ethology* 92, 51–69.
Kaufman I. C. und L. A. Rosenblum. 1967. Depression in infant monkeys separated from their mothers. In: *Science* 155, 1030–31.

Kennedy, J. S. 1992. *The New Anthropomorphism*. Cambridge: Cambridge University Press.
Killen, M. und E. Turiel. 1991. Conflict resolution in preschool social interactions. In: *Early Education and Development* 2, 240–255.
Kitcher, P. 1985. *Vaulting Ambition: Sociobiology and the Quest for Human Nature*. Cambridge, Mass.: MIT Press.
Knauft, B. M. 1991. Violence and sociality in human evolution. In: *Current Anthropology* 32, 391–428.
Kohlberg, L. 1984. *Essays on Moral Development*, Bd. 2, *The Psychology of Moral Development*. San Francisco: Harper and Row.
Köhler, W. 1925. *The Mentality of Apes*. New York: Vintage.
Kortlandt, A. 1991. Primates in the looking glass: A historical note. In: *Animal Behaviour Society Newsletter* 37, 11.
Kropotkin, P. 1972 (1902). *Mutual Aid: A Factor of Evolution*. New York: New York University Press. Dt.: Gegenseitige Hilfe in der Tier- und Menschenwelt. Grafenau: Trotzdem-Verlag, 1993.
Kummer, H. 1968. *Social Organization in Hamadryas Baboons*. Chicago: University of Chicago Press.
– 1971. *Primate Societies*. Chicago: University of Chicago Press. Dt.: Sozialverhalten der Primaten. Berlin: Springer, 1975.
– 1978. On the value of social relationships to nonhuman primates: A heuristic scheme. In: *Social Science Information* 17, 687–705.
– 1982. Social knowledge in free-ranging primates. In: D. Griffin, Hrsg., *Animal Mind – Human Mind*, S. 113–130. Berlin: Springer.
– 1991. Evolutionary transformations of possessive behavior. In: F. W. Rudmin, Hrsg., *To Have Possessions: A Handbook on Ownership and Property*. Sonderheft des *Journal of Social Behavior and Personality* 6 (6), 75–83.
Kummer, H. und M. Cords. 1991. Cues of ownership in long-tailed macaques, *Macaca fascicularis*. In: *Animal Behaviour* 42, 529–549.
Kummer, H. und J. Goodall. 1985. Conditions of innovative behaviour in primates. In: L. Weiskrantz, Hrsg., *Animal Intelligence*, S. 203–214. Oxford: Clarendon.
Kummer, H., V. Dasser und P. Hoyningen-Huene. 1990. Exploring primate social cognition: Some critical remarks. In: *Behaviour* 112, 84–98.
Kummer, H., W. Götz und W. Angst. 1974. Triadic differentiation: A process protecting pair-bonds in baboons. In: *Behavior* 49, 62–87.
Kurland, J. A. 1977. *Contributions to Primatology*, Bd. 12, *Kin Selection in the Japanese Monkey*. Basel: Karger.
Kuroda, S. 1984. Interactions over food among pygmy chimpanzees. In: R. Susman, Hrsg., *The Pygmy Chimpanzee*, S. 301–324. New York: Plenum.
Kyes, R. C. 1992. Protection of a disabled group member in hamadryas baboons. In: *Laboratory Primate Newsletter* 31, 9–10.
Lagerspetz, K. M., K. Björkqvist und T. Peltonen. 1988. Is indirect aggression typical of females? Gender differences in aggressiveness in 11- to 12-year-old children. In: *Aggressive Behavior* 14, 403–414.
Lee, R. B. 1969. Eating Christmas in the Kalahari. In: *Natural History* 78 (12), 14–22, 60–63.

Lee, V. 1913. *The Beautiful: An Introduction to Psychological Aesthetics*. Cambridge: Cambridge University Press.
Lethmate, J. 1977. *Fortschritte der Verhaltensforschung*, Bd. 9, *Problemlöseverhalten von Orang-Utans (Pongo pygmaeus)*. Berlin: Parey.
Lethmate, J. und G. Dücker. 1973. Untersuchungen zum Selbsterkennen im Spiegel bei Orang-Utans und einigen anderen Affenarten. In: *Zeitschrift für Tierpsychologie* 33, 248–269.
Lever, J. 1976. Sex differences in the games children play. In: *Social Problems* 23, 478–487.
Lewin, R. 1984 (1977). Biological limits to morality. In: G. Ferry, Hrsg., *The Understanding of Animals*, S. 226–234. Oxford: Blackwell.
Lieberman, P. 1991. *Uniquely Human: The Evolution of Speech, Thought, and Selfless Behavior*. Cambridge, Mass.: Harvard University Press.
Lippa, R. A. 1990. *Introduction to Social Psychology*. Belmont, Calif.: Wadsworth.
Lopez, B. H. 1978. *Of Wolves and Men*. New York: Scribner's.
Lorenz, K. 1960. *So kam der Mensch auf den Hund*. Wien: Borotha-Schoeler.
– 1963. *Das sogenannte Böse*. München: Deutscher Taschenbuchverlag, [11]1984.
– 1981. *Vergleichende Verhaltensforschung*. München: Deutscher Taschenbuchverlag, 1982.
Lux, K. 1990. *Adam Smith's Mistake*. Boston: Shambhala.
Maccoby, E. und C. Jacklin. 1974. *The Psychology of Sex Differences*. Stanford: Stanford University Press.
de Mandeville, B. 1966 (1714). *The Fable of the Bees: or, Private Vices, Public Benefits*, Bd. 1, London: Oxford University Press. Dt.: Die Bienenfabel. Frankfurt: Suhrkamp, 1968.
Manning, J. T., R. Heaton und A. T. Chamberlain. 1994. Left-side cradling: Similarities and differences between apes und humans. In: *Journal of Human Evolution*, 26, 77–83.
Marino, L., D. Reiss und G. G. Gallup. 1994. Mirror self-recognition in bottlenose dolphins: Implications for comparative investigations of highly dissimilar species. In: S. T. Parker, R. W. Mitchell und M. L. Boccia, Hrsg., *Self-Awareness in Animals and Humans: Developmental Perspectives*, S. 380–391. Cambridge: Cambridge University Press.
Marshall Thomas, E. 1993. *The Hidden Life of Dogs*. Boston: Houghton Mifflin. Dt.: Das geheime Leben der Hunde. Reinbek: Rowohlt, 1994.
Marten, K. und S. Psarakos. 1994. Evidence of self-awareness in the bottlenose dolphin *(Tursiops truncatus)*. In: S. T. Parker, R. W. Mitchell und M. L. Boccia, Hrsg., *Self-Awareness in Animals and Humans: Developmental Perspectives*, S. 361-379. Cambridge: Cambridge University Press.
Maslow, A. H. 1936. The role of dominance in the social and sexual behavior of infra-human primates. I. Observations at Vilas Park Zoo. In: *Journal of Genetical Psychology* 48, 261–277.
– 1940. Dominance-quality and social behavior in infra-human primates. In: *Journal of Social Psychology* 11, 313–324.
Mason, W. A. 1993. The Nature of social conflict: The psycho-ethical perspective. In: W. A. Mason, Hrsg., *Primate Social Conflict*, S. 13–47. Albany: State University of New York Press.
Masson, J. M. und S. McCarthy. 1995. *When Elephants Weep: The Emotional Lives of Animals*. New York: Delacorte. Dt.: Wenn Tiere weinen. Reinbek: Rowohlt, 1996.
Masters, R. 1984. Review of *Chimpanzee Politics*. In: *Politics and the Life Sciences* 2, 208–209.

Matsuzawa, T. 1989. Spontaneous pattern construction in a chimpanzee. In: P. Heltne und L. Marquardt, Hrsg., *Understanding Chimpanzees*, S. 252–265. Cambridge, Mass.: Harvard University Press.
- 1990. Form perception and visual acuity in a chimpanzee. In: *Folia primatologica 55*, 24–32.
Maynard Smith, J. und G. R. Price. 1973. The logical of animal conflict. In: *Nature 246*, 15–18.
Mayr, E. 1963. *Populations, Species, and Evolution*. Cambridge, Mass.: Belknap Press, Harvard University Press. Auszug aus: *Animal Species and Evolution*. Dt.: Artbegriff und Evolution. Hamburg: Parey, 1967.
McBride, A. F. und D. O. Hebb. 1984. Behavior of the captive bottle-nose dolphin, *Tursiops truncatus*. In: *Journal of Comparative Physiological Psychology 41*, 111–123.
McGrew, W. C. 1975. Patterns of plant food sharing by wild chimpanzees. In: *Contemporary Biology 5th International Congress of Primatology, Nagoya 1974*, S. 304–309. Basel: Karger.
- 1992. *Chimpanzee Material Culture*. Cambridge: Cambridge University Press.
McGuire, M., M. Raleigh und C. Johnson. 1983. Social dominance in adult male vervet monkeys: General considerations. In: *Social Science Information 22*, 89–123.
Mednick, M. T. 1989. On the politics of psychological constructs: Stop the bandwagon, I want to get off. In: *American Psychologist 44*, 1118–23.
Menzel, E. W. 1973. *Precultural Primate Behavior*. Basel: Karger.
- 1974. A group of young chimpanzees in a one-acre field. In: A. M. Schrier und F. Stollnitz, Hrsg., *Behavior of Non-human Primates*, Bd. 5, S. 83–153. New York: Academic Press.
- 1986. How can you tell if an animal is intelligent? In: R. J. Schusterman, J. A. Thomas und F. G. Wood, Hrsg., *Dolphin Cognition and Behavior: A Comparative Approach*, S. 167–181. London: Erlbaum.
- 1988. Mindless behaviorism, bodiless cognitivism, or primatology? In: *Behavioral and Brain Sciences 11*, 258–259.
Mercer, P. 1972. *Sympathy and Ethics: A Study of the Relationship between Sympathy and Morality with Special Reference to Hume's* Treatise. Oxford: Clarendon.
Midgley, M. 1979. Gene-juggling. In: *Philosophy 54*, 439–458.
- 1991. *Can't We Make Moral Judgements?* New York: St. Martin's.
- 1994. *The Ethical Primate: Humans, Freedom and Morality*. London: Routledge.
Miller, B. L. 1990. Aggression and other social behaviors in a captive group of Japanese Monkeys, *Macaca fuscata fuscata*. Magisterarbeit, University of Wisconsin-Milwaukee.
Milton, K. 1985. Mating patterns of woolly spider monkeys, *Brachyteles arachnoides*: Implications for female choice. In: *Behavioral Ecology and Sociobiology 17*, 53–59.
- 1992. Civilization and its discontents. In: *Natural History 101* (3), 37–42.
Mitchell, R. W. 1993. Mutual models of mirror self-recognition: Two theories. In: *New Ideas in Psychology 11*, 295–325.
Mitchell, R. W., N. Thompson und L. Miles. Erscheint demnächst. *Anthropomorphism, Anecdotes, and Animals*. Albany: State University of New York Press.
Montagu, M. F. A. 1968. The new litany of »innate depravity« or original sin revisited. In: M. F. A. Montagu, Hrsg., *Man and Aggression*. London: Oxford University Press.
Morgan, E. 1982. *The Aquatic Ape*. New York: Stein and Day. Dt.: Kinder des Ozeans. München: Goldmann, 1988.

Moss, C. 1988. *Elephant Memories: Thirteen Years in the Life of an Elephant Family.* New York: Fawcett Columbine. Dt.: Die Elefanten vom Kilimandscharo. München: Goldmann, 1992.

Nieuwenhuijsen, C. und F. B. M. de Waal. 1982. Effects of spatial crowding on social behavior in a chimpanzee colony. In: *Zoo Biology* 1, 5–28.

Nishida, T. 1968. The social group of wild chimpanzees in the Mahale Mountains. In: *Primates* 9, 167–224.

– 1979. The social structure of chimpanzees in the Mahale Mountains. In: D. A. Hamburg und E. R. McGown, Hrsg., *The Great Apes,* S. 73–121. Menlo Park, Kalif.: Benjamin Cummings.

– 1983. Alpha status and agonistic alliance in wild chimpanzees. In: *Primates* 24, 318–336.

– 1987. Local traditions and cultural transmission. In: B. B. Smuts et al., Hrsg., *Primate Societies,* S. 462–474. Chicago: University of Chicago Press.

– 1989. Social interactions between resident and immigrant female chimpanzees. In: P. Heltne und L. Marquardt, Hrsg., *Understanding Chimpanzees,* S. 68–89. Cambridge, Mass.: Harvard University Press.

– 1994. Review of recent findings on Mahale chimpanzees. In: R. W. Wrangham et al., Hrsg., *Chimpanzee Cultures,* S. 373–396. Cambridge, Mass.: Harvard University Press.

Nishida, T. et al. 1992. Meat-sharing as a coalition strategy by an alpha male chimpanzee? In: T. Nishida et al., Hrsg., *Topics in Primatology,* Bd. 1, *Human Origins,* S. 159–174. Tokio: University of Tokyo Press.

Nissen, H. W. und M. P. Crawford. 1936. A preliminary study of food-sharing behavior in young chimpanzees. In: *Journal of Comparative Psychology* 22, 383–419.

Nitecki, M. H. und D. V. Nitecki. 1993. *Evolutionary Ethics.* Albany: State University of New York Press.

Noë, R. 1992. Alliance formation among male baboons: Shopping for profitable partners. In: A. H. Harcourt und F. B. M. de Waal, Hrsg., *Coalitions and Alliances in Humans and Other Animals,* S. 285–321. Oxford: Oxford University Press.

Noë, R., F. B. M. de Waal und J. A. R. A. M. van Hooff. 1980. Types of dominance in a chimpanzee colony. In: *Folia primatologica* 34, 90–110.

Norris, K. S. 1991. *Dolphin Days.* New York: Avon. Dt.: Die Zeit der Delphine. München: Piper, 1994.

Novak, M. A. und H. F. Harlow. 1975. Social recovery of monkeys isolated for the first year of life. I. Rehabilitation and therapy. In: *Developmental Psychology* 11, 453–465.

Nucci, L. P. und E. Turiel. 1978. Social interactions and the development of social concepts in preschool children. In: *Child Development* 49, 400–407.

Parker, S. T., R. W. Mitchell und M. L. Boccia. 1994. *Self-Awareness in Animals and Humans: Developmental Perspectives.* Cambridge: Cambridge University Press.

Patterson, F. G. P. und R. H. Cohn. 1994. Self-recognition and self-awareness in lowland gorillas. In: S. T. Parker, R. W. Mitchell und M. L. Boccia, Hrsg., *Self-Awareness in Animals and Humans: Developmental Perspectives,* S. 273–290. Cambridge: Cambridge University Press.

Pavelka, M. S. McDonald. 1993. *Monkeys of the Mesquite: The Social Life of the South Texas Snow Monkey.* Dubuque, Iowa: Kendall/Hunt.

Perry, S. und L. Rose. 1994. Begging and transfer of coati meat by white-faced capuchin monkeys, *Cebus capucinus.* In: *Primates* 35, 409–415.

Piaget, J. 1962 (1928). *The Moral Judgement of the Child.* New York: Crowell-Collier and Macmillan. (Original: *Le jugement et le raisonnement chez l'enfant).* Dt.: Urteil und Denkprozeß des Kindes. Düsseldorf: Schwann, 1972.
Pilleri, G. 1984. Epimeletic behaviour in Cetacea: Intelligent or instinctive? In: G. Pilleri, Hrsg., *Investigations on Cetacea,* S. 30–48. Vammala, Finnland: Vammalan Kirjapaino Oy.
Pinker, S. 1994. Is there a gene for compassion? In: *New York Times Book Review,* 25. Sept.
Porter, J. W. 1977. Pseudorca stranding. In: *Oceans* 4, 8–14.
Povinelli, D. J. 1987. Monkeys, apes, mirrors and minds: The evolution of self-awareness in primates. In: *Human Evolution* 2, 493–507.
– 1994. How to create self-recognizing gorillas (but don't try it on macaques). In: S. T. Parker, R. W. Mitchell und M. L. Boccia, Hrsg., *Self-Awareness in Animals and Humans: Developmental Perspectives,* S. 291–300. Cambridge: Cambridge University Press.
Povinelli, D. J., S. T. Boysen und K. E. Nelson. 1990. Inferences about guessing and knowing by chimpanzees *(Pan troglodytes).* In: *Journal of Comparative Psychology* 104, 203–210.
Povinelli, D. J., K. E. Nelson und S. T. Boysen. 1992. Comprehension of social role reversal by chimpanzees: Evidence of empathy? In: *Animal Behaviour* 43, 633–640.
Povinelli, D. J., A. B. Rulf und M. A. Novak. 1992. Role reversal by rhesus monkeys, but no evidence of empathy. In: *Animal Behaviour* 44, 269–281.
Power, M. 1991. *The Egalitarians: Human and Chimpanzee.* Cambridge: Cambridge University Press.
Premack, D. und G. Woodruff. 1978. Does the chimpanzee have a theory of mind? In: *Behavioral and Brain Sciences* 1, 515–526.
Pryor, K. 1975. *Lads before the Wind.* New York: Harper and Row. Dt.: Delphine als Artisten. Stuttgart: Müller, 1977.
Rasa, O. A. E. 1976. Invalid care in the dwarf mongoose *(Helogale undulata rufula).* In: *Zeitschrift für Tierpsychologie* 42, 337–342.
– 1979. The effects of crowding on the social relationships and behaviour of the dwarf mongoose *(Helogale undulata rufula).*In: *Zeitschrift für Tierpsychologie* 49, 317–329.
Rawls, J. 1972. *A Theory of Justice.* Oxford: Oxford University Press. Dt.: Eine Theorie der Gerechtigkeit. Frankfurt/M.: Suhrkamp, 1975.
Regal, P. J. 1990. *The Anatomy of Judgment.* Minneapolis: University of Minnesota Press.
Reinhardt, V., R. Dodsworth und J. Scanlan. 1986. Altruistic interference shown by the alpha-female of a captive group of rhesus monkeys. In: *Folia primatologica* 46, 44–50.
Ren, R. et al., 1991. The reconciliation behavior of golden monkeys *(Rhinopithecus roxellanae roxellanae)* in small breeding groups. In: *Primates* 32, 321–327.
van Rhijn, F. und R. Vodegel. 1980. Being honest about one's intentions: An evolutionary stable strategy for animal conflicts. In: *Journal of Theoretical Biology* 85, 623–641.
Richards, R. J. 1987. *Darwin and the Emergence of Evolutionary Theories of Mind and Behavior.* Chicago: University of Chicago Press.
Rousseau, J. J. 1965 (1755). *Discours sur l'origine et les fondements de l'inégalité parmi les hommes.* Paris: Gallimard. Dt.: Diskurs über die Ungleichheit. Paderborn: Schöningh, 1984.
Ruse, M. 1986. *Taking Darwin Seriously: A Naturalistic Approach to Philosophy.* Oxford: Blackwell.

- 1988. Response to Williams: Selfishness is not enough. In: *Zygon* 23, 413–416.
Sabater Pi, J. et al. 1993. Behavior of bonobos *(Pan paniscus)* following their capture of monkeys in Zaire. In: *International Journal of Primatology* 14, 797–804.
Sackin, S. und E. Thelen. 1984. An ethological study of peaceful associative outcomes to conflict in preschool children. In: *Child Development* 55, 1098–1102.
Saffire, W. 1990. The bonding market. In: *New York Times Magazine*, 24. Juni.
Sahlins, M. D. 1965. On the sociology of primitive exchange. In: M. Banton, Hrsg., *The Relevance of Models for Social Anthropology*, S. 139–236. London: Tavistock.
Salk, L. 1973. The role of the heartbeat in the relations between mother and infant. In: *Scientific American*, 228, 24–29.
Salzinger, K. 1990. B. F. Skinner 1904-1990. In: *American Psychological Association Observer* 3, 1–4.
Savage-Rumbaugh, E. S. et al. 1986. Spontaneous symbol acquisition and communicative use by two pygmy chimpanzees. In: *Journal of Experimental Psychology* 115, 211–235.
Scanlon, C. E. 1986. Social development in a congenitally blind infant rhesus macaque. In: R. G. Rawlins und M. J. Kessler, Hrsg., *The Cayo Santiago Macaques*, S. 94–109. Albany: State University of New York Press.
van Schaik, C. P. 1983. Why are diurnal primates living in groups? In: *Behaviour* 87, 120–144.
- 1989. The ecology of social relationships amongst female primates. In: V. Staden und R. A. Foley, Hrsg., *Comparative Socioecology: The Behavioral Ecology of Humans and Other Mammals*, S. 195–218. Oxford: Blackwell.
van Schaik, C. P. und M. A. van Noordwijk. 1985. Evolutionary effect oft the absence of felids on the social organization of the macaques on the island of Simeulue *(Macaca fascicularis fusca*, Miller 1903). In: *Folia primatologica* 44, 138–147.
Schama, S. 1987. *The Embarrassment of Riches: An Interpretation of Dutch Culture in the Golden Age.* New York: Knopf. Dt.: Überfluß und schöner Schein. München: Kindler, 1988.
Scott, J. F. 1971. *Internalization of Norms: A Sociological Theory of Moral Commitment.* Englewood Cliffs, N. J.: Prentice-Hall.
Scott, J. P. 1958. *Animal Behavior.* Chicago: University of Chicago Press.
Seton, E. T. 1907. *The Natural History of the Ten Commandments.* New York: Scribners.
Seville Statement on Violence. 1986. Middletown, Conn.: Wesleyan University.
Seyfarth, R. M. 1981. Do monkeys rank each other? In: *Behavioral and Brain Sciences* 4, 447–448.
- 1983. Grooming and social competition in primates. In: R. Hinde, Hrsg., *Primate Social Relationships: An Integrated Approach*, S. 182–190. Sunderland, Mass.: Sinauer.
Seyfarth, R. M. und D. L. Cheney. 1988. Empirical Tests of reciprocity theory: Problems in assessment. In: *Ethology and Sociobiology* 9, 181–188.
Sherif, M. 1966. *In Common Predicament: Social Psychology of Intergroup Conflict and Cooperation.* Boston: Houghton Mifflin.
Sigg, H. und J. Falett. 1985. Experiments on respect of possession in hamadryas baboons *(Papio hamadryas)*. In: *Animal Behaviour* 33, 978–984.
Silk, J. B. 1992a. The origins of caregiving behavior. In: *American Journal of Physical Anthropology* 87, 227–229.

- 1992b. The patterning of intervention among male bonnet macaques: Reciprocity, revenge, and loyalty. In: *Current Anthropology* 33, 318–325.
Simon, H. A. 1990. A mechanism for social selection and successful altruism. In: *Science* 250, 1665–68.
Singer, P. 1976. *Animal Liberation.* London: Jonathan Cape. Dt.: Befreiung der Tiere. München: Hirthammer, 1982.
- 1981. *The Expanding Circle: Ethics and Sociobiology.* New York: Farrar, Straus and Giroux.
Skinner, B. F. 1990. Can psychology be a science of mind? In: *American Psychologist* 45, 1206–10.
Small, M. F. 1990. Social climber: Independent rise in rank by a female Barbary macaque *(Macaca sylvanus).* In: *Folia primatologica* 55, 85–91.
Smetana, J. G., M. Killen und E. Turiel. 1991. Children's reasoning about interpersonal and moral conflicts. In: *Child Development* 62, 629–644.
Smith, A. 1937 (1759). *A Theory of Moral Sentiments.* New York: Modern Library. Dt.: Theorie der ethischen Gefühle. Hamburg: Meiner, 1994.
- 1982 (1776). *An Inquiry into the Nature and Causes of the Wealth of Nations.* Indianapolis: Liberty Classics. Dt.: Der Wohlstand der Nationen. München: Deutscher Taschenbuchverlag, 1982.
Smuts, B. B. 1985. *Sex and Friendship in Baboons.* New York: Aldine.
- 1987. Gender, aggression, and influence. In: B. B. Smuts et al., Hrsg., *Primate Societies,* S. 400–412. Chicago: University of Chicago Press.
Smuts, B. B. und J. M. Watanabe. 1990. Social relationships and ritualized greetings in adult male baboons *(Papio cynocephalus anubis).* In: *International Journal of Primatology* 11, 147–172.
Sober, E. 1984. *The Nature of Selection: Evolutionary Theory in Philosophical Focus.* Cambridge, Mass.: MIT Press.
- 1988. What is evolutionary altruism? In: *Canadian Journal of Philosophy* 14, 75–99.
Stanford, C. B. et al. 1994a. Patterns of predation by chimpanzees on red colobus monkeys in Gombe National Park, 1982–1991. In: *American Journal of Physical Anthropology* 94, 213–228.
- 1994b. Hunting decisions in wild chimpanzees. In: *Behaviour* 131, 1–18.
von Stephanitz, M. 1918. *Der deutsche Schäferhund.* Berlin, [8]1932.
Strier, K. B. 1992a. Causes and consequences of nonaggression in the woolly spider monkeys, or muriqui *(Brachyteles arachnoides).* In: J. Silverberg und J. P. Gray, Hrsg., *Aggression and Peacefulness in Humans and Other Primates,* S. 100–116. New York: Oxford University Press.
- 1992b. *Faces in the Forest: The Endangered Muriqui Monkeys of Brazil.* New York: Oxford University Press.
Strum, S. C. 1987. *Almost Human: A Journey into the World of Baboons.* New York: Random House.
Sugiyama, Y. 1984. Population dynamics in wild chimpanzees at Bossou, Guinea, between 1976 and 1983. In: *Primates* 25, 391–400.
- 1988. Grooming interactions among adult chimpanzees in Bossou, Guinea, with special reference to social structure. In: *International Journal of Primatology* 9, 393–408.

Tannen, D. 1990. *You Just Don't Understand: Women and Men in Conversation.* New York: Ballantine. Dt.: Du kannst mich einfach nicht verstehen. Stuttgart: Deutscher Bücherbund, 1992.
Taylor, C. E. und M. T. McGuire. 1988. Reciprocal altruism: Fifteen years later. In: *Ethology and Sociobiology* 9, 67–72.
Teleki, G. 1973a. Group response to the accidental death of a chimpanzee in Gombe National Park, Tanzania. In: *Folia primatologica* 20, 81–94.
— 1973b. *The Predatory Behavior of Wild Chimpanzees.* Lewisburg, Penn.: Bucknell University Press.
Temerlin, M. K. 1975. *Lucy: Growing up Human.* Palo Alto, Calif.: Science and Behavior Books.
Thierry, B. und J. R. Anderson. 1986. Adoption in anthropoid primates. In: *International Journal of Primatology* 7, 191–216.
Thompson, N. S. 1976. My descent from the monkey. In: P. Bateson und P. Klopfer, Hrsg., *Perspectives in Ethology,* S. 221–230. New York: Plenum.
Tinklepaugh, O. L. 1928. An experimental study of representative factors in monkeys. In: *Journal of Comparative Psychology* 8, 197–236.
Tobin, J. J., D. Y. H. Wu und D. H. Davidson. 1989. *Preschool in Three Cultures.* New Haven: Yale University Press.
Todes, D. 1989. *Darwin without Malthus: The Struggle for Existence in Russian Evolutionary Thought.* New York: Oxford University Press.
Tokida, E. et al. 1994. Tool-using in Japanese macaques: Use of stones to obtain fruit from a pipe. In: *Animal Behaviour* 47, 1023–30.
Tomasello, M., A. Kruger und H. Ratner. 1993. Cultural learning. In: *Behavioral and Brain Sciences* 16, 495–552.
Trivers, R. L. 1971. The evolution of reciprocal altruism. In: *Quarterly Review of Biology* 46, 35–57.
— 1974. Parent-offspring conflict. In: *American Zoologist* 14, 249–264.
Trumler, E. 1974. *Hunde ernstgenommen: Zum Wesen und Verständnis ihres Verhaltens.* München: Piper.
Turnbull, C. M. 1972. *The Mountain People.* New York: Touchstone. Dt.: Das Volk ohne Liebe. Reinbek: Rowohlt, 1973.
Varley, M. und D. Symmes. 1966. The hierarchy of dominance in a group of macaques. In: *Behaviour* 27, 54–75.
Vehrencamp, S. A. 1983. A model for the evolution of despotic versus egalitarian societies. In: *Animal Behaviour* 31, 667–682.
Visalberghi, E. und D. M. Fragaszy. 1990. Do monkeys ape? In: S. Parker und K. Gibson, Hrsg., *»Language« and Intelligence in Monkeys and Apes: Comparative Development Perspectives,* S. 247–273. Cambridge: Cambridge University Press.
Vogel, C. 1985. Evolution und Moral. In: H. Maier-Leibnitz, Hrsg., *Zeugen des Wissens,* S. 467–507. Mainz: Hase und Koehler.
— 1988. Gibt es eine natürliche Moral. In: *Civis* 1: 65-78.
Vollmer, P. J. 1977. Do mischievous dogs reveal their »guilt«? In: *Veterinary Medicine Small Animal Clinician* 72, 1002–5.
de Waal, F. B. M. 1977. The organization of agonistic relations within two captive groups of Java-monkeys *(Macaca fascicularis).* In: *Zeitschrift für Tierpsychologie* 44, 225–282.

- 1982. *Chimpanzee Politics: Power and Sex among Apes.* London: Jonathan Cape. Dt.: Unsere haarigen Vettern. München: Harnack, 1983.
- 1984. Sex-differences in the formation of coalitions among chimpanzees. In: *Ethology and Sociobiology* 5, 239–255.
- 1986a. The brutal elimination of a rival among captive male chimpanzees. In: *Ethology and Sociobiology* 7, 237–251.
- 1986b. Deception in the natural communication of chimpanzees. In: R. W. Mitchell und N. S. Thompson, Hrsg., *Deception: Human and Non-Human Deceit*, S. 221–244. Albany: State University of New York Press.
- 1986c. Integration of dominance and social bonding in primates. In: *Quarterly Review of Biology* 61, 459–479.
- 1987. Tension regulation and nonreproductive functions of sex among captive bonobos *(Pan paniscus)*. In: *National Geographic Research* 3, 318–335.
- 1989a. *Peacemaking among Primates.* Cambridge, Mass.: Harvard University Press. Dt.: Wilde Diplomaten. Versöhnung und Entspannungspolitik bei Affen und Menschen. München: Hanser, 1991.
- 1989b. Dominance »style« and primate social organization. In: V. Standen und R. A. Foley, Hrsg., *Comparative Socioecology: The Behavioural Ecology of Humans and Other Mammals*, S. 243–264. Oxford: Blackwell.
- 1989c. The myth of a simple relation between space and aggression in captive primates. In: *Zoo Biology Supplement* 1, 141–148.
- 1989d. Food sharing and reciprocal obligations among chimpanzees. In: *Journal of Human Evolution* 18, 433–459.
- 1990. Do rhesus mothers suggest friends to their offspring? In: *Primates* 31, 597–600.
- 1991a. Complementary methods and convergent evidence in the study of primate social cognition. In: *Behaviour* 118, 297–320.
- 1991b. The chimpanzee's sense of social regularity and its relation to the human sense of justice. In: *American Behavioral Scientist* 34, 335–349.
- 1992a. Aggression as well-integrated part of primate social relationships: Critical comments on the Seville Statement on Violence. In: J. Silverberg und J. P. Gray, Hrsg., *Aggression and Peacefulness in Humans and Other Primates*, S. 37–56. New York: Oxford University Press.
- 1992 b. Appeasement, celebration, and food sharing in the two *Pan* species. In: T. Nishida et al., Hrsg., *Topics in Primatology*, Bd. 1, *Human Origins*, S. 37–50. Tokio: University of Tokyo Press.
- 1992c. A social life for chimpanzees in captivity. In: J. Erwin und J. C. Landon, Hrsg., *Chimpanzee Conservation and Public Health: Environments for the Future*, S. 83–87. Rockville, Md.: Diagnon/Bioqual.
- 1992d. Intentional deception in primates. In: *Evolutionary Anthropology* 1, 86–92.
- 1993a. Reconciliation among primates: A review of empirical evidence and unresolved issues. In: W. A. Mason und S. P. Mendoza, Hrsg., *Primate Social Conflict*, S. 111–144. Albany: State University of New York Press.
- 1993b. Sex differences in chimpanzee (and human) behavior: A matter of social values? In: M. Hechter, L. Nadel und R. Michod, Hrsg., *The Origin of Values*, S. 285–303. New York: Aldine de Gruyter.

- 1993c. Co-development of dominance relations and affiliative bonds in rhesus monkeys. In: M. E. Pereira und L. A. Fairbanks, Hrsg., *Juvenile Primates: Life History, Development, and Behavior,* S. 259–270. New York: Oxford University Press.
- 1994. The chimpanzee's adaptive potential: A comparison of social life under captive and wild conditions. In: R. W. Wrangham et al., Hrsg., *Chimpanzee Cultures,* S. 243–260. Cambridge, Mass.: Harvard University Press.

de Waal, F. B. M. und F. Aureli. Erscheint demnächst. Reconciliation, consolation, and a possible cognitive difference between macaque and chimpanzee. In: A. E. Russon, K. A. Bard und S. T. Parker, Hrsg., *Reaching into Thought: The Minds of the Great Apes.* Cambridge: Cambridge University Press.

de Waal, F. B. M. und D. L. Johanowicz. 1993. Modification of reconciliation behavior through social experience: An experiment with two macaque species. In: *Child Development* 64, 897–908.

- de Waal, F. B. M. und L. M. Lutrell. 1985. The formal hierarchy of rhesus moneys: An investigation of the bared-teeth display. In: *American Journal of Primatology* 9, 73–85.
- 1986. The similarity principle underlying social bonding among female rhesus monkeys. In: *Folia primatologica* 46, 215–234.
- 1988. Mechanisms of social reciprocity in the three primate species: Symmetrical relationship characteristics or cognition? In: *Ethology and Sociobiology* 9, 101–118.
- 1989. Toward a comparative socioecology of the genus *Macaca:* Intergroup comparisons of rhesus und stumptail monkeys. In: *American Journal of Primatology* 10, 83–109.

de Waal, F. B. M. und R. Ren. 1988. Comparison of the reconciliation behavior of stumptail and rhesus macaques. In: *Ethology* 78, 129–142.

de Waal, F. B. M. und A. van Roosmalen. 1979. Reconciliation and consolation among chimpanzees. In: *Behavioral Ecology and Sociobiology* 5, 55–66.

de Waal, F. B. M. und D. Yoshihara. 1983. Reconciliation and redirected affection in rhesus monkeys. In: *Behaviour* 85, 224–241.

de Waal, F. B. M., L. M. Lutrell und M. E. Canfield. 1993. Preliminary data on voluntary food sharing in brown capuchin monkeys. In: *American Journal of Primatology* 29, 73–78.

de Waal, F. B. M. et al. Im Druck. Behavioral retardation in a macaque with autosomal trisomy and aging mother. In: *American Journal on Mental Retardation.*

Walker, L. J. 1984. Sex differences in the development of moral reasoning: A critical review. In *Child Development* 55, 677–691.

Walker, Leonard, J. 1979. A strategy approach to the study of primate dominance behaviour. In: *Behavioural Processes* 4, 155–172.

Walters, J. 1980. Interventions and the development of dominance relationships in female baboons. In: *Folia primatologica* 34, 61–89.

Weiss, R. F. et al. 1971. Altruism is rewarding. In: *Science* 171, 1262–63.

Wendt, H. 1953. Ich suchte Adam. Hamm: Grote.

Westergaard, G. C., C. W. Hyatt und W. D. Hopkins. 1994. The responses of bonobos *(Pan paniscus)* to mirror-image stimulation: Evidence of self-recognition. In: *Journal of Human Evolution* 9, 273–279.

Whiten, A. 1991. *Natural Theories of Mind: Evolution, Development and Simulation of Everyday Mindreading.* Oxford: Blackwell.

Whiten, A. und R. W. Byrne. 1988. Tactical deception in primates. In: *Behavioral and Brain Sciences* 11, 233–273.

Whiten, A. und R. Ham. 1992. On the nature and evolution of imitation in the animal kingdom: Reappraisal of a century of research. In: P. J. B. Slater et al., Hrsg., *Advances in the Study of Behavior*, Bd. 21, S. 239–283. New York: Academic Press.
Wickler, W. 1981 (1971). *Die Biologie der Zehn Gebote: Warum die Natur für uns kein Vorbild ist*. München: Piper.
Wilkinson, G. S. 1984. Reciprocal food sharing in the vampire bat. In: *Nature* 308, 181–184.
Williams, G. C. 1966. *Adaptation and Natural Selection*. Princeton: Princeton University Press.
– 1988. Reply to comments on »Huxley's evolution and ethics in sociobiological perspective«. In: *Zygon* 23, 437–438.
– 1989. A sociobiological expansion of »Evolution and Ethics«. In: *Evolution and Ethics*, S. 179-214. Princeton: Princeton University Press.
Wilson, D. S. 1983. The group selection controversy: History and current status. In: *Annual Review of Ecology and Systematics* 14, 159–187.
Wilson, D. S. und E. Sober. 1994. Reintroducing group selection to the human behavioral sciences. In: *Behavioral and Brain Sciences* 17, 585–654.
Wilson, E. O. 1975. *Sociobiology: The New Synthesis*. Cambridge, Mass.: Belknap Press, Harvard University Press.
Wilson, J. Q. 1993. *The Moral Sense*. New York: Free Press. Dt.: Das moralische Empfinden. Hamburg: Kabel, 1994.
Wispé, L. 1991. *The Psychology of Sympathy*. New York: Plenum.
Woodburn, J. 1982. Egalitarian societies. In: *Man* 17, 431–451.
Wrangham, R. W. 1979. On the evolution of ape social systems. In: *Social Science Information* 18, 335–368.
– 1980. An ecological model of female-bonded primate groups. In: *Behaviour* 75, 262–300.
Wrangham, R. W., A. P. Clark und G. Isabirye-Basuta. 1992. Female social relationships and social organization of Kibale Forest chimpanzees. In: T. Nishida et al., Hrsg., *Topics in Primatology*, Bd. I, *Human Origins*, S. 81–98. Tokio: University of Tokyo Press.
Wrangham, R. W. et al. 1994. *Chimpanzee Cultures*. Cambridge, Mass.: Harvard University Press.
Wright, R. 1994. *The Moral Animal: The New Science of Evolutionary Psychology*. New York: Pantheon.
Yerkes, R. M. 1925. *Almost Human*. New York: Century.
– 1941. Conjugal contrasts among chimpanzees. In: *Journal of Abnormal Social Psychology* 36, 175–199.
Yerkes, R. M. und A. W. Yerkes. 1929. *The Great Apes: A Study of Anthropoid Life*. New Haven: Yale University Press.
– 1935. Social behavior in infrahuman primates. In: A *Handbook of Social Psychology*, S. 973–1033. Worcester, Mass.: Clark University Press.
Zahn-Waxler, C., B. Hollenbeck und M. Radke-Yarrow. 1984. The origins of empathy and altruism. In: M. W. Fox und L. D. Mickley, Hrsg., *Advances im Animal Welfare Science*, S. 21–39. Washington, D. C.: Human Society of the United States.
Zahn-Waxler, C. et al. 1992. Development of concern for others. In: *Developmental Psychology* 28, 126–136.

Dank

In diesem Buch spiegeln sich zwei Jahrzehnte Primatenforschung – und eine ein Leben lang währende Liebe zu Tieren wider. Als Kind fing und hielt ich mir Stichlinge, zog Dohlen groß und züchtete Mäuse, unwiderstehlich angezogen von ihrem Verhalten in all seinen Facetten. Erst später entdeckte ich, daß einige dieser Lebewesen zufällig auch die Lieblingstiere zweier berühmter Verhaltensforscher, Konrad Lorenz und Niko Tinbergen, waren. Kein Wunder, daß ich mich mit ihnen und ihrer bahnbrechenden Arbeit identifizierte.

Ich wuchs in die niederländische Tradition der Verhaltensforschung hinein, für die so herausragende Forscher wie Gerard Baerends, Jaap Kruijt, Piet Wiepkema und vor allem Jan van Hooff stehen; unter der Anleitung des letzteren führte ich meine ersten Untersuchungen an Primaten durch. Meine sechs Jahre bei den Schimpansen im Arnheim-Zoo stellen nach wie vor einen Höhepunkt dar. In jener Zeit entwickelte ich grundlegende Ideen dieses Buches, damals zwar noch nicht ausformuliert, aber doch im Ansatz entwickelt. Allen, die irgendwie daran beteiligt waren, bin ich zu Dank verpflichtet, vom Zoodirektor Anton van Hooft bis hin zu den vielen Studenten der Universität Utrecht.

Der Großteil des Materials für dieses Buch stammt aus den achtziger Jahren, als ich am Wisconsin Regional Primate Research Center in Madison tätig war. Zwar unternahm ich einige Abstecher nach San Diego und Atlanta, um Bonobos und Schimpansen zu untersuchen, aber Wisconsin war sozusagen mein Heimatstützpunkt, wo ich mit Rhesusaffen, Bärenmakaken und Kapuzineraffen arbeitete. Zwei Persönlichkeiten waren dabei von ausschlaggebender Bedeutung: Robert Goy, der Direktor, der mich in das Zentrum eingeladen hatte, und Lesleigh Lutrell, die mir bei meinen vielen Projekten mit großartiger Begeisterung und Hingabe assistierte. Peter Judge und Renmei Ren schlossen sich meiner Gruppe als Wissenschaftler an, und Studenten der University of Wisconsin leisteten ihren Beitrag zu den Forschungen: Kim Bauers, Eloise Canfield, Charles Chaffin, Karen Friedlen, Lisa Jeannotte, Denise Johanowicz, Brenda Miller, Katherine Offutt, Amy Parish und Kurt Sladky. Den Austausch mit Kollegen aus der Verhaltensforschung und Primatologie in Madison genoß ich sehr, vor allem mit Charles Snowdon und Karen Strier.

1991 zog ich nach Atlanta, Georgia, um mich dem wissenschaftlichen Team am Yerkes Regional Primate Research Center und dem Fachbereich der psychologischen Fakultät an der Emory University anzuschließen. Der ausschlaggebende Grund dafür war mein Wunsch, auch weiterhin mit Schimpansen zu arbeiten, jener im Vergleich zu dem Interesse, das sie verdiente, viel zu wenig erforschten Spezies. Das Yerkes Primate Center und sein Direktor, Frederick King, unterstützten mich äußerst großzügig bei der Entwicklung eines Forschungsunternehmens, an dem heute etwa fünfzehn begeisterte Leute beteiligt sind. Von diesen will ich insbesondere die Forschungstechniker Lisa Parr und Michael Seres sowie den promovierten Beigeordneten Filippo Aureli erwähnen; sie haben einen unschätzbaren Beitrag zu der Forschung geleistet, die in diesem Buch ihren Niederschlag gefunden hat.

In Atlanta und dem nahegelegenen Athens, Georgia, findet man vermutlich die weltweit größte Ansammlung sowohl von nichtmenschlichen Primaten als auch von Primatologen; die intellektuelle Atmosphäre dort erwies sich als überaus anregend. Kollegen aus dem Fachbereich Psychologie brachten mir bei, mir über eine Reihe von Themen kritisch Gedanken zu machen, mit denen ich als Zoologe kaum vertraut war.

Im Verlauf der Jahre wurde meine Forschungsarbeit von zwei regionalen Primatenforschungszentren wie auch von der National Science Foundation, den National Institutes of Mental Health, den National Institutes of Health, der Harry-Frank-Guggenheim-Stiftung und der Emory University großzügig unterstützt.

Am Ausgangspunkt des Buches stand ein Kongreß im Jahre 1989, der in Monterey, Kalifornien, vom Gruter Institute for Law and Behavioral Research veranstaltet wurde. Jahrelang brachte Margaret Gruter, eine deutsche Rechtsgelehrte mit einem ausgeprägten Interesse an Evolutionstheorie, dort internationale Experten zusammen, die die Schnittstellen zwischen Rechtswissenschaft und Biologie untersuchten. Diese spezielle Konferenz mit dem Motto »Biologie, Recht und der Sinn für Gerechtigkeit« machte mir zum ersten Mal klar, in welchem Maße das Phänomen, das ich bei nichtmenschlichen Primaten untersuchte, ein Licht auf den Ursprung von Gerechtigkeit und Moral in unserer Spezies werfen könnte. Indem Margaret Gelehrte aus den verschiedensten Bereichen versammelte, hat sie uns allen einen unschätzbaren Dienst erwiesen. Der Einfluß ihres Instituts wird noch lange Zeit im akademischen Leben nachwirken.

Da Moralität ein derart umfassendes Gebiet ist, bat ich viele Wissenschaftler um ihren Kommentar zu den Manuskriptentwürfen – von Wirtschaftswissenschaftlern bis hin zu Philosophen, von Wahrnehmungspsychologen bis zu Ethologen- und Biologenkollegen. Aus ihren Überlegungen habe ich viel gelernt, und gelegentlich gaben sie mir Hinweise auf wichtige Literatur, die ich nicht kannte. Dabei haben wir uns oft des bequemen Internet bedient. Natürlich stimmte nicht jeder, der sich mit dem Buch befaßte, mit mir überein, und nicht alle Meinungsverschiedenheiten konnten beigelegt werden. Für die in diesem Buch vorgetragenen Ansichten bin und bleibe ich allein voll verantwortlich.

Zu den Leuten, die Kommentare zu Teilen des Manuskripts lieferten oder mir eigene Beobachtungen oder Zitate mitteilten, gehören Otto Adang, Richard Alexander, Filippo Aureli, Kim Bard, Christopher Boehm, Sue Boinsky, Gordon Burhardt, Joseph Call, Richard Connor, Marina Cords, Hank Davis, Lee Dugatkin, Robert Frank, David Goldfoot, Harold Gouzoules, Christine Johnson, Peter Judge, Melanie Killen, Bruce Knauft, Stella Launy, Elizabeth Lloyd, Rudolf Makkreel, Anne McGuire, Ulrich Neisser, Toshisada Nishida, Ronald Noë, Mary McDonald Pavelka, Michael Pereira, Susan Perry, Daniel Povinelli, John Robinson, Philippe Rochat, Sue Savage-Rumbaugh, Laele Sayigh, Carel van Schaik, Jeanne Scheurer, Rachel Smolker, Elliott Sober, Volker Sommer, Emanuela Cenami Spada, Karen Strier, Hiroyuki Takasaki, Ichirou Tanaka, Michael Tomasello, Robert Trivers, Peter Verbeek, Elisabetta Visalberghi, Kim Wallen, Andrew Whiten und David Sloan Wilson.

Darüber hinaus befand ich mich in der glücklichen Lage, daß vier außergewöhnlich kluge Leute, die das Manuskript sehr genau lasen, von ihrem jeweiligen Standpunkt aus ihre Kommentare dazu abgaben. Es waren dies Barbara Smuts, die einerseits sehr bewandert hinsichtlich der theoretischen Kontroversen, die in diesem Buch immer wieder angesprochen werden, andererseits eine Expertin für das Verhalten von Pavianen ist; Lesleigh Lutrell, die, da sie zwölf Jahre lang meine Assistentin war, die individuelle Geschichte jedes einzelnen Affen wie auch seinen Namen kennt und außerdem ihre reiche Erfahrung, was die Herausgabe eines Buchs betrifft, mit einbrachte; Michael Fisher, meinen Lektor und Fürsprecher bei der Harvard University Press; und um meine Frau, Catherine Marin, die jede einzelne Seite las, sobald sie aus meinem Drucker kam. Das umfassende Feedback dieser vier Personen trug in hohem Maße zu Inhalt und Form des Buches bei. Außerdem möchte ich Vivian Wheeler für die Gründlichkeit danken, mit der sie die Endfassung redigierte.

Die meisten Photographien stammen von mir und wurden mit einer Minolta-Kamera und einem Kodak-Schwarzweißfilm sowie Blenden von 50 bis 500 Millimeter aufgenommen. Einen Großteil der Arbeit in der Dunkelkammer leisteten Robert Dodsworth und Frank Kiernan, Photographen am Wisconsin beziehungsweise Yerkes Primate Center. Für zusätzliche Illustrationen danke ich Donna Bierschwale, Christophe Boesch, Gordon Burghardt, Susan Meier, Emil Menzel, Cynthia Moss, Ronald Noë und RenMei Ren.

Catherine schuf mir eine Umgebung, die es mir ermöglichte, diese fordernde, aber anregende und befriedigende Aufgabe zu erfüllen; sie half mir mit ihrer Wärme und ihrem Humor, und das trotz ihrer anspruchsvollen akademischen Tätigkeit. Ich kann mir daher keine größere Freude vorstellen, als dieses Buch ihr zu widmen.

Namenregister

Adang, Otto 106, 144
Alexander, Bruce 242
Alexander, Richard 43–45, 48, 145, 266
Altmann, Jeanne 219
Ardrey, Robert 240
Aureli, Filippo 79, 197, 225, 246f.

Batson, Daniel 112
Bauers, Kim 116
Bercovitch, Frederick 193
Bernstein, Irwin 143, 161
Blurton Jones, Nicholas 189
Boehm, Christopher 160–163, 166
Boesch, Christophe 77, 175–177
Boesch, Hedwige 175–177
Boinski, Sue 108, 211f.
Bonaventura 127
Bowlby, John 216
Boysen, Sarah 96
Breggin, Peter 239
Burghardt, Gordon 52f., 83f.
Byrne, Richard 99

Calhoun, John 239f., 243
Call, Josep 246
Camper, Petrus 85
Canetti, Elias 32
Carpenter, Edmund 87
Cavalieri, Paola 263
Ceaușescu, Nicolae 125
Chagnon, Napoleon 199f.
Charlesworth, William 232
Cheney, Dorothy L. 97, 251
Coe, Christopher 139
Colmenares, Fernando 141, 236
Cords, Marina 223–225
Crawford, Meredith 183f.

Damasio, Hanna 265
D'Amato, Michael R. 184
Darley, John 112

Darwin, Charles 9, 21f., 34, 36, 56, 85, 136, 146, 148
Dasser, Verena 251
Davis, Hank 134f., 140
Dawkins, Richard 15, 25, 27
Descartes, René 82, 262
Dettwyler, K. A. 17
Dewey, John 10f., 256
Dingell, John 239
Diogenes 85
Disney, Walt 104
Dittus, Wolfgang 76f., 241
Dostojewski, Fjodor 137
Dugatkin, Lee 92

Eibl-Eibesfeldt, Irenäus 59
Eisenstein, Norman 184
Erdal, David 161

Fedigan, Laurence 68
Fedigan, Linda 68
Fiorito, Graziano 92
Frank, Robert 30, 146, 266
Freedman, David 136
Freud, Sigmund 28

Gage, Phineas 265
Gallup, Gordon 88, 91
Garner, Robert 93f.
Geoffroy Saint-Hillaire, Isidore 50
Gibson, J. J. 89
Gilligan, Carol 150–152, 155, 157
Goethe, Johann Wolfgang 85
Goodall, Jane 72, 107, 183f., 232
Goodwin, Frederick 238f., 249
Godman, John 228f.
Gould, Stephen Jay 15, 33

Hadin, Julie 96
Hall, Ronald 114
Hamilton, William 27, 40, 169

Hardin, Garrett 261
Harlow, Harry 220
Hearne, Vicki 234 f.
Hediger, Heini 60
Heinrich, Bernd 167–169
Herriman, George 228
Hill, Kim 172
Hinde, Robert 227
Hobbes, Thomas 125
Hoffman, Martin 90, 152
Hume, David 54, 111, 151
Huxley, Thomas Henry 9 f., 23, 27, 35, 42, 200

Isaac, Glynn 167, 182

Jacoby, Susan 199
Janson, Charles 180
Johanowicz, Denise 222
Johnston, Kay 150
Joubert, Beverly 71
Joubert, Dereck 71
Judge, Peter 244, 246, 251

Kant, Immanuel 20, 112
Kaplan, Hillard 172
Kaufman, Charles 72
Kennedy, Edward 239
Keyes, Randall 70
Koestler, Arthur 130
Kohlberg, Lawrence 118, 133
Köhler, Wolfgang 88, 109
Krebs, Dennis 40
Kropotkin, Peter 33–36, 39 f., 43, 45, 200
Kummer, Hans 213, 223
Kurland, Jeffrey 19

Lee, Richard 173
Lever, Janet 149 f., 155
Lieberman, Philip 62
Lopez, Barry 120
Lorenz, Konrad 50, 54, 134 f., 202 f., 205
Luttrell, Lesleigh 63

Malthus, Thomas 21, 23, 239

de Mandeville, Bernard 41 f.
Maslow, Abraham 126, 158 f.
Masters, Roger 209
McGrew, William C. 174
McGuire, Michael 244
Meier, Susan 135
Menzel, Emil 95 f., 98
Mercer, Philip 102
Midgley, Mary 19, 25, 202
Miller, Brenda 196 f.
Milton, Katharine 172
Moss, Cynthia 71 f., 216

Nieuwenhuijsen, Kees 242
Nishida Toshisada 176 f.
Nissen, Henry 183 f.
Noë, Ronald 177, 193
van Noordwijk, Maria 211
Norris, Kenneth 212 f.
Novak, Melinda 220 f.
Nucci, Larry 133

Pereira, Michael 78
Perner, Josef 96
Perry, Susan 181
Piaget, Jean 149
Platon 85
Porter, James 58
Portielje, Anton 88
Povinelli, Daniel 96 f.
Proudhon, Pierre-Joseph 261

Qin Shihuang (Ch'in Shih-huang), Kaiser 125

Rasa, Anne 103, 244
Rawls, John 200, 206
Ren, RenMei 46
Robinson, John 105
Rockefeller, John D. 21
van Roosmalen, Angeline 246
Rose, Lisa 181
Rosenblum, Leonard 72, 139
Roth, E. 242
Rousseau, Jean-Jacques 206 f., 242

Santini, Louis 78
Scanlon, Katherine 69
van Schaik, Carel 211
Scheurer, Jeanne 73
Schopenhauer, Arthur 111, 151
Scott, John Finley 141
Scotto, Pietro 92
Seres, Michael 79
Seton, Ernest 53
Seyfarth, Robert M. 97, 128, 251
Shakespeare, William 256
Sherif, Muzafer 131
Singer, Peter 181, 263
Skinner, Burrhus Frederic 50, 81 f.
Smith, Adam 41 f., 48, 111, 138, 151
Smuts, Barbara 30, 73, 120, 193, 235–237
Sober, Elliott 26
Spencer, Herbert 21
Steinkraus, William 234
Stephanitz, Max von 121
Strier, Karen 154, 248 f.

Takasaki Hiroyuki 176
Tanaka Ichirou 17
Tannen, Deborah 152, 156
Teleki, Geza 74, 190
Temerlin, Jane 76
Temerlin, Maurice 75–77

Mutter Teresa 25
Thompson, Nicholas 240 f.
Thurnheer, Sylvie 223 f.
Tinklepaugh, O. L. 122
Tobin, Joseph 223
Todes, Daniel 34
Trivers, Robert 36, 39–41, 45, 169 f.,
   197 f., 200
Trumler, Eberhard 120
Turiel, Elliot 133
Turnbull, Colin 109 f., 112, 261

Vollmer, Peter 135 f.

Walker, Lawrence 151 f.
Watanabe, John 235–237
Weiss, Robert 111
Whiten, Andrew 99, 161
Wilkinson, Gerald 33
Williams, George 10, 27
Wilson, Edward O. 20, 23
Wilson, James Q. 112, 266
Wispé, Lauren 57
Wright, Robert 147, 266

Yerkes, Robert 24, 75, 77

Zahn-Waxler, Carolyn 61 f.

Hanser Sachbuch

Frans de Waal
Wilde Diplomaten
Versöhnung und Entspannungspolitik bei
Affen und Menschen
Aus dem Amerikanischen von Ellen Vogel
1991. 296 Seiten mit 100 Fotos

»... ein lehrreiches, spannendes und liebevolles Buch über Affen, Menschenaffen und Menschen.« *Frankfurter Rundschau*

»De Waal sucht möglichst unvoreingenommen Gemeinsamkeiten im Primaten- und Menschenverhalten herauszuarbeiten, und sein Augenmerk gilt besonders den zum Teil raffinierten Strategien, mit denen Primaten ihre Aggressionen abbauen und Konflikte lösen. In dieser Hinsicht sind die jahrelangen Beobachtungen des Autors eine wahre Goldmine für die Friedensforschung.«
Süddeutsche Zeitung

»Das Buch ist durchweg spannend zu lesen. Abgerundet wird es durch zahlreiche Fotos.« *Die Zeit*

»Die Lust an der Aggression ist offenbar nicht stärker als die am Friedenstiften – eine tröstliche Erkenntnis, mit der de Waal die deprimierende Sichtweise der Biologie im Hinblick auf die Situation der Menschheit korrigieren möchte. Damit wird zugleich das inzwischen als zu schlicht empfundene Aggressionsmodell erweitert, mit dem der Verhaltensforscher Konrad Lorenz in den sechziger Jahren Furore machte. Daß Friedenstiften für die Hominoiden ›ebenso natürlich ist wie Kriegführen, ist bislang übersehen worden‹. Der Beweis, daß Aggression keineswegs von Natur aus das letzte Wort ist, sei erbracht.« *Der Spiegel*

»Eindrucksvoll zeigt de Waal, daß evolutionäres Überleben unter Primaten nicht allein auf dem Erfolg des Individuums in erbarmungsloser Konkurrenz mit anderen beruht haben kann, sondern auch auf Kooperation zwischen Individuen und Ausgleich innerhalb der Gemeinschaft.« *bild der wissenschaft*

Hanser Sachbuch

Dorothy L. Cheney / Robert M. Seyfarth
Wie Affen die Welt sehen
Das Denken einer anderen Art
Aus dem Amerikanischen von Ellen Vogel und Andreas Paul
1994. 480 Seiten mit 75 Abbildungen

»*Wie Affen die Welt sehen* führt in die Denkwelt der Meerkatzen und anderer nichtmenschlicher Primaten. Fünfzehn Jahre lang haben sich die Biologen den Affen in ihrer natürlichen Umgebung genähert. Auf diesem soliden Fundament entstand ein gelungenes Buch, das ein lebendiges Bild der Meerkatzen zeichnet.

Die Analyse der Meerkatzensprache ist ein Glanzstück des Buches, aber es ist bei weitem nicht das einzige Thema: Der Leser erfährt, warum Affen sich gegenseitig täuschen, miteinander spielen oder Allianzen bilden; daß Affen verwandtschaftliche Beziehungen gut einschätzen können und eine beachtliche soziale Intelligenz besitzen.

Insgesamt ist den beiden Verhaltensforschern ein großartiges Buch geglückt.«
Die Zeit

»Dorothy Cheney und Robert Seyfarth haben mit ihrem Vorstoß in die Vorstellungs- und Denkwelt einer freilebenden Primatenart Pionierarbeit geleistet. Das faszinierende Buch ist anregend geschrieben, zudem mit verständlichen Graphiken und ansprechenden Schwarzweißaufnahmen ausgestattet. Einschlägige Arbeiten aus Laboratorien und an anderen Arten sind in die Diskussion einbezogen. Wer sich über die kognitive Bewegung in der Primatenforschung auf dem Schauplatz Freiland unterrichten will oder sich für evolutionäre Erkenntnistheorie interessiert, darf sich dieses Werk nicht entgehen lassen.«
Spektrum der Wissenschaft

»Eine kluge Reflexion über die Erkenntnis- und Bewußtseinsstrukturen unserer eigenen Art.«
bild der wissenschaft

Hanser Sachbuch

Midas Dekkers
Geliebtes Tier
Die Geschichte einer innigen Beziehung
Aus dem Niederländischen von Stefanie Peter und Dirk Schümer
1994. 272 Seiten mit 118 Abbildungen

»Das Tier ist in den westlichen Gesellschaften zum bevorzugten Hätschel-Objekt geworden. Durchschnittsehemänner werden weniger gestreichelt als verwöhnte Pitbull-Terrier. Ein Viertel der Schmusekatzen und Zamperl nächtigt bei Herrchen oder Frauchen im Bett. Die Grenzlinie zwischen Scham und Schamlosigkeit ist längst verwischt.
   Dekkers läßt keinen Zweifel daran, daß er Tiere für vollwertige Lebensgefährten hält. Menschenliebe sei sehr kompliziert geworden, Tierliebe hingegen ganz einfach: ›Wenn Sie mit Ihrer Katze sprechen, blickt sie zurück, und Sie haben die perfekte Illusion, daß das Kommunikation ist.‹ (...)
   Dem schreibenden Biologen geht es nicht so sehr darum, mit dergleichen Histörchen seine Leser zu provozieren. In Wahrheit hat er es auf die Gentechnologie abgesehen, die gleichfalls die Erbmasse von Mensch und Tier kombinieren möchte – nur mit erheblich weniger Lustgewinn. Sodomie mag zwar ein Tabu sein, doch entwerfen Leistungszüchter wie Modeschöpfer aus der biologischen Vielfalt Kollektionen von neuen Arten: Munter werden Schafe mit Ziegen gekreuzt oder Schweine mit zusätzlichen Rippen ausgestattet. Seine Tierliebe ohne Fortpflanzung findet Dekkers weniger obszön als die Reagenzglas-Fortpflanzung ohne Tierliebe (...)«
Der Spiegel

»Wenn der Autor den Beziehungen zwischen Mensch und Tier nachspürt, geht es ihm nicht nur um religiöse Symbole und erotische Kunstwerke. Wie häufig Mann und Frau greifbare Tatsachen bevorzugen, ist allerdings schwer zu sagen. Zwar sind die Zeiten vorbei, da bei Sodomie die Todesstrafe drohte. Doch tabu ist diese Spielart der Sexualität nach wie vor.
   Midas Dekkers spart heikle Themen nicht aus. Daß er bisweilen zu recht eigenwilligen und provozierenden Interpretationen neigt, macht die Lektüre um so interessanter.«
F.A.Z.

Hanser Sachbuch

Robert Delort
Der Elefant, die Biene und der heilige Wolf
Die wahre Geschichte der Tiere
Aus dem Französischen von Josef Winiger
1987. 400 Seiten mit 110 Abbildungen

»Was Delort auf den 400 Seiten ausbreitet, ist erstaunlich. Er beherrscht die seltene Kunst, ganze Wissensgebiete dem Laien in kurzen Kapiteln klar und spannend zu schildern: Delort berichtet von den Abenteuern der Paläontologie bis zur chemischen Bekämpfung der Malaria-Mücken, von den Höhlenmalereien des Altmenschen bis zur Gen-Problematik.

Den wirklich spannenden Lesestoff bietet Delort aber im letzten Teil seines Buches. Dort erzählt er ausführlich über die Geschichte der Wölfe, der Heringe, die Nordeuropas Geschichte als Wirtschaftsfaktor mitbestimmten, die Biene, den Elefanten und den Hund. (...)

Robert Delorts Bericht darüber liest sich wie ein Krimi. Bei seinem Buch profitiert der Leser immer wieder davon, daß der Autor nicht nur Naturwissenschaftler, sondern auch Historiker ist.« *Welt am Sonntag*

»Robert Delort (...) schreibt eine Geschichte der Tiere, ihrer Gattungen und Rassen am Beispiel exemplarischer Fälle: Er nennt seine Methode ›historische Zoologie‹, die mehr als nur die Evolution und den biologischen Aspekt von Tieren in den Blick bringen will. Die Geschichte u. a. der Heuschrecke, des Herings und der Katze erzählt er mit ihren Beziehungen zum und ihren Bedeutungen für den Menschen in mehr als 2000 Jahren: als Nutz- und Arbeitstier; als Grundlage für die Nahrungsversorgung und zur Vermeidung bzw. Heilung von Krankheiten; als mythologisches und heiliges zu verehrendes Tier oder als sinnliche Ausgeburt des Teufels und nicht zuletzt als Spiel- und Kampfobjekt.
Nürnberger Zeitung